David Lorimer

Die Ethik der Nah-Todeserfahrungen

Mit einem Vorwort
von Raymond Moody

Aus dem Englischen
von Christian Stahlhut

Insel Verlag

Originaltitel:
Whole in One.
The Near-death Experience and the Ethic of Interconnectedness
Penguin (Arkana) 1990

Erste Auflage 1993

Druck: Pustet, Regensburg
Printed in Germany

Inhalt

Für

Margot Grey
George Trevelyan
Peter Leggett
George Blaker
John Kerr
Serge Beddington-Behrens
und
Peter Fenwick

als Dank für ihre Freundschaft
und Unterstützung

»An jenem Tag werdet ihr erkennen: Ich bin in meinem Vater, ihr seid in mir, und ich bin in euch.«

Johannes 14,20

»Wer in der Einheit der Liebe ist, liebt mich in allem, was er sieht. Wo immer er lebt, in Wahrheit lebt er in mir.«

Bhagavad Gita VI,30

Vorwort

Wissenschaftler aus allen Teilen der Welt haben es in zahlreichen klinischen Untersuchungen unabhängig voneinander nachgewiesen: auffallend viele Menschen, die nach einer Begegnung mit dem Tod wiederbelebt wurden, berichten von einem spirituellen Erlebnis besonderer Art, das den weiteren Verlauf ihres Lebens dramatisch verändert. Ihre Erlebnisse, so scheint es, folgen einem gemeinsamen Muster. Die einzelnen Fälle sind sich im Ganzen auffallend ähnlich, unabhängig vom Alter und Geschlecht der Patienten, von Religion, Kultur, Erziehung und ihrer gesellschaftlichen Position.

Menschen mit solchen Erfahrungen berichten immer wieder, daß sie im Augenblick des Herzstillstandes ihr Bewußtsein nicht verlieren; ihre Wahrnehmung ist vielmehr noch gesteigert. Sie gleiten, wie sie sagen, aus ihren Körpern heraus und beobachten von oben die Versuche, sie wiederzubeleben. Aus ihrer erhobenen Position sehen sie unter sich ganz deutlich ihre eigenen Körper liegen. Phantastische und unbeschreibliche Ereignisse spielen sich vor ihnen ab, und manchmal bewegen sie sich durch einen Korridor auf ein Licht zu, das eine unglaubliche Liebe ausströmt. Sie finden sich in der Gegenwart verstorbener Freunde und Verwandter wieder, die offenbar gekommen sind, um sie in Empfang zu nehmen und ihnen den Übergang in das neue Reich zu erleichtern. Sie schildern, wie sich ihr ganzes Leben in einer Panoramaschau noch einmal ausbreitet, und sie sind von dem Gefühl ergriffen, in der Liebe zu sich selbst und zu den anderen den Sinn des Lebens gefunden zu haben.

Viele berichten, sie seien in diesem ekstatischen Zustand so erfüllt gewesen, daß sie die Nachricht, in ihr irdisches Leben zurückkehren zu müssen, sehr getroffen habe. Einige zeigen dann auch tatsächlich ihren Ärger gegenüber den Ärzten, die sie wiederbeleben.

Soweit, in einfacher Aufzählung, eine typische Form der Berichte, die uns Patienten über ihre Jenseitsreisen geben. Die meisten von uns, die eine solche Vision nicht hatten, sind noch unmittelbarer betroffen von dem, was mit diesen Menschen nach ihrer Rückkehr geschieht. Ich persönlich habe nach zwanzigjähriger Erforschung von Sterbeerlebnissen den Eindruck, daß die Betroffenen auf das, was mit ihnen passiert, im allgemeinen äußerst positiv reagieren. Sie haben keine Angst mehr vor dem Tod, sie erkennen die Bedeutung der Nächstenliebe und setzen sich für andere ein, sie leben in der Gegenwart, sie entwickeln sich zu ruhigeren und glücklicheren Menschen.

Dies alles sind weitgehend gesicherte Ergebnisse der modernen medizinischen Forschung. Diese allein kann freilich nicht darüber entscheiden, was solche Sterbeerlebnisse im letzten bedeuten. Hier muß – wie vielleicht bei keiner anderen Fragestellung der modernen Medizin – der klassische Bund von Arzt und Philosoph neu geschmiedet werden. Mag es für diejenigen unter uns, die in der positivistischen Tradition erzogen worden sind, auch lästig sein: die Sterbeerlebnisse werfen die Frage auf, ob es nach dem körperlichen Tod ein Weiterleben gibt. Dieses Problem, das über den Horizont der Medizin weit hinausreicht, gehörte immer schon zu den aufregendsten Rätseln der Philosophie.

Ich freue mich, daß mein Freund David Lorimer mich gebeten hat, für sein neues Buch ein Vorwort zu schreiben. Es ist eine feinsinnige Arbeit zur philosophischen Bedeutung jener erstaunlichen Erlebnisse, über die Menschen berichten, die von der Schwelle des Todes zurückkehren. Ich selbst bekam durch meine Freundschaft mit David viele Anregungen. Er vereinigt in seiner Person einen scharfen Intellekt, Belesenheit, echte Leidenschaft für andere und den Ehrgeiz, den Dingen an den Grenzen des menschlichen Wissens auf den Grund zu gehen. Er erfüllt damit einzigartige Voraussetzungen für ein so schwieriges Unternehmen. Sein Buch leistet einen wichtigen Beitrag zur Erforschung der Nah-Todeserlebnisse und anderer spiritueller Erfahrungen; es wird noch lange diskutiert und geschätzt werden.

März 1990 Raymond A. Moody

Danksagung

Meinen Freunden John Kerr, Arthur Ellison und Therese Schroeder-Sheker möchte ich meinen tiefempfundenen Dank aussprechen für ihre hilfreichen und konstruktiven Vorschläge zur Verbesserung des Manuskripts.

Ich brauche kaum hinzuzufügen, daß ich die Endfassung allein verantworte.

Einleitung

»Unter allen meinen Patienten jenseits der Lebensmitte, das heißt jenseits 35, ist nicht ein Einziger, dessen endgültiges Problem nicht das der religiösen Einstellung wäre. Ja, jeder krankt in letzter Linie daran, daß er das verloren hat, was lebendige Religionen ihren Gläubigen zu allen Zeiten gegeben haben, und keiner ist wirklich geheilt, der seine religiöse Einstellung nicht wieder erreicht, was mit Konfession oder Zugehörigkeit zu einer Kirche natürlich nichts zu tun hat.«

C. G. Jung

»Nach meiner Überzeugung ist das Ziel menschlicher Existenz nicht Glück, sondern spirituelles Wachstum.«

Alexander Solschenizyn

»Wir leben in einem Zeitalter moralischer Verwirrung, in der wir eben nicht nur um ethische Entscheidungen streiten, sondern um die Grundlage unserer moralischen Beurteilung und um die bloßen Begriffe, mit denen wir sie zu fassen versuchen.

John Habgood, Erzbischof von York

Viele Menschen glauben, mit dem Tod sei alles zu Ende. Ihr Bewußtsein, erklärt ihnen die moderne materialistische Wissenschaft, sei eine Tätigkeit des Gehirns, und also werden sie als bewußte Individuen im Augenblick des Hirntods selbst zugrunde gehen. Im Gefolge dieser Weltanschauung finden diese Menschen keine Basis für letzte Werte oder eine verbindliche Moralordnung. Werte gibt ihnen allein die Gesellschaft vor, in der sie leben.

Ziel dieses Buches ist es, eine neue metaphysische Basis vorzustellen, auf der sich eine Moralordnung gründen läßt; die Einsichten dazu erwachsen auf dem empirischen Boden der Nah-Todeserfahrung. Zwei Aspekte sind dabei von fundamentaler Bedeutung: der Lebensrückblick, bei dem die Sterbenden vergangene Ereignisse wiedererleben, und zwar in dem Bewußtsein der Personen wiedererleben, mit denen sie damals zu tun hatten; und das Einheitsbewußtsein, in dem sie sich eins fühlen mit dem Göttlichen. Aus diesen beiden Aspekten gewinne ich meine Theorie von der »empathischen Resonanz«. Sie behauptet: wir können in das Bewußtsein eines anderen einschwingen, als sei es unser eigenes.

Für die Absichten dieses Buches habe ich verschiedene Begriffe eingeführt, die die moralische Ordnung einer Gesellschaft in einen größeren Kontext stellen. Unter Moralordnung verstehe ich das geistige Gerüst, mit dem wir unser Leben moralisch erklären und bewerten. Ein Christ und ein Atheist haben verschiedene Bezugssysteme und Wertbegriffe. Ich gebrauche im folgenden ein Modell von vier »Ordnungen«, in denen wir leben.

1. Die gesellschaftliche Ordnung; sie umfaßt die Familie, den Stamm und alle Gruppen, zu denen Individuen gehören können. Zur gesellschaftlichen Ordnung gehören auch die ökonomische Ordnung, die politische Ordnung und die kirchliche Ordnung der etablierten Religion. Diese Ordnungen üben ihren Einfluß auf den einzelnen aus, mehr oder weniger, je nach den herrschenden geschichtlichen Verhältnissen.
2. Die physische Ordnung; sie umfaßt die Welt der Natur, die »Naturgesetze« wie die Schwerkraft und alle Größen der Physik, sowie das ökologische System der Erde. Zur physischen Ordnung gehört selbstverständlich auch unser physischer Körper: er kann ihre Grenzen nicht überschreiten, es sei denn im Zustand einer außergewöhnlichen Verfeinerung, den bestimmte spirituelle Meister zu erreichen scheinen, die über die Fähigkeit der Materialisation und Dematerialisation verfügen.
3. Die meta-physische (wörtlich: »jenseits des Physischen« befindliche) Ordnung. Nach alter religiöser Überlieferung begegnen wir dieser Ordnung in einem kommenden Leben, nach

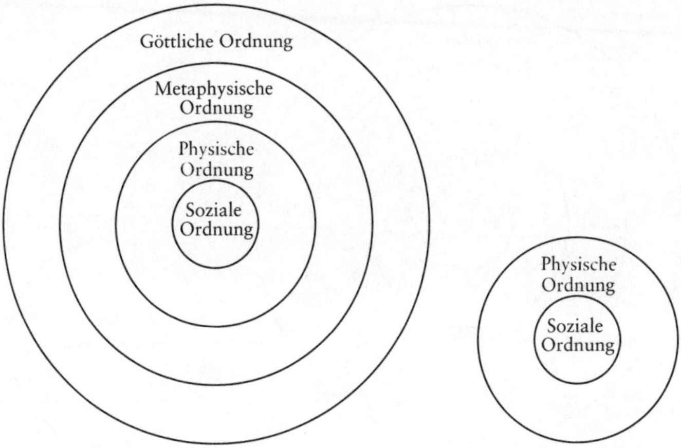

Spirituelle Weltsicht

Materialistische Weltsicht

Abbildung 1

meiner Ansicht bereits im Nah-Todeserlebnis. Je nach dem Glaubenssystem, in das wir uns einordnen, variieren unsere Vorstellungen, wie diese metaphysische Ordnung beschaffen ist und wie sie mit der gesellschaftlichen, der physischen und der moralischen Ordnung verbunden ist.

4. Die göttliche Ordnung. Sie wird in der höchsten mystischen Erfahrung erreicht, im Einheitsbewußtsein. Emotionell äußert sie sich als Liebe und Frieden, intellektuell als Weisheit und Erleuchtung, ästhetisch als Schönheit und Harmonie, im Lebenswillen als Stärke und Kraft.

Religiöse Welt-Anschauungen betrachten alle physischen und metaphysischen Welten als Teile (oder Emanationen) einer göttlichen Schöpfung und Offenbarung; als solche sind sie den göttlichen Gesetzen und der Vorsehung unterworfen. Gott ist der Schöpfer und Bewahrer, immanent und transzendent, der Herrscher und höchste Richter. Materialistische Welt-Anschauungen lehnen eine (absolute) metaphysische oder göttliche Ordnung ab; die (relative) gesellschaftliche oder physische Ordnung

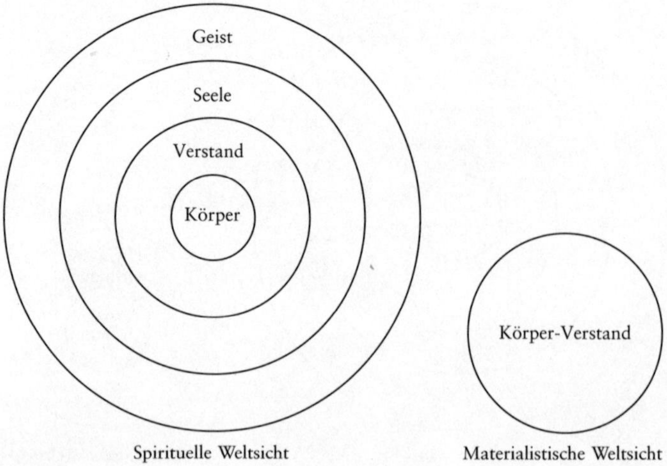

Abbildung 2

bildet den Rahmen für ihre Moralordnung (Abbildung 1). Je nachdem, ob man höhere Ordnungen annimmt oder nicht, verengt oder erweitert sich der Entwurf des eigenen Daseins (Abbildung 2). Entsprechend variieren die Vorstellungen von der menschlichen Lebenszeit (Abbildung 3).

Das Buch beginnt mit einer systematischen Darstellung der in den Nah-Todeserlebnissen auftretenden Erinnerungen; diese Lebensrückblicke vergleiche ich mit Berichten von einer ähnlichen Erfahrung, die nach dem Tod stattfinden soll. An unterschiedlichsten Beispielen aus den Bereichen der Medizin, der Psychologie und der Parapsychologie entwickle ich dann die Theorie von der empathischen Resonanz. Der weitere Weg führt uns zunächst in den Osten, wo wir die Moralordnung im Zusammenhang der Karma- und Wiedergeburtslehre betrachten, und zurück in die westliche Welt des 20. Jahrhunderts.

Im Anschluß an den empirischen Teil der Untersuchung verfolge ich den historischen Weg, auf dem sich die Moralordnung im Jenseitsdenken der Kulturen etablierte. Mein besonderes Interesse gilt der Eschatologie des Christentums und hier vor

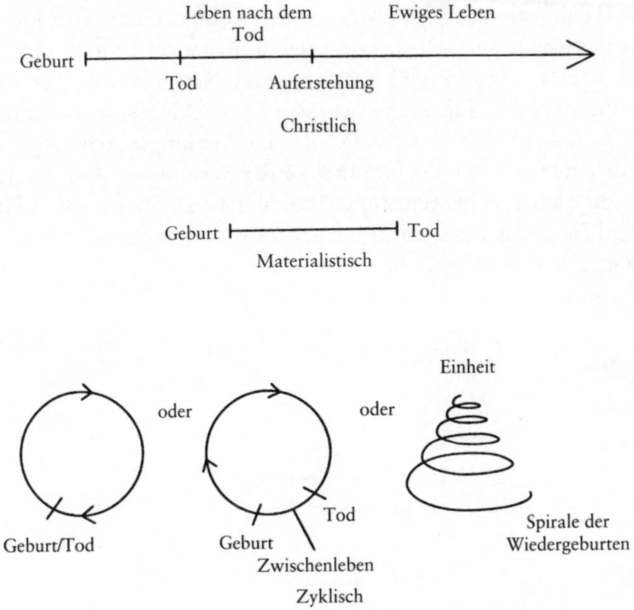

Abbildung 3

allem der Vorstellung vom Jüngsten Gericht, dem höchsten Moralakt innerhalb der göttlichen und metaphysischen Ordnung. Ein weiteres Kapitel beschäftigt sich mit dem Untergang des Glaubens und dem Aufgang eines neuen Geistes der Wissenschaft, durch den viele Menschen ihre metaphysischen und göttlichen Fundamente preisgegeben haben und in einen gesellschaftlichen Relativismus zurückgefallen sind.

Das abschließende Kapitel verbindet die Fäden, die sich zu einer neuen Ethik verflechten: der Ethik der empathischen Resonanz. Sie beruht auf einer entscheidenden Einsicht in die Natur des Göttlichen und Metaphysischen: daß wir alle in den Tiefen unseres Bewußtseins miteinander verbunden sind. Die höchste Moralordnung verwirklicht sich in der praktischen Umsetzung der Goldenen Regel: wir bemühen uns um das Wohl der anderen und damit zugleich um unser eigenes Wohl, denn in den anderen erkennen wir uns selbst. Vor unseren Augen verwandelt sich die Welt in ein immer dichter werdendes Netz ökologischer und politischer Abhängigkeiten; mit der Erforschung spiritueller und todesnaher Erfahrungen zeigt sich darüber hinaus, daß wir auch auf einer inneren Ebene miteinander verbunden sind. So wie unser Planet, vom Weltraum betrachtet, den Blick freigibt für die Einheit des Lebens, so offenbart unser innerer Kosmos, wenn wir ihn erforschen, die allem zugrundeliegende Einheit des Geistes.

I. Die Lebensrevision im Sterbeerlebnis

»Wir leben in Abfolgen und Abschnitten, in Teilen und Teilchen. Gleichzeitig ruht im Innern des Menschen die Seele des Ganzen; die weise Stille; die universale Schönheit, zu der jedes Teil und jedes Teilchen eine Beziehung hat; das ewige EINE.«

Ralph Waldo Emerson

»Der Kosmos trägt mit Recht seinen Namen, denn alle Dinge in ihm sind in ein geordnetes Ganzes eingearbeitet, durch die [...] unaufhebbare Notwendigkeit, die in ihm herrscht, durch das Zusammenspiel der Elemente und durch die Abstimmung aller Dinge, die entstehen.«

Hermes Trismegistos

»Jeder von uns ist der Geist des Universums, aber uns sind Grenzen auferlegt, die den Geist bis auf einen winzigen Bruchteil seiner Aspekte und Eigenarten verdunkeln.«

Henry Margenau

Hintergrund

Wir glauben schon lange nicht mehr, die Erde sei flach und wir könnten über ihren Rand fallen, wenn wir nur weit genug segeln, und dennoch leben viele Menschen im Westen in gewissem Sinn heute immer noch auf dem Flachland. Kluge Köpfe haben die religiöse Weltsicht als kindlichen Aberglauben denunziert, als etwas Unmodernes, das durch das Zauberwesen der modernen Technik und Kommunikation vollkommen überholt worden sei. Wir leben ja auch tatsächlich in einer größer gewordenen Welt, nehmen Anteil an Ereignissen von anderen Regionen der Erde, unsere gesamte Perspektive aber beschränkt sich die meiste Zeit auf den »horizontalen« Bereich des materiellen Universums. Der »vertikale«, metaphysische Bereich hat sich geradezu in Luft aufgelöst, das menschliche Dasein ist eines übergeordneten Zusammenhanges, eines höheren Sinnes, entkleidet. Wir sind geboren, wir leben und gehen im Tode zugrunde. Oder etwa nicht?

Mit modernen Wiederbelebungstechniken kann man heute Menschen ins Leben zurückrufen, die vor 20 Jahren noch gestorben wären. Fast 40 Prozent solcher Überlebenden berichten, daß ihr bewußtes Erleben anhielt, obwohl alle äußeren, meßbaren Lebenszeichen – die Atmung, der Herzschlag, die Hirntätigkeit – ausgefallen waren. Sie waren klinisch tot, wenngleich nicht biologisch tot: das wären sie der Definition nach erst dann, wenn das Leben nicht mehr in ihren Körper zurückkehrt. Sie haben erlebt, was man eine Nah-Todeserfahrung nennt (»near-death experience«, abgekürzt NDE). Öffentlich bekannt wurde dieses Phänomen mit dem Erscheinen von Raymond Moodys Buch *Leben nach dem Tod*, von dem weltweit über 10 Millionen Exemplare verkauft wurden. Nachfolgende wissenschaftliche Untersuchungen haben Moodys Entdeckungen auf breiter Ebene bestätigt und zu einem genaueren Verständnis der Sterbephänomene beigetragen.[1] Zu den häufigsten Elementen einer Nah-Todeserfahrung gehören: der Umschlag von körperlichem und psychischem Streß zu Schmerzfreiheit und Gefühlen des Friedens, die Ablösung vom Körper (die in manchen Fällen zu nachweisbaren Außerkörperwahrnehmungen führt), die emotionelle Distanz, das Sichfortbewegen durch einen Tunnel, die Begegnung mit einem Lichtwesen, der Eintritt in eine himmelsartige Umgebung, der Lebensrückblick und die Entscheidung, in den Körper zurückzukehren. Die Menschen, die zurückkommen, haben ihre Angst vor dem Tod verloren. Sie sind davon überzeugt, daß ihr Geist den Tod des Körpers überleben wird; sie haben die Trennung von ihm ja selbst erlebt.

Ist das nun alles nur Einbildung oder Wunschdenken? So jedenfalls ist die spontane Reaktion vieler Menschen, die sich mit den Sterbeerlebnissen nicht näher befaßt haben. Sie stehen unter dem Einfluß eines Denkens, das uns beschwörerisch einredet, es existiere nur die materielle Welt. Die Forschung ist sich einig, daß sich Nah-Todeserlebnisse tatsächlich ereignen. Was sie aber theoretisch bedeuten, darüber gibt es keinen Konsens. Manche möchten das Phänomen physiologisch erklären: Ursache könnte z. B. ein epileptischer Anfall im Schläfenlappen sein oder eine zerebrale Anoxie (Sauerstoffmangel im Gehirn). Andere bringen psychologische Deutungen vor und sprechen von Abwehrmechanismen, die zur »Depersonalisierung« führen. Für einige evangelikale Christen sind die Todeserfahrungen nichts als teuflisches Blendwerk; denn nach der Offenbarung sind wir zum Todesschlaf bestimmt, bis uns die letzte Posaune weckt. Wieder andere glauben, das Erlebnis weise auf ein Leben nach dem Tode, und noch andere erklären das Phänomen als Produkt religiöser Einbildung. Viele aber nehmen es mehr oder weniger für bare Münze.[2]

Die meisten von uns haben schon einmal von Menschen gehört, die beim Absturz oder beim Ertrinken noch einmal ihr ganzes Leben vor sich aufblitzen sehen. Der erste, der eine systematische Untersuchung dieses Phänomens durchführte, war der Schweizer Geologieprofessor Albert Heim. 1891 hielt er einen Vortrag, den er später publizierte: »Notizen über den Tod durch Absturz.« Heim entdeckte in den Berichten von Menschen, die durch einen Unfall in akute Lebensgefahr gerieten, gemeinsame Züge. Die Sterbenden waren furchtlos, ja vollkommen ruhig; sie merkten zu ihrem Erstaunen, wie sich ihr Denken enorm beschleunigte und um ein vielfaches schneller wurde als gewöhnlich; einige erlebten in einer retrospektiven Schau Bilderreihen ihres vergangenen Lebens. Heims Interesse an solchen Fällen war durch einen eigenen Absturz im Jahre 1871 geweckt worden. Sein Sturz hatte nur ein paar Sekunden gedauert, aber die Zeit schien sich zu dehnen, so daß ihm eine Sekunde wie fünf Minuten vorkam. Heim schreibt:

> Dann sah ich, wie auf einer fernen Bühne, mein ganzes Leben in zahlreichen Bildern vor mir abrollen. Ich sah mich selbst ganz gegenständlich, ich spielte die Hauptrolle. Alles war wie von einem himmlischen Licht verklärt und schön. Ich empfand weder Angst noch Qual. Selbst die Erinnerungen an traurige Ereignisse

> verursachten mir keinen Kummer. Schöne und erhabene Gedanken herrschten vor und verbanden die einzelnen Bilder, und inmitten einer strahlenden Musik fühlte ich mich wie in einer himmlischen Ruhe gebadet.[3]

Russell Noyes und Ray Kletti, zwei Psychiater aus Iowa, haben den Lebensrückblick – die »Panorama-Erinnerung«, wie sie sagen – in einer speziellen Studie analysiert.[4] Sie werteten die Daten von 189 Fragebögen aus, in denen 215 lebensbedrohliche Situationen geschildert wurden: 57 Abstürze, 48 Ertrinkungsfälle, 54 Autounfälle, 27 sonstige Unfälle und 29 schwere Erkrankungen. Zwei Drittel der Befragten waren Männer, ein Drittel Frauen. Das Durchschnittsalter zum Zeitpunkt des Geschehens lag bei 23. Noyes und Kletti fanden heraus, daß Leute, die beinahe ertrunken wären, mit 47% am häufigsten von einer wiederauflebenden Vergangenheit berichteten, am seltensten dagegen – mit Verlaub, Professor Heim – diejenigen, die einen Absturz überlebten, von 57 Personen nur 16 Prozent. Unter denen, die schwerkrank gewesen waren oder einen Unfall erlitten hatten, fanden sich 42 Prozent, die besondere Gruppe der Verkehrsopfer kam auf 34 Prozent.

Bei Kenneth Ring, der 49 Personen mit sogenannten »Kernerfahrungen« befragt hat (also Leute, die ein besonders ausgeprägtes Sterbeerlebnis hatten), erlebten 12 die Rückschau. 55 Prozent der Unfallopfer berichten von diesem Phänomen, dagegen nur 16 Prozent aller anderen Todeskandidaten. Wegen der geringen Zahl der Befragten zögert Ring, aus seinen Beobachtungen weitreichende Schlüsse zu ziehen. Doch vermutet er, daß das Plötzliche und Unvorhersehbare eines Unfalls die Rückschau auslösen könnte; diese Erklärung paßt auf einen Absturz, wie ihn Heim erlebte, ebenso wie auf einen Herzinfarkt. Was die Häufigkeit der Erinnerungen angeht, weichen die Untersuchungen erheblich voneinander ab. Bruce Greyson fand den Rückblick unter 16 seiner 74 Fälle (= 22%), Michael Sabom brachte bei einer Studie von 116 Fällen gerade zwei Beispiele ans Licht.[5] Die Häufigkeit dieses Phänomens schwankt also zwischen knapp 2 und 47 Prozent. Bei anderen Aspekten der Nah-Todeserfahrung lassen sich ähnliche Abweichungen feststellen, was uns vorsichtig machen sollte, Standardisierungen vorzunehmen. In dem, was die Überlebenden beschreiben, zeigen sich jedoch verblüffend viele Ähnlichkeiten – genug, um daraus haltbare Schlüsse zu ziehen.

Wir sollten an dieser Stelle eine genaue Unterscheidung treffen zwischen der Panorama-Erinnerung und der Lebensrevision. Mit Panorama-Erinnerung meinen wir ein Abspulen von Bildern und Erinnerungen mit geringer oder überhaupt keiner Gefühlsbeteiligung. Dagegen gehört zur Lebensrevision, die oberflächlich ähnlich ist, als ein weiteres, wesentliches Element, daß der Erlebende an dem Geschehen selbst innerlich teilnimmt und die Folgen des eigenen Denkens, Fühlens und Handelns moralisch bewertet. Weil diese Erfahrung besonders tief geht, gibt sie uns wichtige Hinweise bei der Suche nach einer moralischen Ordnung, die unserem Leben zugrunde liegen könnte.

Studien zu Sterbeerlebnissen und außerkörperlichen Erfahrungen (»out-of-the-body-experience«) heben immer wieder hervor, daß der Geist während des Erlebens klar bleibt, während sich die Wahrnehmung und das Zeitbewußtsein verändern. Klarheit kennzeichnet besonders solche Erfahrungen, die spontan und ohne Drogeneinfluß zustande kommen. Das Wiedereintreten in den Körper wird mit der Rückkehr in einen Käfig oder ein Gefängnis verglichen. Ein besonders anschauliches Beispiel für die Veränderungen des Bewußtseins liefert Leslie Grand Scott in einem 1931 verfaßten persönlichen Erfahrungsbericht: »Sterben als Befreiung des Bewußtseins.«[6]

Scott hatte ihr Erlebnis in Ceylon, während sie an den Folgen einer langwierigen Erkrankung litt. In ihrem Fall fing es mit der Panorama-Erinnerung an. Sie sah, wie ihr Leben abrollte, so, als wollte es seinen Sinn offenlegen (dies scheint nicht immer die »Absicht« der Rückschau zu sein). Sie schaute es sich an, ohne sich persönlich betroffen zu fühlen; sie verstand alles ganz genau. Ihr wurde klar, daß sie starb, trotzdem fühlte sie sich angenehm und glücklich, »geistig ungewöhnlich wach und aktiv«. Als der Arzt kam, begann sie seine Gedanken zu lesen. Sie sah ihn zunächst voller Hoffnung, als er ihr eine Spritze gab, und bemerkte gleich darauf seine Enttäuschung, als das Medikament keine Wirkung zeigte. »Inzwischen wurde mein Bewußtsein immer schärfer. Es schien sich über die Grenzen meines Gehirns hinausgedehnt zu haben. Mir wurden Dinge bewußt, von denen ich vorher nichts wußte. Auch mein Gesichtsfeld vergrößerte sich. Ich konnte sehen, was hinter meinem Rücken geschah, was im Nachbarzimmer passierte oder sogar an weit entfernten Orten.« Ganz ähnlich sind die Beschreibungen von Sir Auckland Geddes, der offenbar auch dem Tode nahe war: »Schrittweise begriff ich, daß ich alles sehen konnte, nicht nur meinen Körper und das Bett, in dem ich lag; ich sah jeden Gegenstand im Haus und im Garten [...] einfach alles, worauf ich meine Aufmerksamkeit richtete.«[7]

Leslie Scott verlor jegliches Gefühl für ihren Körper und, als der Kontakt zu ihm abriß, endgültig die Kontrolle über ihn. Sie versuchte ihre Augen zu schließen, aber »ich konnte nicht [...] ich war tot. Doch denken konnte ich noch, und schärfer hören und sehen als je zuvor.« In der Weise, wie sich ihre Wahrnehmungen verschärften, steigerten sich zugleich ihre Empfindungen: »Aus dem Nebenraum kamen große Gefühlswellen, die mich verschlangen, mich überkam die ganze Traurigkeit eines Spielkameraden aus der Kindheit. Mein gewachsenes Empfindungsvermögen ließ mich diese Dinge mit einer Intensität fühlen und verstehen, wie ich sie bis dato nicht kannte.« Schließlich wünschte sie sich, in ihren Körper zurückzukehren. Im selben Augenblick bekam sie fürchterliche Angst. »Die Anstrengungen, in meinen Körper zurückzukehren, waren von Angst und Schrecken begleitet, von unvorstellbaren Gefühlen. Ich hatte meinen Körper mit dem leichtesten Aufwand verlassen. Mit einer fast übermenschlichen Willensanstrengung kehrte ich nun zu ihm zurück«: ein Gefühl im Solarplexus zeigte ihr an, daß sie wieder in ihrem Körper war. Nach der Rückkehr kämpfte Leslie Scott tagelang um ihr Leben, noch immer mit erweitertem Bewußtsein, zugleich aber wütend und verzweifelt darüber, »zusammengepreßt zu sein, eingekerkert in einem dumpfen Gefängnis aus Fleisch«. Sie fühlte sich in ihrem Körper wie ein Toter der orphischen Unterwelt, wie ein Gefangener der platonischen Höhle.

Viele Menschen, die sich außerhalb ihres Körpers befanden, klagen nach ihrer Rückkehr über die Einschnürung und die

Begrenztheit ihrer sinnlichen Wahrnehmung. C.G. Jung hat einmal von dem »Kistchen-System« gesprochen, in das er zurückkehren mußte. »Das Leben und die ganze Welt kamen mir wie ein Gefängnis vor, und ich ärgerte mich maßlos darüber, daß ich das wieder in Ordnung finden würde.«[8]

Während sich Leslie Scott im Zustand eines ausgedehnten oder erweiterten Bewußtseins befand, hatte sie ein äußerst lebendiges Empfinden für die Einheit des Lebens. Mit der Sinnessteigerung wurde ihr »hautverkapseltes Ich« porös. Sie sah die Dinge jetzt nicht mehr durch die »cartesianische Linse«, die vom Ganzen abblendet und nur Einzelteile in den Blick bekommt: »Ich sah die Dinge augenblicklich in ihrer Ganzheit und in ihrem Zusammenhang mit anderen Dingen. Dieses Empfinden von der Einheit, die allen Dingen zugrunde liegt, habe ich nicht verloren, aber ich war gezwungen, mein Sehen einzuengen, so daß es wieder zu dem Gehirn paßte, das ich nun mal benutzen mußte.« Die Beschränkung des Blickes, fügt sie hinzu, war eine reine Überlebensstrategie, die ihren Geist und ihren Körper davor bewahrte, von der Grenzenlosigkeit der Erfahrung und der Intensität des Wissens erschlagen zu werden. Solche Sätze erinnern an William Blake, der fürchtete, daß seine »vierfältige Vision« sich wieder auf ein einsames klaustrophobisches Sehen reduzieren könnte. Sie weisen auch auf Theorien von Henri Bergson, für den das Gehirn ein Filter oder ein Ventil ist, ein Instrument mit dem Zweck, die Aufmerksamkeit ganz auf den gegenwärtigen Moment in der materiellen Welt zu konzentrieren. Leslie Scott war nach ihrem Erlebnis davon überzeugt, daß es den Tod nicht geben könne, da das Leben offenbar auf anderen Bewußtseinsebenen weiterlief, und daß eine einzige Kraft existierte, die sich in allen geschaffenen Dingen offenbarte. Gibt es aber eine zugrundeliegende Einheit, dann muß es, dachte sich Scott, auch eine Ordnung geben, einen Plan »und ein Gesetz, das mit mathematischer Genauigkeit arbeitet. Was wir säen, das ernten wir – und wenn nicht jetzt, dann später, weil wir im Grenzenlosen leben. Ich weiß, daß jede Ursache ihre Wirkung hat und daß vollkommene Gerechtigkeit herrscht.« Kühne und ungewohnte Behauptungen in einem weitgehend glaubenslosen Jahrhundert.

Die Panorama-Erinnerung

Der Fall Scott gibt den Rahmen vor, innerhalb dessen wir weitere Fälle von Panorama-Erinnerungen analysieren können. Ihre Beschreibung des erweiterten Bewußtseins enthält eine Reihe von typischen Merkmalen für jenen Zustand, der die Panorama-Erinnerung hervorbringt. Er ist deutlich von unserem alltäglichen Wachbewußtsein getrennt – besonders wenn man daran denkt, daß der Todeskandidat unmittelbar vor seinem Erlebnis meist noch elendiglich litt. Ich erwähnte bereits die mehr oder weniger typische Erlebnisfolge in jenen kritischen Momenten auf der Schwelle zum Tod: sie endet zwangsläufig (sonst gäbe es keine Berichte) mit der meist abrupten Rückkehr in die materielle Wirklichkeit, nachdem der Sterbende erfahren hat, daß seine Zeit noch nicht gekommen ist, oder aber sich selbst zur Rückkehr entschieden hat.[9]

Das auffälligste Merkmal einer Panorama-Erinnerung sind schnelle, lebendige, realistische und genaue Bilder, die durch den Geist »blitzen«. Ihre Abfolge in der Zeit wird sehr verschieden erlebt. Manche Erinnerungen gehen von der Gegenwart rückwärts in die Vergangenheit, andere beginnen mit der frühen Kindheit und bewegen sich vorwärts, wieder andere zeigen das Leben in einem einzigen, holographischen Komplex. In allen Fällen scheint das »Panoramaleben« nur wenige Sekunden zu dauern. Häufig vollzieht es sich in der Gegenwart oder Aura eines strahlenden, Liebe verbreitenden Lichtwesens; der Erlebende fühlt sich vollständig angenommen und verstanden. Bevor wir nun einzelne Fälle genauer betrachten, wollen wir die Betroffenen selbst zu Wort kommen lassen, in Auszügen, die etwas von der Atmosphäre ihres »Panoramalebens« vermitteln.

Zur Qualität der Bilder

> Mein ganzes Leben lief einfach vor mir ab, wie ein rasend schnelles Computerbild, und ich dachte dabei über die verschiedenen Dinge nach, die ich getan oder vielleicht auch nicht getan hatte.[10]

Ich konnte mich wirklich an alles erinnern. Alles stand so klar und lebendig vor mir. [...] Der treffendste Vergleich, der mir dazu einfällt, wäre der mit einer Bilderserie, einer Dia-Reihe vielleicht. Es war etwa so, als ob jemand Dias vor mir projiziert hätte, in außerordentlich raschem Tempo.[11]

Die Höhepunkte verschiedener, sehr glücklicher Momente meines Lebens kamen hoch [...] vollständig vor mir aufgefächert. Sehr schnell. Eine Art Weg, an mir vorbeigegangen wie Millionen Gedanken [...] Ich war ein Zuschauer, ich habe sie einfach nur angesehn.[12]

Abfolge in der Zeit

Es ist wie ein Film, der vor deinen Augen abläuft, von den ersten Erinnerungen [...] bis zur Gegenwart.[13]

Als erstes sah ich, wie ich hinter meinem Vater am Strand entlangstapfte, als ich zwei Jahre alt war. Der Reihe nach kamen noch ein paar andere Erlebnisse aus meinen ersten Lebensjahren, und danach stand mir vor Augen, wie ich als Fünfjähriger das neue rote Auto demolierte, das ich zu Weihnachten bekommen hatte [...] Dann wechselte ich auf die Junior High School über, ging nebenbei Zeitungen austragen und arbeitete in einem Lebensmittelgeschäft, und so ging es weiter bis zu dem Punkt, an dem ich damals stand, kurz vor dem zweiten Jahr im College.[14]

Ich sah im Zustand der Bewußtlosigkeit wie im Film mehrere Bilder aus meinem früheren Leben, die sonderbarerweise von der Gegenwart rückwärts in die Vergangenheit meines Lebens verliefen.[15]

Es war, als würde ich durch diese Erinnerungen hindurchgehen [...] als würden meine ganzen Erinnerungen noch einmal aufgezeichnet. Ich befand mich im Rücklauf. Und alles lief einfach in umgekehrter Richtung, so daß ich es noch einmal durchgehen konnte, wie bei einem Kassettenrekorder. Aber die Reihenfolge stimmte nicht.[16]

Fallbeispiele

Ein von Raymond Moody befragter Mann sah am Ende eines Tunnels sein ganzes Leben vor sich aufblitzen: »Es ging eigentlich nicht in Bildern vor sich, mehr auf Gedankenebene, glaube ich.«[17] Dieser Kommentar legt nahe, den Vergleich mit Bildern oder Dias nicht zu wörtlich zu nehmen. Der Mann fährt fort: »Es war wirklich alles darin enthalten, ich meine, alle Ereignisse meines Lebens kamen zugleich darin vor. Es war nicht so, daß immer nur eine Sache für sich so ein bißchen aufgeflackert wäre, nein – ich sah mein ganzes Leben auf einmal, alle Erlebnisse gleichzeitig.« Diese Beschreibung entspricht der allgemeinen Beobachtung, daß Sterbende den Zustand außerhalb ihres Körpers als relativ zeitlos erleben. Der Mann denkt in diesem Stadium über Bosheiten nach, die er in seiner Kindheit begangen hat. In die Rückschau tritt also ein Moment der Selbstkritik; eine fremde Erscheinung oder besondere Atmosphäre erwähnt er nicht.

Kenneth Ring hat das Erlebnis von Janis festgehalten, die bei einem Autounfall 1973 nur knapp dem Tod entging.[18] Janis fand sich plötzlich in friedlicher Stimmung wieder, hatte das Gefühl heimzukehren, spürte Wärme und Verständnis. Eine Lichterscheinung fragte sie, ob sie bereit sei zu bleiben, und erklärte ihr, sie müsse selbst einen Entschluß fassen. Danach hatte Janis panoramahafte Erinnerungen, die offenbar zu ihrem Entscheidungsprozeß gehörten. Sie vergleicht die Rückschau mit einem 35-Millimeter-Film, der im Bruchteil einer Sekunde an ihr vorbeizog: »Er war schwarzweiß, und ich sah alles. Ich sah mein ganzes Leben an mir vorüberziehn [...] Alles chronologisch. Alles ganz genau.« Janis beschreibt sich selbst als einen Zuschauer ohne Gefühle. Ungewöhnlich an ihrer Lebensschau ist der Eindruck von Schwarzweißbildern, die erst am Ende farbig wurden, wie Janis behauptet, als sie Ereignisse sah, die noch gar nicht geschehen waren – für Ring ein »flash forward« in der gewöhnlich retrospektiven Panoramaschau, Vorausblicke, die möglicherweise einem erweiterten Bewußtsein entspringen.

Auch der nächste Fall wurde durch einen Autounfall ausgelöst.[19] Das Opfer, Hank, versank in »hingebungsvoller Liebe« und wurde telepathisch gefragt, ob er sich entschieden habe. Daraufhin überkam ihn die vollständige Erinnerung an alles, was er je in seinem Leben gewußt hatte. »Und was mich auch irgendwie erschreckte, war, daß ich alle im Zimmer kannte, wußte, daß ich sie kannte und daß es nichts gab, was man hätte verbergen können – die guten Zeiten nicht, die schlechten Zeiten nicht, gar nichts [...] selbst die nebensächlichen Dinge, die ich längst vergessen gehabt hatte.« Aus seinem Erlebnis zog Hank die Lehre, daß die Menschen auf der Erde lernen müssen, Liebe zu geben und miteinander zu teilen, »daß das Wichtigste im Leben die menschlichen Beziehungen sind, Liebe – und nicht das Materielle. Man muß sich darüber klar sein, daß alles, was man im Leben tut, jede noch so kleine Einzelheit, aufgezeichnet wird; auch Dinge, die man selbst sofort wieder vergessen hat, kehren später wieder ins Bewußtsein zurück.« Das Beispiel, das Hank anführt, ist scheinbar trivial. Man steht ungeduldig an einer Ampel, »und die Frau vor einem fährt nicht gleich los, wenn die Ampel auf grün springt« – man vergißt, daß man selbst einmal dort vorne stehen könnte und nicht wegkommt. Wer ungeduldig ist, demonstriert damit nur, wie wenig er von der Kraft der Gedanken versteht und von den zerstörerischen Wirkungen ungezügelter Emotionen – aber damit greifen wir unserem Material bereits weit voraus.

Die Lebensrevision

Je tiefer die Erinnerungen werden, desto mehr enthalten sie Elemente der Selbstkritik, und desto heftiger reagiert der Erlebende auf das, was er sieht. Die Rückschau ähnelt dann stark der mittelalterlichen Vorstellung, daß die Menschen nach dem Tode mit ihren Taten konfrontiert und nach ihren Taten beurteilt werden. Die Erinnerungen treten nach außen und dadurch in Konfrontation. Sie breiten sich vor dem Schauenden aus, als ständen sie außerhalb von ihm. Es ist ein »als ob«, wie David Bohm sagen würde.[20] Die gewöhnlich eingefalteten, impliziten Erinnerungen werden ausgefaltet, explizit gemacht, und führen dem Zuschauer die volle Tragweite seiner Handlungen, Gefühle und Gedanken vor Augen. Innere Zustände sind nach außen projiziert: so entsteht der Eindruck, man sei zugleich Beteiligter und Zuschauer. Die Revision läßt sich am ehesten noch mit Gurdjieffs Technik des »Selbst-Erinnerns« vergleichen, mit der man versucht, sich der eigenen Gedanken, Gefühle und Taten vollkommen bewußt zu sein. Doch solches Gewahrsein reicht, selbst wenn es gelingt, sicher nicht so weit, daß es alle Konsequenzen des eigenen Tuns und Denkens erfaßt.

Revidieren heißt wörtlich »zurücksehen«, »noch einmal hinsehen«. Das nochmalige Durchsehen führt zu neuen Sichtweisen, in denen die eigenen Gedanken und Wertvorstellungen überdacht werden können. Solch rückgängiges Sehen ist mehr als nur ein Erinnern, es gleicht mehr dem Prozeß, den T.S. Eliot in seinem Gedicht *Little Gidding* beschrieben hat. Zu den Gaben des Alters, die bis zum Ende aufbewahrt werden, gehört zunächst »die kalte Abreibung« und »Entzauberung«, die das Schwinden der Sinne begleitet, dann das Bewußtwerden eines »machtlosen Zorns über die menschliche Dummheit« und

> schließlich der zerreißende Schmerz des Neu-erlebens von allem, was du getan hast und gewesen bist, die Scham über die spät entlarvten Absichten und das Gewahrwerden von Dingen, die schlecht und zum Schaden anderer gerieten, die du selbst einmal für ein Ausbund von Tugend hieltest.[21]

Der einzige Trost, den Eliot in dieser Situation vor Augen hat, ist die zu erwartende Erneuerung durch ein »läuterndes Feuer«; dahinter verbirgt sich wohl eher ein Bild des Fegefeuers als ein Bild der Liebe. Wir werden im Zusammenhang der Revision noch häufiger auf Schamgefühle stoßen, auf Neubewertungen der Lebensmotive und damit verbunden auf Selbstkritik und Reue, aber wir werden auch Momente der Erleichterung entdekken, wenn der zerknirschte Geist den Balsam einer allesumfassenden Liebe erfährt.

Margot Grey führt zwei Fälle an, die ebenfalls von Beschämung und Bestürzung berichten, aber auch deutlich machen, daß die betroffenen Personen aus ihren Fehlern lernen.[22] Eine der beiden sah sich von strahlender Liebe umhüllt, in deren Gegenwart Erinnerungen auftauchten: »Mir wurden plötzlich Dinge bewußt, die ich vollständig vergessen hatte, und das waren die wirklich wichtigen Dinge.« Zum Beispiel hatte sie als Neunzehnjährige bei der Tuberkuloseüberprüfung von Schulkindern mitgearbeitet.

Auslöser für die Revision ist oft eine Frage. Da heißt es dann zum Beispiel: »Gibt es etwas in deinem Leben, was du mir zeigen müßtest? Was hast du für andere getan? Was hast du zum Wohl der Menschheit getan? Wie sieht es in Deinem Herzen aus?« Solche Nachfragen zielen auf den moralischen Kern des Menschen, forschen nach den innersten Werten. Im Fall von George Ritchie war der Fragende »eine Gestalt aus purem Licht«, die ihn wissen ließ, daß er »in der Gegenwart des Sohnes Gottes« sei. »Über allem wußte ich [...] daß dieser Mann mich liebte. Weit größer als die Kraft, die von seiner Gegenwart ausströmte, war die bedingungslose Liebe. Eine erstaunliche, unbegreifliche Liebe. Eine Liebe jenseits meiner kühnsten Vorstellungen. Diese Liebe kannte jede meiner lieblosen Regungen [...] und sie nahm mich an und liebte mich so, wie ich war.«[23] Danach erlebte Ritchie, der zum Zeitpunkt seines Erlebnisses ein junger Mann war, noch einmal wichtige Szenen aus seiner Kindheit. Mit der »Allesinklusiv-Schau« war die Frage verbunden: »Was hast du aus deinem Leben gemacht?«, eine Frage, die nach Meinung Ritchies nicht auf Tatsachen aus war, sondern auf innere Werte. Ritchie schaute nach etwas Bleibendem aus, aber alles, was er sah, war »nur ein endloses, kurzsichtiges, lärmendes Kümmern um mich selbst«. Seine Selbstliebe spiegelte sich in dem wider, was er selbst als den stolzesten Augenblick seines Lebens anführte: »Ich bekam eine Pfadfinderauszeichnung als ›Eagle Scout‹! Worauf die Stimme neben ihm nur lakonisch feststellte: ›Das ehrte dich.‹« Ritchie protestierte; er hätte noch gar nicht die Zeit gehabt, etwas aus seinem Leben zu machen. Und diesmal erhielt er eine Antwort, wie wir sie aus der tibetischen Tradition kennen, »unendlich liebevoll« und ohne Spur von Vorwurf: »Der Tod kann in jedem Alter kommen.« Langsam dämmerte es Ritchie, daß er selbst, nicht die ihn umgebende Erscheinung die Geschehnisse seines Lebens beurteilte. »Ich war es, der sie als unwesentlich, egoistisch, bedeutungslos erkannte.« Von der leuchtenden »Herrlichkeit« um ihn herum kam keine Verurteilung, keine Schuldzuweisung und kein Vorwurf – nur Liebe. Ritchie begriff, daß sein verzweifeltes Bemühen um eine eindrucksvolle Antwort in die falsche Richtung ging; die Lichterscheinung wollte wissen, nicht zu welchen Leistungen, sondern zu welcher Liebe er es in seinem Leben gebracht hatte. Hatte er andere Menschen so bedingungslos geliebt, wie er von dieser Gegenwart geliebt wurde? Seine spontane Antwort: er hätte gar nicht gewußt, daß diese Art von Liebe so wesentlich und bedeutend sei für das Leben. Diese Einsicht war für ihn »so, als ob man zum Abschlußexamen kommt und entdecken muß, daß man in einem Fach geprüft wird, das man niemals studiert hat«.[24]

Als J. T. ihr Sterbeerlebnis hatte, war sie 25 und nicht religiös.[25] Es passierte, nachdem sie mehrere Monate mit einer nicht diagnostizierten Krankheit im Bett gelegen hatte. Ihr Erlebnis begann nicht mit dem üblichen Gefühl von Frieden und Loslösung, sie war vielmehr sehr erschrocken darüber, ihr Ego sterben zu sehen, weggezogen zu werden von ihrem Ich, das sich als oberflächlich erwies. Gleichzeitig wurde sich J. T. eines anderen Teils von ihr bewußt, der ihren Überlebenskampf wie von außen beobachtete. Als sie sich dem Tod schließlich ergab, umfloß und durchflutete sie eine liebevolle Gegenwart, sie spürte Frieden und vollkommene Harmonie. Dann kam das Gericht, die Revision: sie erlebte in einem einzigen Komplex noch einmal ihr gesamtes Leben, »seine Essenz und Summe«. Richter war »die Ganzheit ihres Selbst; mein größeres SELBST, mein wahres Selbst richtete über mein kleines Selbst, über das Ich, über die Gewohnheiten und Muster oder Neigungen von J. T. innerhalb der Bedingungen des 20. Jahrhunderts.« Obwohl ihr Leben ziemlich normal verlaufen war, war sie beschämt und erschrokken: »Alles, was ich liebte, galt nur der Befriedigung meines kleinen Selbst, des Egos [...] alles, was mir zur Verfügung stand, habe ich für mein kleines persönliches Ego-Ich benutzt, nicht für das Größere, für die Menschheit«. Ihr Selbst teilte ihr mit, »es sei meine Lebensaufgabe, die Liebe, von der Jesus, Buddha, Ramana Maharshi und andere gesprochen hatten, in meinem

Leben zu verwirklichen.« Kenneth Ring, dem wir diesen Bericht verdanken, hat das Phänomen der Selbst-Beurteilung im Zusammenhang mit Paul Bruntons Theorie des »Überselbst« genauer dargelegt. Wir werden darauf im 4. Kapitel noch zurückkommen. In den Sterbeberichten ist immer wieder von bedingungsloser Liebe die Rede: sie ist eine Art Leitmotiv, das den atmosphärischen Hintergrund schafft, vor dem sich das Gericht abspielt.

Eine Frau namens Belle hatte ein Nah-Todeserlebnis, als bei einer Operation ihr Herz aussetzte.[26] Umflutet von einer alles aufnehmenden Liebe, bekam sie ihr Leben zu sehen. Sie hatte früher einmal jemandem sechs Dollar gegeben, worauf sie immer stolz gewesen war – das war nun nicht mehr wichtig. Viel größere Bedeutung bekamen die kleinen Dinge des Lebens – die geringen, ungenannten, nicht im Gedächtnis behaltenen kleinen Freundlichkeiten und Liebeserweise – »ein Kind getröstet zu haben, das sich weh getan hat, oder mit einem einsamen alten Menschen freundlich geplaudert zu haben«. Zwar hatte Belle das Gefühl, ihr sei alles vergeben, aber das Urteil sprach sie allein: »Konnte sie sich selbst verzeihen?«

Hier noch zwei weitere Beispiele für die Selbstbeurteilung. Da ist zunächst die Geschichte der schwerkranken Elizabeth Blakely, die wie aus tiefer Nacht plötzlich erwachte.[27] »Mein Bewußtsein war merkwürdig ruhig und klar. Ich hatte auch keine Schmerzen mehr. Nach und nach begann sich das Bewußtsein, das normalerweise den ganzen Körper durchdringt, im Kopf zu verdichten.« Sie hatte das Gefühl, über den Kopf nach oben aus dem Körper herauszutreten. Nach einer Pause, die sie als zeitlos empfand, sah sie in einer Art Innenschau die wichtigsten Ereignisse ihres Lebens noch einmal aufblitzen. Dabei war sie zugleich Akteurin und Zeugin des Geschehens; sie wurde selbst zum »Richter über alles [...], was in meinem vergangenen Leben vorgefallen war, das Gute wie das Böse«. Der zweite Fall ist der Stefan von Jankovichs, der Opfer eines Autounfalls wurde.[28] »Ich sah nur Szenen, in denen ich glücklich gewesen war«, erzählt von Jankovich, »Harmonie war nicht nur in mir, sondern auch in der ganzen Umgebung sowie in den Seelen aller Beteiligten.« Wie Blakely war von Jankovich der einzige Zeuge des Geschehens. »Alle Szenen sah ich so, daß ich nicht nur Hauptdarsteller, sondern gleichzeitig auch Beobachter war [...] Meine ganze Seele war ein sensibles Gerät, mein Gewissen wertete mein Handeln sofort aus und beurteilte mich und meine Taten.« Die schlechten Taten, sagt von Jankovich, wurden in das Schauspiel nicht miteinbezogen. Das korrigiert er später, wenn er darauf hinweist, daß es zwar Szenen gab, »die nach unserer gegenwärtigen gesellschaftlichen Moral als schlechte Taten bezeichnet würden«, daß aber selbst diese Szenen in harmonische Erinnerungen getaucht gewesen seien. Möglicherweise kommen manche Ereignisse, die damals noch verdrängt waren, erst zu einem späteren Zeitpunkt ans Licht, wenn von Jankovich besser auf sie vorbereitet ist.

Die genannten Fälle geben sicher tiefe Einblicke in ein Selbst, das Gericht hält und seine Wertvorstellungen und Zielsetzungen neu abwägt. Sie reichen aber noch nicht in die tiefsten Schichten der Lebensrevision, in denen das Selbst »empathische Resonanz« bekommt, d. h. in Verbindung tritt mit den Erfahrungen anderer Leute. Das Wort »Empathie« stammt, wie das Wort »Sympathie«, aus dem Griechischen. Während »Sympathie« wörtlich »Mitfühlen« bedeutet, meint »Empathie« »Sich-Einfühlen«, auf einer bestimmten Ebene eins werden mit dem anderen, das Fremde als etwas Eigenes empfinden. Das Wort »Resonanz« soll hier das Schwingungsfeld andeuten, das durch Gedanken, Gefühle und Handlungen in Bewegung gesetzt wird, die Welle, die sich vom Epizentrum im Innern eines Menschen nach außen ausbreitet und über die Entfernung auf andere einwirkt, ohne daß diesen das bewußt wird. Wer sich also über seine Erinnerungen in vergangene Ereignisse einstimmt, schwingt zugleich in den von ihnen ausgehenden Wellen und Wirkungen; er befindet sich in einer Art empathischem Magnetfeld.

Im September 1971 traf Darryl ein elektrischer Schlag, als er gerade mit einem Freund telefonierte und der Blitz einschlug. In seinem Sterbeerlebnis begegnete er einem ehrfurchtgebietenden und zugleich liebevollen Lichtwesen, das ihn fragte, ob er wisse, wo er sich befinde. Noch bevor Darryl antworten konnte, »zog mein Leben an mir vorbei [...] jedes einzelne Gefühl, das ich in meinem Leben je empfunden hatte und jetzt noch einmal spürte. Und mit meinen Augen sah ich, wie diese Emotionen mein Leben beeinflußt hatten und womit ich in meinem Leben das Leben anderer Menschen beeinflußt hatte, und verglich es mit dem Gefühl reiner Liebe, das mich umgab«.[29] Dieser Fall einer sehr gefühlsbetonten Rückschau macht besonders deutlich, wozu die Atmosphäre der Liebe da ist: die Liebe ist der Maßstab, an dem alles gemessen wird. Der Zurückschauende bekommt nicht einfach nur die »Lektion« mit auf den Weg, in Zukunft bedingungsloser zu lieben. Er erfährt, daß die Liebe das Prinzip allen Wirkens ist, die Konstante, in deren Licht die Variablen der menschlichen Erfahrung neu gesehen und bewertet werden. Darryls Einsicht ging über die eigenen Gefühle hinaus; er sah diese in ihren Wirkungen auf andere Menschen und konnte sie dort nachfühlen.

Das Empfinden, mit anderen in empathischer Resonanz verbunden zu sein, tritt noch deutlicher in einigen Fällen hervor, die Moody 1988 untersucht hat. Ein Mann, der nach eigenen Aussagen ein »Schwindelkünstler und Rundumverbrecher« gewesen war, hatte seine Lebensschau in der Gegenwart eines Lichtwesens.[30] Auch er sah und fühlte, was seine Handlungen bei anderen bewirkt hatten. Das heilte ihn von seiner Kriminalität. Der Mann begriff, daß er bei seinem endgültigen Tod denselben Prozeß noch einmal durchmachen müßte. Eine andere von Moody befragte Person, eine Frau, die dieselbe tiefe Verbundenheit erlebt hatte, entwickelte ein großes Verantwortungsgefühl für andere Menschen.[31] Sie hatte eine Szene aus der Kindheit wiedererlebt, »als ich meiner kleinen Schwester den Osterkorb wegriß, weil sie ein Spielzeug bekommen hatte, das ich auch gern haben wollte«. In der Rückschau konnte sie nun nachfühlen, wie zurückgestoßen und verloren sich ihre Schwester vorgekommen war. Ihr wurden Gefühle bewußt, die ihr halfen, ihre eigene Lieblosigkeit zu überwinden. Nach dem, was der Rückblick offenbart hatte, wurde es sinnlos für sie, noch länger etwas vor anderen Menschen zu vertuschen. Denn »ich war die Menschen, die ich gekränkt habe, und ich war die Menschen, die sich durch mich gut gefühlt haben«. Die empathische Resonanz empfand die Frau als Aufforderung, in Zukunft sorgfältiger darüber nachzudenken, wie sie mit anderen umging.

Schon in früheren Untersuchungen verweist Moody auf den

Enthüllungscharakter der Sterbeerlebnisse, insofern er die Rückschau als eine zur Zur-Schau-Stellung beschreibt, bei der alle Masken fallen.[32] Man kann noch weitergehen und von einer spirituellen Entblößung sprechen, denn die Revision legt weite Bereiche des Lebens und der Wahrheit frei. Umständliche Rationalisierungen und kleinliche Entschuldigungen sind angesichts dieser ausgedehnten Vorführung wie weggewischt. Einer von Moodys Befragten beschreibt, wie er vom Licht umgeben war und alle Einzelheiten seines Lebens in der Rückschau an ihm vorbeizogen. Er hatte ein »ganz neues Bewußtsein«, während das Licht ihm zeigte, was er falsch gemacht hatte, »so, als ob ich es mit den Augen eines anderen wahrnähme, der [...] über alles Wissen und alle Macht verfügte und mich anleitete und mir gleichsam die Augen öffnete«. In diesem Zustand sah er nicht nur, was er selbst getan hatte, »sondern darüber hinaus auch noch, *welche Folgen meine Taten für andere Menschen hatten.* Und zwar ging das nicht so vor sich wie beim Betrachten von Filmszenen, denn ich konnte alles *fühlen.* Das Gefühl war beteiligt, und zumal da ich nun mit diesem Wissen versehen war [...] Ich entdeckte, daß sogar unsere Gedanken nicht verlorengehen [...] Jeder Gedanke war erhalten geblieben.« Der Rückschauende ist hier nicht nur Hauptfigur und Zeuge des eigenen Tuns. Er ist darüber hinaus in der Lage, die Folgen seines Handelns für andere nachzuerleben, sich in das Bewußtsein anderer Menschen einzufühlen und an ihren Erfahrungen teilzunehmen. Er kann das, weil er an einem allmächtigen Wissen teilhat, an einem allesdurchdringenden Gedächtnis, das noch die entferntesten Wirkungen in einer ewigen Gegenwart aufbewahrt und verbindet.

Die Rückschau von Phyllis Atwater läßt noch weiterreichende Schlußfolgerungen zu.[33] Bevor es losging, schreibt sie, habe sie etwas Großartiges, Verzückendes gefühlt. Was dann kam, war weniger eine Rückschau als ein tiefes Nacherleben.

> Es war für mich ein vollständiges Neuerleben aller Gedanken, die ich jemals hatte, aller Worte, die ich jemals sprach, und aller Dinge, die ich tat. Dazu kam die Wirkung der einzelnen Gedanken, Worte und Taten auf alle und jeden, die sich jemals in mein

> Umfeld, in meinen Einflußbereich begeben haben, ob ich sie nun kannte oder nicht (einschließlich unbekannter Passanten auf der Straße); und darüber hinaus auch noch die Wirkung der einzelnen Gedanken, Worte und Taten auf das Wetter, die Pflanzen, die Tiere, den Boden, die Bäume, das Wasser und die Luft.

Phyllis entdeckte erstaunt, daß sie sich nicht nur an alles erinnerte und Rechenschaft darüber ablegte; ihre Gedanken, Worte und Taten führten sogar ein Eigenleben, sobald sie in eine bestimmte Form von Energie eingebunden waren, die »unmittelbar auf alle einwirkte, die mit ihr in Berührung oder in ihre Nähe kamen«. Phyllis vergleicht dieses Geschehen mit einem riesigen »See oder einer Suppe von sich gegenseitig beeinflussenden Energieresten und Gedankenwellen«; wir, die wir Teil dieses Prozesses sind, werden »für unsere Beiträge und die Qualität unserer Zutaten verantwortlich gemacht«.

Zu dieser Beschreibung paßt nur ein einziges Bild. Es ist das eines ineinandergeflochtenen Gewebes, eines holographischen Netzes, bei dem die einzelnen Teile mit dem Ganzen verbunden sind und über das Ganze – durch empathische Resonanz – mit jedem anderen Teil. Das Ganze, in dem wir und die übrige Schöpfung leben, uns bewegen und unser Dasein haben, ist ein Bewußtseinsfeld, in dem wir Fasern sind, die alle voneinander abhängen. Die Einheit und Verbundenheit mit allen anderen Menschen und der Schöpfung ist die Grundlage unserer Verantwortung. Wären wir nicht verbunden, könnte es die »Rückkopplungsschleife« nicht geben, wäre das Einstimmen in die Erinnerungen und Bewußtseinsfelder anderer Lebensweisen nicht möglich.

Als letztes Beispiel in diesem Abschnitt das Erlebnis eines Strafgefangenen.[34] Starr Daily laborierte an einem Darminfekt, den er sich durch übermäßige Einnahme von Seife zugezogen hatte, bei dem etwas zu erfolgreichen Versuch, in den Krankenhaustrakt des Gefängnisses verlegt zu werden. Während er unter heftigen Schmerzen darniederlag, glitt er auf einmal in einen anderen Zustand, der ihn in Angst und Schrecken versetzte. Er glaubte hellwach zu sein, aber er träumte. Eine Filmrolle begann sich vor seinen Augen abzuspulen.

> Und die einzigen Bilder darauf waren Bilder von Menschen, die ich verletzt hatte. Sie schienen kein Ende zu nehmen. Eine große Zahl dieser Menschen kannte ich oder hatte ich schon einmal gesehen. Dann waren da aber auch noch Hunderte, die ich nie gesehen hatte. Das waren Leute, die indirekt durch mich verletzt worden waren. Die minutiöse Geschichte meiner langen kriminellen Karriere wurde also von mir wiedererlebt, dazu kamen all die kleinen Beleidigungen, die ich anderen unbewußt angetan hatte, durch meine gedankenlosen Worte und Blicke und Versäumnisse. In diesem Alptraum der Kränkungen war offenbar nichts ausgelassen, aber das Schrecklichste an ihm war, daß ich jeden Schmerzenshieb, den ich anderen verpaßt hatte, nun an mir selbst erlitt, als sich die Rolle abspulte.

Mit der Einschränkung, daß in Dailys Rückblick die Natur nicht vorkommt, gleicht sein Erlebnis dem von Phyllis Atwater. In beiden Fällen werden indirekte und unbewußte Wirkungen nacherlebt. Dailys Rückschau fällt jedoch erheblich drastischer aus, fegefeuerartig; ihm wird sein Leben so gegeben, wie er es geführt hat, mit all den Seelenqualen, die er nun gezwungen ist, an sich selbst zu erleben. Immer wieder macht er in den nächsten Wochen dasselbe Erlebnis durch, noch etwa ein dutzendmal, bis er eines Morgens erwacht, von allen Ängsten und Schmerzen befreit. Die nächsten vier Monate verbringt er in Einsamkeit. Während dieser Zeit entdeckt er nach und nach eine in ihm verborgene innere Landkarte, »kaum erforschte Kontinente des menschlichen Geistes«. Dann kommt es zu einem ungewöhnlichen Vorfall, durch den sich sein Erlebnis vollendet und der ihn zugleich von seiner Vergangenheit befreit. Daily fällt in frühe Kindheitsträume zurück und begegnet in einem Garten der Gestalt von Jesus Christus, dessen Liebe ihn überströmt. Der Traum wiederholt sich. Eingetaucht in Liebe, erlebt Daily zum ersten Mal freudig das Gefühl, selbst Liebe geben zu können. »Sie strömte von mir aus in Gefühlen der Dankbarkeit und in seligen Tränen. Ich liebte alle Menschen. Was ich haßte, waren allein die schlimmen Bedingungen, die sie sich gegenseitig und sich selbst auferlegten.« Und noch einmal spult sich die Lebensrolle vor ihm ab:

> Es war diesmal nichts Schmerzhaftes in ihr; es war reine Hochstimmung, Ekstase. Alle Menschen, die ich verletzt hatte, direkt oder indirekt, traten wieder vor mich hin, und diesmal gab ich ihnen Liebe, die sie zu trösten und ihre Wunden zu heilen schien. Dann erschienen mir alle Menschen, die mich verletzt hatten. Ich begann ihnen, einem nach dem anderen, zu helfen und sie zu lieben. Es war alles außerordentlich lebendig. Außerhalb des Films bildete sich ein großes Auditorium. Dort gab es ein gewaltiges Publikum. Und es waren all die Leute, die ich verletzt hatte oder die mich verletzt hatten.[35]

Dieses Erlebnis bedeutete einen Einschnitt und Wendepunkt im Leben von Dailey. Er hatte entdeckt, daß es möglich war, Liebe zu bekommen und weiterzugeben, und daß die Verletzungen auf beiden Seiten heilen, wenn man sich gegenseitig vergibt. Natürlich waren die anderen Personen nicht wirklich anwesend. Wir haben es hier mit einem Schauspiel zu tun, das sich allein in einer Person abspielt. Aber wenn das allesverknüpfende Gewebe tatsächlich existiert, könnten diese Heilungsprozesse zumindest unbewußt übertragen werden, sie könnten das Gleichgewicht in der Beziehung einzelner Teile wiederherstellen und somit die Harmonie des Ganzen vergrößern.

Deutungen

Nur wenige Wissenschaftler haben für die Panorama-Erinnerung und die Lebensrevision spezielle Deutungen vorgelegt. Ihr Hauptinteresse wandte sich bald anderen Aspekten der Sterbeerlebnisse zu, den außerkörperlichen Erfahrungen vor allem und der Begegnung mit dem Lichtwesen. Noyes und Kletti aber haben zur Erklärung der Phänomens gleich eine doppelte These vorgetragen. Die eine Seite ihrer Interpretation ist psychologisch – »das Depersonalisierungssyndrom« –, die andere Seite neurologisch – anormale Energieströme im Schläfenlappen des Gehirns.

Nach der Definition von Noyes ist Depersonalisierung ein Verteidigungsmechanismus des Nervensystems, ein subjektiver

Reflex auf lebensbedrohliche Gefahren. Er bewahrt die gefährdete Person vor der schrecklichen Erfahrung des Todes, indem er ein inneres Erlebnis in Gang setzt und in das Bewußtsein integriert. Bei der wissenschaftlichen Analyse dieses Prozesses wurden drei Faktoren herausgearbeitet. 1. eine mystische Komponente, zu der Harmonie- und Glücksgefühle gehören, daneben Visionen und eine gesteigerte Einbildungskraft; diese, vermutet man, ist der eigentliche Grund der Panorama-Erinnerung.[36] 2. eine depersonalisierende Komponente; zu ihr gehören die Zurückhaltung von Gefühlen und die Loslösung vom Körper und der Welt. 3. ein gesteigerter Wachzustand, der – wie die Forscher einräumen – der zweiten Komponente oberflächlich zu widersprechen scheint. Michael Sabom, der die Ergebnisse seiner Studie mit der von Noyes und Kletti verglich, entdeckte signifikante Unterschiede. Noyes selbst hatte zugestanden, daß die Erfahrungen von Menschen, die nur psychisch dem Tode nahe waren (die sich also in Todesgefahr *glaubten*), nach einem anderen Muster abliefen als die Erlebnisse derjenigen, die sowohl psychisch als auch physisch kurz vor dem Tode standen.[37] Aus dem Bericht von Noyes und Slyman geht weiter hervor, daß Personen, denen gefährliche Unfälle zustoßen, doppelt so oft Erlebnisse der »mystischen« Art haben wie andere Todeskandidaten.[38] Die entscheidende Frage ist, ob sich Panorama-Erinnerung und Lebensrevision als Elemente einer symbolischen Phantasie erklären lassen, die den drohenden Tod nicht wahrhaben will. Das Zurückgreifen auf die Vergangenheit, zumal auf positive und glückliche Erinnerungen, könnte, so das einleuchtende Argument, eine Form von Eskapismus darstellen, eine Flucht vor der Wirklichkeit, mit der die Aufmerksamkeit von der gegenwärtigen Notsituation abgelenkt wird. Aber diese Argumentation verliert an Überzeugungskraft, sobald wir zu den tieferen Schichten der Lebensrevision kommen, wo die vermeintlich flüchtende Persönlichkeit gefordert ist, sich mit den Bildern auseinanderzusetzen und den moralischen Fragen zu stellen. Und sie bricht völlig zusammen, wenn wir uns den emotionalen und empathischen Aspekten der Rückschau zuwenden, in denen der Betroffene mit den Konsequenzen seines Denkens und Handelns konfrontiert wird. In diesem Stadium ist kein Platz mehr für Eskapismus und Wunschdenken.

Der zweite, der neurologische Zugang geht von der verbreiteten und festgeschriebenen Annahme aus, daß die Erinnerungen im Gehirn gespeichert werden. Bevor wir diesem Erklärungsmodell genauer auf den Grund gehen, müssen wir seinen theoretischen Hintergrund skizzieren. Das Gedächtnis leistet zwei grundlegende Erkenntnisprozesse: Lernen oder Erwerben auf der einen Seite, Erinnern oder Abrufen auf der anderen. Dieser zweite Erkenntnisvorgang besteht nach Auffassung des Gehirnforschers John Eccles aus zwei Schritten.[39] Dem Zurückrufen folgt das Wiedererkennen, die Prüfung, ob das Hervorgeholte auch wirklich das Gesuchte ist. Man vermutet, daß das Gehirn die Erinnerungen auf winzigen Spuren festhält, in sogenannten Engrammen, die an den Synapsen, den Umschaltstellen zwischen den Nervenzellen, Veränderungen vornehmen. Nach Ansicht von John Eccles »müssen wir, allgemein gesagt, annehmen, daß Langzeiterinnerungen irgendwie in der neuronalen Verknüpfung des Gehirns codiert sind. Wir kommen so zu der Vermutung, daß die strukturelle Basis des Gedächtnisses in den dauernden Modifikationen von Synapsen liegt, die funktionale Verbindungen zwischen Nervenzellen sind.«[40] Entsprechend gilt für den Abruf, »daß bei einer Wiedergewinnung einer Erinnerung die neuronalen Ereignisse, die für die erinnerte Erfahrung verantwortlich waren, in etwa wieder abgespielt werden«.[41]

Die Rede von »Speichercodes« und »Abruf« beruht, wie man leicht erkennen kann, auf einer heftig beschworenen Analogie zum Computer und zur Informationstheorie. Es ist ein merkwürdiger Kreislaufschluß, anzunehmen, das organische Gehirn könne aus der Parallele zum unorganischen Computer, den es sich selbst geschaffen hat, vollständig erklärt werden. Die Gehirnforschung, die ganz auf die Prozesse des Lernens und Abrufens zentriert ist, geht sicher zu weit, wenn sie mit Professor Steven Rose behauptet, daß »die beobachteten biochemischen, anatomischen und physiologischen Veränderungen, die das Lernen begleiten, auf biologischer Ebene die notwendigen, hinreichenden und ausschließlichen Voraussetzungen dieses Lernens bilden«.[42] Doch sagt derselbe Rose an anderer Stelle, daß die

Engramme, die Lernen und Erinnern verbinden, eher »abgeleitet als bewiesen« seien. Und Professor John Z. Young stellt fest, daß die meisten Gehirnforscher zwar an die Theorie der synaptischen Veränderungen glaubten; aber es gebe »nur wenige unmittelbare Hinweise darauf, wie sie im einzelnen funktionieren«.[43]

Der amerikanische Neuropsychologe Karl Lashley hat in der ersten Hälfte dieses Jahrhunderts dreißig Jahre lang versucht, Gedächtnisspuren im Gehirn von Ratten zu lokalisieren. Er zerstörte bestimmte Partien der Großhirnrinde und stellte fest, daß sich einmal erlernte Fähigkeiten beim Durchlaufen eines Labyrinths nicht wirklich auslöschen ließen. Das Ergebnis der chirurgischen Eingriffe war ein *allgemeiner* Leistungsschwund. Im Gefolge dieser Entdeckung stellten einige Wissenschaftler eine holographische Gedächtnistheorie auf, nach der Erinnerungen über das ganze Gehirn verteilt und nicht in irgendeinem Teil angesiedelt sind, freilich immer noch *im* Gehirn und nicht außerhalb. Das Konkurrenzmodell, das von speziellen Gedächtnisspuren ausgeht, bekam noch einmal Auftrieb durch die Experimente des kanadischen Neurochirurgen Wilder Penfield.[44] Diese bilden auch die Grundlage für die Spekulationen von Noyes und Kletti, daß die Panorama-Erinnerung und die Lebensrevision neurologische Ursachen haben, nämlich einen Anfall im Bereich des Schläfenlappens nach vermuteter Unterversorgung.

Wesentlicher Bestandteil von Penfields Verfahren war die elektrische Stimulierung verschiedener Gehirnpartien beider Hemisphären, besonders der Schläfenlappen. Die Operation erfolgte unter lokaler Anästhesie. (Erwähnenswert ist, daß die Experimente nur an Patienten durchgeführt wurden, die schon einen epileptischen Anfall hatten, und daß nur die Gehirnregionen stimuliert wurden, in denen sich der Anfall ereignet hatte. Eine Übertragung dieser Befunde auf die Diskussion über Normalhirne, an denen solche Experimente nicht durchgeführt wurden, dürfte also höchst fragwürdig sein.) Penfield fand nun heraus, daß seine Patienten, ohne ihr Gegenwartsbewußtsein zu verlieren, Erinnerungen an längst vergessene Ereignisse hatten, die offenbar durch die elektrische Reizung ausgelöst wurden. Ihre Erlebnisse waren vor allem visuell und auditiv, manchmal auch beides zugleich. »Es gab Phasen, in denen sie die Aktionen von anderen beobachteten und ihren Gesprächen zuhörten, und andere Phasen, in denen sie Musik hörten.« Auffallend an den Erinnerungen ist ihr passiver Charakter. Der Patient ist mehr Beobachter als Teilnehmer, wogegen Berichte von einer Panorama-Erinnerung oder einer Lebensrevision gerade die Gleichzeitigkeit des Beobachtens und Teilnehmens hervorheben. Auch gibt es in den Erinnerungen von Beinah-Gestorbenen nicht bestimmte Kategorien von Erfahrungen, die ausgelassen wären, so wie dies Penfield bei seinen Patienten beobachtet. Er muß feststellen, daß in den Aufzeichnungen der Patienten einige Arten von Ereignissen nicht vorkommen: sie treffen keine Entscheidungen, üben keine handwerklichen Tätigkeiten aus, sprechen und schreiben nicht selbst, essen nicht, haben keine sexuellen Erlebnisse und erleiden keine Schmerzen. Anders die Überlebenden einer Nah-Todeserfahrung; sie sprechen von einer vollständigen Erinnerung, die um ein vielfaches schneller ablief als in der Wirklichkeit.

Und noch etwas: Während Penfields Patienten erklären, sie hätten sich in einem traumartigen Zustand befunden, legen Leute mit Sterbeerlebnissen Wert auf die Feststellung, höchst lebendige und realistische Bilder erlebt zu haben. Und betrachten wir schließlich die Tiefendimensionen einer Lebensrevision, dann zeigt sich endgültig, daß mit neurologischen Aktivitäten eine angemessene Erklärung der empathischen Resonanz nicht zu leisten ist – wir können in unseren Gehirnen schwerlich die Engramme fremder Leute speichern. Gäbe es die empathische Resonanz nicht, könnte man argumentieren, mit dem Abschalten der Synapsen, unmittelbar vor ihrer Zerstörung, im Augenblick des Gehirntods, würden Erinnerungen abgespult, eine Art Vorspiel zum Tod. Doch verlieren die Sterbenden dabei ihre Erinnerungen nicht – diese werden vielmehr noch schärfer und weiten sich aus.

Erinnerung und Resonanz

Wir alle kennen Situationen, in denen uns dieses an jenes erinnert. Das Gedächtnis funktioniert assoziativ. Kurse, die das Gedächtnis trainieren, bieten »Bilderhaken« an, an die man die Erinnerungsstücke aufhängt, Punkt für Punkt, wie auf einer Einkaufsliste, und je einprägsamer das Bild ist, desto leichter ist es abzurufen. Angenommen, Sie fahren in die Stadt, um Zahnpasta und einen Schraubenzieher zu kaufen. Zaubern Sie sich nun ein Bild vor Augen. Sie putzen die Zähne mit einem Schraubenzieher, oder Sie benutzen den Schraubenzieher, um damit die Zahnpastatube aufzuhebeln. Das Bild ist so absurd, daß Sie sich leicht daran erinnern werden. Sie kennen sicher auch die alltägliche Situation, daß Sie sich an etwas zu erinnern versuchen und einfach nicht darauf kommen – plötzlich, als Sie gar nicht mehr daran denken, fällt es Ihnen ein. Es ist geradezu, als habe das aktive Gehirn die Erinnerung daran gehindert, aufzutauchen. Marcel Proust beschreibt dieses Phänomen in einer berühmten Passage seines Romans *Auf der Suche nach der verlorenen Zeit*. Er nimmt einen Schluck Tee und probiert dazu ein Stück »Madeleine«-Kuchen. Der Geschmack setzt eine Assoziation in Gang, für die er zunächst kein Bild hat. »Dann plötzlich kam mir die Erinnerung.« Eine längst vergessene Szene aus seiner Kindheit: seine Tante hatte ihm Sonntag morgens immer ein Stück Kuchen in den Tee getunkt. Wie ein Ton, der gleichgestimmte Saiten zur Schwingung bringt, löste der Geschmack Erinnerungen an Situationen aus, die sich in der Vergangenheit in ähnlicher Weise ereignet hatten. Jede Art von Resonanz funktioniert nach dem Ähnlichkeitsprinzip: Gleiches löst Gleiches aus. Ein-Stimmung und Überein-Stimmung ist nur dort möglich, wo bestimmte Frequenzen zusammenklingen.

Henri Bergson, F.C.S. Schiller und William James sind die Pioniere einer Theorie über den Zusammenhang von Gehirn, Geist und Gedächtnis, die zu einer sinnvollen Erklärung für die Phänomene außersinnlicher Wahrnehmung führen könnte, besonders auch für die Panorama-Erinnerung. Alle drei brechen mit der konventionellen Auffassung, das Bewußtsein sei ein

Produkt des Gehirns. Das Bewußtsein, zumindest ein wesentlicher Teil des Bewußtseins, ist ihrer Meinung nach etwas Selbständiges; das Gehirn ist nur der Ort, an dem es zugelassen bzw. durchgelassen wird. Mit den Worten von Schiller: »Die Materie *bringt* das Bewußtsein nicht *hervor*, sie *grenzt* es vielmehr *ein*, beschränkt seine Leistungskraft; materielles Bewußtsein konstruiert Bewußtsein nicht aus einer Anordnung von Atomen; es kontrahiert vielmehr seine Erscheinungsformen auf den Bereich, den es zuläßt.«[45] Nach der Definition von Bergson ist das Gehirn ein Organ, das auf das alltägliche Leben gerichtet ist, ein Filter, der unsere Aufmerksamkeit auf die praktischen Erfordernisse der Gegenwart hin kanalisiert, eingrenzt und abblendet. Gegenüber dem allesspeichernden Gedächtnis hat es die Funktion, das Vergangene zu verhüllen, nur solche Informationen zu vergegenwärtigen, die in der gegebenen Situation nützlich sein können; und diese Daten ruft es über Assoziationen ab. Es versteht die Gegenwart aus früheren Erfahrungen ähnlicher Situationen. Verletzungen des Gehirns, behauptet Bergson, würden den Bestand der Erinnerungen nicht beeinträchtigen, wohl aber das Vermögen, sie abzurufen. Das Gehirn schaffe den Rahmen, innerhalb dessen die Erinnerungen erscheinen können, es mache sie keineswegs selbst.[46] Bergsons Schlußfolgerung ist eindeutig. Wer wie selbstverständlich annimmt, die Erinnerungen seien im Gehirn gespeichert, unterliegt einer Täuschung.

Die Beschränkung des Bewußtseins ist ein Überlebensmechanismus, mit dem wir im alltäglichen Leben einen Großteil der Eindrücke und Erinnerungen, die unsere Funktionstüchtigkeit und Sicherheit beeinträchtigen könnten, einfach ausblenden. Außersinnliche Wahrnehmungen (ASW) erfordern bekanntlich einen ruhigen und aufnahmebereiten Geisteszustand, denn normalerweise gehen die feineren Empfindungen in den gröberen Sinneseindrücken unter. Wenn wir keinen unmittelbaren Zugang zu unseren Erinnerungen haben, heißt das nicht, daß sie verschwunden wären. Auch Bergson kannte die Panorama-Erinnerung und nahm sie als Hinweis darauf, daß die Vergangenheit verwahrt wird. Ausgehend von Bergson kann man sagen: in Augenblicken lebensbedrohlicher Gefahren wenden wir die Aufmerksamkeit vom dahinfließenden materiellen Leben ab und entdecken unseren eigentlichen Halt in einem anderen Bereich des Bewußtseins. Diesen größeren und intensiveren Geisteszustand haben manche mit dem Modell des »Hyperspace« zu erklären versucht. So ist nach Ansicht von Gordon Greene die »Zeit« in einer vierten Dimension derartig gedrängt, daß wir dort unsere Vergangenheit als Ganzes wahrnehmen können.[47] Allgemeiner gesagt: wenn die Hauptfunktion des Gehirns tatsächlich darin besteht, das bewußte Wahrnehmen auf die dreidimensionale physische Welt zu begrenzen, kann man voraussagen, daß sich mit dem Absterben des Gehirns das Bewußtsein erweitert. Und genau dafür sprechen die Berichte von Sterbenden, die das Ausdehnen und Schärferwerden des Bewußtseins beschrieben haben. Unmißverständlich erklärt Sir Auckland Geddes, sein Bewußtsein außerhalb des Körpers sei klar und geweitet gewesen. Als er aber in den Körper zurückkehrte, war er nur noch »von einem schmerzdurchdrungenen Bewußtseinsschimmer erfüllt«.[48] Mit anderen Worten: das Verlassen des Körpers ist für das Bewußtsein eine Befreiung, die Rückkehr dagegen eine Art von Gefangennahme.

Die Begriffe Resonanz und Frequenz stehen im Mittelpunkt von wissenschaftlichen Entwicklungen jüngerer Zeit. Da ist vor allem die schon genannte holographische Theorie, die annimmt, daß die Erinnerungen im Gehirn gespeichert sind, aber viel weiträumiger verteilt, als man zunächst angenommen hat. »Kurz formuliert, besagt die holographische Supertheorie: Unser Gehirn konstruiert aufgrund mathematischer Berechnungen die ›harte‹ Wirklichkeit durch Interpretation von Frequenzen aus einer Dimension, die Raum und Zeit transzendiert.«[49] Sieht man das Gehirn als einen Auswerter von Frequenzen an, mit dem sich das bewußte Selbst auf die materielle Welt einstellt, gibt es eigentlich keinen Grund mehr, warum wir uns nicht auf verschiedene Ebenen des Bewußtseins einstimmen können sollten, sobald die Grenzen des physischen Gehirns beseitigt sind. Die zweite wichtige wissenschaftliche Entdeckung ist die Theorie der Formenbildung und morphischen Resonanz von Rupert Sheldrake.[50] Uns interessiert hier besonders seine Theorie der morphischen Resonanz. Mit dem Begriff ist ein auf Ähnlichkeiten beruhender Einfluß gemeint, der bei Organismen durch sogenannte morphogenetische Felder organisiert wird. Frühere Organismen beeinflussen also spätere Organismen derselben Art über das morphogenetische Feld, das dieser besonderen Spezies zugrunde liegt. Im Hinblick auf die Vererbung von Gewohnheiten und die Rolle des Gedächtnisses argumentiert Sheldrake, daß Erinnerungen nicht im Gehirn gespeichert sein müssen. Der Zugang zu ihnen könnte durch morphische Resonanz erfolgen, das heißt über die Ähnlichkeit eines jetzigen Zustandes mit früheren. Anders ausgedrückt: das Wiedererinnern, der Abruf, vollzieht sich über die Resonanz mit einer bestimmten Erinnerung. Die Anhänger der Gehirnspeichertheorie unterstellen einen ähnlichen Mechanismus, beschreiben sie doch das Erinnern als ein Suchen mit dem Ziel, einen ursprünglichen neuronalen Vorgang noch einmal abzuspielen. Der Versuch aber, das Gedächtnis lokalisieren zu wollen, könnte sich gleichermaßen wie die Suche nach dem Bewußtsein, ohne daß es überhaupt kein Gedächtnis gibt, als irreführend erweisen. Unsere Gehirne befinden sich zweifellos in Raum und Zeit – schauen wir aber auf paranormale Phänomene wie Telepathie und Hellsehen, dürfen wir mit Lawrence LeShan vermuten, daß unser Bewußtsein dort nicht ist. Im Bereich des Geistes ist es kein Problem, über Entfernungen zu wirken, denn die Kategorie Raum-Zeit gilt nur für das physikalische Universum; sie geht nicht konform mit den Ergebnissen der parapsychologischen Forschung.[51] Die Wirksamkeit der Telepathie ist unabhängig von räumlichen Entfernungen, ebenso die Qualität von »Erscheinungen« in bestimmten Krisenzuständen. Entscheidend bei solchen »Übertragungen« ist anscheinend das Maß der Sympathie und Liebe, das zwischen zwei »Stationen« besteht, die emotionelle, geistige und spirituelle Nähe; sie durchdringt die Mauern, mit denen wir uns normalerweise umstellen und von den anderen isolieren.

Kryptomnesie und Psychometrie

Man kann die Panorama-Erinnerung als besondere Erscheinungsform eines verborgenen Gedächtnisses ansehen, das immer dann an die Oberfläche kommt, wenn die normalen Abdekkungsmechanismen nicht mehr funktionieren. Der Fachbegriff für das verborgene Gedächtnis ist Kryptomnesie. Man begegnet diesem Wort normalerweise im Zusammenhang von Spukerscheinungen, hypnotischer Regression, Psychometrie (»Objektlesen«) und anderen Phänomenen, die versteckte Erinnerungen auszulösen scheinen.

Bei W. H. C. Tenhaeff finden wir einen interessanten Fall, der von dem Schweizer Psychologen Theodore Flournoy untersucht worden ist. Ein Medium namens Helène Smith hatte während einer Séance eine Vision, in der ihr ein Araber eine Zeichnung hinhielt.[52] Smith schrieb von links nach rechts ab, was sie »sah«. Die Buchstaben erwiesen sich als echte arabische Schriftzeichen. Sie ergaben die Worte »elqalil men alhabib ktsir«, ein Sprichwort mit der Bedeutung: »Ein wenig Freundschaft ist viel.« Flournoy stellte Nachforschungen an und entdeckte, daß der Hausarzt von Helène Smith, Dr. Rapin, in seiner Freizeit orientalische Studien trieb. Als er den Papierfetzen mit der Abschrift sah, war er überrascht: »Es ist, als sähe ich meine eigene Handschrift!« Er habe, erklärte er nun, über eine Reise nach Nordafrika einen Bericht verfaßt und auf den Einband arabische Sprichwörter aus seinem Lehrbuch geschrieben. Das erste Sprichwort dieses Buchs war das, was Helène Smith abgeschrieben hatte. Sie mußte irgendwann ein Exemplar des Reiseberichts gesehen haben, obwohl sie jede Kenntnis davon bestritt. (Was nicht heißt, das sie es nicht doch gesehen hat. Von der Gedächtnisforschung wissen wir, daß wir weit mehr in uns aufnehmen, als wir bewußt realisieren.[53])

Im Jahre 1911 berichtet der Cambridger Professor G. Lowes Dickinson von einem Fall aus seiner Praxis, bei dem das latente Gedächtnis unter Hypnose zutage trat.[54] Fräulein C., die Tochter eines Geistlichen, traf bei einem vermeintlichen Kontakt mit der spirituellen Welt auf eine Frau namens »Blanche Poynings«, die von sich behauptete, in der Regierungszeit von Richard II. mit

Maud, der Gräfin von Salisbury, bekannt gewesen zu sein. »Poynings« lieferte detaillierte biographische Angaben über die drei Ehemänner der Gräfin und verschiedene Nachkommen. Ihre Informationen, die zwei Seiten füllten, zeichneten ein genaues Bild der Kleidung jener Zeit und von medizinischen Behandlungsmethoden. Nach der Sitzung, beim Tee mit Fräulein C., schlug Professor Dickinson vor, mit einer Planchette (also über automatisches Schreiben) noch einmal Kontakt aufzunehmen; und tatsächlich meldete sich »Blanche Poynings« und verwies die Anwesenden auf ein Buch mit dem Titel »Countess Maud« von Emily Holt. Fräulein C. gab zu, den Roman gelesen zu haben, konnte sich aber bewußt an keine Einzelheiten erinnern. Dickinsons Nachforschungen ergaben, daß alle von »Poynings« genannten Fakten in dem Buch enthalten waren; nur ihr eigener Charakter war ziemlich verschieden von der Person des Romans. Die Version von Fräulein C. war offenbar eine Erfindung ihrer unbewußten Einbildungskräfte, die auf der Kenntnis der Namen und bestimmter Eigenheiten aufbauten.

In Tenhaeffs Terminologie wäre dies ein Fall »hypnotischer Hypermnesie«. Durch die Schwächung bestimmter Blockaden steigert sich die Gedächtnistätigkeit. Nach demselben Prinzip werden in der Psychoanalyse verdrängte Bewußtseinsinhalte hervorgeholt. Wir verdanken der gegenwärtigen Beliebtheit hypnotischer Rückführungen in »frühere Leben« eine Reihe von Daten, die die Hypothese der Kryptomnesie stützen. Ian Wilson dokumentiert die erstaunlich detaillierten Erinnerungen von Jane Evans: sie glaubte, im 4. Jahrhundert im englischen York als römische Hausfrau »Livonia« gelebt zu haben.[55] Ihre Informationen ließen sich bis ins letzte auf einen historischen Roman von Louis de Wohl zurückführen, den er 1947 veröffentlicht hatte. Jane Evans benutzte nicht nur einen fiktiven Namen, den de Wohl erfunden hatte; sie konnte römische Städte korrekt benennen, kannte die Abkürzung Verulam für Verulanium, und sprach von historisch nicht nachweisbaren Personen, die nur in dem Roman vorkommen. Das Unbewußte von Jane Evans hatte eine kleine Episode des Buchs zu einer überzeugenden und spannenden Geschichte ausgebaut.

Der Cambridger Archäologe T. C. Lethbridge machte, nachdem er sich in den Ruhestand nach Devon zurückgezogen hatte, merkwürdige Entdeckungen, über die er mehrere Bücher geschrieben hat.[56] Zunächst probierte Lethbridge eine neue Pendeltechnik aus. Er nahm einen ungewöhnlich langen Faden und hielt das Pendel über eine silberne Platte, die auf dem Boden stand. Während das Pendel hin und her schwang, veränderte er schrittweise die Länge des Fadens: bei 22 Inches [1 inch = 2,54 cm] ging das Pendel in eine Kreisbewegung über. Lethbridge hatte etwas entdeckt, was er die »Rate« für Silber nannte, und fand bald heraus, daß Blei dieselbe »Rate« hatte. Wenn nun aber das Pendel, wie Lethbridge annahm, einfach nur die Verlängerung des Pendlers war, nämlich seiner gegenwärtigen Geistesverfassung, dann mußte es auf dessen Gedanken und Gefühle reagieren. Zur Überprüfung seiner Hypothese pendelte er ein paar Wurfsteine aus, die bei »24« und »40« ansprachen. Dann ging er zu einem nahe gelegenen Strand, sammelte mit einer Zange einen Korb voll Steine und testete sie – keine Reaktion. Lethbridge und seine Frau berührten die Steine mit der Hand und schleuderten sie in die Gegend. Bei der wiederholten Überprüfung stellte sich nun heraus, daß die von Lethbridge geschleuderten Steine bei »24« reagierten, die seiner Frau bei »29«. Damit waren die Raten für männlich und weiblich gefunden, die durch weitere Experimente bestätigt wurden. Aber was war mit der Rate »40«? Vielleicht gab es es auf Steinen, die im Krieg benutzt wurden, so etwas wie »Abdrücke von Wut«, auf die das Pendel ansprach? Um das herauszufinden, experimentierte Lethbridge mit dem Maß »40«, und tatsächlich: sobald er an etwas Ärgerliches dachte, begann das Pendel zu kreisen. Nach weiteren Versuchsreihen ergaben sich Raten für verschiedene Substanzen und Qualitäten. Interessanterweise erwies sich »40« als ein Maß für Schwarzes und Kaltes, für Wut, Betrug, Schlaf und Tod – Vorstellungen, die zwar nicht identisch, aber irgendwie miteinander verbunden waren. Und die Rate »20« stand für Weißes und Lebendes, für Erde und Elektrizität.[57] Weiter stellte Lethbridge fest, daß die Meßwerte auch über einen längeren Zeitraum hinweg unverändert blieben. So ergab sich für Eisenkonstruktionen aus der elisabethanischen Epoche der »männliche

Wert 24« und der »Denkwert 27« (ein Wert, der mit der Kunstfertigkeit zu tun hatte). Männliche und weibliche Raten ließen sich sogar für Feuersteine nachweisen, die 3500 Jahre alt waren. Der interessierte Leser findet bei Lethbridge zahllose Beispiele.[58]

Weil Lethbridge der Auffassung war, daß Gegenstände von Kraftfeldern umgeben waren, kam er zu dem Ergebnis, daß die Rate eines Gegenstands mit dem Radius seines Kraftfelds korrespondierte. Das galt auch für das »Psyche-Feld«. Diesen Ausdruck prägte Lethbridge für das den Menschen umgebende elektromagnetische Feld. (Darüber hinaus sprach er von einem »Dryadenfeld« für Bäume, von einem »Nyadenfeld« für Quellen und Bäche und von einem »Ge-Feld«, das die Erde als ganzes umgibt.[59]) Nachdem es Lethbridge gelungen war, einem Stein eine »Rate für Wut« aufzuprägen, mußten sich die eigenen Gedanken und Gefühle eigentlich auch auf Felder und Orte übertragen lassen.

Szenenwechsel. Ladram Bay. Dort sammelte Lethbridge mit seiner Frau Seetang für ihr Spargelbeet. Was er empfand, als er den Strand betrat, beschreibt Lethbridge mit den Worten: »Ich geriet unter eine Art Decke bzw. in einen Nebel von Depressionen und auch wohl Angst.«[60] Seine Frau war zehn Minuten später bei ihm; ohne daß sie vorher miteinander gesprochen hätten, erklärte sie, daß sie es an diesem Ort mit seiner schrecklichen Atmosphäre keine Sekunde länger aushielte. Wie der Zufall es wollte, rief Lethbridges Frau am Abend ihre Mutter an; als das Gespräch auf den Strand kam, erzählte die Mutter plötzlich, daß sie vor etwa fünf Jahren am Strand ein depressives Gefühl befallen habe. Eine genauere Erforschung des Strandes bestätigte Lethbridges Vermutung, daß die »Atmosphäre« offenbar festumrissene Grenzen hatte. Und bei späterer Gelegenheit entdeckte seine Frau an einer bestimmten Stelle oberhalb der Klippen ein ähnliches »Gefühl«, das sie beinah dazu trieb, hinunterzuspringen. Sie vermutete, in das Resonanzfeld eines Menschen geraten zu sein, der an dieser Stelle Selbstmord begangen oder wenigstens ernsthaft daran gedacht hatte, es zu tun.

Lethbridge spekulierte weiter. Wenn sich die Gedanken eines Menschen auf statische Felder von Flüssen, Bäumen oder Felsen übertragen ließen, wenn also sein »Psychefeld« ganz oder in Teilen auf Orte überging, dann müßten andere Menschen über ihre Psychefelder mit diesem Ort in »resonante Interaktion« treten können; sie bekämen auf diese Weise ein geistiges Bild oder einen emotionellen Eindruck von einem vergangenen Ereignis. George Tyrell hat die These aufgestellt, daß ortsgebundene Geister, die immer wiederkehren und automatenartig dasselbe tun, Ausdruck einer »unausgebrüteten Erinnerung« seien. Personen, die in Spukhäusern lebten, würden in das »geisterhafte Gedankenfeld« hineingezogen.[61] Lethbridge formuliert es etwas anders: Die Gewohnheiten und Traumata früherer Besitzer haben sich auf das Gebäude übertragen und werden von den jetzigen Bewohnern als geistige Bilder empfangen. Diese Theorie kann sicher nicht alle Arten von Erscheinungen abdeckend erklären. Sie hilft aber doch zum Verständnis bestimmter Erscheinungen, bei denen eine unbewußte Mitwirkung ausgeschlossen scheint.

Wir haben nun eine bessere Ausgangsposition, um das Phänomen der Psychometrie zu verstehen, das auch Psychoskopie oder Objektlesen genannt wird: es scheint, als würden die Ereignisse, von denen der Sensitive berichtet, über den Gegenstand vermittelt. Zur Einführung soll eine kleine Geschichte dienen, die ich selbst erlebt habe. Eine Freundin gab ihren Spiegelring einer sensitiven Person, die ihr sagen sollte, was sie wahrnahm. Sie »sah« Dinge aus dem Leben meiner Freundin, aus dem ihrer Mutter und dem ihres Großvaters. Und tatsächlich hatte meine Freundin den Ring von ihrer Mutter, die den Siegelring ihres Großvaters hatte umarbeiten lassen. Der Ring hatte also genau den drei Personen gehört, deren Leben er nun preisgab. Die Theorie, daß die Bilder irgendwie in einem den Ring umgebenden Feld gespeichert wurden, ist hier zu einfach. Sie erklärt nicht die Fälle, in denen Ereignisse aus der Zukunft berichtet werden, oder Dinge, die eine Person erlebte, als sie den Ring schon nicht mehr besaß.

In solchen Fällen bleiben nur zwei Erklärungen übrig: Telepathie oder Hellsehen. Nach der telepathischen Erklärung tritt der Sensitive über den Gegenstand (»Induktor«) mit dem Vorbesitzer (der auch verstorben sein kann) in geistigen Kontakt und bekommt Zugang zu dessen Erinnerungen. Nach der Hellsehertheorie funktioniert der Gegenstand wie eine Stimmgabel, mit dessen Hilfe sich der Sensitive auf das kosmische Gedächtnis, die Akasha-Chronik, einschwingt; dort »liest« er die Bilder »heraus«. Für diese Erklärung sprechen vor allem Fälle, in denen kein menschlicher Kommunikator nachzuweisen ist. Nehmen wir nur die beiden folgenden. Im ersten Fall »liest« jemand eine Krawattennadel. Er gibt nicht nur eine Beschreibung des Besitzers ab, sondern auch der Kiste, in der die Nadel lange gelegen hat: sie sei mit fremdem Zeitungspapier ausgeschlagen gewesen. Im zweiten Fall erhält ein Psychometriker ein Buch, das in einer Schublade aufbewahrt wurde; er macht vierzig Aussagen über den Inhalt der Schublade, von denen nur zwei falsch sind. Diese Informationen könnte er natürlich auch aus dem Unbewußten einer Person erhalten haben, die den Inhalt der Schublade vielleicht selbst nicht wiedergeben kann, die ihn aber dennoch gesehen und ohne es zu wissen aufgenommen hat – ein Fall von Kryptomnesie.

Der französische Arzt Eugène Osty führte in den zwanziger Jahren eine breitangelegte Studie über sogenannte »metagnomische Fähigkeiten« durch. Seine Ergebnisse publizierte er in dem zum Klassiker gewordenen Buch *La connaissance supra-normale.*[62] Nach Ostys Überzeugung ist ein Sensitiver, ein »Metagnom«, wie er sagt, »ausgesprochen feinfühlig für die Energieformen, die wir den Gegenständen, die wir berühren, aufprägen, (und) ist in der Lage, über jede einzelne Person, die das Objekt berührt hat, Wissen zu sammeln, als ob sie selbst anwesend wäre«.[63] Etwas ganz ähnliches hatte Lethbridge herausgefunden: Steine »registrieren« bestimmte Merkmale der Person, die sie in den Händen gehalten hat, zum Beispiel das Geschlecht, meßbar in männlichen oder weiblichen »Raten«. Osty aber geht noch weiter. Eine einzige Berührung, sagt er, reiche aus, um einen Gegenstand mit »potentiellen Informationen« »aufzuladen«. Osty konnte solche Informationen experimentell nachweisen, unabhängig davon, ob der Besitzer des Gegenstandes anwesend war oder abwesend, ob er noch lebte oder schon gestorben war. Mit behutsamen Schritten entwickelte Osty eine Theorie, die er »interpsychische Fernkommunikation« nannte.

Solchen Formulierungen kann man entnehmen, daß er die Möglichkeit eines Bewußtseins, das außerhalb des physikalischen Raumes existierte, zunächst nicht ernsthaft in Erwägung zog. Weil er nichttelepathische Theorien offenbar ablehnte, kam es ihm nicht in den Sinn, über die Natur des »Raumes« nachzudenken, in dem sich ein entkörpertes Bewußtsein aufhält. Ähnlich problematisch ist Ostys Zeitbegriff. Wir reden über einen Bereich jenseits unserer Vorstellungen von Raum und Zeit und glauben zugleich, ihn in unsere vertraute Begriffswelt übertragen zu können.

In einer besonders faszinierenden Fallstudie rekonstruiert Osty die letzten Augenblicke im Leben des zweiundachtzigjährigen Etienne Morel. Am 24. März 1914, drei Wochen nach dem Verschwinden des alten Mannes, erhält Madame Lerasle, eine Frau mit metagnomischen Fähigkeiten, ein Halstuch des Vermißten. In tiefer Hypnose schildert sie, was sie sieht:

> Ich sehe einen Mann in voller Länge daliegen, seine Augen sind geschlossen, als ob er schläft, aber er atmet nicht ... er ist tot ... Er befindet sich nicht im Bett, sondern auf dem Boden ... der Boden ist feucht, sehr feucht ... ein flacher Boden, unbebaut ... Da ist Wasser, nicht weit entfernt ... ein großer Baum ... etwas sehr Großes ist ganz in der Nähe ... etwas sehr Buschiges – ein Wald.

Madame Morel wird gebeten, an jenem Tag weiter zurückzugehen und den Mann auf seinem Weg in den Wald zu folgen. Sie beschreibt, wie er das Haus verläßt, keuchend und ziemlich verwirrt, und wie er sich schließlich verzweifelt auf den Boden wirft, um zu sterben. An ihrem Bericht wird deutlich, daß sie nicht nur äußere Eindrücke sammelt; sie nimmt auch wahr, was der Mann im Innern fühlt und denkt. Um die Geschichte abzukürzen: der Mann wird am Ende gefunden, in einer Gegend wie der beschriebenen; auch das Gesicht des Toten und seine Kleidung entsprechen den Schilderungen.[64]

Ich gebe nun wieder, wie Osty selbst den Fall zusammenfaßt:

> Am 2. März 1914 verließ ein Mann, der in den Nebengebäuden eines Landhauses im Department Cher lebte, seine Wohnung und wurde nie mehr gesehen. Er wurde 20 Tage lang gesucht. Es gab nicht den leisesten Hinweis auf das, was aus ihm geworden war.

> Nachdem er seine Wohnung verlassen hatte, hatte niemand mehr ein Lebenszeichen von ihm erhalten. Ich wußte nicht einmal, ob es den Mann überhaupt gab, und ich benutzte für meine Nachforschungen ein metagnomisches Medium, dem der Mann und sein Wohnort vollkommen unbekannt war. Unter diesen Umständen, wo keine Einflußnahme irgendeiner lebenden Person behauptet werden konnte, rekonstruierte der Perzipient die letzten Geschehnisse im Leben des Vermißten, gab Schritt für Schritt den Weg an, den er gegangen war, die Dinge, die er gesehen hatte, seine Bewegungen (einige davon wurden von Mitgliedern seiner Familie als typisch bezeichnet), seine Gedanken, und der Ort, an dem er seinem Tod entgegensah und wo sein Leichnam gefunden wurde; dieser Ort wurde bis ins Detail genau beschrieben.[65]

Beim Nachdenken darüber, wie und wo sich eine solche Geschichte erhalten kann, wenn nicht in einem Denken oder in irgendeiner Art von Gedächtnis, fragt Osty, ob es hinter dem individuellen noch ein kollektives Bewußtsein gibt, »ein Denken außerhalb von Raum und Zeit, in der die ganze Wirklichkeit vertreten ist«, und gibt an anderer Stelle die Antwort:

> Jenseits der menschlichen Individualitäten, die unsere Sinne aus der Kontinuität der Natur aussondern, erblicken wir eine unermeßliche, den Erscheinungen zugrundeliegende, geistige Welt, in der die partikularen Einheiten zu einem unfaßbaren kollektiven Seelenleben verbunden zu sein scheinen. Aus diesem gewaltigen, verborgenen Leben der Gedanken, des Denkens, ziehen die Sensitiven unbewußt die Substanz ihrer Enthüllungen, weil sie mit einem Sinn begabt sind, der es ihnen ermöglicht, die entstehenden Entwürfe der individuellen Lebensformen zu unterscheiden.[66]

Man sollte an dieser Stelle zwischen dem kollektiven Bewußtsein von Osty und der Vorstellung vom kollektiven Unbewußten, die C. G. Jung in den dreißiger Jahren entwickelt hat, genau unterscheiden. Jung stellt klar heraus, daß das kollektive Unbewußte – anders als das persönliche Unbewußte – »nicht mehr persönlicher Erfahrung und Erwerbung entstammt, sondern angeboren ist«. Die Inhalte des kollektiven Unbewußten sind weniger individuelle Erinnerungen als archetypische Ereignisse; diese waren »nie im Bewußtsein und wurden somit nie individuell erworben, sondern verdanken ihr Dasein ausschließlich der Vererbung«.[67]

Auch der deutsche Arzt und Parapsychologe Rudolf Tischner behauptet am Ende seines Buches *Über Telepathie und Hellsehen*, es gebe so etwas wie einen nichtpersönlichen oder überpersönlichen Geist. »Die supernormalen Leistungen«, sagt er, »werden meistens in einem Zustand hervorgebracht, in dem das Oberbewußtsein des gewöhnlichen Lebens ganz zurückgetreten ist und andere Schichten des Bewußtseins die Führung haben, die uns sonst gar nicht zugänglich sind. Es macht den Eindruck, als ob das Unterbewußte – um mich bildhaft-räumlich auszudrükken – nicht so scharf gegen die Umgebung abgegrenzt ist, sondern einen seelischen Bereich darstellt, der in Verbindung mit nicht menschlich-individuellem oder mit über-individuellem Seelischen steht.«[68] Dieser unterbewußte Geist gehört nicht mehr dem Individuum allein an, sondern wird geteilt und hat »daher ein Wissen um Dinge [...] die dem individuellen Seelenleben unzugänglich, ja unbegreiflich sind«.[69]

Mit solchen Untersuchungen nähern wir uns immer mehr der Vorstellung, daß ein Denken an dem anderen partizipiert, daß also unsere privaten Erfahrungen allgemein zugänglich sind. In der Psychometrie ist es ein einzelner Gegenstand, der die Verbindung herstellt, beim Spuk ist es ein Ort. Herbert Bland erzählt die merkwürdige Geschichte eines Mannes, der in einem fremden Bett von einem schweren Motorradunfall träumt. Später stellt sich heraus, daß der Sohn seines Gastgebers einen solchen Unfall erlebt hatte. Dessen Bett könnte das psychometrische Medium, der »Induktor«, für den Traum gewesen sein. Das bleibt jedoch Spekulation. Für weiterreichende Annahmen sind die Einzelheiten dieses Falls zu dürftig.[70]

Mit dem nächsten Beispiel kehren wir noch einmal zu Lethbridge zurück. Aufgrund eigener Erfahrungen mit der Psychometrie stellte er die Hypothese auf, daß das Objektfeld zwischen den beteiligten Personen eine Resonanz aufbaut, also zwischen den Psychefeldern des Auftraggebers, des Sensitiven und vielleicht noch der dritten Person, von deren Erfahrungen berichtet wird. Lethbridge war überzeugt davon, bei den »Readings« dabeisein zu müssen, damit wenigstens drei Felder beteiligt waren: zwei Psychefelder und das Feld des »konduktiven« Objektes. In einem seiner Experimente nahm Lethbridge eine

Schnupftabaksdose, die aus dem Holz der 1787 versunkenen *Royal George* gefertigt war, und gab sie der Sensitiven E. Die Frau lief auf der Stelle grün an und klagte über die heftigen Bewegungen! Damit war der Fortgang des Experiments für einen Moment unterbrochen. Nachdem sich E. wieder gefaßt hatte, gab sie eine lebendige Beschreibung von Kanonieren, die mit ihrem Geschütz auf einen offenen Hafen zuliefen. Die naheliegende Möglichkeit, daß sie in seinen Gedanken las, erschien Lethbridge nicht sehr plausibel, denn in dem, was er mit der Dose assoziierte, kam Seekrankheit nicht vor. Wenn sie nun aber ihre Informationen aus dem Gedächtnis irgendeines längst verstorbenen Soldaten »abzapfte«, bekam sie dann nicht lebendige und anrührende Szenen aus der Geschichte geliefert und vielleicht sogar klare Fakten? Bei anderen Gegenständen, die ihr gegeben wurden, berichtete E. von stinkenden Wohnungen. Es ist ja bekannt, wie selten sich unsere Vorfahren gewaschen haben ...

Lethbridge bringt gegen die Psychometrie einen ernstzunehmenden Einwand vor. Für einen Sensitiven ist es ein Leichtes, Informationen aus der Psyche des Beobachters aufzuschnappen. Dies illustriert Lethbridge an einem Beispiel. Er hatte sein Medium mit einem altangelsächsischen Glassplitter allein gelassen und war selbst nach oben gegangen. Dort erzählte er einem seiner Kinder eine Geschichte, die in der elisabethanischen Zeit spielte und mit einem Duell zwischen zwei Männern endete. Als Lethbridge zu E. zurückkam und sie zu dem Glassplitter befragte, erzählte sie ausschweifend von zwei Elisabethanern, die sich in einem getäfelten Raum ein Duell lieferten.[71] E. hatte die Geschichte direkt in Lethbridges Gedanken »gelesen« und mit anderen Elementen ausgeschmückt. Dieses Erlebnis machte Lethbridge vorsichtig. Er schloß daraus jedoch nicht, daß die Geschichte der Schnupftabaksdose ebenfalls telepathisch zu erklären sei. Vielleicht waren die Eindrücke, die von Lethbridges Geschichte ausgingen, so stark gewesen, daß sie den Zugang zu anderen Assoziationen blockierten.

Einem sensitiven Menschen schließen sich über Telepathie, Hellsehen und Psychometrie die Lebenserfahrungen anderer Menschen auf. Das deutet darauf hin, daß unsere geistigen

Welten nicht so deutlich voneinander getrennt sind, wie man allgemein annimmt. Heinrich Zschokke, ein schweizerischer Politiker und Schriftsteller, hatte die bemerkenswerte Fähigkeit, Menschen psychometrisieren zu können.[72] »Es begegnete mir zuweilen«, erzählt Zschokke, »beim einmaligen Zusammentreffen mit einer Person, wenn ich schweigend ihre Reden hörte, daß dann ihr bisheriges Leben mit vielen kleinen Einzelheiten darin, oft nur diese oder jene besondere Szene daraus, traumhaft und doch klar an mir vorüberging, ganz unwillkürlich und oft im Zeitraum weniger Minuten.«[73] So berichtete er, wie er einmal die »geheimen Geschichtchen einer Näherin« zum besten gab, die er gerade kennengelernt hatte und die eben aus dem Haus gegangen war. Seine Zuhörer und er selbst stellten später erstaunt fest, daß alle Einzelheiten seiner Erzählung korrekt waren.

Eines Tages kam Zschokke mit zwei jungen Forstzöglingen nach Waldshut, wo sie im »Gasthof zum Rebstock« zu Abend aßen. Das Gespräch an der vollbesetzten Tafel ging »über allerlei Eigenthümlichkeiten und Sonderbarkeiten der Schweizer« und verletzte einen der Forstzöglinge in seinem Nationalstolz so sehr, daß er Zschokke bat, »etwas zu erwidern, besonders einem hübschen jungen Manne, der uns gegenüber saß und den ausgelassensten Witz trieb«. Zschokke fährt fort:

> Gerade das Leben desselben war an mir vorbeigeschwebt. Ich wandte mich an ihn mit der Frage, ob er ehrlich antworten werde, wenn ich ihm das Geheimste aus seinem Leben erzählen würde, während er mich so wenig kenne, als ich ihn? [...] Er versprach, offen zu gestehn, wenn ich Wahrheit berichten würde. So erzählt ich, was mir mein Traumgesicht gegeben und die ganze Tischgesellschaft erfuhr die Geschichte des jungen Kaufmanns, seiner Lehrjahre, seiner kleinen Verirrungen, endlich auch eine von ihm begangne kleine Sünde an der Kasse seines Prinzipals. Ich beschrieb ihm dabei das unbewohnte Zimmer, mit geweißten Wänden, wo, rechts der braunen Thür, auf einem Tische, der schwarze Geldkasten gestanden usw. Es herrschte Todtenstille in der Gesellschaft bei der Erzählung, die ich nur zuweilen mit der Frage unterbrach, ob ich Wahrheit rede? Jeden Umstand bestätigte der Schwerbetroffene; sogar, was ich nicht erwarten konnte, den letzten.[74]

Der junge Mann dürfte wohl ein bißchen aus der Fassung geraten sein, denn bei den vorausgegangenen Spötteleien hatten sie sich auch über Hellsehen und ähnliche Dinge lustig gemacht!

Der Geist als Ganzes

Wir können nun die verschiedenen Fäden unserer Untersuchung zusammenknüpfen. Alle bisher behandelten Phänomene lassen sich durch zugrundeliegende Geistesverbindungen erklären. Wir begannen mit der Panorama-Erinnerung, die wir von der mehr gefühlsbestimmten Lebensrevision unterschieden. Wir sahen, wie Bergson das Verhältnis von Gehirn und Geist deutet, skizzierten eine Theorie, die das Gedächtnis durch Resonanz erklärt, und veranschaulichten diese Theorie, indem wir auf Spukerscheinungen, »atmosphärische« Orte und Psychometrie verwiesen: alle Phänomene sprechen für die Existenz eines wie auch immer gearteten Feldes, das mit dem Ort, dem Gegenstand oder der Person verbunden ist. Dieses Feld ermöglicht einem sensitiven Menschen, sich auf bestimmte Erinnerungsbilder einzuschwingen. Bei der Panorama-Erinnerung stimmt sich eine Person in die eigene Vergangenheit ein, bei der Lebens-Revision zusätzlich in die resonanten Erfahrungen anderer Menschen. Dieselbe Art des Sich-Einstimmens auf fremde Erlebnisse ereignet sich in der Telepathie, beim Hellsehen, bei Spukphänomenen, beim »atmosphärischen« Fühlen und in der Psychometrie.

Zu den jüngsten und größten Herausforderungen unseres Weltbildes gehören die Photographien der blauen Erde, die sich durch den dunklen Weltraum dreht, und die neuentwickelten Techniken der Holographie. Holographische Aufnahmen geben dreidimensionale Darstellungen eines Ganzen, das sich in seinen Teilen entfaltet; der Blick vom Weltraum auf die Erde zeigt das Leben in Einheit und Verbundenheit. Es gibt Vorstöße in der modernen Physik, die sich auf diese Bilder der Einheit beziehen. Einer der bedeutendsten Vertreter der neuen Denkrichtung ist der Physiker David Bohm, der in seinem Buch *Die implizite Ordnung*, ausgehend von einer »ungeteilten Ganzheit in fließender Bewegung«, ein neues Weltbild umreißt.[75] Das Seinsganze wird mit dem Begriff der impliziten Ordnung erklärt, in der »alles in allem eingefaltet ist«; das Gegenstück dazu ist die explizite Ordnung, in der alles getrennt und unterscheidbar erscheint.

Von dieser ungebrochenen Ganzheit kann man etwas abstrahieren (wörtlich: »abziehen«), was Bohm »relativ unabhängige Sub-Totalitäten« nennt. Eine Sub-Totalität besteht nicht unabhängig und dauernd, sondern ist eher »ein Produkt, das im Zuge der ganzen fließenden Bewegung geformt wurde«.[76] In Analogie zu Bohms Modell können wir sagen, daß unser individuelles Bewußtsein eine relativ selbständige Sub-Totalität darstellt, die vom kosmischen Bewußtsein, dem Geist des Universums, »abgezogen« wurde. Im gewöhnlichen Wachzustand, auf der expliziten Ebene der Wirklichkeit, scheint unser individuelles Bewußtsein von dem Bewußtsein der anderen getrennt. Das analytische und zergliedernde Denken hat uns in dieser Wahrnehmungsweise jahrhundertelang bestärkt und dabei den Blick auf das Ganze verloren. Auf impliziter Ebene aber hält sich »die ungeteilte Ganzheit in fließender Bewegung«. Sie ist der spekulative Grund für die in diesem Buch behauptete empathische Resonanz.

Ein Modell, das den universalen Geist verständlicher macht, stammt von dem Physiker Henry Margenau. Er folgt den Spuren seines Kollegen Erwin Schrödinger, der darauf hinwies, daß wir so etwas wie das Bewußtsein, das Selbst, oder das Dasein nur im Singular verstehen können.[77] Jeder von uns, erklärt Margenau, ist der Geist des Universums, aber uns sind Grenzen auferlegt, die den Geist bis auf einen winzigen Bruchteil seiner Aspekte und Eigenarten verdunkeln. Im einzelnen zeigt Margenau drei Hauptgrenzen auf: die individuelle Isolation, d.h. die persönliche Mauer, die uns eine Identität und ein Ego verleiht; die zeitliche Beschränkung, der sogenannte Zeit-Schlitz, der unsere Zeitwahrnehmung auf die Gegenwart einengt; und die »stochastische Mauer«, die uns ein »Wahrscheinlichkeits-Wissen« auferlegt, das heißt: wir können uns der Zukunft immer nur in Kategorien der Wahrscheinlichkeit nähern.[78]

Diese Grenzen, sagt Margenau nun, sind nicht absolut, ihre

Dichte und Festigkeit variieren. Wenn der Zeitschlitz zum Beispiel sich weitet, wird Präkognition möglich. »Bauten wir die persönliche Mauer ab, würde das unseren Sinn für die Einheit mit den andern vergrößern [und] könnte außersinnliche Wahrnehmungen erlauben, in der Form einer Verschmelzung von Informationen, vielleicht auch in der Form von Gedankenlesen.« Margenaus Vermutungen stimmen mit unseren Befunden überein. Die Erweiterung des Bewußtseins in der Lebensrevision führt tatsächlich zu einem verstärkten Einheitsbewußtsein, und die Psychometrie stellt eine Form von Informationsverschmelzung dar, die durch empathische Resonanz zustande kommt. Wir haben die Wahl zwischen den Extremen; auf der einen Seite können wir unser Bewußtsein von seiner Umgebung isolieren und unsere Verbindung mit dem Ganzen leugnen, auf der äußersten Gegenseite stehen Fälle, wo das individuelle und das kosmische Bewußtsein vollkommen eins werden.

Dieselbe Botschaft, in etwas anderer Sprache, findet sich in einer Ansprache von C. D. Broad, einem ehemaligen Präsidenten der »Society for Psychical Research«. Darin setzt er sich mit zwei Grundannahmen herkömmlicher Erkenntnistheorien auseinander.[79] Da ist erstens das »Prinzip des alleinigen Besitzes von Erfahrungen«, das besagt: ein und dieselbe Erfahrung kann nicht mehr als einen Eigentümer haben. Da ist zweitens das »Prinzip der Privatheit faßbarer Einzelheiten«; diese umständliche Formulierung bedeutet: ein Vorhandenes oder ein Ereignis kann direkt immer nur von einer einzigen Person erfaßt werden. Wir gehen, mit anderen Worten, normalerweise nicht davon aus, daß unsere Erlebnisse unmittelbar mit anderen geteilt werden können. Was Broad das »telepathische Erfassen« nennt, steht aber nun im Widerspruch zu diesen Grundsätzen, insofern es einen direkten Zugang zu fremden Erfahrungen eröffnet, also einen »intermentalen Zusammenfluß« anzeigt. Das Gehirn mit seiner aktiven »Ausrichtung auf das Leben« (Bergson) verhindert normalerweise den Zusammenfluß verschiedener Bewußtseinsströme; eine Vielzahl von Reizen, die in der gegenwärtigen Situation nicht gebraucht werden, schließt es systematisch aus. Sobald aber die Blockaden abgebaut sind, in hypnotischer Trance oder sogar schon in passiven und rezeptiven Gemütszuständen, fallen die mentalen Sperren zwischen den Personen und die Grenzen zwischen Gegenwart und Vergangenheit brechen auf. Dann zeigt sich, daß das Vergangene nicht verloren ist; es ist vielmehr in Bilderreihen und Gedankenketten vollständig verwahrt, und wenn diese Bilder emotionell beladen sind, können sie noch Jahre nach dem Tod ihres Urhebers oder Übermittlers auf andere Menschen einwirken, wie dies bei Geisterscheinungen der Fall ist oder auch bei atmosphärischen Orten, die besondere Stimmungen auslösen können. Unser geistiges Leben scheint viel weniger privat zu sein, als man uns glauben macht.

2. Die Lebensrevision nach dem Tod

Wenn du eines Tages in die unsichtbare Welt zurückkehrst, wird geprüft, wie du das Gesetz der Liebe erfüllt hast [...] Du wirst dich mit dem Film von deinem Erdenleben konfrontiert finden, du wirst die geringsten Details sehen und die kleinsten Verirrungen bemerken, und du wirst dich bessern müssen. Deshalb solltest du dich besinnen und konzentrieren auf das, was du sagst und wie du es sagst. Hier bist du ein Schauspieler auf der Bühne, der die ganze Zeit über aufgenommen und photographiert wird.

Peter Deunov

Die Menschen brauchten nicht so viel nachzudenken, was sie *tun* sollten; sie sollten vielmehr bedenken, was sie *wären*. Wären nun aber die Leute gut und ihre Weise, so könnten ihre Werke hell leuchten. Bist *du* gerecht, sind auch *deine Werke* gerecht. Nicht gedenke man Heiligkeit zu gründen auf ein Tun; man soll Heiligkeit vielmehr gründen auf ein Sein, denn die Werke heiligen nicht uns, sondern wir sollen die Werke heiligen.

Meister Eckhart

Man kann den Tod als Übergang von einer Form zu einer anderen verstehen, von einem beschränkten Lebensgrad zu einem höheren, freieren. Es ist falsch anzunehmen, daß mit dem Tod alles zu Ende ist; zu Ende sind nur die Bedingungen der Zeit, unter denen die Menschen auf der Erde gelebt haben, auf dieser großen Schule der Läuterung und Entwicklung zur Vollkommenheit.

Peter Deunov

Über den Menschen hinaus

Frederic W. H. Myers (1843-1901) war zu Lebzeiten ein Pionier der parapsychologischen Forschung und Verfasser des Klassikers *Human Personality and its Survival of Bodily Death.*[1] Nach seinem Tode soll er an einem komplexen, lehrbuchhaften Beweis für das Fortleben mitgewirkt haben, der unter dem Namen »Kreuz-Korrespondenz« bekannt wurde. Eine weitere Schrift von ihm, *Beyond Human Personality*, wurde 1935 von dem Medium Geraldine Cummings niedergeschrieben; laut Untertitel »bestehend aus einer genauen Beschreibung des zukünftigen Lebens, den Angaben nach von dem späten F. W. H. Myers übermittelt [...] sie enthält eine Darstellung der graduellen Entwicklung von der menschlichen zur kosmischen Persönlichkeit«.[2] Wir wollen an dieser Stelle nicht die Probleme und Fallgruben erörtern, die mit den Phänomenen der medialen Kommunikation verbunden sind.[3] Ich kann zu dem Buch von Cummings und den anderen hier erwähnten Texte nur soviel sagen, daß ich sie für verständlich und intelligent halte. Sie sind sicherlich wahr im Sinne der Kohärenztheorie (die Berichte enthalten keine inneren Widersprüche), auch wenn man nicht so weit gehen mag, die Korrespondenztheorie auf sie anzuwenden (daß sie nämlich eine genaue Wiedergabe einer anderen Wirklichkeitsebene leisten). Denken wir bei der Lektüre solcher Texte aber auch an Bergsons Filter-Theorie, die dem von der Materie entbundenen Geist prophezeit, daß er nicht ausgelöscht, daß er vielmehr aufnahmebereiter und leistungsfähiger wird.

»Myers« definiert den Tod als Übergang von einer Geschwindigkeit zu einer anderen, als »die Anpassung der Seele an eine höhere Schwingung, an einen lebendigeren und schnelleren Erscheinungszustand«.[4] Wenn diese Formulierung nicht wörtlich zu verstehen ist, deutet sie ganz allgemein auf eine umfassendere und intensivere Wirklichkeit des Denkens und des Fühlens. »Myers« spricht ganz im Sinne der Filter-Theorie, wenn er erklärt, daß Menschen, die vorher ein gewöhnliches Bewußtsein hatten, jetzt »in größere Freiheit eintreten und entdecken, daß ihre Vorstellungen vom Raum sich erweitern und verändern«.

Im Anhang des Buches findet sich ein erhellender Kommentar zum Thema »Vorausschau und Gedächtnis«. »Myers« erklärt, daß das »Große Gedächtnis« die Aufzeichnung jeder einzelnen Schwingung des universalen Lebens enthält. »Jedes Erlebnis ist in diesem Register, in dieser Chronik der Ewigkeit, mit einem Duplikat vertreten. Vergangenheit, Zukunft und Gegenwart, könnte man sagen, sind in der Vorstellung des Höchsten Geistes verwahrt.«[5] Es ist dieser eine Geist, in dem unser aller Geist lebt, sich bewegt und sein Dasein hat. Das Große Gedächtnis, erklärt Myers weiter, sollte aber nicht mit den Erinnerungen des einzelnen verwechselt werden; diese seien wie ein Fluß in einem Ozean. Uns sind, wie wir gesehen haben, selbst die eigenen Erinnerungen nur teilweise zugänglich. »Nach dem Tode jedoch ist der Geist befreit und weniger gebunden«; an einem bestimmten Punkt der Entwicklung ist es ihm möglich, in die Erfahrungen und Erinnerungen seiner »Gruppe« einzusteigen. »Seine Weisheit und Fähigkeit, intensiv zu leben, nimmt dadurch gewaltig zu.« Dies scheint ein Lernprozeß zu sein, bei dem man nicht von seinem eigenen Leben lernt, sondern direkt aus den Erfahrungen anderer. Eine individuelle Seele kann also vorübergehend in das Große Gedächtnis eingehen und empfängt auf diese Weise »Bilder eines vergangenen oder zukünftigen Geschehens, das in der individuellen Erinnerung nicht enthalten ist«. Das Große Gedächtnis enthält also die »Matrizen« für zukünftige, aber auch für vergangene Ereignisse; in der gedehnten Gegenwart eines erweiterten Denkens kann auch die Zukunft erscheinen.

Die Imagination, sagt »Myers«, ist der Herrscher und Gesetzgeber unseres Daseins. Sie hat die Freiheit, etwas zu schaffen, und »weil sie begrenzt ist, solange sie im Menschen eingeschlossen ist, schafft sie nicht nur Gutes, sondern auch Böses; sie zerstört das Schöne, sucht das Häßliche, stiftet Unglück und bereitet anderen Sorgen«.[6] Gott, die schöpferische, kosmische Macht, läßt die Grausamkeiten zu, die die menschliche Phantasie ersinnt, »weil sich die Seele des Menschen nur durch solche Ausschweifungen weiterentwickeln und wachsen kann, bis sie sich durch die bitteren Erfahrungen des Bösen auf der irdischen Ebene dem größeren Bewußtsein öffnet.« Was damit gemeint ist, wird im Zusammenhang der Lebensschau deutlich, die die Seele nach dem Tod erwartet. Sie ist »Zuschauer und erlebt von Zeit zu Zeit Episoden ihrer vergangenen Existenz. Sie träumt; manchmal ist es ein Alptraum, manchmal enthält der Traum viel Schönes und Gutes. Wenn die Hades-Visionen in einer Person zur Qual werden, müssen die bösen Erinnerungen schon beträchtlich sein.«

Anschaulich wird die Rückschau in einem Abschnitt, der das Schicksal des Tyrannen der klassischen griechischen Tradition beschreibt. Der grenzenlosen Phantasie des Tyrannen entsprechen seine nachtodlichen Erfahrungen. Die Szenen seiner Vergangenheit, heißt es, sind in einer langen Galerie ausgestellt, und der Tyrann, der seine hämische Freude daran hatte, andere Menschen grausam zu foltern, wird in seiner Seele nun ähnliche Qualen erleiden wie seine Opfer. »Seine Phantasie erregte und erfreute sich am Ekel des Schmerzes, so daß nun ihn der Ekel umringt, durchdringt und überfließt, an dunklen Orten, die er sich selbst geschaffen hat.«[7] Der innere Zustand ist nach außen projiziert; die Phantasie ist das Medium, das in dieser »Echohalle« die empathische Resonanz herstellt. Und die Moral von der Geschichte: erkenne die zentrale Bedeutung des schöpferischen Tuns im Menschen und die Verantwortung, die jeder für seine Schöpfungen trägt, seien sie geistig, emotionell oder etwas, das man anfassen kann.

Panorama-Erinnerung und Lebensrevision

Zu den gewissenhaftesten Forschungen auf dem Gebiet postmortaler Kommunikation gehören die Arbeiten von Robert Crookall. Man hat ihm vorgeworfen, seine Quellen nicht sorgfältig genug ausgesucht zu haben, doch ist die Theorie, die er darauf aufbaut, in sich stimmig. Crookall differenziert zwischen einem Rückblick auf das vergangene Leben und einem Gericht.[8] Der erste Teil dieses Prozesses, heißt es, ereigne sich in den Anfangsstadien des Übergangs; er sei unpersönlich und nicht gefühlsbeladen. Beschrieben wird der Rückblick mit denselben Worten wie die ähnliche Erfahrung der Sterbenden. Die Ereignisse der Vergangenheit ziehen in einer langen Prozession von Bildern vorbei oder aber das Leben breitet sich im Panorama vor dem Schauenden aus.

Auch Rudolf Steiner, der bahnbrechende Wissenschaftler im Bereich der Spiritualität, erwähnt dieses Stadium. Das ganze Leben der gerade vollendeten Inkarnation, sagt er, trete vor die Seele des Toten »wie in einem großen Erinnerungstableau«[9]. Die subjektiven Erfahrungen seien dabei ausgelassen, es fehlten die Freuden und Sorgen, die mit den Bildern verbunden seien. »Man steht diesem Erinnerungstableau ebenso objektiv gegenüber wie einem Gemälde; wenn dasselbe einen Menschen darstellt, der traurig, der von Schmerzen erfüllt ist [...] empfinden wir nicht unmittelbar den Schmerz, den der Mensch gehabt hat. So ist es mit den Bildern dieses Tableaus unmittelbar nach dem Tode; es breitet sich aus, und man sieht in Zeiträumen, die erstaunlich sind, weil sie so kurz sind, alle Einzelheiten, die sich im Leben zugetragen haben.« Steiners Beschreibungen stimmen zweifellos mit dem überein, was wir von der Panorama-Erinnerung der Sterbenden wissen.

In Crookalls Darlegung erfolgt zu einem späteren Zeitpunkt das Gericht, »ein von Gefühlen und persönlicher Verantwortung getragener Rückblick auf das vergangene Erdenleben«.[10] Zu den charakteristischen Eindrücken gehören:

1. Das Gefühl, einem Gericht Gottes beizuwohnen, vollzogen durch das höhere Selbst.
2. Ort des Gerichts ist das Innerste des eigenen Selbst.
3. Vergangene Taten werden in allen Einzelheiten wiedererlebt. Was man anderen angetan hat, an Schmerzen und an Freuden, bekommt man zurück.
4. Die Seele ist zerknirscht, wenn sie ihr Selbst ent-deckt; die eigenen Absichten lassen sich nicht mehr verbergen.

Fallbeispiele

Maurice Barbanell

Maurice Barbanell war ein wegweisender Spiritist mit medialen Fähigkeiten. Der *Barbanell-Report* soll ein persönlicher Bericht von seinem Leben nach dem Tod sein, in dem Barbanell beschreibt, wie es sich von den diesseitigen Erwartungen unterscheidet.[11] Paul Beard, der Herausgeber des »Barbanell Reports«, hat jedenfalls keinen Zweifel, mit seinem alten Freund kommuniziert zu haben. Über den Lebensrückblick sagt »Barbanell«, es sei eine schwierige Zeit gewesen, »meine erste unangenehme Periode«. Auf die Frage, ob er sein Leben vorwärts oder rückwärts gesehen habe, antwortet er, er habe ein Muster gesehen, vergleichbar mit dem kompliziert verästelten Schienensystem einer Spielzeugeisenbahn. Er habe kritische Entscheidungen treffen müssen. Es sei ihm klargeworden, daß er stolz und eingebildet gewesen sei, was er zu Lebzeiten nicht gemerkt hätte. Aus der neuen Perspektive, im Blick auf das Ganze, hatten seine früheren Rechtfertigungen offenbar keine Überzeugungskraft mehr. Jeder, sagt Barbanell, müsse irgendwann einmal diesen Prozeß durchmachen, der über erweiterte Selbsterkenntnis und schonungslose Aufrichtigkeit zu einem fundamentalen In-Frage-Stellen der eigenen Person führe.

Der Zurückschauende lernt Bescheidenheit, um so mehr ihm bei der sorgfältigen Erforschung der vergangenen Taten die zugrundeliegenden Motive durchsichtig werden. Fälle von Ungeduld und Grobheit kehren immer wieder und sind Teil dieses Lernprozesses. Interessant ist Barbanells Hinweis auf verschiedene »Härtegrade« der Beurteilung. »Je aufmerksamer du wahrnimmst, desto tiefer reicht dein Urteil über dich selbst. Deshalb scheinen einige Seelen hier sehr zufrieden, während andere sehr viel Angst ausstehen.« Die scheinbar zufriedenen Seelen, so kann man diese Stelle deuten, befinden sich noch in einem Zustand des Halbschlafs und der Trägheit. »Barbanell« weist immer wieder darauf hin: der Grad der Selbst-Kritik verhält sich proportional zu dem eigenen Erkenntnisniveau, was sich daran zeigt, daß

Heilige oft ein klares Empfinden ihrer eigenen Wertlosigkeit haben. Alles hängt davon ab, welche Maßstäbe man an sich anlegt: Göttliche Liebe zu erreichen verlangt sicher mehr, als sich bei seinen Kumpeln beliebt zu machen. Die Phase der Selbstanalyse und des Ekels vor der eigenen Person nennt »Barbanell« zurückschauend »einen Reinigungsprozeß«, der ihm Eigenschaften bewußt gemacht habe, von denen er vorher nichts geahnt hätte. Sein Wiedererleben vergangener Ereignisse geht über persönliche Sichtweisen hinaus und schließt das Nacherleben der Gefühle anderer Menschen mit ein, auch wenn er dies nicht ausdrücklich erwähnt. Sein Schlüsselerlebnis ist das Aufdecken und Bewerten der eigenen Motive.

Jane Sherwood

Jane Sherwood hat in zwei Büchern Gespräche mit drei Verstorbenen aufgezeichnet.[12] Sie kommuniziert mit ihrem Ehemann Andrew, mit einem »Scott« (der später als »T. E. Lawrence« identifiziert wird) und mit »E. K.«. Bei seinem Übergang in die jenseitige Welt, berichtet »E. K.«, hätten sich seine Gedanken nach innen gerichtet und mit verblüffender Geschwindigkeit fortbewegt:

> Sie durchjagten das Protokoll einer langen Lebensspanne. Es geschah im blendenden Lichtkegel eines Scheinwerfers, der gnadenlos jede kleine Sünde und Schwäche ausleuchtete, alles vollkommen unparteiisch erhellend, so als hielte jemand ein altes, abgetragenes Kleid ins Licht, an welchem er nun zu seiner großen Bestürzung die Risse und Flecken bemerken muß. Diese durchdringende klare Flamme der Erinnerung zeigte mir die wahre Natur der Dinge und bewirkte gleichzeitig die Loslösung von ihnen. Ich blickte auf die Angelegenheiten meines Lebens zurück, als trüge ich nicht länger mehr irgendeine besondere Verantwortung für sie. Ich begriff: Es war nur wichtig, klar zu erkennen, wo ich gefehlt und wo ich richtig gehandelt hatte. Was ich zu sehen bekam, stimmte mich traurig und kleinmütig genug, bis ich endlich mit einem tiefen Seufzer der Ergebenheit und Akzeptanz meine Gedanken anderen Dingen zuwenden konnte.[13]

Offenkundig ist auch hier der Eindruck von Schnelligkeit und einer gewissen Loslösung; andererseits veranlaßt das Geschehen »E. K.« dazu, seine ganzen religiösen Ansichten zu überdenken. Bemerkenswert ist auch »E. K.s« neugewonnenes Sinnbewußtsein, nachdem er sein Leben im Zusammenhang gesehen hat. Ähnlich beschreibt »Scott« sein Panoramaleben: »Es ist, als spule man einen Film im Rückdurchlauf ab – eine rasch dahineilende Lebensschau vom Ende hin zum Beginn, die geschwind über das geistige Auge huscht, bis sie sich schließlich im unbewußten Dämmer des Anfangs verliert.«[14] In einem späteren Kapitel wird erklärt, daß die Panorama-Erinnerung Teil eines Prozesses ist, bei dem der Ätherleib abgelegt wird (dieser ist definiert als die »Lebens«form, die den materiellen Körper, der ansonsten nur eine Anhäufung mineralischer Substanzen wäre, mit Sinneswahrnehmungen, Wachstumskräften und Fortpflanzungsvermögen ausstattet). Mit dem Auflösen des Ätherleibs kommt es zu einer Schnelldurchschau des eigenen Lebens. »Der Ätherleib ist der Träger des scharfen und detaillierten Gedächtnisses und für das irdische Leben notwendig. Wenn sich das wahre Dasein von diesem Körper löst, werden die darin enthaltenen Aufzeichnungen freigesetzt.«[15] Es folgt eine Phase des »Schlafes«: das Subjekt verliert seine genauen Erinnerungen an vergangene Ereignisse, »deren Spuren jedoch im Gefühlsleib verbleiben und reaktiviert werden können«. Das heißt: die mit den Ereignissen verbundenen Gefühle bleiben erhalten, auch wenn die Ereignisse selbst nicht mehr genau abgerufen werden können. Das bestätigt der nun folgende Bericht über den Reinigungsprozeß.

»E. K.«, der diesen Vorgang ausführlich beschreibt, erklärt zunächst, wie der »Astralleib« (der schon erwähnte Gefühlsleib) zunehmend kräftiger wird und wie sich die Aufmerksamkeit auf das vergangene Leben richtet. Szenen und Ereignisse werden in ihrem Gefühlsgehalt und zwar in extrem verdichteter Form noch einmal wiedererlebt, wobei die Reaktionen anderer Menschen in dieses Erfahrungsbild miteinfließen. »Alles, was dir geschieht, berührt andere genauso wie dich selbst, und darum hat jedes Ereignis in Wirklichkeit genauso viele Aspekte, wie Bewußtheiten vorhanden sind, die es angeht.«[16] Die Ereignisse zeigen sich also in vielen Facetten, von verschiedenen Personen unterschiedlich wahrgenommen, so daß die eigene Sichtweise nur eine Facette darstellt. Wenn nun »ein bestimmtes Ereignis wieder an die Oberfläche steigt, wird es von allen damals aktuellen Gefühlen begleitet, jedoch nicht nur von den eigenen, sondern auch von den Gefühlsreaktionen all derer, die an diesem Geschehnis beteiligt waren. Alle diese Gefühle erlebt der Mensch nun an sich selbst, ganz so, als gehörten sie zu ihm. Das heißt, er muß die Auswirkungen, die seine Handlungen für das Leben anderer hatten, so intensiv am eigenen Leibe erfahren, als seien die Ausführung der Tat und das durch sie verursachte Leid ein und dasselbe.« Die Sorgen, die man anderen bereitet hat, werden nicht einfach nur verstanden, sie werden wirklich gefühlt, und es spielt dabei keine Rolle, ob man jemandem absichtlich etwas angetan hat oder nicht.

Es zeigt sich nun, daß das meiste von dem, was wir tun, »in völliger Unkenntnis der wahren Tragweite und Bedeutung [...] für das Leben anderer« geschieht. In unserer normalen Sicht auf die Dinge sehen und fühlen wir immer nur eine Seite und glauben uns von allen anderen Menschen grundsätzlich getrennt. Diese Kluft können wir jedoch überbrücken: durch die imaginative Kraft der Einfühlung bzw. die einfühlende Kraft der Imagination können wir uns in die Gedanken anderer versetzen. Der Plan der Gerechtigkeit sieht vor, daß wir unser Verbundensein mit den anderen konkret erfahren und daraus lernen. Die Tiefe dieser Erfahrung besteht in einer Art erlösendem Leiden, durch das der harte Kern der Egoismen und Grausamkeiten aufgebrochen wird. Er habe sein ganzes irdisches Leben, sagt »E. K.«, »wie durch einen dunklen Spiegel« geschaut (1. Kor. 13,12) und sehe nun die Dinge und sich selbst im Licht einer umfassenderen Wirklichkeit. Dieser Prozeß führt zu neuen Möglichkeiten des Wachstums und zur Bewußtseinserweiterung.

»Andrew« nimmt das Thema auf und vergleicht den Prozeß mit traditionellen Vorstellungen vom Fegefeuer. Wer ein eindeutig böses Leben geführt habe, der erlebe den Prozeß »länger und schmerzhafter«. Wut und Selbstanklagen, sagt »Andrew«, seien fruchtlos: »Scham und Schuldgefühle werden als Fehlhaltungen erkannt, die die Eitelkeit hervorbringt.« Die einzige Lösung bestände darin, seine volle Verantwortung zu erkennen und zu übernehmen, alle Ansprüche abzulegen und an der Beseitigung seiner Fehler und Schwächen zu arbeiten. Im letzten Stadium, heißt es, tauche man in das Bewußtsein aller früherer Erdenleben ein und erreiche eine Gesamtschau.[17] Davon wird in einem späteren Kapitel noch zu reden sein.

»Scott« alias »T. E. Lawrence« spricht von den Leiden, die durch die Erinnerungen an die Vergangenheit ausgelöst werden und die immer wiederkehrten, als Mahnung an die Fehler und Verbrechen, die man begangen habe.[18] Auf Erden rationalisierten wir die Fehler und rechtfertigten uns – im postmortalen Zustand sei das nicht mehr möglich. »Wir können nicht länger mehr den Standpunkt des Mannes ignorieren, dem wir Unrecht taten, und wir müssen hautnah an uns selbst erfahren, was er bei dieser Gelegenheit fühlte, so als ob wir selbst die Erleidenden wären.« Auf der Erde, sagt »Lawrence«, fehle den meisten Menschen für diese Aufgabe die Vorstellungskraft, ansonsten wären wir sicher zurückhaltender mit unseren blinden und rücksichtslosen Aktionen. Die Intensität der Gefühle, heißt es, sei abhängig von der eigenen Sensibilität; ein grober Klotz kenne keine Gewissensqualen. Aus der langwierigen Erfahrung seines Reinigungsprozesses zieht »Lawrence« eine weitreichende Schlußfolgerung. Das resonante Leiden, sagt er, sei »eine realistische Illustration der Solidarität in der gesamten Menschheit und ein Beweis dafür, daß jede Tat sowohl das Ganze als auch die einzelnen Teile in Mitleidenschaft zieht«.

Da ist vor allem ein quälendes Ereignis aus der Vergangenheit von »Lawrence«, das immer wieder zurückkehrt, eine Sache, von der er behauptet, daß sie ihm schon damals maßlosen Kummer bereitet habe, »jetzt jedoch steht die Qual der Vergegenwärtigung, die ich erleide, im Verhältnis zu meinen intensiveren Gefühlskräften«. Der Vorfall, um den es geht, ereignete sich während eines Guerillakrieges in der Wüste. »Lawrence« hatte es für seine Pflicht gehalten, einen Mann zum Tode zu verurteilen, dessen Truppenführung wahrscheinlich einen bestimmten Feldzug gefährdet hätte. Unter dem Vorwand militärischer Notwendigkeit brachte er den Mann um. Er sah zu diesem Zeitpunkt keinen anderen Ausweg. Nun erkennt er, daß er zu dieser Lösung getrieben wurde, weil es ihm an Phantasie und Findigkeit mangelte. »Nun habe ich alles zu durchleben, was ich ihm damals antat; nicht allein die körperlichen Qualen – den unbedeutendsten Teil von alledem –, sondern vor allem seine Verzweiflung und Gewissensbisse und den schrecklichen Ausbruch von Stolz und Zuneigung zu mir, ausgelöst durch mein Urteil.«[19] Der geistige Führer von »Lawrence« bemerkt dazu, daß dieser nun das Ausmaß des Leidens erkenne und dadurch einen Anteil trage, seinem Empfindungsvermögen entsprechend. Das Ereignis wäre Teil einer ganzen Kette von Ereignissen, die der Verurteilte in Gang gesetzt habe »und von dir bis zu einer falschen Schlußfolgerung weitergeführt wurde«. Das Kreuz, an dem »Lawrence« trage, habe er sich selbst geschaffen. Aber am Ende bringt ihm dieser Klärungsprozeß Frieden und Bescheidenheit, »herausgebrannt aus mir alle alten Ansprüche auf Überlegenheit, Klugheit und Weisheit«.

Ein Nachsatz noch zum Krieg allgemein und seinen Wirkungen, notiert auf den letzten Seiten von *The Country Beyond*, das 1944 erstmals veröffentlicht wurde. Die Grausamkeiten des Krieges, heißt es da, haben einen großen Berg von Elend und Leid aufgetürmt, der den Läuterungsprozeß verlängert und die Erlösung verzögert. Doch so groß das durch den Krieg aufgebürdete Leid auch ist, es kann nach dem Gesetz der reziproken Resonanz auch wieder abgearbeitet werden. »Alle, die Leiden verursacht haben, werden im Nachleben dasselbe Leid im eigenen Dasein erfahren, nicht zur Strafe, sondern zur Läuterung, denn es gibt keinen anderen Weg, sich von dem eigenen Bösen freizumachen und zu einem reineren Leben voranzuschreiten.«[20] Wichtig ist, daß hier nicht von Strafe oder Rache die Rede ist, die der Seele von außen aufgebürdet wird, sondern von Läuterung (lateinisch: purgatio, englisch: purgation). Viel Böses wird, so scheint es, aus Unwissenheit begangen und sicher in Unkenntnis der weitreichenden Konsequenzen. Damit aber ist die moralische Ordnung nicht außer Kraft gesetzt.

Albert Pauchard

Albert Pauchard, der sein ganzes Leben in Genf verbrachte, soll nach seinem Tode (1934) zweieinhalb Jahre lang telepathische Botschaften über seine postmortalen Erfahrungen durchgegeben haben. Das jedenfalls wird in dem Buch *The Other World* behauptet, das Pauchard als Verfasser ausgibt.[21] Wie er kommunizierte und welche Probleme dabei auftraten, hat er in einem Abschnitt des Buches ausführlich dargelegt. Zum Beispiel erklärt »Pauchard«, daß es zwischen Vermittlung und Empfang gelegentlich zu Verzögerungen komme. »Mitteilungen, die dich zu sehr befremden«, würden im hypnagogischen Zustand – also kurz vor dem Aufwachen – eingegeben, wenn »die Außenwelt noch nicht die Möglichkeit hatte, dazwischenzufunken«.[22] Technisch läuft das so ab, daß nicht fertige Worte, sondern Ideen übermittelt werden, denen dann automatisch die entsprechenden Worte zufallen. Sollten im Geist des Mediums solche Worte nicht verfügbar sein, kann die Botschaft nicht ausgedrückt werden. »Pauchard« faßt zusammen: »Ich projiziere die Bilder meiner Wahrheit in deinen Geist – und dein Geist spiegelt sie auf seine Weise wieder. Die Worte der Botschaft sind also nicht von mir. Die Botschaft ist von mir – die Worte aber sind deine eigenen.«[23]

Nach dieser Präambel gibt »Pauchard« genauere Informationen über die postmortale Kommunikation, die rein telepathisch sei. (Von telepathischer Verständigung berichten auch die klinisch Toten, die einem Lichtwesen oder verstorbenen Verwandten begegnet sind). In seiner Dimension, erklärt Pauchard, könne er sich mühelos mit Personen verschiedenster Nationalitäten verständigen. »Die Unterhaltung findet ohne artikulierte Worte statt, mit den Mitteln der Telepathie. Vergiß diesen wichtigen Faktor nicht. Alle beteiligten Personen haben den Eindruck, ihre eigene Sprache zu hören.«[24] Die Angaben von Pauchard und andere Erfahrungsberichte deuten darauf hin, daß es zwei Sprachebenen gibt. Auf der impliziten Ebene werden Ideen und Bilder direkt zum Empfänger transferiert. Auf der expliziten Ebene wird die Kommunikation über Sprache vermittelt und »ausdrücklich« wiedergegeben. Michael Polanyi spricht von schweigender Kommunikation und von schweigendem Wissen (»tacit knowing«), das explizit gemacht wird.[25] Bei David Bohm ist es das Eingefaltete, das ausgefaltet wird: Bilder werden in Worte gekleidet, die ihnen passen.

Die Bibel erinnert in diesem Zusammenhang an den Turmbau zu Babel und an das Pfingstwunder. Zu Beginn der Genesis heißt es noch: »Alle Menschen hatten die gleiche Sprache und gebrauchten die gleichen Worte« (Gen. 11,1). Später machen die Menschen den Fehler, seßhaft zu werden, Ziegel zu brennen und einen Turm zu bauen, der zum Symbol ihrer Überheblichkeit wird. Das ist zuviel für ihren Gott Jahwe: »Seht nur, *ein* Volk sind sie, und *eine* Sprache haben sie alle. Und das ist erst der Anfang ihres Tuns. Jetzt wird ihnen nichts mehr unerreichbar sein, was sie sich auch vornehmen« (Gen. 11,1). Jahwe steigt herab und verwirrt den Menschen auf der Stelle ihre Sprache, so daß sie sich nicht mehr verständigen können. Das Volk verstreut sich über die ganze Erde. Und nehmen wir nun die Pfingstgeschichte dazu, wo plötzlich mächtige Winde aufkommen und Feuerzungen über den Köpfen der Jünger erscheinen: diese beginnen, in fremden Sprachen zu reden (was offenbar nicht dasselbe ist wie »Zungenreden«). Die versammelte Menge ist verwundert und außer sich: »Sind das nicht alles Galiläer, die hier reden? Wieso kann sie jeder von uns in seiner Muttersprache hören?« (Apg. 2,7f) Haben die Zuhörer diesen Eindruck, weil die Kommunikation telepathisch erfolgte? Oder ist diese Spekulation absurd? Wir werden es wohl nie genau erfahren, aber nach unserem Exkurs in die Telepathie ist diese Möglichkeit immerhin denkbar geworden.

Kehren wir zu »Pauchard« zurück, der ein paar ungewöhnliche Erlebnisse hatte, die er zumindest teilweise mit einer eigenen Psychologie ausstattet. Ganz am Anfang des Buches spricht er vom Brennen der »Schlacke«, jener Rückstände in uns, die wir gewöhnlich nicht wahrhaben wollen. Der von »Pauchard« beschriebene Prozeß klingt wie eine Fortsetzung der jungianischen Individuation: es geht um die Konfrontation und Arbeit mit den Elementen des Schattens. »Pauchard« ermuntert seine Leser, diesen Prozeß im Erdenleben so weit wie möglich voranzutreiben, denn »hier sind alle Gefühle und Eindrücke verhundertfacht.« Nach dem Tod werden wir vor »die verschiedenen Wohnungen unseres ›Ichs‹« gebracht und dort mit den verbrauchten Kräften der Vergangenheit konfrontiert, die im unvermeidlichen Verwandlungsprozeß das Leiden hervorbringen.

»Pauchard« erzählt von Wespen, die ihn beim Gehen plötzlich angriffen und zu stechen drohten. Man ließ ihn wissen, daß die Wespen Ausdruck seines ganzen Ärgers waren und aller aggressiven Gedanken, denen er sich auf Erden nicht widersetzt hatte. »Pauchard« ging weiter. Nun verdunkelte sich plötzlich der Himmel, Verlassenheitsgefühle ergriffen ihn – die Wolken, wurde ihm diesmal erklärt, ständen für seine widerspruchslos ertragenen Depressionen und Verzweiflungszustände. Die Betonung liegt in beiden Fällen auf dem »passiven Ertragen« der Situation. »Pauchard« hatte seine negativen Gedanken und Gefühle für berechtigt gehalten und ihnen dadurch Leben verliehen; sie nahmen Gestalt an und machten sich nun offenbar selbständig. Man kann diesen Geist-Formen entgegenwirken, man kann sie »austreiben«, indem man sich ruhig und geduldig auf sie besinnt und sie von dem Lebensnerv abschneidet, der sie früher versorgt hat.

Das ganze Szenario mag Lesern, die sich mit den Dramatisierungen des Unbewußten nicht auskennen, höchst unglaubwürdig vorkommen. Man muß wissen, daß in der geistigen Welt, in der sich »Pauchard« aufhält, das Innere genauso manifest ist wie das Äußere. Seelische Not präsentiert sich äußerlich als trostlose Landschaft. Zu diesem Thema hat Swedenborg, wie wir noch sehen werden, einiges zu sagen. Die Haupterkenntnis ist offenbar die, daß es besser ist, seine Energien aus den negativen Gefühlen abzuziehen und seinen geheimen Groll nicht zu bunkern: er untergräbt nur unsere Lebenskraft und schwächt unsere Moral.

Die nächste Geschichte kann als Beispiel für die positiven, schöpferischen Kräfte von Wünschen stehen, die in die Tat umgesetzt werden. »Pauchard« hatte ein Treffen mit seinen Eltern. Er sah sie »so, wie sie meinem Gedächtnis eingeprägt waren. Szenen und Gespräche aus der Vergangenheit wurden noch einmal Wirklichkeit.«[26] Neugierig geworden, ob er noch tiefer in die Vergangenheit zurückgehen könne, kommt »Pauchard« in Zeiten an, als seine Eltern Jugendliche und als sie Kinder waren. Seine Erinnerungen verlaufen – etwas, was wir schon aus den Sterbeerlebnissen kennen – in umgekehrter chronologischer Reihenfolge. Alles, was er erlebt habe, betont »Pauchard«, sei historisch korrekt gewesen, bis ins kleinste Detail. Er schließt aus seinem Erlebnis, daß die Erde ein eigenes Gedächtnis habe, weil er sowohl in die eigene Vergangenheit als auch in die seiner Eltern eingetreten sei, und vergleicht die Aufzeichnungen mit einem Film.

Eine andere Passage des Buches greift unser Thema auf, die empathische Resonanz. »Pauchard« erzählt die Geschichte einer Frau, die das Unglück, das sie früheren Personen ihres Haushalts unwissentlich zugefügt hat, nun an sich selbst nachfühlt. »Für jeden hier«, bestätigt »Pauchard«, »kommt irgendwann der Zeitpunkt, wo er sich nicht nur vollkommen klar darüber wird, was gut und was schlecht ist, sondern sich auch jede Freude und jeden Schmerz bewußt macht, den er bei einem anderen verursacht hat.«[27] Man müsse aber, ergänzt er noch, eine bestimmte Entwicklungsstufe erreicht haben, bevor man diese Läuterung wirklich durchlaufen könne. »Weniger entwickelte Seelen sind dazu nicht in der Lage, weil sie noch nicht die Fähigkeit erworben haben, das notwendige Maß an Sympathie zu empfinden.« Diese Aussage trifft den Kern der Sache – Imagination und Empathie sind aufs engste miteinander verbunden. Ohne imaginäre Phantasie ist es unmöglich, sich an die Stelle eines anderen zu versetzen.

Die Frau, von der er erzählt, war immer freundlich und gutmütig und doch fehlte ihr genau diese Fähigkeit der einfühlsamen Vorstellung. Sie hatte eine junge unverheiratete Mutter davor bewahrt, Selbstmord zu begehen, und hatte ihr bei sich im Haus eine Stelle verschafft: aber der Arbeitsplatz war dunkel, schmutzig und kalt. Und eine ihrer Putzfrauen, die sie ebenfalls aus Freundlichkeit aufgenommen hatte, war schrecklich überarbeitet, weil aber die Hausfrau ihre ständige Müdigkeit nicht bemerkte, tat sie auch nichts, um die Situation ihrer Angestellten zu verbessern. Jetzt, nach dem Tod, sieht sie nicht nur die Dankbarkeit und Zuneigung ihrer beiden Bediensteten, sondern auch die Umstände, unter denen sie arbeiteten. »Zur Zeit durchläuft diese Dame eine Bewußtseinsphase, in der sie sich ganz persönlich und intensiv mit den genannten Menschen und Umständen identifiziert.« Noch einmal wiederholt »Pauchard«, daß nur die, die über genug Herz und Imagination verfügten, die Läuterung schon früh durchliefen; allerdings käme irgendwann, unabwendbar, für jeden der Zeitpunkt, wo er diesen Weg der imaginativen und einfühlsamen Identifikation gehen müsse – Schritte eines sich erweiternden Bewußtseins und sich vertiefenden Mitleids.

Helen Greaves / Frances Banks

Helen Greaves *Testimony of Light*, 1969 veröffentlicht, ist heute schon so etwas wie ein Klassiker auf dem Gebiet der Kommunikation zwischen Lebenden und »Toten«.[28] Die Beschreibungen von »der anderen Seite« stammen von Frances Banks, die zu Lebzeiten Nonne und Lehrerin war und mehrere Bücher über religiöse, psychologische und parapsychologische Themen geschrieben hat. Nach ihrem Tod, 1965, trat sie schon bald mit Helen Greaves in Kontakt, die ihre Mitteilungen in ein Buch übertrug. Ihr Tod, erzählt »Frances«, habe sie wie einen Rückzug aus dem verbrauchten Körper erlebt. Ihr sei sofort klargeworden, daß sie im Wesen dieselbe geblieben sei, obschon sie sich leichter und freier gefühlt habe. In dem Reich des Denkens, in dem sie sich nun befände, sei ihre Wahrnehmung viel intensiver.

Dann beschreibt »Frances« ihren Lebensrückblick. Sie begänne nun, sagt sie, die Wirkungen ihres Denkens zu erkennen, die Ereignisse zu sehen, die durch ihre Gedanken und Vorstellungen in Gang gesetzt worden seien. Das Ganze sei ein »Ernüchterungstraining«: der Geist strecke sich aus, um ein Problem von allen Seiten sehen zu können. Aber es gebe keinen Zwang, erklärt »Frances« – und stimmt darin mit »Pauchard« überein –, nach der Ankunft sofort sein vergangenes Leben anzuschauen. »Manche brauchen lange, um ihr Problem in Angriff zu nehmen. Sie haben Angst davor, den Folgen ihres Versagens ins Auge zu blicken.«[29] Das sind die Leute, die »stekkenbleiben«. Typisch ist der Fall eines Mannes, der sich gegenüber Frau und Familie brutal und verbittert gezeigt hatte und nun an die Orte seiner Grausamkeiten zurückgeführt wird. Er versucht davon loszukommen, »aber sein Lebensfilm versetzte ihn in lähmendes Entsetzen: er konnte sich nicht mehr von der Stelle rühren«.[30] Solche Menschen, erfahren wir, seien oft von Reue gepackt und zögen es vor, sich »in das Dunkel des Bedauerns« zurückzuziehen. Ihre Verdüsterung ist wörtlich zu verstehen. Weil sich die innere Verfassung in der Außenwelt widerspiegelt, leben die Betroffenen in der »Dunkelheit des Selbst«. Ihr nach außen gewendeter Geisteszustand schneidet sie von »dem wahren Licht [ab], das ihren Geist erhellen, ihre Schuld auflösen und den Hoffnungsschimmer bringen könnte, der ihnen bei ihren Problemen weiterhilft«.[31]

»Frances Banks« spricht von zwei »Blaupausen«, die ihr bewußt gemacht worden seien. Das eine ist »der Vollkommene Plan, mit dem mein Geist mutig seine Inkarnation antrat. Das andere ist das, was aus einem nur teilweise verstandenen Plan herauskam, [...] mein tatsächliches Leben, so wie ich es wirklich gelebt habe.«[32] Eine ähnliche Vorstellung finden wir bei Platon, im »Mythos von Er«: die Seelen suchen sich ein Leben aus, das sie führen wollen, und gehen dann durch den Fluß des Vergessens. Für »Frances« war es ein schwerer Schock, daß sich ihr wirkliches Leben von dem Idealplan so deutlich unterschied, daß sie so wenig erreichte, nachdem sie sich so viel vorgenommen hatte: das Ergebnis eines begrenzten Verstehens und eines getrübten Urteils, Beschränkungen, die in der physischen Welt nur schwer zu überwinden sind.

Nun begann der Gang ihres Lebens »in einer kaleidoskopartigen Bilderserie« sich vollständig vor ihr zu entfalten. Sie hatte das Gefühl, allein zu sein, und bemerkt dazu: »An dir ist es, zu urteilen. Du stehst vor den Schranken deines eigenen Gerichts. Du triffst deine eigenen Entscheidungen. Du übernimmst selbst die Verantwortung [...] Du bist der Angeklagte, der Richter, die Geschworenen.« Es war dieses Stehen im eigenen Brennpunkt, das diejenigen, die »steckenblieben«, nicht ertragen konnten. Ein solches Erlebnis geht zweifellos über die Panorama-Erinnerung hinaus. Doch es ist erst der Anfang.

Das zweite Stadium beginnt, sobald sich die Seele stark genug fühlt, »das irdische Leben Schritt für Schritt durchzunehmen«. Die beiden Lebensfassungen werden noch einmal herangezogen: »Nur diesmal beginnt der Rückblick mit dem Augenblick des Verlassens des Körpers. Der Geist arbeitet sich langsam, ach so langsam, rückwärts durch die eigenen Erlebnisse.« Doch man ist jetzt nicht mehr allein; man befindet sich in der Gegenwart eines Wesens, das vermutlich der eigene höhere Geist ist oder der »große Helfer«. Dieses Wesen strahlt »Strenge, Frieden, Ruhe und Hilfsbereitschaft« aus; es steht mit konstruktiver Kritik zur Seite, auf eine Art, die an manche Nah-Todesberichte erinnert. Gemeinsam werden die Ereignisse des Lebens gerichtet und auf ihre Motive und Wirkungen hin genau überprüft.

»Frances Banks« erlebt auch die Rückschau eines Arztes mit, eines Chirurgen, der bei sich jahrelang einen »inneren Chirurgen« spürte, der mit ihm und durch ihn praktizierte. Zu einem Zeitpunkt, als er unter besonderem familiären Druck stand, durchtrennte der Arzt bei einer Operation versehentlich ein lebenswichtiges Gefäß, worauf sein Patient starb. Der Arzt spürte, daß er die Verbindung nach innen verlor; aus Angst griff er zu Tabletten. Am Ende erlitt er einen Nervenzusammenbruch, wurde schwer krank und starb. Während der Chirurg »Banks« seine Geschichte erzählt, formen sich vor ihren Augen die Bilder seines Lebens; die Momente der Anspannung, des Erfolges und des Versagens ziehen vorbei. In der Rückschau besuchen sie auch die Patienten, denen der Arzt mit seinen Operationen hatte helfen können, sehen in den Wohnungen der Patienten und unter ihren Familien »den Gewinn für die Menschheit, die Heilungen, die Wiederherstellung von glücklichem und sinnvollem Leben, was das Ergebnis dieses Mannes war und seiner Fähigkeiten«. Als der Film abgelaufen war, erkannte der Arzt, daß er, trotz seiner Schwächen und trotz seines Versagens, seinen ursprünglichen Lebensplan verwirklichen konnte. Sein Problem war »eine Labilität im Kontakt der Seele mit der Persönlichkeit«.[33]

Es gibt in diesem Buch eine Reihe tiefer Einsichten, die unser Thema überschreiten. Ein paar Sätze jedoch sollten zu dem gesagt werden, was »Frances Banks« das »Gesetz der Weiterentwicklung« nennt. Eine der Aufgaben nach dem Tode ist es, das

Durcheinander der Persönlichkeit abzulegen. Das vollzieht sich in drei Schritten: »durch Selbstprüfung und aufrichtige Bewertung der eigenen Erfahrungen, durch Dienst an den Mitmenschen, und durch geistiges Streben«. Nach einem der Gesetze der Weiterentwicklung wird aus dem, was dem erdverbundenen Denken das Subjektive ist, im neuen Seinszustand das Objektive. Die »inneren« Gehalte des Denkens, Hoffens und Begehrens bilden nun den »äußeren« objektiven Zustand, die Umgebung. Dieser Gedanke sollte uns langsam vertraut werden. Aus ihm folgt eine wesentliche Einsicht: nur auf dem Wege des inneren Lebens, »der Meditation, der Betrachtung und des Einswerdens mit der Schönheit und Wahrheit des Göttlichen« können wir uns in das »himmlische Königreich« erheben. Dort gibt es keine Masken und keine Fassaden mehr. Das subjektive Leben, das innere Licht, wird so reflektiert, wie es ist. Der Juwel im Herzen wird zu einem Glanz, den jedermann anschauen kann.

Die Bedeutung der Lebensrevision

Wir betrachten die nachtodliche Lebensschau nun in einer erweiterten Perspektive, nämlich so, wie sich das Phänomen einer Reihe von Mystikern darstellt, die die Lebensschau als Teil eines größeren Musters begreifen. Wir beginnen mit Swedenborg, dem großen Wissenschaftler, Philosophen und Mystiker des 18. Jahrhunderts. Doch zunächst sollten wir noch auf zwei besondere Aspekte der Lebensrevision hinweisen.

Zu den anspruchsvollsten Veröffentlichungen auf dem Gebiet der medialen Literatur gehören die »Seth«-Bücher. »Seth«, nach eigener Beschreibung »ein Energiepersönlichkeitskern, der nicht mehr in der physischen Form konzentriert ist«,[34] meldete sich seit 1963 zu bestimmten Zeiten über das in Trance befindliche Medium Jane Roberts. In einer der Sitzungen, die regelmäßig abgehalten wurden, spricht Seth zum Thema Tod und zu dem, was unmittelbar danach kommt. Zunächst räumt er mit der Illusion auf, man könne sich nach dem Tod von den Anstrengungen seines Lebens erholen. Nicht nur daß wir von unseren Fähigkeiten auch im Jenseits Gebrauch machen müssen, ganz besonders müssen wir uns um die Fähigkeiten kümmern, die wir zu Lebzeiten nicht genutzt haben. In einer Welt telepathischer Kommunikation, die all unsere Motive unverzerrt und für jedermann sichtbar ans Licht bringt, kommen wir auf Dauer nicht drumherum, vollkommen aufrichtig zu sein. Zum Lernprozeß nach dem Tod gehört auch, »die Struktur der Existenz, die ihr zurückgelassen habt«, zu untersuchen und verstehen zu lernen, »wie eure Erfahrungen die Ergebnisse eurer eigenen Gedanken und Empfindungen waren und wie sie auf andere gewirkt haben. Bevor ihr durch diese Untersuchung hindurch seid, kennt ihr die größeren Anteile eurer eigenen Identität noch nicht.«[35] Wieder stoßen wir auf das Phänomen der empathischen Resonanz; die Erweiterung des Selbst-Bewußtseins führt zur schrittweisen Aufdeckung der versteckten Seelenanteile. Diese Form der Selbstprüfung gehört zu den Stadien der postmortalen Existenz, die nicht umgangen werden können.[36]

Sir Arthur Conan Doyle ist uns mehr durch seinen Sherlock Holmes in Erinnerung geblieben als durch seine spiritistischen Aktivitäten; doch soll er nach seinem Tod noch einmal zurückgekehrt sein, um die Existenz eines Nachlebens zu bestätigen. Einiges von dem, was er über moralische Tugenden bemerkt und über die Wichtigkeit der Gedanken, betrifft auch unser Thema.[37] Als Grundfeste der Moral nennt er »persönliche Verantwortung und die erlösende Macht der Liebe«. Diese Verantwortung, fügt er hinzu, äußere sich aber nicht allein im Handeln, so wichtig dies sei, entscheidend sei vielmehr, was wir im Innersten denken: die nachtodliche Welt sei eine Welt des Denkens, »viel mehr eine innere Verfassung als ein äußerer Umstand«. So kommt Doyle zu dem Ergebnis, daß das Denken mehr Macht hat als das Tun: denn es schafft die Umgebung, die nichts anderes ist als der eigene Bewußtseinszustand; und so, wie man sät, so erntet man.[38]

Swedenborg

Swedenborg ist einer der großen Männer des 18. Jahrhunderts, der jedoch von den meisten Geistesgeschichtlern schmählich vernachlässigt worden ist. Seine wissenschaftlichen Leistungen sind weitgefächert; seine Interessen reichen von der Geologie über die Anatomie bis hin zu Fragen der Konstruktionstechnik. Daneben spielte er eine führende Rolle im politischen Leben Schwedens. Von 1743 bis zu seinem Tod (1772) erlebte er, wie sich seine spirituellen Sinne öffneten; er fand mühelos Eingang in die inneren Welten und berichtete davon nach seiner Rückkehr als ein unparteiischer Beobachter. Von Zeit zu Zeit demonstrierte er bemerkenswerte Fähigkeiten außersinnlicher Wahrnehmung, ohne viel Aufhebens davon zu machen. Das für unser Thema interessanteste Buch von Swedenborg ist »Über Himmel und Hölle« (De coelo et inferno, 1758), ein Bericht über seine Erlebnisse in den inneren Welten: dorthin, behauptet er, gehen die Menschen nach ihrem Tode.[39] Swedenborgs Ausgangspunkt ist in der Überschrift eines Kapitels zusammengefaßt: »Der Mensch besitzt nach dem Tod alle Sinne, sein ganzes Gedächtnis, Denken und alle Neigung, wie in der Welt, er läßt nichts zurück als seinen irdischen Leib.«[40] Mit dem irdischen Leib, könnte man vermuten, würde alles zurückgelassen, doch das gerade meint Swedenborg nicht.

Der Mensch, erklärt er, hat zwei Gedächtnisse, das äußere und natürliche und daneben ein inneres, geistiges Gedächtnis. Zum äußeren Gedächtnis gehören die weltlichen Sprachen sowie die Gegenstände der sinnlichen Wahrnehmung, zum inneren Gedächtnis gehört die Fähigkeit des vernünftigen Denkens und Verstehens dessen, was Swedenborg die Universalsprache der Geisterwelt nennt, »aus deren Vorstellung das eigentliche Denken sich hervorbildet«.[41] Die Universalsprache ermöglicht allen, die in ihr kommunizieren, ein augenblickliches Verstehen, und »in diese Sprache kommt jeder Mensch, sogleich nach dem Tode.« Während das äußere Gedächtnis die Erinnerung an viele Ereignisse verliert, ist das innere Gedächtnis »von der Art, daß ihm das Einzelne, ja das Allereinzelnste, was je ein Mensch gedacht, geredet und getan hat, ja was ihm wie ein Schatten erschienen ist, mit den geringsten Kleinigkeiten, von der ersten Kindheit bis zum letzten Greisenalter, eingeschrieben ist«.[42] Diese Aussage paßt zu unseren bisherigen Erkenntnissen über die Natur des Gedächtnisses. Swedenborg legt besonderen Wert darauf, daß nichts verlorengeht.

»Das Gedächtnis von all diesen Dingen hat der Mensch bei sich, wenn er ins andere Leben kommt, und er wird nach und nach zu aller Erinnerung daran hingeführt; dies ist das Buch seines *Lebens*, das im anderen Leben geöffnet und nach dem er gerichtet wird; dies kann der Mensch kaum glauben, allein, es ist dennoch ganz gewiß wahr.« Was Swedenborg »durch viele Erfahrung zu wissen gegeben worden«,[43] veranschaulicht er am Beispiel zweier Menschen, die nach dem Tod ihre in der Welt begangenen Verbrechen zunächst leugneten.[44]

Dadurch, daß ihnen diese Ereignisse im Rückblick »aus ihrem eigenem Gedächtnis« vorgeführt wurden, konnte ihnen ein Bekenntnis entlockt werden. »Sie erkannten auch alles an, weil es – zugleich mit einem jeden Gedanken, jeder Absicht, Lust und Befürchtung, zwischen denen damals ihr Gemüt hin und hergeschwankt hatte – wie ins Licht gestellt erschien.« Vor allem Ehebrecher und Betrüger wurden auf diese Weise entlarvt, aber auch Menschen, die sich hatten bestechen lassen, wurden »aufgrund ihres eigenen Gedächtnisses überführt, aus dem vom Beginn ihrer Amtsführung an bis zuletzt alles aufgezählt wurde: die einzelnen Bestechungen nach Art und Umfang, dazu die Zeit, ihr Gemütszustand und ihre Absicht – alles zugleich wurde ihnen wieder in Erinnerung gerufen und sichtbar vorgestellt«. Unter Swedenborgs Beispielen ist ein Mann, der einen Verwandten seiner Erbschaft beraubt und einen Nachbarn vergiftet hatte; zunächst, in erster Instanz, wurden die ihn überführenden Briefe verlesen, dann vor seinen Augen die ganze Szene enthüllt, einschließlich dessen, »was er vorher gedacht hatte und was nachher geschah«. Zusammenfassend stellt Swedenborg fest, daß es »keine Möglichkeit zur Leugnung« gebe, »weil alle Umstände zur gleichen Zeit auftauchten«: was sich hier vollzieht, ist eine absolute, vollkommene Gerechtigkeit, die auch mit der ausgeklügeltsten menschlichen Gesetzgebung nicht erreicht werden könnte. Swedenborgs Beschreibungen ist zu entnehmen, daß das innere Gedächtnis die Gedanken und Gefühle eines Menschen, überhaupt alles, was er erlebt, vollständig aufzeichnet.

Aufgrund seiner Erfahrungen in der »Hölle« erklärt Swedenborg, »daß Gott niemals sein Antlitz vom Menschen abwendet oder ihn von sich stößt, daß er niemanden in die Hölle wirft und niemandem zürnt«.[45] Denn Gott ist »das Gute, die Liebe, die Barmherzigkeit selbst«. Der Mensch aber verurteilt sich selbst zur Hölle, indem er sich von Gott abwendet und die Betreuung durch die Engel verweigert. Nach dem Tod zieht es ihn in eine Sphäre oder in einen Zustand, der seinen weltlichen Erfahrungen, seinen Wünschen und Neigungen, entspricht. Swedenborg spricht von der »herrschenden Liebe«, zu der der Mensch zurückgekehrt und mit der er eins wird.[46] Die für seine Zeit verbindliche Auffassung eines strafenden Gottes weist Swedenborg zurück; für ihn liegt die ganze Verantwortung auf den Schultern des einzelnen, der sich die Situation nach dem Tod selbst erschafft.

Bei der Auslegung der Schriftstellen, die sich auf das »Gericht« beziehen, weist Swedenborg auf den tieferen Sinn der »Taten und Werke«, nach denen der Mensch belohnt wird; entscheidend sei die innere Form der Taten, das Wollen und Denken, denen sie entspringen, oder anders gesagt: die zugrundeliegenden Motive. Rein äußerlich können bestimmte Handlungen gleich erscheinen, ihr tatsächlicher Wert aber läßt sich erst ermessen, wenn man den Geist kennt, aus dem sie entstanden sind. Swedenborg unterscheidet eine Skala von bösen und guten Absichten; letztere reichen vom sturen Gehorsam gegenüber den Geboten bis zur aufrichtigen Liebe zum Guten und Göttlichen. Die Taten der aus Liebe handelnden Menschen sind innerlich und äußerlich gut, »da sie ganz so beschaffen sind, wie das Denken und Wollen, aus denen sie hervorgehen«.[47] Es reicht also nicht, nur gute Absichten zu haben. Diese müssen sich in Taten ausdrücken, sonst bleiben sie »etwas Ungestaltetes«, »gleichen einer Flamme, die, in ein Gefäß eingeschlossen, erlischt, oder auch einem Samen, der, auf Sand gesät, nicht aufgeht, sondern samt seiner Fruchtbarkeit verdirbt«.[48]

Rodney Collin

In seinem Buch *Vom ewigen Leben* entwickelt Rodney Collin eine Theorie von Zeit-Zyklen, mit deren Hilfe er einige Charakteristika der Lebensrevision erklären kann.[49] Was passiert eigentlich genau zwischen Tod und Wiedergeburt, fragt sich Collin; zwischen diesen beiden Punkten gibt es, wenn man das Zeitmodell des *Tibetanischen Totenbuchs* zugrunde legt, ein genau begrenztes Intervall. Collins Theorie basiert, ohne daß ich hier die Feinheiten seiner Zeitskalen beschreibe, auf den unterschiedlichen Geschwindigkeiten, mit denen das Leben im Mutterleib, die physische Existenz und die Phase nach dem Tod sich vollzieht. Collin vermutet, daß die Periode zwischen den Inkarnationen kurz ist; Sie enthält aber genauso viel Erfahrungen wie das gesamte körperliche Dasein und muß deshalb entsprechend verdichtet und intensiviert sein.

Im physischen Leben folgen die Erfahrungen aufeinander, und die Erinnerungen sind sukzessiv; könnte man aber die Wahrnehmungen und das Wissen zusammenpressen, so würden »unzählige Verbindungen von Ursache und Wirkung« sichtbar.[50] Das Tibetanische Totenbuch, auf das sich Collin beruft, behauptet nun, daß die Visionen im Zustand nach dem Tode Projektionen des eigenen Verstandes sind. Man denke das zusammen, Projektion auf der einen Seite, Erfahrungsverdichtung auf der anderen, und man kann sich die Verzückung bzw. den Horror der simultan erlebten Ereignisse bildhaft vorstellen; wären die Wahrnehmungen und Gefühle zusammengedrängt, würden sie genauso intensiv erlebt wie in vielen der von uns begutachteten Fälle. Collin schreibt:

> Durch die Zusammenballung der Zeit würden solcher Haß und solche Grausamkeiten nicht nur über das erträgliche Maß hinaus gesteigert, sondern würden *zusammen mit* all der Furcht, dem Groll und dem Schmerz, wozu sie den Anstoß gaben, erfahren werden, und diese Verbindung ist normalerweise verborgen durch die gnädige Vergeßlichkeit der ausgedehnten Zeit. Während andererseits solche Sehnsucht und Hingabe verknüpft würden mit der Wahrnehmung höherer Gesetze und höherer Welten, zu denen sie

> hinführten. *Das würde tatsächlich der Aufstieg zum Himmel oder der Abstieg in die Hölle sein.*[51]

Wir stehen damit vor der Situation, daß mit dem erweiterten Bewußtsein ein kontrahiertes Zeitgefühl verbunden ist, weil auf eine größere Erfahrungsmenge gleichzeitig zurückgeblickt werden kann. Diese Verdichtungs- und Intensivierungstheorie ist zweifellos bedenkenswert und erklärt möglicherweise die Phänomene der Gefühlssteigerung und der empathischen Resonanz, denen wir begegnet sind; sie liefert jedoch keine angemessene Erklärung für den von »Barbanell« und »Pauchard« berichteten Prozeß der ausgedehnten Revision, die bei einzelnen Ereignissen länger verweilen kann. Die verdichtete Rückschau im Sinne Collins ist eher eine emotionelle Variante der automatisch ablaufenden Panorama-Erinnerung. Darüber hinaus versucht Collin, sein Schema in das Zeitmodell des Tibetanischen Totenbuchs einzufügen, das von exakt 49 Tagen zwischen den Inkarnationen ausgeht. Seine Grundidee ist womöglich brauchbarer als der allgemeine Rahmen, in den sie gestellt ist.

Ein späteres Kapitel seines Buches widmet Collin der Entwicklung des Bewußtseins durch die Bewußtwerdung des Erinnerungsfilms, der bereits belichtet, aber noch nicht entwickelt ist.[52] Collin empfiehlt, sich zunächst alles das ins Gedächtnis zu rufen, was sich über Assoziationen wiedergewinnen läßt, und dabei schrittweise auch solche Dinge, an die man sich nur widerwillig erinnert. Denn unsere Fähigkeit, vergangene Schwächen, Mißgeschicke und Verirrungen einfach zu vergessen, erlaubt uns, dieselben Fehler ständig zu wiederholen. Wer sich dagegen seinen Erinnerungen stellt, wird anfangen, sich selbst zu erkennen, ähnlich wie in der Lebensrevision, wenngleich weniger eindringlich. Mit der Gedächtniserforschung können wir eine Art zweigleisiger Erinnerung entwickeln, die gleichzeitig erkennt, was geschah und was hätte geschehen können; sie treibt uns an, unser Leben zu rekonstruieren und unsern Charakter zu verbessern. Das eigentliche Ziel aber ist ein Zustand fortwährender Selbst-Erinnerung, »der Zweck des Erwerbs von Bewußtsein in diesem Leben ist, durch den Tod hindurch bei Bewußtsein zu bleiben«.

Peter Deunov/Omraam Mikhael Aivanhov

Der große bulgarische Meister Peter Deunov (1864-1944), dessen großartiges Leben und Werk in weiten Teilen der westlichen Welt kaum bekannt sind, stellt die Lebensrevision in den größeren Kontext der spirituellen Evolution. Die drei Pfeiler seiner Lehre sind Liebe, Weisheit und Wahrheit; dies sind zugleich die Wesensmerkmale des Göttlichen, das nur in und durch Liebe richtig erkannt werden kann. Wir alle sind dazu bestimmt, zu dieser Erkenntnis zu gelangen, doch manche brauchen länger als andere. Nach dem Tod, sagt Deunov, werden die Menschen »lebendige Bilder ihres irdischen Lebens sehen, die wie ein Kinofilm ablaufen [...] und sie dazu zwingen, ihre Vergangenheit in allen Einzelheiten noch einmal zu erleben. Für die meisten Menschen ist dieses Schauspiel eine Quelle von Schmerz und Ekel.«[53] Eine ausgiebige Betrachtung ihrer Lebensbilder erweckt in ihnen den Wunsch, zukünftig Gottes Willen zu tun; sie sind nun so weit, wieder auf die Erde zurückzukehren und es noch einmal zu versuchen. Ignorieren sie auch dieses Mal die innere Stimme Gottes, wird der ganze Revisionsprozeß in verschärfter Form noch einmal wiederholt. Zeigen sie jedoch Fortschritte und Verbesserungen, ist dies ein besonders freudiges Erlebnis, und sie beginnen ihr neues Leben in größerer Verbundenheit mit den göttlichen Prinzipien. Der Prozeß der Reinigung, Erleuchtung und Durchlichtung vollzieht sich schrittweise, bis zum Erreichen der göttlichen Liebe, Weisheit und Wahrheit. Die Seele lernt durch die Erfahrungen von Schmerz und Freude, sich allmählich auf die göttliche Liebe einzustimmen und mit den geistigen Kräften der unsichtbaren Welt in ständigem Kontakt zu bleiben.

Omraam Mikhael Aivanhov (1900-1986) wurde 1937 von Peter Deunov nach Paris geschickt, um dessen Lehre in der westlichen Welt zu verbreiten. Von Aivanhov sind bereits über 60 Schriften in verschiedenen Sprachen erschienen, gegenüber rund 150, die von Deunov allein in Bulgarien kursieren. In den *Kosmischen Moralgesetzen* präsentiert Aivanhov sein Verständnis einer höheren Moralordnung. Die Regel, daß wir ernten, was wir säen, gilt nicht nur für unsere Taten, sondern auch für unsere

Gedanken und Gefühle: auch dies sind Saaten, die aufgehen und Früchte tragen. Vieles von dem, was Aivanhov beschreibt, ist dem Leser inzwischen vertraut: daß es in der Natur und in uns selbst ein Gedächtnis gibt, das absolut alles aufzeichnet (wie schon Swedenborg behauptete); daß diese Erinnerungen nach dem Tode ausgebreitet werden; und daß wir dann in empathischer Resonanz die Wirkungen der eigenen Gedanken, Gefühle und Taten noch einmal durchleben. Es gibt eine moralische Struktur, die uns in der kommenden Welt und nur dort unmittelbar vor Augen tritt:

> Alles Leid, das wir zugefügt haben, müssen wir nun selbst durchleben. Das Moralgesetz beruht auf absoluter Gerechtigkeit. Wenn es uns auch auf der Erde erlaubt ist, ungestraft Verbrechen zu begehen, zu betrügen, zu stehlen, zu ermorden etc. [...] gibt es auf der anderen Seite die exakte Vergeltung: wir durchleben genau dasselbe Unrecht, das wir anderen zugefügt haben. Wahre Moral heißt, vor allem anderen, wahre Gerechtigkeit.[54]

Rudolf Steiner

Rudolf Steiner (1861-1925) entwickelte als Seher und zugleich als Wissenschaftler besondere Fähigkeiten. Er, der seiner Zeit um Jahrzehnte voraus war, versuchte seine intuitiven Einsichten in das zusammenhängende Schema einer geistigen Wissenschaft zu bringen. Er bestand immer darauf, daß andere ihre eigene geistige Wahrnehmung entwickeln sollten, die es ihnen ermöglichte, seine Ergebnisse zu bestätigen oder zu widerlegen. Wir haben gesehen, wie Steiner die Panorama-Erinnerung beschreibt. Sie ist Teil eines längeren Prozesses der Läuterung, in der das Ich den Zustand des *Kamaloca* durchlebt (*Kamaloca* heißt wörtlich: Ort der Begierde).[55] In diesem Stadium hüllt sich der Mensch in »das verzehrende Feuer des Geistes«; dies macht ihn frei von seinen alten Begierden und dem »Anziehungsband an die äußere Welt«.[56]

Während der Zeit der Reinigung, erklärt Steiner, erleben wir unser Leben noch einmal in einer Rückwärtswanderung, vom Tod bis zur Geburt. Und dabei tritt uns alles vor Augen, »was nicht aus der geistigen Natur des Ich« entsprungen ist. Angenommen, sagt Steiner, jemand habe im Alter von vierzig Jahren bei einem Zornesausbruch einem anderen Menschen körperlichen oder seelischen Schmerz zugefügt: dann wird er dieses Ereignis noch einmal erleben, doch dieses Mal nicht mit der Befriedigung, die ihm das Wutablassen bereitet hat; er erlebt »dafür den Schmerz, der durch ihn diesem anderen zugefügt worden ist«. Das Beispiel soll deutlich machen, daß die schmerzhaften Anteile dieser Erfahrung auf Begierden zurückgehen, denen das Ich zu Lebzeiten nachgegeben hat. »In Wahrheit schädigt das Ich nämlich nicht nur den anderen durch eine Befriedigung solcher Begierde, sondern sich selbst; nur bleibt ihm diese Schädigung während des Lebens unsichtbar. Nach dem Tode aber wird diese ganze schädigende Begierdenwelt dem Ich sichtbar.«

Wenn der Mensch auf seiner Rückwärtswanderung bei der Geburt angelangt ist, sind alle seine Begierden durch das Läuterungsfeuer hindurchgegangen; es gibt nun keine Hindernisse mehr, die seine spirituelle Entwicklung hemmen könnten. Steiner legt Wert darauf, diese Reinigung nicht mit dem Karma zu verwechseln, obwohl hier ein ähnlicher Vorgang des Säens und Erntens vorliegt. Wir sehen nun etwas deutlicher, welche buchstäblich reinigende Kraft in der Lebensrevision liegt und welche Wirkung es hat, negative Gefühle zuzulassen, die anderen Menschen schaden und eines Tages wie ein Bumerang zu ihrem Urheber zurückkehren.

Die Theosophie von Madame Blavatsky

Helena Petrova Blavatskys Ausführungen zum Lebensrückblick folgen ihrer Theorie über den Zusammenhang von Gehirn und Gedächtnis. Das Gehirn ist der Kanal zwischen den psychospirituellen und den materiellen Welten; es ist »das Organ, das Erinnerungen registriert, aber nicht das Gedächtnis selbst«.[57] Die Gehirnzellen sind »die Empfänger und Überbringer aller Bilder und Eindrücke, nicht deren Verwahrer«;[58] behalten werden die Erinnerungen vom Universalgedächtnis, das alles verwahrt. Das Wort »Gedächtnis« (insofern es »Gedachtes« und

d. h. Vergangenes assoziiert) ist eine ungenaue Bezeichnung für etwas, das sich außerhalb unserer Begriffe von Raum und Zeit befindet. Alles ist in Wirklichkeit gegenwärtig; Vergangenheit und Zukunft sind reine Abstraktionen.

Nach dem Tod ordnet sich das ganze vergangene Leben einer Person zu einem Gesamtbild, das die »minutiösesten Einzelheiten« enthält:

> Für einen kurzen Moment wird das subjektive mit dem individuellen, alleswissenden Ich eins. Dieser Augenblick reicht aus, um ihm die ganze Ursachenkette vorzuführen, die in seinem Leben wirksam war. Es sieht und versteht sich selbst nun so, wie es ist, unbeschönigt von Schmeichelei und Selbstbetrug. Es liest in seinem Leben, es bleibt ein Zuschauer, der in die Arena hinunterschaut, die er gerade verläßt; fühlend weiß es um die Gerechtigkeit von allem Leid, das ihm widerfahren ist.[59]

Blavatsky beschreibt hier eine Art Vogelschau, die es dem einzelnen erlaubt, sein Leben in einem größeren Zusammenhang zu verstehen. Anstelle des subjektiven Blickwinkels tritt ein universeller und objektiver; das Bewußtsein weitet sich und öffnet den Blick für die verborgene Struktur des Lebensteppichs.

Paul Brunton

Kenneth Ring hat als erster auf die bemerkenswerten Parallelen hingewiesen, die zwischen bestimmten Elementen der Nah-Todeserfahrung und den Beschreibungen Paul Bruntons bestehen. Brunton, ein englischer Journalist, hat über seine Erlebnisse mit verschiedenen östlichen Weisheitslehren zahlreiche Bücher veröffentlicht; nach 1952 verstummte er und schwieg bis zu seinem Tod im Jahr 1981. Die Lücke seines Schweigens ist durch die inzwischen veröffentlichten »Notebooks«, den Aufzeichnungen jener Jahre, mehr als gefüllt. Die »Notebooks« gehören zu den wichtigsten geistigen Dokumenten unserer Zeit.[60]

Bruntons Beschreibung der Todeserfahrung beginnt mit der Panorama-Erinnerung, der ein »Zustand hellsehender Vision« entspricht.[61] Wer die Pforten des Todes durchschreitet, erblickt die geheimen Aufzeichnungen »der ganzen Menge seiner Erfahrungen von der plappernden Kindheit bis zum mürrischen Alter. Nichts ist verloren, sondern alles existiert hier noch in Bildform.« Der »Tote« erhält blitzartige Einblicke in die intensivsten Episoden seines Lebens, vor seinen Augen entfaltet sich ein »Gewebe« eindrucksvoller Bilder, die außerhalb von ihm zu stehen scheinen. Brunton stimmt mit Steiner darin überein, daß die Bilderfolge rückwärts abläuft, »mit einer bisher unbekannten und unglaublichen Geschwindigkeit«. In dieser Rückwärtswendung, sagt Brunton, offenbart sich noch einmal das ganze Verhaftetsein mit dem Leben.

Im nächsten Stadium bildet sich ein neues Bewußtsein, das Bewußtsein des »Überselbst«, das innerhalb der umfassenden Identität die göttliche Seite vertritt. Das Überselbst enthüllt dem Toten sein Leben als Ganzes und macht ihn selbst zum unbestechlichen Richter. Die subjektive Perspektive ist überwunden.

> In dieser Zeit sieht er den *Folgen* ins Gesicht, die seine Handlungen für andere hatten, während er auf Erden weilte, Folgen, deren er sich oft gar nicht bewußt oder aus egoistischen Gründen nicht interessiert war. [...] In diesem tausendfach helleren Licht eines göttlichen Gewissens *fühlt* er, daß alles, was ihm geschah, im Ergebnis gerecht war, auf sein eigenes Wesen und seine eigenen Taten zurückführbar war. Große Reue überkommt ihn. Er legt seine Leidenschaften ab und sieht sein Oberflächen-»Ich« so, wie es der ihm bislang verborgene Beobachter sieht, ohne den unbewußten schmeichlerischen Selbstbetrug.[62]

Auch hier wieder die Begegnung mit den Daseinsfolgen und die daraus resultierenden Reuegefühle; dazu die offenbarende Erkenntnis des eigenen Selbst, die zu einem neuen Identitätsempfinden führt. Ein neues Element ist der von Brunton beobachtete Zusammenhang zwischen dem Charakter eines Menschen und den Ereignissen seines Lebens. Wie Steiner sieht Brunton die reinigende Wirkung der Lebensrevision darin, daß sie den Verstorbenen von den persönlichen Begierden und Verhaftungen seines früheren Lebens befreit. Die Erweiterung und Vertiefung seiner Identität deutet auf ein spirituelles Wachstum, das über die Interessen und Grenzen unseres normalen Wachbewußtseins hinausgeht.

Entwurf eines Jenseitsszenarios

Paul Beard, einer der nüchternsten Jenseitsforscher, hat sich in seinem Buch »Living On« auch mit dem Phänomen der Revision und des Gerichts auseinandergesetzt. Nach seiner Auffassung ist dieser jenseitige Prozeß, den er von verschiedenen Seiten beleuchtet, mit unseren gegenwärtigen Begriffen im Grunde nicht zu verstehen. Die Lebensrevision ist einmal »eine lebendige Demonstration der moralischen Kräfte des Universums, die den Menschen spielerisch lehren, harmonisch mit ihnen zu kooperieren«;[63] dann ist sie der Wille Gottes, der seinen Geschöpfen geduldig dabei hilft, ihre Schwäche und Verfehlungen zu überwinden; sie ist aber auch eine sachliche Bilanz; und in wieder anderer Hinsicht ist sie die Begegnung einer Person mit ihrer eigenen Schöpfung. In jedem Fall verpflichtet sie den Betroffenen, die Wahrheit des Gezeigten anzuerkennen und für sich selbst zu bewerten.

Es ist nun Zeit, die verschiedenen Fäden der beiden letzten Kapitel zusammenzuknüpfen. Natürlich kann der folgende Entwurf nur ein Versuch sein; ich glaube jedoch, daß er für das wahrscheinliche postmortale Szenario einige wichtige Anhaltspunkte gibt.

1. Entgegen den Erwartungen des materialistischen Denkens erweitert und vertieft sich das Bewußtsein nach dem Tod; damit verbunden ist eine große Gedankenklarheit und Gefühlsschärfe. Dieser Befund stimmt mit der Filtertheorie Bergsons überein, nach der das Gehirn einen Großteil der subtileren Eindrücke, die wir wahrnehmen können, ausschließt.
2. Die Inhalte des inneren und äußeren Gedächtnisses bleiben erhalten (zumindest für eine bestimmte Zeit), und zwar nicht nur die Ereignisse selbst, sondern auch die mit ihnen verbundenen Gefühle und Gedanken. Sensitive haben zu diesen Erinnerungen Zugang, über Psychometrie, Hellsehen oder Telepathie. Damit

ist noch nicht darüber entschieden, was langfristig mit den persönlichen Erinnerungen passiert.

3. Die Panorama-Erinnerung ist eine Bilderserie, die dem Individuum »äußerlich« und oft in Form einzelner Episoden präsentiert wird; sie gehört zu den ersten Prozessen nach dem Tod. Sie kann vorwärts oder rückwärts erlebt oder auch als Ganzes überblickt werden. Sie ist ungewöhnlich lebensecht und blitzt in einer enormen Geschwindigkeit auf, was möglicherweise auf ein Zusammenpressen der Zeit zurückzuführen ist.

4. Die Lebensrevision ist unvermeidlicher Bestandteil des nachtodlichen Geschehens; sie kann jedoch solange auf einen späteren Zeitpunkt verschoben werden, wie die Betroffenen noch in anfänglichen Sichtweisen »stecken« und zur Selbstkonfrontation nicht in der Lage sind. Sie verlangt von ihnen ein besonderes Einfühlungs- und Vorstellungsvermögen, damit sie sich das wahre Ausmaß der Wirkungen ihres Lebens und Denkens vor ihr geistiges Auge führen und beurteilen können. Die Revision beginnt normalerweise mit dem Augenblick des Todes und geht von dort rückwärts.

5. Die Persönlichkeit bzw. das Über-Selbst ist der unparteiische Richter seines eigenen Lebens. Bei diesem Beurteilungsprozeß ist möglicherweise noch ein anderes Wesen gegenwärtig, das die Vergangenheit liebend, vergebend, verständnisvoll und hinweisend begleitet, niemals aber verurteilend. Die rein subjektive Perspektive der persönlichen Rechtfertigungen und Entschuldigungen tritt in den Hintergrund. Eine Schlüsselfrage dabei ist, ob man sich selbst vergeben kann.

6. Die Ereignisse werden in umfassender Weise, von allen Seiten, wiedererlebt, unabhängig davon, ob die beteiligte Person sich des Ausmaßes ihrer Verstrickung damals bewußt war oder nicht. Wiedererlebt werden also sowohl die erfreulichen als auch die traurigen Konsequenzen, die aufbauenden und die zerstörerischen Nachwirkungen der Gedanken, Gefühle und Handlungen, und zwar so, als spüre man die Folgen am eigenen Leib. Es kommt zu einer Art emotioneller »Rückkopplungsschleife«, die eine empathische Resonanz mit anderen Menschen nahelegt. Die Vergeltung ist absolut; sie betrifft Gutes wie Böses und bedeutet eine persönliche Läuterung; durch die Intensivierung

der Gefühle steigert sich dieser Prozeß bis zur Erregung und Ekstase.

7. Die Lebensrevision ist eine Aufdeckung der noch nicht bekannten und/oder unterdrückten Seelenanteile; sie vollzieht sich in einer ähnlichen Weise wie der psychoanalytische Prozeß und der Individuationsprozeß (Integration des Schattens). Sie ist eine Begegnung mit dem eigenen Ganzen, ein Einlassen des Impliziten in das Explizite, und ermutigt, ja zwingt zu einer aufrichtigen Selbstbeurteilung.

8. Die Lebensrevision ist auch eine Läuterung und Reinigung der Vergangenheit und eine Befreiung von ihren Haftungen und Begierden. Durch das Wiedererleben ihrer zerstörerischen Wirkungen werden die Begierden gelöscht. Das Endergebnis ist echte, unaffektierte Bescheidenheit.

9. Die Lebensrevision ist selbst noch kein Abschluß, sondern ein notwendiges Zwischenstadium, das weiteres spirituelles Wachstum ermöglicht. Auf dem Weg zur göttlichen Transparenz offenbaren sich Liebe, Weisheit, Wahrheit, Schönheit und Frieden durch demütige und hingebungsvolle Erfüllung des Willens Gottes, gleichgültig, auf welcher Stufe man sich selbst gerade befindet.

Wir werden die empathische Resonanz nun etwas genauer erforschen und das Beziehungsgeflecht untersuchen, auf das sie verweist. Das Grundgefüge, innerhalb dessen ein Phänomen wie die Lebensrevision erst verständlich wird, offenbart sich als innere, gegenseitige Verbundenheit von Denken und Fühlen, von Sein und Bewußtsein.

3. Empathische Resonanz und Einheitsbewußtsein

Solange der Mensch den Umkreis seines Mitgefühls nicht auf alles Lebendige erweitert, wird er selbst keinen Frieden finden.

Albert Schweitzer

[...] Und ich spürte
Die Gegenwart erhabener Gedanken, deren Heiterkeit
Mich verwirrt: ich hatte ein überwältigendes
Gefühl von etwas, das sehr viel tiefer untermischt ist,
Das verweilt wie das Licht untergehender Sonnen,
wie der gewölbte Ozean und die lebendige Luft,
Das am blauen Himmel ist und im Geist der Menschen:
Eine Bewegung und eine Begeisterung, die alles
Denkende antreibt, alles Gedachte,
Und durch alle Dinge zieht.

William Wordsworth, Tintern Abbey

Der Mensch hat die Fähigkeit, über seine eigene Art hinaus das Leben in allen Formen und Gestalten zu lieben. Diese Empathie mit dem ineinander verwobenen Leben ist der höchste geistige Ausdruck, den ich kenne.

Loren Eiseley

Einführung

Sir J. G. Frazer hat an den Anfang seines Buches *Der goldene Zweig*, dieser großangelegten Untersuchung über Glaube und Sitten der Völker, ein Kapitel gestellt, das der sympathetischen

Magie gewidmet ist. Bei der Untersuchung der Grundlagen dieser Magie formuliert Frazer zwei Gesetze: das »Gesetz der Ähnlichkeit«, das von dem Grundsatz ausgeht, »daß Gleiches wieder Gleiches hervorbringt oder daß eine Wirkung ihrer Ursache gleicht«; und »das Gesetz der Berührung oder der direkten Übertragung«, nach dem Dinge, die einmal miteinander verbunden waren, weiterhin aufeinander Einfluß nehmen, auch wenn sie räumlich voneinander getrennt wurden.[1] Beide Gesetze unterstellt Frazer einem übergeordneten Gesetz der Sympathie, »da beide annehmen, daß die Dinge aus der Ferne durch eine geheime Sympathie aufeinander wirken«.[2] Praktische Anwendung findet das Gesetz der Ähnlichkeit in jenen Ritualen, bei denen ein Mensch im Modell nachgebildet wird, unter der Annahme, daß eine Beschädigung des Modells entsprechende Verletzungen bei der lebenden Person zur Folge hat. Von Larry Dossey ist der Fall eines Mannes überliefert, der der festen Überzeugung war, von einem Schamanen verwünscht oder verhext worden zu sein und daher glaubte, sterben zu müssen.[3] Er hörte auf zu essen und siechte – nach dem Prinzip der *self-fulfilling prophecy* – seinem Tode entgegen. Erst als ein anderer Magier mit dem Mann einen Gegenzauber veranstaltete, ließ dieser von seinem Glauben, sterben zu müssen, ab; er bekam schlagartig wieder Appetit und wurde überraschend gesund. Dieser Fall soll nicht dazu dienen, den Sympathiezauber anschaulich zu belegen; er zeigt vielmehr, daß ein Hexer oder Schwarzmagier bei jemandem, der fest daran glaubt, einen Teufelskreis in Gang setzen kann: das Bewußtsein spiegelt sich im Körper wider.

Nach überlieferter Auffassung entfaltet der Übertragungszauber seine Wirksamkeit über Verbindungen oder Berührungen. Zum Beispiel soll zwischen einem Menschen und seinen Haaren eine »Sympathie« oder »Entsprechung« bestehen; ein Außenstehender, der in den Besitz einer fremden Haarlocke kommt, kann darüber einer abwesenden Person seinen Willen aufprägen. Dem Sympathiezauber und der modernen Wissenschaft, sagt Frazer an späterer Stelle, ist gemein, daß beide eine Ordnung voraussetzen, eine Gleichförmigkeit in der Natur; die Magie sei jedoch »ein unechtes System von Naturgesetzen«, das auf einer mißbräuchlichen Verknüpfung von Ideen basiert.[4]

Unser Phänomen der empathischen Resonanz, das unmittelbare Sicheinfühlen in die Stimmungen anderer Menschen beim Rückblick auf das eigene Leben, scheint auf den ersten Blick ein weiteres Beispiel für das »Gesetz der Ähnlichkeit« zu sein: Gleiches bringt Gleiches hervor, auch über die »Entfernung« in Raum und Zeit. Doch ist Frazers Modell vielleicht zu grob, vor allem weil die komplexen Gefühle unterschiedlichen Quellen, nämlich den Reaktionen anderer Personen, die in der Rückschau nacherlebt werden, entstammen können. Was aber genau liegt dann der empathischen Resonanz zugrunde? Denkbar wäre ein Netz der Verbundenheit und gegenseitigen Abhängigkeit, das alle Menschen und vielleicht sogar die gesamte Schöpfung miteinander verknüpft. Ohne ein inneres Bezugssystem jedenfalls wären die beschriebenen Mit-Gefühle nicht möglich. Bei genauerem Hinsehen entdeckt man auch zwischen dem Ansteckungszauber und der Psychometrie einen Zusammenhang: ein bestimmter Gegenstand dient dem Sensitiven als Einstimmungsgerät, über das er – hellseherisch oder telepathisch – Informationen empfängt, sei es vom ehemaligen Besitzer des Objektes oder vom kosmischen Gedächtnis.

Wir werden in einem späteren Kapitel noch auf eine andere Magieform zu sprechen kommen, die Frazer die »wiederholende« oder »homöopathische Magie« nennt. Zunächst wollen wir jedoch die empathische Resonanz in ihren verschiedenen Erscheinungsformen studieren und herausarbeiten, in welchem Zusammenhang sie mit dem Einheitsbewußtsein steht.

Körperliche Symptome der empathischen Resonanz

Über das Auftreten körperlicher Symptome in Verbindung mit empathischer Resonanz wird erstmals in den 1886 erschienenen *Phantasms of Living* berichtet.[5] Es handelt sich um den Fall von Mrs. Joan Severn, die eines Morgens mit dem Gefühl aufwachte, »einen festen Schlag auf den Mund bekommen zu haben; ich spürte deutlich, daß mich etwas geschnitten hatte und daß ich an der Oberlippe blutete, und zog mein Taschentuch heraus und hielt es [...] an die verletzte Stelle [...] und als ich es zurücknahm, konnte ich zu meiner Überraschung keinerlei Blut sehen«. Sie überzeugte sich davon, daß sie nichts getroffen haben konnte, während sie im Bett gelegen hatte, und schloß daraus, daß sie geträumt haben mußte. Sie sah auf die Uhr. Es war 7 Uhr morgens und sie war allein. Ihr Mann hatte für einen Segelturn schon früh das Haus verlassen. Nach seiner Rückkehr fiel ihr auf, wie er sich verstohlen über die Lippen strich. Sie wisse genau, sagte sie ihm ins Gesicht, daß er sich verletzt habe. Daraufhin erzählte er alles. Er sei beim Segeln von einer Windböe erfaßt worden, die Pinne habe sich plötzlich losgerissen und ihn am Mund getroffen. Der Zeitvergleich ergab: Der Unfall geschah zur gleichen Zeit, als Mrs. Severn den Schlag verspürte.

Nach dem Bericht von Mrs. Severn hatte sie noch ein ähnliches Erlebnis in bezug auf ihre Mutter. Eines Abends, als sie mit ihrer Mutter und ihrer Tante friedlich zusammensaß, schrie ihre Mutter plötzlich auf, warf sich rückwärts auf das Sofa, hielt sich mit beiden Händen die Ohren zu und sagte: »O Gott, mir rauscht das Wasser in den Ohren, ich weiß genau, daß mein Bruder ertrinken muß, oder mein Sohn James, oder beide.«[6] Die Tante war verärgert über das Verhalten der Mutter und schämte sich für sie, aber diese beharrte auf ihrem Gefühl. Leider, fährt Mrs. Severn fort, waren ihre Empfindungen nur allzu begründet. Beim Blick aus dem Fenster sah sie, wie die Leute zu dem nahen Badestrand liefen. Bald darauf kam ihr Onkel ins Haus, blaß und bekümmert, und überbrachte die Nachricht, daß James tatsächlich ertrunken sei. Dieser Fall stellt offenbar eine Variante der Erscheinungsphänomene dar, wie sie beim Tode von nahen Verwandten häufig beobachtet werden; doch bleibt die Empfindung vom Tod des Sohnes nicht rein geistig, sondern überträgt sich ins Körperliche.

Aus der gleichen Sammlung ein weiterer Fall, bezeugt von Mr. F. Corder. Seine Frau war nach London gefahren, um sich einer Augenoperation zu unterziehen. Der Eingriff sollte mittags um halb zwei erfolgen. Mr. Corder hatte mit dem geistigen Kontakt zu seiner Frau, der »engen Sympathie unserer Geister«, schon seine Erfahrungen und war irgendwie beunruhigt, als er keine klaren Signale empfing, die er als sympathetische Empfindungen deuten konnte.[7] Nachmittags mußte er als Dirigent in einem Konzert auftreten. Um 14 Uhr 45 ging er aus dem Haus und blieb kurz danach vor einem Uhrmacherladen stehen, um die genaue Uhrzeit festzustellen. »Im selben Augenblick war mir, als füllte sich mein Auge mit kaltem Wasser, wie wenn ein eisiger Wind in die Augen bläst, obwohl es ein heißer ruhiger Sommertag war.« Mr. Corder war sicher, daß seine Empfindungen nichts mit der Operation seiner Frau zu tun hatten, denn die Uhren im Geschäft zeigten 11 Minuten vor 3. Als er dann am Abend seine Frau wiedersah, befand sie sich »in einem erschrekkenden Erschöpfungszustand«, eine Folge der schweren, wenn auch gelungenen Operation. Diese hatte sich, wie nun herauskam, verzögert: man hatte erst um 11 Minuten vor 3 mit dem Eingriff begonnen.

Die *Phantasms of Living* enthalten noch andere Fälle spontan auftretender, mit starken Emotionen verbundener Telepathie. Besonders gut verbürgt ist der Fall von Miss Martyn, die zu Hause beim Lesen, abends gegen 7 Uhr, plötzlich ein »undefinierbares Gefühl von Angst und Schrecken« überkam.[8] Sie sprang auf, lief hin und her, wurde aber ihr Gefühl nicht los. Dann begann sie fürchterlich zu frieren und hatte ein sicheres Vorgefühl ihres nahenden Todes. Der ganze Vorfall dauerte eine halbe Stunde. Danach war sie vollkommen ausgelaugt. Am selben Abend erzählte sie ihrem Nachbarn von ihrem Erlebnis, noch bevor sie die Nachricht bekam, daß ihr geliebter Vetter genau in der Stunde verstarb, als sie ihren Anfall hatte. Miss Martyn hatte ihren Gefühlsausbruch bis dahin nicht mit einer bestimmten Person in Verbindung gebracht. Sie hatte einfach nur gespürt, daß etwas Schreckliches im Gange war.

Eine ähnliche Geschichte erzählt Emily Ray. Auch sie fühlte sich von einem Moment auf den anderen so elend und schwach, daß sie glaubte, sterben zu müssen.[9] Als ihr Ehemann am selben Tag zum Abendessen nicht nach Hause kam, kam ihr plötzlich die Idee, daß ihm etwas zugestoßen sein könnte, während sie ihren Anfall hatte. Eine halbe Stunde später wurde er halb bewußtlos nach Hause gebracht. Nachdem er sich so weit erholt hatte, daß er wieder reden konnte, erzählte er, daß ihm beim Verlassen des Büros plötzlich schlecht geworden sei – genau in dem Moment, als auch seine Frau kollabierte.

Verhältnisse besonderer Nähe und Zuneigung, Beziehungen zwischen Mann und Frau, Mutter und Sohn, standen im Hintergrund der bisher beschriebenen fünf Fälle. Die liebende Fürsorge könnte eine Art natürliche Voraussetzung für das Entstehen von empathischer Resonanz sein. Unter Menschen, die sich vollkommen fremd sind, würde man empathische Phänomene dieser Stärke kaum erwarten. Zwar hat man in jüngster Zeit auch von solchen Fällen berichtet, doch wäre es eine Überraschung, wenn die empathische Resonanz mit den beschriebenen Symptomen nicht überwiegend in Familien vorkäme. Eine definitive Antwort wird wohl erst eine eigene Studie erbringen.

Rosalind Heywood, die an sich selbst sympathetische Phänomene erfuhr, hat einen Fall aus jüngerer Zeit dokumentiert.[10] Es ist die Geschichte von Mrs. D., die am 12. Januar 1963, unerwartet früh, einen Sohn zur Welt brachte, der dem errechneten Geburtstermin nach erst in der zweiten Februarhälfte hätte kommen sollen. Mrs. D. hatte bei früheren Gelegenheiten immer eine starke telepathische Verbindung zu ihrer Mutter gespürt, doch diesmal empfing sie von ihrer Mutter keinerlei Anzeichen, daß das Kind früher kommen könnte. Sie erwachte an diesem Tag morgens um Viertel nach zwei; sie wußte sofort, daß es mit der Geburt nicht mehr lange dauern konnte und begab sich ins Krankenhaus. Um 8 Uhr begannen die Wehen, um ein Uhr mittags war das Kind geboren. Ihre Mutter in Israel bekam zur gleichen Zeit, gegen 11 Uhr (Israel liegt zwei Stunden vor der MEZ), heftige Bauchschmerzen, die in regelmäßigen Abständen wiederkehrten. Sie ging auf die Toilette, ohne Erfolg. Die Schmerzen, die immer unerträglicher wurden, zogen sich bis 2 Uhr hin, erst dann flauten sie langsam ab. Am selben Tag noch erfuhr sie von der Geburt ihres Enkelkinds. Die Tochter fügt ihrem Bericht hinzu, sie habe »im Geiste nach ihrer Mutter geschrien«. Dieses Phänomen kennen wir von den »Gesichtern«, die manche Menschen beim Tode eines Angehörigen haben. Zeugen bestätigen später, daß der Sterbende intensiv an die

Person gedacht hat, die gleichzeitig eine Erscheinung von ihm hatte.

Wir kommen nun zu einigen Fällen aus der medizinischen Praxis. Dr. James Rhodes Buchanan, den ich schon im Zusammenhang mit der Psychometrie erwähnte, provozierte seine Kollegen mit der Empfehlung, die empathische Diagnose in die ärztliche Ausbildung mitaufzunehmen.[11] Natürlich hatte er wenig Hoffnung, mit seinem Vorschlag ernst genommen zu werden. Sein Berufszweig war beherrscht von Kollegen und Interessengruppen, die »ein Maximum an konservativer Stumpfheit« garantierten. Buchanan nahm den Kampf mit »dogmatischen Materialisten« auf, die schon damals (und heute immer noch!) die Prinzipien und Methode der Homöopathie Hahnemanns ablehnten. Nach einem verbreiteten medizinischen Dogma steht die Wirkung eines Medikamentes in direktem Verhältnis zur Menge der eingenommenen, über den Stoffwechsel tätigen Substanz. Dagegen experimentierte Buchanan, der noch über Hahnemann hinausging, mit Arzneimitteln, die er in Glasfläschchen versiegelte und seinen Patienten in die Hand gab, ohne irgend etwas über den Inhalt zu verraten. Die Ergebnisse waren beachtlich: die Hälfte bis drei Viertel seiner Probanden einer »gemischten Gesellschaft« spürten eine Wirkung; und in Boston, unter seinen Medizinstudenten, waren es sogar 18 von 20 Personen. Leider hat Buchanan seine Ergebnisse nicht weiter ausgewertet. Wichtig daran ist: ein sensitiver Mensch wird auch die Wirkung von Medikamenten spüren, die er nur in der Hand hält, ähnlich wie er die magisch beschworenen Wirkungen einer Locke oder eines Briefes spüren kann.

Bei seiner Arbeit in der Klinik, behauptet Buchanan, habe er den Gesundheitszustand seiner Patienten empathisch wahrgenommen und real am eigenen Leibe verspürt. Nach den Visiten bei einem wassersüchtigen Patienten sei er regelmäßig in Depressionen verfallen. Eines Abends, elf Stunden nach einer solchen Visite, spürte er, daß sein Patient unter einem plötzlich auftretenden, unangenehmen Gefühl im Kopf litt. Dieses Gefühl, das sich um 5 nach 10 einstellte, ging innerhalb von zehn Minuten in einen Zustand schwerer Depressionen über, die nicht aufhören wollten. Zwischen 4 und 5 Uhr morgens nahm Buchanan wahr, daß sich sein Patient »sehr erregt, unwohl und erschöpft fühlte, was mich veranlaßte, etwas zur Linderung zu tun«. Bei der Morgenvisite um 10 erfuhr er nun, daß die Symptome des Patienten mit seinen Empfindungen zeitlich genau übereinstimmten. Sein Kopf, sagt Buchanan, sei für solche Eindrücke besonders empfänglich gewesen.

Mit Hinweis auf Buchanan führt Herbert Bland Fälle an, bei denen Psychometriker von mental oder emotional »verseuchten Gegenständen« negativ beeinflußt worden sind.[12] Gelegentlich halten solche Wirkungen längere Zeit an, so in dem Fall einer sensitiven Frau, die – ohne es zu wissen – die Hand eines Mannes gehalten hatte, der an Darmkrebs erkrankt war. Nicht lange danach spürte sie einen heftigen Schmerz in ihrem eigenen Körper, der sechs Wochen anhielt, bis der Mann verstarb. Nach der Erklärung, die Bland anbietet, ist während eines »Readings« der Geist des Mediums mit dem des Patienten verbunden. Der Schmerz überträgt sich auf den Geist des Mediums und manifestiert sich – psychosomatisch – auch in seinem Körper.

Über das »paranormale Erkennen organischer Zustände des Menschen« dürfte kaum jemand soviel geforscht haben wie Eugène Osty. Er arbeitete mit einem Medium zusammen, Mademoiselle de Berly, der ein Zettel mit einer kurzen Notiz des Patienten genügte, um sich in seinen Gesundheitszustand versetzen zu können. Mademoiselle de Berly verfügte über keine medizinischen Kenntnisse und wußte nicht einmal von der Existenz des Patienten; das Geschriebene selbst gab ihr keine Hinweise auf irgendwelche Abnormalitäten. In einem Fall lieferte sie die folgende Beschreibung, die ich hier gekürzt wiedergebe:

> Wie schwach diese Person ist [...] sie muß immer mal wieder Fieber gehabt haben, denn ich verspüre Durst. Sie schläft plötzlich ein, aber das dauert nicht lange [...] was für ein merkwürdiger Kopf, schwerbeladen und leichtsinnig [...] ich denke doch, sie ist verbraucht, wie alt sie auch sein mag [...] ihr Nervensystem erschöpft [...] ihr Blut schwächt ihre ganzen Organe [...] die Darmtätigkeit funktioniert nicht [...] der ganze Organismus befindet sich in einer schlechten Verfassung [...] es ist schwer, ihr etwas zu verordnen, denn es sind so viele Organe, die Aufmerk-

> samkeit verlangen [...] die ganze Krankheit kommt vom Herzen und vom Magen, von der Verdauung, und vor allem vom unreinen Blut.[13]

Osty läßt dieser Beschreibung seine eigene Diagnose folgen, die er zu Beginn der Séance aufgestellt hat. Er bestätigt, daß der Fall außerordentlich undurchsichtig gewesen sei und daß Mademoiselle de Berly die Symptome exakt beschrieben habe. Ein Teil ihrer Prognose stand jedoch im Widerspruch zu Ostys eigener Einschätzung, die Behauptung nämlich, die Patientin fürchte sich davor, frühzeitig sterben zu müssen. Tatsächlich aber kollabierte die Frau nach weiterer Behandlung ganz unerwartet und verstarb.

Zwei weitere Fälle aus Ostys Berichten verdienen Erwähnung. 1920 bekam Mademoiselle de Berly von einer jungen Kriegerwitwe Besuch, Madame de D.; de Berly sprach die Frau auf ihren tragischen Verlust an, noch bevor diese ein Wort darüber verloren hatte. Dann beschrieb sie deren achtjährigen Jungen: sein Gesundheitszustand gebe oberflächlich keinen Anlaß zur Sorge, »[...] doch glauben Sie mir: lassen Sie das Blut des Kindes untersuchen und stellen Sie es unter ärztliche Aufsicht [...] sein Blut ist angegriffen und daraus könnten in der Zukunft große Probleme entstehen.«[14] Madame de D. folgte dem Rat des Mediums: man entdeckte bei dem Kind eine stark positive »Wassermannsche Reaktion«, ein Hinweis auf eine Ansteckung mit Syphilis.

Den zweiten Fall schildert Osty im Zusammenhang seiner Überlegungen zum Thema geistiges Sehen. Bei einer Patientin waren unabhängig voneinander zwei unterschiedliche Diagnosen erstellt worden. Die erste: Übelkeit aufgrund einer Magenerkrankung. Die zweite: Erschlaffung der Rückenmuskulatur in Verbindung mit einem schmerzenden Unterbauch. Mademoiselle de Berly empfahl Osty, sich den Bauch der Patientin genauer anzusehen: die Patientin war im vierten Monat schwanger!

Ein anderer bemerkenswerter Fall stammt von dem Arzt Larry Dossey. Auf seine kardiologische Station wurde ein Mann eingeliefert, der zwei Tage vorher einen schweren Herzinfarkt erlitten hatte. Seine Situation war sehr kritisch, und seine Frau besuchte ihn regelmäßig. Am dritten Tag wurde Dossey zu einem Notfall in das Zimmer des Kranken gerufen. Von akuter Atemnot war die Rede. Und dort lag nun, mit bleichem und schmerzverzerrtem Gesicht – nicht sein Patient, sondern dessen Frau. Sie hatte ebenfalls einen schweren Herzinfarkt erlitten. Nach Dosseys Ansicht sind solche Fälle sich parallel entwickelnder Krankheiten bei Eheleuten keineswegs selten.

Die verschiedenartigen Fälle, die wir in diesem Abschnitt betrachtet haben, sprechen für eine empathische Resonanz auf körperliche Schmerzzustände, wobei die Symptome mental auf den Körper des Empfängers übertragen werden. In jedem Fall gibt es so etwas wie eine sensitive Verbindung im Bewußtsein der beteiligten Personen; demselben Phänomen sind wir in der Lebensrevision begegnet: ein synchrones Einstimmen auf den Zustand des anderen. Wenn sich das Bewußtsein tatsächlich nicht im physikalischen Raum befindet, sollten wir vielleicht weniger von Ursache und Wirkung sprechen, als vielmehr von einer unmittelbaren Anteilnahme am Zustand der anderen.

Empathische Resonanz auf der Gefühlsebene

Bei der Untersuchung von Fällen empathischer Resonanz, die durch Gefühle ausgelöst werden, konnte ich nicht einen einzigen Fall finden, der auf einen erfreulichen Anlaß zurückging. Alle Erlebnisse dieser Art scheinen mit Unglück und Tod einherzugehen. Ein Beispiel aus jüngerer Zeit stammt von William Freed, der ein erstes Erlebnis außersinnlicher Wahrnehmung (ASW) hatte, als seine ältere Tochter beinah ertrunken wäre.[15] In dem zweiten uns interessierenden Fall wachte Freed am frühen Morgen des 5. Oktober 1965 in Neuseeland mit dem eindringlichen Gefühl auf, daß seiner jüngeren Tochter in London etwas zugestoßen sei. Dies bedrückte ihn so, daß er an diesem Tag nicht zur Arbeit ging. Nach mehreren vergeblichen Versuchen, seine Frau in London anzurufen, meldete sie sich schließlich bei ihm und berichtete ihm von der Krankheit seiner Tochter. Sie war schon auf dem Weg der Besserung, als der Vater von seinen Angstgefühlen übermannt wurde: wahrscheinlich gingen diese, vermutet Freed, von seiner Frau aus. Er hatte solchen außersinnlichen Phänomenen immer sehr skeptisch gegenübergestanden; erst nach einem telepathischen Traum vom Beinahe-Tod seiner älteren Tochter hatte er seine Ansichten dazu geändert.

Ein typischer »Gefühls-Fall« ist der eines jungen Mannes, der nach einem geselligen Abend mit Freunden, kurz vor Mitternacht, gerade als er aufbrechen wollte, von einer »unbeschreiblichen, intensiven Trauer« ergriffen wurde, die nur das Vorspiel war zu einem unmittelbar folgenden Nervenzusammenbruch: »Als man mich vom Klavier wegführte, war ich völlig hysterisch.«[16] Am nächsten Morgen erhielt er ein Telegramm, in dem ihm mitgeteilt wurde, daß sein Vater nach einem epileptischen Anfall kurz vor Mitternacht überraschend gestorben sei. Er hatte gerade mit seiner Tochter darüber gesprochen, wie sehr er sich auf das Wiedersehen mit seinem Sohn freue, das für den nächsten Tag geplant war. Sensitive Menschen, die ähnliche Fälle erlebt haben, erzählen, daß sie in völlig ungewohnte Depressionen oder Erregungszustände verfallen seien; sie seien von den »fremdartigen« Gefühlen »überwältigt« worden.[17]

Weniger traumatisch sind einige Fälle aus der jüngeren Vergangenheit. Eine Frau hatte in der Nacht, als ihre Schwester starb, einen Traum: darin schien sie die Schwester auf ihrer Jenseitsreise zu begleiten. Sie befanden sich zusammen in einem Boot auf einem Fluß und trieben durch einen unterirdischen Tunnel. Plötzlich sahen sie sich sie in gleißendes Sonnenlicht getaucht. Jemand, so berichtet die Frau, habe ihre Schwester abgeholt und über den Fluß gebracht. Zum Abschied hätten sie sich noch einmal zugewunken. Dabei habe sie sich unbeschreiblich glücklich gefühlt und sei in einer Flut von Tränen erwacht.

Eine andere Frau, deren Mann bei einem Flugzeugabsturz ums Leben kam, beschrieb, wie sie zum Zeitpunkt seines Todes am Strand spazierenging und plötzlich von ungeheuren Freiheits- und Glücksgefühlen ergriffen wurde. Daß diese Empfindungen mit dem Tod ihres Mannes zusammentrafen, erfuhr sie erst später. Sie hatte nun das Gefühl, ihren Mann irgendwie ein Stück auf seinem Weg begleitet zu haben und dann zurückgekehrt zu sein.

Manche Leute werden von dem zwanghaften Verlangen gepackt, unerhörte oder sogar absurde Dinge zu tun. Dr. Gray zum Beispiel, ein Freund von Dr. Buchanan, der sich bei einer Fahrt durch New York des Eindrucks nicht erwehren konnte, dringend von einer Patientin gebraucht zu werden. Er wies seinen Fahrer an, auf der Stelle umzukehren und mit Vollgas zu der Wohnung der Patientin zu fahren. Sie hatten ihr Haus noch nicht erreicht, als ihnen schon der Mann der Patientin entgegenkam. Er war auf der Suche nach einem Arzt. Dr. Gray kam gerade noch rechtzeitig, um das Leben der Patientin zu retten, die eine Blutung erlitten hatte.[18]

Ein Mr. Rowlands bewahrte einen Gastprediger vor dem Tod, der in einem Nachbarhaus untergebracht worden war. Kurz nach Mitternacht war Mr. Rowlands plötzlich so unruhig geworden, daß er es nicht mehr aushielt. Er zog sich an und ging zu der Unterkunft des Geistlichen, wo er die überraschte Hauswirtin traf, der nichts aufgefallen war. Dann ging er in das Schlafzimmer des Predigers und fand diesen in einem bedauernswerten Zustand, schweißgebadet und unfähig, sich zu rühren. Der Geistliche berichtete später, er habe nicht einmal die Wirtin rufen können: »Ich konnte mich weder bewegen, noch konnte ich sprechen.«[19] Nach seiner Überzeugung wäre er ohne das Eingreifen von Mr. Rowlands gestorben. In diesem besonderen Fall bestand ganz offenbar keine enge Vertrautheit zwischen den beteiligten Personen. Dennoch war Mr. Rowlands irgendwie sensibilisiert, so daß er auf den Notruf reagieren konnte. Es ist zu fragen, ob wir eine fremde, vermittelnde Intelligenz annehmen müssen, um diese Verbindung zu erklären.

Nach Rosalind Heywood stellt sich der telepathische Kontakt zu ihrem Mann am ehesten dann ein, wenn ein emotionales Bedürfnis vorhanden ist und die üblichen Kommunikationsmittel nicht zur Verfügung stehen. In einem Fall hatte sie am vorderen Aufgang ihres Hauses einen Umschlag liegengelassen, der wichtige Notizen für eine Sendung enthielt. Als sie auf dem Weg zur BBC das Fehlen der Papiere bemerkte, war es zur Rückkehr zu spät. Ihr Mann war zum Golfspielen gegangen und unerreichbar. Von der BBC aus rief sie gleich zu Hause an, »um zu erfahren, daß mein Mann sich bereits gemeldet habe und mit dem Umschlag unterwegs sei«.[20] Auf dem Weg zum Sender kritzelte er einen Bericht über das, was ihm passiert war. Er war gerade am Golfplatz angekommen, da erreichten ihn die »orders« (so nannte das Ehepaar die rational nicht erklärbaren, inneren Handlungsanweisungen): er solle das Golfspielen lassen und sofort nach Hause fahren. Dort angekommen, wollte er den Seiteneingang nehmen, aber die »orders« sagten ihm, er solle nach vorne gehen. So entdeckte er den Umschlag und machte sich sofort auf den Weg zum Sender. Diese Fälle nützlicher Telepathie, betont Heywood, seien so häufig gewesen, daß »es uns abergläubischer vorkäme, sie dem Zufall zuzuschreiben, als die Tatsache der außersinnlichen Wahrnehmung anzuerkennen«. In diesem Zusammenhang verdient ein anderes Phänomen Beachtung: der gemeinsame Traum. Dazu gibt es nur wenige jüngere Beispiele, einige ältere Fälle sind in die *Phantasms of the Living* aufgenommen worden. Dort wird zum Beispiel von einem Ehepaar berichtet, das immer wieder synchrone Träume hatte. In einem dieser Träume, die zum Teil recht eigenartig waren, wurden beide von einem Stier angegriffen. Von einer anderen Frau heißt es, sie habe geträumt, wie sie stirbt, und als sie aufwachte, hörte sie ihren schlafenden Ehemann laut schluchzen.[21] Noch merkwürdiger ist der Fall einer Frau, die mitten in der Nacht wach wird und krampfhaft versucht, sich an die erste Zeile eines Gedichtes von Tennyson zu erinnern: hieß es dort »Nach Hause brachten sie« oder »Zurück brachten sie ihren toten Krieger«? Der Mann der Frau, der die ganze Zeit vernehmlich geschlafen hatte, regt sich plötzlich im Bett und erklärt, er sei mit einem Vers auf den Lippen wach geworden: »Nach Hause brachten sie ihren toten Krieger.« Die Frau versicherte, daß sie das Gedicht nie gemeinsam gelesen hätten, noch habe sie laut vor sich hingesprochen.[22]

Kosmische Empathie im Nah-Todeserlebnis

Kenneth Ring hat die Sterbeerlebnisse in fünf Stadien unterteilt. Nachdem der Sterbende im 3. Stadium einen »Tunnel« passiert hat, sieht er nach dem Auftauchen, im 4. Stadium, ein besonderes »Licht«.[23] Im Briefarchiv der International Association for Near-death Studies (UK) haben wir eine Reihe typischer Beschreibungen dieser Phase gesammelt.

> Mir war, als »schwebte« ich einen »Korridor« entlang, auf ein glanzvolles Licht zu, und dann hinein in dieses Licht mit seinen undefinierbaren Schattierungen von pastellartigen Farben. Darin waren, ich kann es nicht anders beschreiben, Milliarden wunderschön schimmernder Formen, ohne feste Konturen, denn sie waren von einem durchscheinenden Licht »ummantelt«. Das Wunderbarste daran war die Musik, eine – mir fällt kein besserer Ausdruck ein – beinah fühlbare Freude, die von diesen Formen ausging, zugleich Teil von ihnen war und sie umhüllte. Eine dieser Formen war offenbar die Quelle, und sie schloß alle anderen ein.

> Ich merkte, wie ich auf dieses unwahrscheinliche Licht zusteuerte, das so hell war, daß es mich sicher geblendet hätte, wenn ich es hier erlebt hätte, aber dort war es anders. Ich kam bei dem Licht an, das überall um mich herum war [...] und ich spürte diese wunderbare Liebe, die sich um mich legte, und verstand. Welche Fehler ich auch gemacht hatte, was immer ich getan oder nicht getan hatte, dieses Licht liebte mich, ohne Bedingungen zu stellen.

> Da war ein strahlendes Licht, das mich anzog – ein heftiges Gefühl ermunterte mich, in das Licht hineinzugehen. Ich näherte mich ihm ohne Hast, denn ich spürte, daß das Licht Teil eines großen Puzzle war, dem ich rechtmäßig angehörte. Als ich in das Licht eintrat, fühlte ich, wie es glühte. Ich war ruhig, vollkommen zufrieden und verstand, wozu ich auf Erden geboren wurde, und wußte die Antwort auf jedes Geheimnis.

> Ich hatte wirklich ein vollständiges und umfassendes Wissen, das so weit ging, daß ich den Sinn des Lebens und der Schöpfung begriff. Denn ich war ein Teil von ihr. Es war so, als wenn der Körper von seiner Fähigkeit, zu sehen, zu riechen, zu schmecken, zu fasten, Gebrauch macht, ohne vorher daran zu denken.

Die Liebe, von der in diesen Berichten die Rede ist, wird durchgehend als allumfassend und durchflutend beschrieben. Es gibt nicht mehr das Gefühl, getrennt zu sein – vielmehr herrscht eine alles durchdringende Einheit, Friede, Harmonie und Freude. Das neu gewonnene Wissen ist buchstäblich eine Ein-Sicht in das Wesen der Wirklichkeit, gesehen mit dem Auge des Göttlichen, das alles als ein einziges erblickt. Es ist ein Erkennen jenseits der Trennungen, über die das dualistische Denken und Wahrnehmen nicht hinauskommt. Doch bleiben solche Grenzerfahrungen flüchtige Einblicke; vieles von dem Erlebten läßt sich nach der Rückkehr nicht mehr abrufen oder in Worte bringen.

Wir wollen uns diese affektiven und kognitiven Erlebnisse etwas genauer ansehen. Wenn das Licht näher kommt, wird es noch heller und hüllt den Sterbenden vollkommen ein: es umfließt und überschwemmt ihn, erfüllt ihn von außen und von innen.

> Ich befand mich in einem extrem hellen Licht und spürte vollkommenen Frieden. Ich fühlte, daß das Licht und der Frieden eins waren [...] Ich hatte nicht das Gefühl, eine getrennte Identität zu haben. Ich war in dem Licht und eins mit ihm.[24]

> Ich bewegte mich auf das Licht zu, und während ich das tat, hatte ich so ein Gefühl von Frieden und Glück, es gibt keine Worte dafür. Ich hatte ein Gefühl von grenzenloser Ausdehnung.[25]

> Ich trat in den Lichtbogen einer reinen, goldschimmernden Liebe. Die Strahlung dieser Liebe durchdrang mich und augenblicklich war ich Teil von ihr und sie Teil von mir.[26]

> Es ist, als würde man selbst dazugehören, als wäre man eins mit diesem Licht. Ich könnte sagen: »Ich war Frieden, ich war Liebe.« Ich war die Helligkeit, sie war Teil von mir ...[27]

> Ich war nur noch Bewußtsein. Und dieses enorm helle Licht schien mich einzuhüllen. Ich schien nur noch in ihm zu existieren und ein Teil von ihm zu sein und von ihm genährt zu werden, und dieses Gefühl wurde immer stärker und immer wunderbarer und vollkommener.[28]

> In der Mitte des einen Kreises befand sich ein herrliches Wesen [...] Es strahlte reine Liebe aus. Jede Pore seines Gesichts war in ein unglaubliches Licht getaucht. [...] Ich wurde aufgenommen, mit einem vollkommen unbeschreiblichen Übermaß an Liebe [...]. Ein starkes Gefühl von Freude und Ehrfurcht erfüllte mich.[29]

In den Berichten selbst gibt es nicht die Trennung zwischen affektiven und kognitiven Aspekten, die ich aus systematischen Gründen eingeführt habe. Zentral für die Wahrnehmung des reinen Bewußtseins ist das Gefühl von Einheit und Nichtgetrenntsein. Ein solches Bewußtsein weiß sich eins mit der Liebe und dem Frieden, mit der Freude und dem Licht. Dies sind die Kernphänomene, die im Zentrum unseres Daseins sichtbar werden, sobald wir uns über unsere gewöhnlichen Grenzen hinaus ausdehnen; und dieser Wesenskern ist in allen Erfahrungsberichten derselbe und immer präsent, als Ursprung und Ziel des Lebens. Das Göttliche ist immanent anwesend; es transzendiert die Grenzen des Egos und bedeutet zugleich die Erfüllung seines Strebens nach der göttlichen Ordnung.

»Erkenntnis ist eine Funktion des Seins«, schrieb Aldous Huxley. »Ändert sich das Sein des Erkennenden, kommt es zu einer entsprechenden Änderung in der Art und dem Ausmaß des Erkannten.«[30] Diese Beobachtung wird durch die Nah-Todesberichte bestätigt, wie die folgenden Passagen zeigen:

> Als ich mit dem allgegenwärtigen Licht eins wurde, wurde sein Wissen auch meines. In einem einzigen Augenblick wußte ich, was mein Leben gewesen und was daran von Bedeutung war.[31]

> Die zweite herrliche Erfahrung ist, daß einem plötzlich klar wird, daß man mit dem absoluten, allumfassenden Wissen in Verbindung steht. Es läßt sich schwer beschreiben ... man denkt eine Frage ... und weiß sofort die Antwort.[32]

> Man ist allwissend – und alles ist ein Teil von einem selbst – es ist – es ist so wunderbar. Wie die Ewigkeit.[33]

> Es hüllt einen völlig ein, und man weiß plötzlich furchtbar viel. Ich erinnere mich noch, daß ich wußte, daß überall im Universum vollkommene Ordnung herrscht, daß der Plan vollkommen ist.[34]

Das Einssein, das Nichtgetrenntsein, ist die Basis dieses unmittelbaren Wissens, von dem vieles nach der Rückkehr in das kontrahierte Bewußtsein des Körpers nicht mehr erinnert werden kann. Die Verständigung mit dem absoluten Wissen funktioniert offenbar telepathisch und ohne Vermittlung; das heißt, die Kommunikation ist übersprachlich und vielleicht deshalb so schwer zu erinnern. Es ist, als ob das Wissen aus der Identität mit dem Göttlichen kommt, aus der inneren Wirklichkeit, mit dem das Individuum für Augenblicke verschmolzen ist. Der erste Auszug aus den Nah-Todesberichten erinnert an eine ähnliche Erfahrung von C. G. Jung, die er 1944 gemacht hatte und später in seiner Autobiographie niedergeschrieben hat. »Ich bestand aus meiner Geschichte und hatte durchaus das Gefühl, das sei nun Ich. ›Ich bin dieses Bündel von Vollbrachtem und Gewesenem.‹ [...] ich war das, was ich gelebt hatte.«[35] Das letzte der aufgeführten Zitate läßt an Julian von Norwich denken, der versicherte, daß alles gut sei und werde, auch wenn es oft gegenteilig erschiene. Der Grenzüberschreiter erlebt Augenblicke eines größeren Sinnmusters, das dem menschlichen Denken und Wahrnehmen normalerweise verborgen ist.

An dieser Stelle ist nun der Vergleich mit negativen Sterbeerlebnissen angebracht. Diese sind durch Erfahrungen gekennzeichnet, die im krassen Gegensatz zu den bisher beschriebenen stehen. Die Sterbenden sind beherrscht von Einsamkeit, Angst und Verzweiflung, von Entfremdungs- und Trennungsgefühlen.[36] Holographisch gesprochen, im Bild des Einstimmens in Frequenzbereiche, könnte man sagen: die negativ Gestimmten schwingen sich auf Frequenzen ein, die an einem Ende des Spektrums liegen, und empfinden dort Angst und Isolation. Das Gegenteil davon sind die mystischen Bewußtseinszustände, die »auf die primäre Ebene der Wirklichkeit eingestimmt sind, auf eine Dimension von Ordnung und Harmonie«.[37] Auf der einen Seite also der schrille Mißklang kosmischer Dissonanz, auf der anderen die Schönheit und Seligkeit kosmischer Harmonie. Wer ein negatives Erlebnis hat, will so schnell wie möglich in die physische Welt zurück. Positivgestimmte dagegen versuchen oft ihre Rückkehr zu verzögern, nachdem sie einmal in den Genuß der Ekstase gekommen sind. Diese Gegenüberstellung läßt vermuten, daß sich das geistige Universum in einem dynamischen Prozeß befindet; es bewegt sich vom Zustand der Zersplitterung und der Dissonanz fort, in Richtung auf Ganzheit und Harmonie. Der harmonische Einklang der kosmischen Resonanz zieht die ganze Schöpfung geradezu magnetisch an. Wer ein Nah-

Todeserlebnis hat, ist für kurze Zeit in vollkommener empathischer Abstimmung mit dieser kosmischen Resonanz: er oder sie reflektiert und ent-deckt die göttlichen Qualitäten, den Frieden, die Liebe, das Licht, die Freude und die Schönheit. Aber dies ist erst der Vorgeschmack einer langen spirituellen Reise, die noch vor uns liegt.

Die hier erwähnten Nah-Todeserfahrungen, die alle in einem westlich geprägten Umfeld stattfanden, sind charakteristisch für eine sogenannte »Versunkenheitsmystik«. Das Selbst geht auf in einer höheren oder tieferen Ordnung der Wirklichkeit. Vergleichen wir diese Berichte mit klassischen Texten der abendländischen Mystik. Rézéjac hat die Selbsterleuchtung im 19. Jahrhundert folgendermaßen charakterisiert:

> Das ganze Bewußtsein wird unter dem Blick der Liebe, dem nichts entgeht, mit Licht überflutet, das in unbekannte Tiefen leuchtet. In diesem Zustand sind die Intensität des Schauens und die Sicherheit des Urteils gleich groß, und die Dinge, die der Seher mit sich heimbringt, wenn er in das alltägliche Leben zurückkehrt, sind nicht nur partielle Eindrücke [...]. Es sind vielmehr Wahrheiten, die die Welt und das Leben, mit einem Worte, *das ganze Bewußtsein* umfassen.[38]

Licht, Liebe, Intensivierung der Wahrnehmung und Gewißheit: das sind die Elemente, die die mystische Erfahrung früherer Zeiten mit den Nah-Todeserlebnissen von heute verbindet. Eine brillante Beschreibung der unio mystica gibt uns der flämische Mystiker Jan van Ruysbroeck, der im 14. Jahrhundert lebte:

> Und alle die Menschen, die über die leibliche Erschaffenheit entrückt sind in ein schauendes Leben, die sind eins mit diesem göttlichen Lichtglanz. Und sie sind der Lichtglanz selber, und sie sehen, fühlen und finden, dank dieses göttlichen Lichts, daß sie selber, hinsichtlich ihrer Ungeschaffenheit, derselbe letzte Urgrund sind, aus dem der Lichtglanz ungemessen hervorquillt voll Göttlichkeit, und er gemäß der Einheit des Wesens einfach innewohnend und ohne Form bleibt. Und darum sollen die innerlich schauenden Menschen ausgehen, wie es das Schauen vorschreibt, jenseits der Verstandesvernunft und des Unterscheidenwollens und jenseits ihres leiblich geschaffenen Wesens durch ewiges Hinstarren. Durch das eingeborene Licht werden sie umgewan-

> delt und eingezogen in dieses Licht, das sie sehen und mit dem sie sehen.[39]

Mit einmaligem Lesen sind die wunderbaren Feinheiten dieses Textes kaum zu erfassen. Wer eins ist mit dem Licht, sagt Ruysbroeck, wer der Lichtglanz selbst ist, erkennt, daß er im Grunde seines Daseins dieses helle Scheinen ist und daß er durch dieses Licht überhaupt erst sehen kann. Unaussprechlich ist dieser Vorgang, weil er »jenseits der Verstandesvernunft und des Unterscheidenwollens« stattfindet; das heißt, einem Bereich angehört, wo es keine Dualität und keine unterscheidbaren Identitäten mehr gibt. In einem ähnlichen Text über die »geistige Hochzeit«, im 17. Jahrhundert von dem französischen Erzbischof Fénelon verfaßt, heißt es von der Seele, die von den Freuden des heiligen Geistes erfüllt sei, daß ihr ein Vorgeschmack vom Himmel gegeben werde. Und Louis de Blois schreibt im 16. Jahrhundert, was für ein großartiges Erlebnis es sei, »in mystischer und unverhüllter Vereinigung mit Gott verbunden zu sein«:

> Durch das Leuchten des göttlichen Lichts, das den Geist erhellt, läßt sie [die Seele] alles Nachdenken und Unterscheiden der Dinge und legt alles ab, selbst die exzellentesten Bilder; und so alles in der Liebe zerrinnt und sich gleichsam in Nichts auflöst, verschmilzt sie mit Gott. Sie ist dann mit Gott vereinigt, ohne Vermittlung, und wird ein Geist mit ihm, so wie Eisen, das man ins Feuer legt, sich in Feuer verwandelt, und trotzdem nicht aufhört, Eisen zu sein [...] Hier ruht sich die Seele aus [...] während sie das liebliche Wirken Gottes erfährt, ist sie erfüllt von unbeschreiblichem Frieden und unbeschreiblicher Freude.[40]

Die Einheit von Licht und Liebe ist auch hier großartig wiedergegeben: das Licht befähigt die Seele, die Vernunft zu überschreiten, in der Liebe verschmilzt sie dann zu einer Einheit. Diese beiden Texte aus der christlichen Mystik sind von einer literarischen Feinheit und Sensibilität, die man von einem durchschnittlichen Sterbebericht nicht erwarten kann; vielleicht vermitteln sie dadurch mehr vom Wesen dieses Erlebnisses.

Zum Vergleich betrachten wir nun ein paar zeitgenössische Berichte zum gleichen Thema. Das erste Erlebnis fand in einem

Bus statt und hinterließ bei dem Betroffenen drei verschiedene Eindrücke. Zunächst war da ein heller Glanz, das zweite, was sich einprägte, »war wie eine blitzhafte Einsicht, währenddessen ich das Wesen der Dinge zu verstehen schien, wußte, daß es gut war und daß alles gut war; und das dritte war das Gefühl, ein Gefäß zu sein, in das hinein sich aus der Mitte des Strahlenglanzes eine überschäumende Liebe ergoß«.[41] Diese Bilder sprechen für sich.

Der nächste Bericht ist zu lang, als daß ich ihn hier vollständig wiedergeben könnte. Es ist die Geschichte einer Frau, die an der Welt verzweifelte und darüber erkrankt war. Eines Tages saß sie ruhig an ihrem Schreibtisch und mußte plötzlich mitansehen, wie alles Physische vor ihren Augen verschwand.[42] Zeit und Raum hörten auf zu existieren. Dann war der ganze Raum mit einem mächtigen goldenen Licht erfüllt und ihr vertrautes »Ich« begann ebenfalls zu schwinden. »Es war ein mystischer Augenblick der Vereinigung mit dem geheimnisvollen Ewigen, mit allen Dingen, allen Menschen«, eine gigantische Selbstreinigung, in dessen Verlauf ihr Ego im grenzenlosen Sein verströmte und sich alle Ängste (einschließlich der Todesangst) in Nichts auflösten. Sie schien nun das Wesen der Dinge zu begreifen: »Ich erkannte, daß das Universum gut war und daß nur der Mensch sich in Disharmonie mit ihm befand.« Während sie dem endlosen Kampf des Menschen zusah, der ihn zum Licht führte, war sie von Liebe, Schmerz und Mitleid erfüllt; sie wußte nun, daß sie nie mehr einen Menschen würde verurteilen können.

Das Eine im Vielen, das Ganze in den Teilen

Seit es die Philosophie gibt, streiten sich Gelehrte in Ost und West über die Frage, ob das Eine dem Vielen vorzuziehen sei, der Monismus dem Pluralismus, oder umgekehrt. Wer eine Nah-Todeserfahrung macht, findet seinen Normalzustand, das individuelle Wachbewußtsein, in einem höheren Einheitsbewußtsein aufgehoben. Das alltägliche Selbst, das sich intellektuell und affektiv von den anderen getrennt erlebt, löst sich in der Einheit von Licht und Liebe vollständig auf. William Stace nennt diese

Auflösung der Individualität »introvertive Mystik«. Er erläutert sie an Plotin, dem griechischen Philosophen, und an Alfred Lord Tennyson, dem englischen Dichter. Das Unbegrenzte, sagt Plotin, könne nur in einem Zustand begriffen werden, »in dem du nicht mehr dein begrenztes Selbst bist [...] wenn du aufhörst begrenzt zu sein, wirst du eins mit dem Unbegrenzten«.[43] Tennyson sagt dasselbe etwas subtiler: »Alles war auf einmal da, außerhalb der Dichte des individuellen Bewußtseins, die Individualität selbst schien in ein grenzenloses Sein dahinzuschwinden.«[44] Und noch etwas anders drückt es der Zen-Gelehrte Daisetsu Suzuki aus, der vom *satori* sagt, es sei die Ausweitung des einzelnen ins Grenzenlose.

Expansion und Kontraktion – dies ist, wie auch diese Beispiele zeigen, ein durchaus sinnvolles Bild für die Funktionsweise des Bewußtseins. Unser Selbst-Bewußtsein ist im gewöhnlichen Zustand begrenzt und zusammengezogen. Zwischen dem Inneren und dem Äußeren, zwischen uns selbst und den anderen, errichten wir Grenzen. Wir neigen dazu, uns zu isolieren und uns der einen Wirklichkeit zu entfremden. Das Ego, sagt Da Free John, ist nichts anderes als die Tätigkeit des Sichzusammenziehens, Abtrennens und Unabhängigmachens: eine Selbst-Kontraktion, die sich »in der Aussonderung des Selbst von seiner transzendenten Ursprungs-Situation« ausdrückt.[45] Ken Wilber führt dies weiter, indem er das Ich als eine illusorische Grenzziehung bezeichnet, die die ursprüngliche Ganzheit des Selbst, das Atman, in Dunkle abdrängt.[46] Hinter der Angst vor dem Tod steht die Angst vor der Transzendenz, die Angst davor, die einengenden, aber vertrauten Grenzen aufgeben zu müssen. Andersherum zeigt sich gerade: wer in der mystischen Erfahrung einen Blick hinter die Grenzen wirft, verliert die Angst vor dem Tod.

Zu der Vorstellung eines sich kontrahierenden Ich gibt es eine Analogie in den Feldtheorien der modernen Physik. Dort hat man das Bausteinemodell, das von festen Körpern in einem leeren Raum ausgeht, hinter sich gelassen und freundet sich nun mit einer Sichtweise an, die die Materie als eine Verdichtung innerhalb des Feldes ansieht – gleich einem lebenden Organismus, der von seinem Umfeld nicht isoliert, sondern aus ihm erwachsen ist und mit ihm in Wechselwirkung steht. Formen sind bewegliche Energiemuster, deren Grenzen durch die Geschwindigkeit geschaffen werden. Analog kann man nun vom Selbst-Bewußtsein des Individuums sagen: es geht aus dem Einheitsbewußtsein hervor und umbaut sich mit Schutzwällen; es bleibt nichtsdestoweniger ein offenes, partiell durchlässiges System, das sich mit anderen Individuen, anderen offenen Systemen, austauscht. Wenn es nun aber zum Einheitsbewußtsein durchstößt, lösen sich seine Grenzen auf; dort wird ihm klar, daß sein Grund dieses einheitliche Bewußtseinsfeld ist, aus dem auch alle anderen Individuen, jedes einzelne Ich-Bewußtsein, hervorgegangen sind. Aus dem Einen erwachsen die Vielen, und die Vielen sind miteinander verbunden, weil sie Anteil haben am Ganzen.

Genau das war die Theorie des großen Platonikers Plotin, der von der uralten Idee der großen Kette des Seins eine neue Variante entwickelte. Der Geist, sagt Plotin, geht aus der Höchsten Gottheit, dem Einen-Guten, hervor; er bringt die Weltseele hervor, die ihrerseits alle nachfolgenden Dinge erschafft und mit Leben erfüllt, »und weil diese einzige Ausstrahlung alles erleuchtet und sich in allem reflektiert, so wie es möglich ist, in vielen, hintereinander aufgestellten Spiegeln ein einziges Gesicht widerzuspiegeln [...] wird der aufmerksame Zuschauer einen Zusammenhang der Teile entdecken [...] die wechselseitig ohne Unterbrechung miteinander verbunden sind.«[47] Die Seele des Universums ist unteilbar; die Individuen sind durch Sympathie mit dem zugrundeliegenden Ur-Einen verbunden, das jenseits der scheinbaren Trennungen liegt. Aufgrund der eigenen Erfahrung des Unbegrenzten betrachtet Plotin die Individualität als Begrenzung. In der geistigen Welt, betont er, ist die Seele ungeteilt, »auch wenn sie den Individuen Leben verleiht«.[48] Wir können also, wenn unser Gewahrsein ganz auf die höhere Sphäre eingestellt ist, die transzendentale Einheit unmittelbar erfahren. In der physischen Welt dagegen partizipieren die Einzelseelen nur mittelbar an der gemeinsamen, ungeteilten Seele, und zwar über die *sympathia*, die zwischen den Seelen herrscht. »Die Seelen sind füreinander gegenseitig verantwortlich, weil sie alle aus derselben Seele stammen – aus *der* Seele.«[49] Mit anderen Worten: zwischen den Seelen, die über ein universales Bewußtseinsfeld miteinander verbunden sind, entsteht auf natürliche Weise empathische Resonanz. Der gemeinsame Seinsgrund ist der direkte »Leiter« dieser Resonanz; er verschafft uns den telepathischen Eintritt in die Erfahrungswelten anderer selbstbewußter Individuen.

Kehren wir nun ins 20. Jahrhundert zurück. In Paul Bruntons Theorie des Überselbst, die auf eigenen Erfahrungen beruht, finden wir eine ähnliche Konzeption. Das »Überselbst« ist definiert als der Punkt, an dem sich der Weltgeist mit dem Einzelbewußtsein trifft. Das endliche Selbst kann den Weltgeist nie in seiner Fülle erfahren, weil es beim Versuch, in die universale Intelligenz einzutauchen, selbst vollständig verschwinden würde. Das Überselbst stellt also »die äußerste Grenze dar, bis zu der das endliche Selbst bewußt an der höchsten Existenz teilhaben kann«.[50] Zwischen dem Weltgeist und dem Überselbst, erklärt Brunton, gibt es keinen wesentlichen, nur einen graduellen Unterschied. Sie sind beide aus dem gleichen »Stoff«, der – wie bei Plotin – im letzten unteilbar ist. So wie unser Geist verschiedene Gedanken annehmen kann, so existieren die »Überselbste« – scheinbar getrennt – im Weltgeist. »Jedes Überselbst *an sich* ist genau identisch und eins mit einem anderen. Mit anderen Worten: der Unterschied besteht nur in der Beziehung zueinander, nicht innerlich wirklich.«[51] Wirklich und eigentlich sind wir über unser Überselbst mit allen anderen verbunden. Das Ego ist nach Bruntons Modell eine begrenzte Form des Überselbst und verdankt seine abgetrennte Existenz dem Verlust »des einzigartigen und universellen Prinzips, das ihm zugrundeliegt«. Es täuscht sich über seinen wahren Grund hinweg, verdeckt oder vergißt ihn, es sei denn, es erlebt im Einheitsbewußtsein die Aufhebung seiner Illusion. Diese Erfahrung bringt er dazu, sich der Verbundenheit und Abhängigkeit allen Lebens bewußt zu werden, und so tritt es in empathische Resonanz mit allen Erscheinungen des Lebens – der Weltgeist ist überall. Wer seinen Nächsten liebt wie sich selbst, liebt – in der Gestalt des anderen – sich selbst.

Wir sind so daran gewöhnt, in Kategorien des Unterscheidens und Teilens zu denken, daß es uns ganz merkwürdig vorkommt, wenn ein Physiker wie David Bohm sagt, wir seien in Wirklichkeit durch den Raum vereinigt: der Punkt ist nur eine Abstraktion der Linie, das Teil eine Manifestation des Ganzen. Aus der Sicht der Physik – so Bohm in seinem Buch *Die implizite Ordnung* – ist es vollkommen vernünftig, anzunehmen, daß die dynamisch fließende Ganzheit, die den Teilen zugrunde liegt, realer ist als die Teile selbst, die nur scheinbar abgetrennte Abstraktionen sind: »So ist [...] jede relativ autonome und stabile Struktur (z. B. ein Atomteilchen) nicht als etwas unabhängig und dauernd Existentes zu verstehen, sondern vielmehr als ein Produkt, das im Zuge der fließenden Bewegung geformt wurde und das sich zuletzt wieder in dieser Bewegung auflösen wird.«[52]

Im Sinne von Bohms Modell des Manifesten und Nichtmanifesten, des Expliziten (Entfalteten) und Impliziten (Eingefalteten), ist es die Funktion der manifesten Welt, getrennte Entitäten oder Individuen hervorzubringen. »In der nichtmanifesten Welt durchdringt sich alles gegenseitig, hängt alles miteinander zusammen. Deshalb sagen wir auch, das Bewußtsein der Menschheit ganz in der Tiefe ist eins.«[53] Die implizite Ordnung liegt sowohl der Materie als auch dem Bewußtsein zugrunde. Das gegenseitige Durchdringen und Miteinanderverbundensein, von dem Bohm spricht, ist nun auch genau das, was das Einheitsbewußtsein und die Lebensrevision kennzeichnet. Nach Bohms Auffassung hat jedes Individuum Zugang zur kosmischen Totalität der impliziten Ordnung. Sie ist als Urgrund die Quelle von Mitgefühl, Liebe, Verständnis und Einsicht – die Quelle allen Wirkens und Wissens. Die mystische Erfahrung führt tief in die Ganzheit und in die fließende Harmonie der impliziten Ordnung. Sie hat dabei mehr mit unserer alltäglichen Erfahrung gemein, als es auf den ersten Blick scheint. Könnten die Menschen »die Natur gewöhnlicher Erfahrung besser verstehen, so würden sie sehen, daß mystische Erfahrung tatsächlich eine Erhöhung, Intensivierung, Vertiefung von etwas ist, an dem sie schon immer teilhaben.«[54] Bohms Einschätzung entspricht unserer Beobachtung, daß ein Mensch, der mit der göttlichen Ordnung unmittelbar in Kontakt tritt, ein stärkeres Einheitsgefühl und ein höheres Wirklichkeitsbewußtsein bekommt. Die »paranormale« Entdeckung, daß sich unser Bewußtsein nicht im Raum befindet und daß unsere normalen Sinne dazu neigen, feinsinnigere Formen der Kommunikation einfach auszublenden, hat uns nun zu einem Einheitsbewußtsein geführt, an dem wir alle lebendig teilhaben: dieser Urgrund ist der Mutterboden für die empathische Resonanz.

Nah-Todeserfahrung und Transformation

Die Seele, die die Einheit mit Gott erfährt, schreibt der Mystiker Johannes vom Kreuz, befindet sich in »teilnehmender Verwandlung«. Sie »scheint eher Gott zu sein als eine Seele, und sie ist in der Tat Gott, insofern sie Teil an ihm hat«.[55] In ihrer natürlichen Seinsweise, fügt Johannes vom Kreuz hinzu, bleibt sie freilich von Gott unterschieden, selbst wenn sie sich verwandelt hat: Teilnahme ist eben nicht völlige Gleichheit. Die Seele kann die Ausgeglichenheit und Vollkommenheit der göttlichen Liebe nicht erreichen, »außer durch eine totale Übereignung ihres Willens an den Willen Gottes, wodurch beide sich so vereinigen, daß sie eins werden«. Die kontinuierliche Verwandlung geht weit über eine nur momentane Verschmelzung mit dem Göttlichen hinaus. Sie verpflichtet zur Selbstdisziplin im alltäglichen Leben, zur Konzentration auf die innere Ruhe, zum freiwilligen und ergebenen Gehorsam gegenüber einem höheren Zweck; sie fordert dazu auf, Verantwortung zu übernehmen und das eigene Leben neu auszurichten.

Das Nah-Todeserlebnis ist für die meisten Betroffenen eine heilsame Erfahrung, der ihrem Leben eine Wende gibt. Sie schaffen es nicht, einfach zur »Tagesordnung« überzugehen, besonders dann nicht, wenn ihnen das erste Mal klar wird, daß es transzendentale Bewußtseinsbereiche gibt, die einen höheren »Wirklichkeitsgrad« haben als die materielle Welt. Die auffällige Veränderung ihres Verhaltens hat man allgemein mit der Tiefe ihrer Erfahrung in Verbindung gebracht, weniger damit, daß sie einfach dem Tode nahe waren. Bei Menschen, die in eine lebensbedrohliche Situation gerieten, ohne ein Nah-Todeserlebnis zu haben, ändert sich, um nur ein Beispiel zu nennen, kaum etwas an ihrer Todesangst; wer dagegen ein solches Erlebnis hatte, kennt diese Angst nicht mehr.

Es ist aufschlußreich, den Wertewandel im Anschluß an ein Nah-Todeserlebnis mit den Folgen einer Bekehrung und denen einer Initiation zu vergleichen. Bekehrung ist das Thema einer Gifford-Vorlesung des amerikanischen Philosoph William James. Darin beschreibt James die lange spirituelle Suche des russischen Dichters Tolstoj. In einem Wald, beim Nachdenken über Gott, schreibt Tolstoj, »erwachte in mir wieder ein froher Zug zum Leben. Alles in mir wurde lebendig, alles bekam einen Sinn.«[56] Seine Wahrnehmung bzw. Lebensausrichtung war von nun an eine andere; sein Dasein füllte sich mit Bedeutung. Die Bekehrung besteht darin, daß sich – wie James sagt – »der gewohnheitsmäßige Mittelpunkt seines persönlichen Innenlebens«, das innere Energiezentrum, verlagert,[57] das, was Swedenborg die »herrschende Liebe« nennt. Dieses Ereignis setzt mächtige Gefühle frei und führt zu einer geistigen Neubestimmung und Neuanordnung der Prioritäten und Werte. Manche, die eine solche Erfahrung durchmachen, beschreiben sie mit Bildern des Lichts und der Dunkelheit, der Blindheit und des Sehens: die Augen werden ihnen geöffnet, sie sehen das Licht der Wahrheit und baden in Freude. Das Resultat der Bekehrung ist ein neu erwachender Glaube; nach James' Beschreibung beginnt er mit einem Gefühl von Sicherheit und mit dem Verlust von Ängsten, mit einem Gespür für inneren Frieden und Harmonie; es ist, als ob die Geheimnisse des Lebens ihren Sinn preisgeben, und am Ende steht das Gefühl einer Erneuerung, die alle Erfahrungen und Dinge mit neuen Augen sehen läßt. Zwar läßt die anfängliche Erlebnisintensität später nach, doch erzeugt die Bekehrung – darin zitiert James seinen Kollegen Starbuck – »eine veränderte, ziemlich beständige und sich gleichbleibende Lebenshaltung [...], wenn auch die Gefühle schwanken«.[58]

Beim Vergleich mit der Initiation werden die Parallelen noch offensichtlicher, zumal ein wesentliches Merkmal der Initiation der rituelle Tod und die Wiedergeburt sind, das Sichtrennen vom Alten und ein Ergreifen des Neuen, eine, wie Mircea Eliade sagt, »radikale Veränderung der existentiellen Verfassung«. Kenneth Ring und Michael Grosso haben sich mit dieser Thematik speziell auseinandergesetzt. Für Grosso sind Tod und Erleuchtung eine archetypische Erfahrung (»Archetype of Death and

Enlightment«, ADE, im Gegensatz zur »Near-Death Experience«, NDE). Eine Begegnung mit dem Licht bedeutet symbolisch eine Ausweitung des Bewußtseins, ein Aufdecken oder Öffnen von etwas, was bis dahin verschlossen war. Grosso verweist mit dem griechischen Dichter Themistios auf die besondere Verbindung zwischen Todesnähe und Mysterienerlebnis. Die Seele, sagt Themistios, mache im Augenblick des Todes dieselbe Erfahrung wie bei einer Einweihung: »Vor allem ist man hingerissen von einem unglaublichen Licht, man wird in reine Regionen und Wiesen aufgenommen.«[59] Ring hat die ägyptischen und griechischen Mysterien daraufhin untersucht, in welcher Weise die Erfahrung von Tod und Wiedergeburt das Verhältnis zum Tod und die Lebensführung des einzelnen veränderten.[60] Er hebt ein paar signifikante Unterschiede hervor, die sie von der neuzeitlichen Nah-Todeserfahrung abgrenzen. So stellt er fest, daß die Zahl der Initiierten in der Antike gering war, während heute buchstäblich Tausende ein Nah-Todeserlebnis haben; daß die Initiation eine Reinigung und sorgfältige Vorbereitung verlangte, während das Nah-Todeserlebnis völlig unerwartet in das Leben eines Menschen einbricht; daß der Initiand eine bewußte Wahl treffen mußte, während das Nah-Todeserlebnis nach einem Unfall oder während einer Krankheit auftritt; und daß das Mysterium selbst vollkommen geheimgehalten wurde, während über das Nah-Todeserlebnis offen geredet wird. Bis vor kurzem – das sollte man zu dem letzten Punkt ergänzen – war auch die Nah-Todeserfahrung noch ein gut gehütetes Geheimnis; viele Betroffene scheuten sich darüber zu reden, weil sie fürchten mußten, von ihren Freunden und Nachbarn für verrückt erklärt zu werden.

Wie ich schon andeutete, ist das Nah-Todeserlebnis ein Anfang, eher der Samen für spirituelles Wachstum als die Blüte oder Frucht geistiger Bemühung. Ähnlich die Initiation: wer sich den strengen Prüfungen unterwirft, die in Geheimgesellschaften üblich sind, tut dies, vermutet Eliade, aus dem Verlangen, im größeren Umfang am Heiligen teilzuhaben.[61] Zu der Sehnsucht nach Tiefe kommt der Wunsch, die eigenen Ängste zu überwinden und Mut aufzubauen. In melanesischen Gesellschaften hatten die Initiationsqualen das erklärte Ziel, den Initianden geistig zu verwandeln. Die extremen Schmerzen und bestimmte Krankheiten, die bei der Einweihung auftreten konnten, waren Ausdruck des »Initiationstodes«. Extremes Leiden gehört sicher auch zu den Begleiterscheinungen einer Nah-Todeserfahrung; doch ist die Erfahrung selbst meistens schmerzfrei. Aus der schamanischen Tradition kennen wir eine andere Form der Initiation, bei der die Seele in Ekstase den Körper verläßt; dieser Zustand ist gleichbedeutend mit einem zeitweiligen Tod.[62] Einige Kulturen beschreiben den Abstieg in die Hölle oder in die Unterwelt, die sogenannte Heldenreise, wobei dem Abstieg meistens der Aufstieg in den Himmel folgt.

Unserem Thema am nächsten kommen bestimmte spirituelle Praktiken, die darauf angelegt sind, die existentielle Verfassung von Grund auf zu ändern. Das Ziel von Yoga zum Beispiel ist Erleuchtung, Freiheit von Zwängen, Erlösung.[63] Im Christentum sind es Taufe und Eucharistiefeier, die den Gläubigen »heiligen«.[64] Manche Forscher vermuten, der Sinn des ursprünglichen Taufritus, bei dem der Täufling vollständig untergetaucht wurde, bis er zu ertrinken drohte, habe darin bestanden, ein Nah-Todeserlebnis auszulösen, gewissermaßen als Vorgeschmack auf die andere Wirklichkeit. Wie auch immer, die Sakramente ließen den Gläubigen »aus der Masse der ›Profanen‹ heraustreten und integrierten ihn in eine Gemeinschaft von Erwählten«. Hier zeigt sich ein für »Übergangsriten« typisches Muster. Arnold van Gennep unterscheidet zwischen den drei Stufen der Trennung, der Angliederung und der Reintegration. Nach der Ablösung vom Status der Vergangenheit wird der Initiand in eine neue Gemeinschaft aufgenommen und nach der »metanoia«, der inneren Umkehr, schließlich wieder in seine alte Umgebung integriert; sein Status ist nun freilich nicht mehr derselbe.[65] Victor Turner hat diesen »Schwellenzustand« der Übergangsphase genauer untersucht und vorgeschlagen, statt von einem »liminalen« besser von einem »cunicularen« Zustand zu sprechen (cunicular = In-einem-Tunnel-sein).[66] Wir kennen den Tunnel aus den Nah-Todeserlebnissen; dort finden wir ihn beim Übergang in eine andere Dimension, meist beim Herausgehen, seltener bei der Rückkehr. Trennung, Angliederung und Reintegration kennzeichnen auch die Nah-Todeserfahrung, denn auch sie führt zu einer Abkehr von früheren Auffassungen und Verhaltensweisen, möglicherweise sogar zu einer zeitweisen Aufnahme in die göttliche Ordnung; in jedem Fall wird der, der eine »near-death experience« durchmacht, Mitglied in der unsichtbaren Vereinigung der »NDEler«, die sich durch ihre Erlebnisse, so verschieden sie sein mögen, unmittelbar verbunden fühlen. Am schwersten aber ist für diese Menschen der dritte Schritt, die Wiedereingliederung. Das wird überdeutlich in Phyllis Atwaters Studie »Coming Back to Life«; bis zur vollständigen Reintegration können nach den Berechnungen der Autorin bis zu sieben Jahre vergehen.[67] Wer eine Nah-Todeserfahrung macht, kehrt meist nur äußerst widerwillig in die engen Grenzen der physischen Welt zurück. Seine Wiedereingliederung macht später vor allem in Familien Schwierigkeiten, weil er seine Wertvorstellungen und Neigungen oft so radikal umwirft, daß er nicht mehr derselbe Mensch ist.

Im Schlußkapitel seiner Studie über die verschiedenen Typen der Initiation behauptet Eliade, die Initiation gehöre zum Innersten der menschlichen Existenz, »und zwar aus zwei Gründen: einerseits, weil jedes authentische menschliche Leben Krisen des Unbewußten einschließt, Prüfungen, Ängste, Verlust und Wiedergewinn des Selbst, ›Tod und Wiederauferstehung‹; andererseits weil jede Existenz, welche Erfüllung sie auch erreicht haben mag, sich in einem bestimmten Augenblick als fehlgeschlagene Existenz erweist«.[68] Sogar C. G. Jung bekennt am Ende seines Lebens: »Ich bin über mich erstaunt, enttäuscht, erfreut. Ich bin betrübt, niedergeschlagen, enthusiastisch. [...] Wenn Lao Tse sagt, ›Alle sind klar, nur ich allein bin trübe‹, so ist es das, was ich in meinem hohen Alter fühle.«[69] Im Augenblick einer solchen totalen Verzweiflung bleibt dann als Ausweg nur die Hoffnung, noch einmal beginnen zu können, einzusteigen in ein neues, unverbrauchtes Leben, aufzuerstehen und von Grund auf verwandelt zu sein. Sogar religionslose Menschen, sagt Eliade, spürten – gegen alle nihilistischen Tendenzen der modernen Kultur – in sich den unstillbaren Wunsch, dem Tod eine positive Bedeutung abzugewinnen. Und genau dieses Positive finden wir in den Nah-Todeserlebnissen, einen neuen Todesmythos.[70] Er gibt dem Tod einen neuen Sinn, ohne das Leben zu verneinen oder zu entwerten; er erweitert ganz einfach den Rahmen, innerhalb dessen wir das Leben und den Tod besser verstehen lernen können.

Der Initiand geht durch den Tod hindurch und wird geistig wiedergeboren, er überschreitet seine früheren Grenzen, überwindet seine alte Art zu denken und zu leben. Zu diesem Prozeß gehört, den eigenen Lebenssinn neu zu definieren; denn alles ändert sich dadurch, daß er das Einheitsbewußtsein erfahren hat, die »Überseele«, von der Emerson sagt, »daß in ihr das besondere Dasein eines jeden Menschen enthalten und eins mit allen anderen geworden ist, jenes gemeinsame Herz«.[71] Es gibt drei Momente in der Nah-Todeserfahrung, die als die wichtigsten Ursachen für psychische und spirituelle Veränderungen gelten. 1. die Trennung vom Körper und die mit ihr verbundene Wahrnehmungs- und Gefühlssteigerung; 2. die Begegnung mit dem Lichtwesen und der Lebensrückblick; 3. das Wiedersehen mit verstorbenen Angehörigen. Die erste und dritte Erfahrung tragen zu der Überzeugung bei, daß das Bewußtsein überlebt. Die Begegnung mit dem Lichtwesen und der Lebensrückblick scheinen darüber hinaus eine doppelte Wirkung zu haben: sie stärken einerseits die Wahrnehmung des Selbst, das sich im innersten Kern als unzerstörbar erlebt, und führen anderseits zu einer Vertiefung des Selbst, das sich mit den ewigen Werten der göttlichen Ordnung verbunden weiß, mit Liebe, Freude, Friede und Schönheit.

Alle größeren Untersuchungen bestätigen, daß es im Anschluß an eine Nah-Todeserfahrung immer zu einer Veränderung der Verhaltensweisen und Wertvorstellungen kommt. Übereinstimmung herrscht auch über die Art solcher Veränderungen. Man kann sie in acht Punkte untergliedern:

1. Eine Überwindung der Todesangst, verbunden mit der Überzeugung, daß das Bewußtsein nach dem physischen Tod fortbesteht. Diese Wirkung ist allgemein zu beobachten, unabhängig von der religiösen Einstellung der Betroffenen, von ihrem sozialen Hintergrund, Alter oder Geschlecht. Unter denen, die dem Tode nahe waren, ist sie spezifisch für Leute mit einem Nah-Todeserlebnis und scheint auch nach vielen Jahren

nicht nachzulassen.[72] Die Befragten berichten überschwenglich von den Momenten der Schönheit und des Friedens, die sie erlebt haben.

2. Eine höhere Wertschätzung des Lebens, verbunden mit dem Wunsch, ganz in der Gegenwart zu leben. Unter dem Eindruck einer Nah-Todeserfahrung erscheint das Leben als wertvolles Geschenk, das man nicht verschwendet. Der Sinn für das Schöne verfeinert sich, es entsteht ein Gespür für die Natur, ein Bedürfnis nach Ruhe und Einsamkeit, ein Blick für die Feinheiten des Lebens; die kleinen Dinge gewinnen an Wert.

3. Ein nachdrückliches Eintreten für eine bedingungslose Liebe, die sich in verschiedenen Formen äußern kann. Zu ihr gehört, die Mitmenschen zu dulden, anzunehmen und zu verstehen. Tief empfundenes Mitgefühl und Mitleid löst bei den Überlebenden einer Nah-Todeserfahrung den Wunsch aus, von sich selbst etwas abzugeben und anderen weiterzuhelfen.

4. Eine gesteigerte Sensibilität im Umgang mit anderen Menschen und der Natur, aus dem Gefühl heraus, daß die trennenden Wände dünner geworden sind. Der Betroffene bekommt ein deutlicheres Gespür für die Verbundenheit aller Dinge, oder aber er wird empfänglicher für die Gefühle anderer. In manchen Fällen entwickelt sich diese Sensibilität zu übersinnlichen Fähigkeiten oder sogar zur Entdeckung außergewöhnlicher Heilkräfte.[73]

5. Ein nachlassendes Interesse an äußeren Werten wie persönliches Weiterkommen, gesellschaftliche Anerkennung, Ruhm oder Wohlstand; eine Abkehr von der »Existenzweise des Habens« (Erich Fromm) und eine Zuwendung zu den »B-Werten« (Abraham Maslow), den höchsten menschlichen Werten, wie sie im »Licht« begegnet sind.[74] Das erhöhte Selbst-Wert-Gefühl bedeutet: der Zwang läßt nach, den materiellen und gesellschaftlichen »Ego-props« hinterherzujagen.

6. Eine religiöse Neuorientierung, deren wichtigstes Merkmal die im Innern spürbare Nähe zum Göttlichen ist. Das innere Leben wird wichtiger als äußere Rituale. Es wächst das Verlangen nach mehr Verständnis zwischen den verschiedenen Kulturen, die Hoffnung wird größer, daß sie auf dem Wege des einheitlichen Bewußtseins zu einer Annäherung kommen.

7. Ein Bewußtsein vom Sinn und vom Ziel des Lebens. Dieses kann aus dem »großen Wissen« stammen, an dem manche während einer Nah-Todeserfahrung teilhaben, und/oder erwächst aus dem Gefühl des Privilegiertseins: die vom Tode Verschonten sind oft davon überzeugt, eine besondere Mission erfüllen zu müssen; vielen ist am Ende ihres Erlebnisses gesagt worden, daß die Zeit zum Sterben für sie noch nicht gekommen sei – sie mußten zurückkehren. Einige kommen mit dem ausdrücklichen Vorsatz zurück, wahrhafter zu leben, sich selbst gegenüber ehrlicher zu sein und mehr Verständnis für andere zu zeigen.
8. Der Wunsch, den großen Sinnzusammenhang von Leben und Tod zu verstehen, ein brennendes Verlangen nach geistiger Erkenntnis und Weisheit.

Es ist hier kein Platz, alle Stellen zu zitieren, die diese Veränderungen belegen. Wer Genaueres wissen will, sei besonders auf die Arbeiten von Atwater und Ring verwiesen; mit demselben Thema beschäftigen sich – weniger ausführlich – auch Grey, Sabom, Moody, Gallup und Flynn. Wir wollen den mit den Nah-Todeserlebnissen verbundenen Wertewandel nun in einem größeren Kontext betrachten.

Stanislav Grof hat bei der Erforschung anderer Bewußtseinsebenen viel mit Drogen experimentiert, besonders mit LSD. Zusammen mit Joan Halifax erörtert Grof die Nachwirkungen, die eine psychedelische Therapie auf sterbenskranke Krebspatienten hat. »Personen, die in ihrer psychedelischen Sitzung die Erfahrung von Tod und Wiedergeburt durchlebt haben, schildern oft eine ganz radikale Umwandlung ihrer Haltung gegenüber dem Tod. Tiefreichende Erfahrungen der kosmischen Einheit und bestimmter anderer transpersonaler Bewußtseinsformen scheinen die Tatsache des physischen Todes zur Bedeutungslosigkeit absinken zu lassen.«[75] Mit solchen Erlebnissen eröffnet sich ein »neues Beziehungssystem«,[76] das Leben und Tod in eine neue Perspektive stellt. Nach Ansicht der Autoren stehen »die auffallenden Veränderungen in der *Hierarchie der Lebenswerte*« in direktem Zusammenhang mit den Erfahrungen, die in den perinatalen und transpersonalen Erlebnissen gesammelt werden. Im einzelnen stellen Grof und Halifax fest:

1. »Das Annehmen der Vergänglichkeit und des Todes führt zur Erkenntnis der Absurdität und Eitelkeit übertriebener Ambitionen, des Hängens an Geld, Status, Ruhm und Macht oder des Strebens nach anderen zeitlichen Werten.«[77] Dieser Punkt entspricht der Neuorientierung nach einem Nah-Todeserlebnis, die mit einem Abrücken vom Materialismus verbunden ist.
2. »Die zeitliche Orientierung ist verwandelt; Vergangenheit und Zukunft werden nun weniger wichtig im Vergleich zum gegenwärtigen Augenblick.« Dies ist ein Merkmal, das in der NDE-Liste unter Punkt 2 im Zusammenhang der höheren Wertschätzung des Lebens aufgeführt ist. Und tatsächlich erwähnen auch Grof und Halifax »eine stärkere Fähigkeit, sich des Lebens zu freuen und auch an einfachen Dingen Gefallen zu finden«.
3. Ein deutlich gesteigertes Interesse an religiösen Dingen, »wobei es mehr um eine Spiritualität universaler Natur geht als um spezifische Glaubensüberzeugungen bestimmter Religionsgemeinschaften«. Auf der anderen Seite berichten die Autoren auch von Fällen, »in denen die traditionelle religiöse Überzeugung eines Todkranken durch die psychedelische Erfahrung vertieft und um neue Bedeutungsdimensionen erweitert wurde«. Dieses letzte Phänomen wird auch in einigen Nah-Todesfällen erwähnt; wir haben es jedoch auf unserer allgemein gefaßten Liste der Nachwirkungen weggelassen.

Die Werteproblematik zeigt sich in einem größeren Blickfeld, wenn man sich die Arbeiten von Abraham Maslow ansieht; auf der einen Seite seine Analyse der »B-Werte«, auf der anderen seine Merkmalsbestimmung der psychischen Gesundheit von Menschen, die sich selbst verwirklichen. Maslows Oberbegriff für mystische Erfahrungen, der ein ziemlich breites Spektrum von Phänomenen abdeckt, ist »Gipfelerlebnis« (»peak experience«). Was seine religiösen Aspekte betrifft, ist es besonders kennzeichnend für das Gipfelerlebnis, »daß das ganze Universum als ein integriertes und vereintes Ganzes wahrgenommen wird [...] daß das Universum aus einem Guß ist und daß man seinen Platz darin hat – man ist Teil von ihm, man gehört zu ihm«.[78] Eine solche Einsicht, sagt Maslow, kann so erschütternd und tiefgreifend sein, »daß sie den Charakter eines Menschen und seine *Weltanschauung* [im Original deutsch] für immer verändert«. Die Veränderungen, schreibt er, reichen von kleineren therapeutischen Wirkungen bis zur tiefen religiösen Umkehr.

Was die »B-Werte« selbst betrifft, kommt Maslow zu der bahnbrechenden Erkenntnis, daß die beschriebenen Wahrnehmungen und Merkmale der Gipfelerfahrungen den allgemein anerkannten, ewigen geistigen Werten entsprechen; ja, diese Werte sind während des Erlebnisses Merkmale des Selbst (»Ich war Frieden, Ich war Liebe«), mit dem Bewußtsein verschmolzen bzw. im Bewußtsein verwirklicht. Nach Ansicht Maslows sind sie »entweder [...] Attribute, die der in Gipfelerfahrungen wahrgenommenen Realität zugeschrieben werden, oder [...] die nicht weiter reduzierbaren, wesensimmanenten Werte dieser Realität«.[79]

1. Wahrheit (Wahrhaftigkeit, Wirklichkeit)
2. Güte (Gerechtigkeit, Nächstenliebe)
3. Schönheit, Vollkommenheit
4. Ganzheit (Einheit, Integration,
   Allverbundenheit, Ordnung)
5. Überwindung der Dichotomie
6. Lebendigkeit (Dynamik, Energie)
7. Einzigartigkeit, So-sein
8. Vollkommenheit
9. Notwendigkeit
   (im Sinne von »es kann nicht anders sein«)
10. Vollendung (Ganzheit, Erfüllung)
11. Gerechtigkeit
12. Ordnung
13. Einfachheit (Reinheit)
14. Reichtum
15. Mühelosigkeit, Leichtigkeit
16. Verspieltheit, Freude
17. Selbstgenügsamkeit

Diese einfache Auflistung erfaßt natürlich nicht die Fülle und Feinheiten von Maslows Querverweisen, in denen deutlich wird, daß jedes einzelne Merkmal mit jedem anderen umschrieben werden kann.[80] Die Sprache ist ein angemessenes Mittel, wenn es darum geht, Dinge aufzuteilen und nach Kategorien zu ordnen; Wahrnehmungen jedoch, die den Bereich der Dualität übersteigen, kann sie nicht adäquat erfassen. Der Sinn überflutet die Worte, wie Simone Weil das einmal nannte. Maslows Aufzählung stimmt mit allen Beschreibungen mystischer Erfahrungen überein und erlaubt zugleich unvermeidliche Unterschiede in der Akzentsetzung. Mit anderen Worten: die mystische Begegnung im Nah-Todeserlebnis steht nicht außerhalb der überlieferten Mystik.

Maslow nimmt weiter an, daß diese Werte die »höchsten« sind, denn sie kommen meistens zu »den besten Menschen, in ihren besten Augenblicken, unter den besten Bedingungen«:[81] es sind Umschreibungen des höheren, spirituellen Lebens und zugleich die Fernziele von Psychotherapie und Bildung im weitesten Sinn. Maslow veranschaulicht seine These in einer Studie über die psychische Gesundheit von Menschen, die sich selbst verwirklichen; damit sind – vereinfacht gesagt – alle die Menschen gemeint, die ihre Fähigkeiten, Talente, Potentiale etc. voll ausschöpfen. Sie haben ihre Grundbedürfnisse und intellektuellen Ansprüche (die in Maslows Hierarchie den spirituellen Bestrebungen untergeordnet sind) befriedigt. Zu den von Maslow ausgesuchten Persönlichkeiten gehören neun Zeitgenossen und neun bekannte historische Gestalten, darunter Albert Schweitzer, Abraham Lincoln, Aldous Huxley. Ihre Charakteristika sind:

1. Ein besser funktionierender Wirklichkeitssinn und ein sorgenfreieres Verhältnis zur Realität: ein sicheres Urteil, ungetrübt von subjektiven Vorurteilen. (Entsprechend erklären Menschen mit Nah-Todeserfahrung, sie seien den Dingen des Lebens gegenüber gelassener geworden und durchschauten sie nun.[82])
2. Ein Akzeptieren der eigenen Person, der anderen, der menschlichen Natur in allen Entwicklungsstufen; ein fehlender Hang zur Selbstrechtfertigung und eine Abneigung gegenüber gekün-

steltem Verhalten und Imponiergehabe. (Dem entspricht in unserer Liste der 3. Punkt »bedingungslose Liebe«.)
3. Spontaneität, Einfachheit, Natürlichkeit; Unkonventionalität aufgrund einer tieferen Einsicht in die wahren Werte und des Bemühens, echt zu sein. (Mit diesen Eigenschaften korreliert das erhöhte Selbstwertgefühl von Menschen, die eine Nah-Todeserfahrung durchlebt haben.)
4. Problem-Zentriertheit im Gegensatz zur Ich-Zentriertheit: ein Pflichtgefühl bzw. Sendungsbewußtsein, das über die persönlichen Interessen hinausgeht und die Probleme in einem größeren Rahmen sieht. Ein Individuum, das den äußersten Horizont, das Einheitsbewußtsein, erfahren hat, stellt sich selbst in den Dienst einer größeren Sache und setzt sich mit den Weltproblemen auseinander. (Spezifisch für einige Nah-Todeserfahrungen sind Visionen von möglichen Entwicklungen des Weltgeschehens; diese sind für die Betroffenen ein natürlicher Anstoß, sich mit den globalen Problemen zu beschäftigen.[83])
5. Die Fähigkeit, sich lösen zu können; das Bedürfnis, für sich zu sein. Das Sichlösenkönnen ist im 1. Punkt schon impliziert. (Wie wir wissen, haben Menschen mit Nah-Todeserfahrungen eine besondere Vorliebe für Einsamkeit und Ruhe.)
6. Autonomie; Unabhängigkeit von der Umgebung und Kultur; Willensstärke; selbstverwirklichte Menschen werden zu aktiv Handelnden, die von den Meinungen anderer unabhängig bleiben (ein Merkmal, das wir von Nah-Todeserfahrungen kennen) und die auch angesichts schwerer Schicksalsschläge ihre innere Ruhe bewahren. (Die Überlebenden einer Nah-Todeserfahrung, meint ein Betroffener, erleiden mehr Schicksalsschläge, als zu erwarten wäre; sie sind wahrscheinlich aber auch innerlich mehr gefestigt.[84])
7. Dauerhafte Frische und Aufgeschlossenheit; ein Reichtum an persönlicher Erfahrung, aus dem die Person eine besondere Freude und Dankbarkeit schöpft für die einfachen Dinge des Lebens. (Vgl. Punkt 2 unserer Liste: »eine höhere Wertschätzung des Lebens«.)
8. Selbstverwirklichte Menschen erleben häufiger mystische Erfahrungen bzw. Gipfelerlebnisse als andere. (Dieser Punkt läßt sich nicht so leicht auf Menschen mit Nah-Todeserfahrung

übertragen; es gibt auch keine empirischen Daten zu diesem Thema.)

9. *Gemeinschaftsgefühl* [im Original deutsch]: ein tiefes Gefühl der Zuneigung, der Sympathie und des Einsseins mit allen Menschen. (Solche Sensibilität und Empathie gehören zu den wichtigsten Nachwirkungen einer Nah-Todeserfahrung.)

10. Tiefere zwischenmenschliche Beziehungen, dank der größeren Liebesfähigkeit von selbstverwirklichten Menschen und der Aufhebung ihrer Ich-Grenzen. (Die Vertiefung der Beziehungen wurde auch von der Nah-Todesforschung bestätigt; doch haben die Angehörigen und Freunde eines Beinahgestorbenen einige Schwierigkeiten, sich auf diese Tiefe einzustellen.)

11. Ein demokratisch ausgerichteter Charakter; Offenheit und Freundlichkeit gegenüber allen. (Die Haltung des Gebens und Sichöffnens gehört zu den wesentlichen Folgeerscheinungen eines Sterbeerlebnisses.)

12. Die Fähigkeit, zwischen Mittel und Zweck, Gut und Böse, zu unterscheiden. (Zu dieser Eigenschaft gibt es in der Nah-Todesforschung wenig Daten.)

13. Ein gelassener, aggressionsfreier Humor. (Über die Veränderung des Humors nach einem Sterbeerlebnis gibt es keine Untersuchungen.)

14. Kreativität. (Diese äußert sich nach einer Nah-Todeserfahrung in der Entschlossenheit, die eigenen Fähigkeiten voll auszuschöpfen.)

15. Resistenz gegen kulturelle Vereinnahmung; eine universale Weltsicht, frei von den besonderen kulturellen Gebundenheiten. Dieses Merkmal ist eine Folge des Einheitsbewußtseins, das alles Leben miteinschließt. (Es korreliert mit der in Punkt 6 genannten Autonomie und ist auch unter Menschen mit Nah-Todeserfahrung häufig anzutreffen.)

Dieser Vergleich, auch wenn er etwas knapp ausgefallen ist, sollte doch ausreichend deutlich machen, in welche Richtung sich eine Person ändert, die unter dem Eindruck einer Nah-Todeserfahrung steht: sie wird seelisch gesunder und läßt sich besser in ihre Umgebung integrieren. Dies gilt, wie das »Alister Hardy Research Centre« in Oxford herausgefunden hat, allgemein für religiöse Erfahrungen. Hardy bestätigt die für das Nah-Todeserlebnis beschriebenen Veränderungsmuster, wenn er am Ende seiner Untersuchung die wichtigsten Nachwirkungen religiöser Erfahrungen zusammenfaßt: ein neues Sinnbewußtsein sowie Veränderungen in der religiösen Überzeugung und in der Einstellung gegenüber anderen.[85]

In einem Aufsatz über »Feldbewußtsein und Feldethik« entwickelt Renée Weber einen Gedanken von David Bohm weiter, der die Auflösung bzw. »Zertrümmerung« des getrennten Individuums als die höchste Aufgabe des Wahrheitssuchenden fordert. »Die Auflösung des Denkenden«, schreibt sie, »setzt eine Energie frei, die qualitativ geladen und nicht neutral und wertfrei ist. Es ist ungebundene und fließende Energie, charakterisiert durch Ganzheit, n-Dimensionalität und die Kraft der Barmherzigkeit. Physik und Ethik werden in diesem Prozeß eins, denn die Energie des Ganzen, ›Heilen‹, ist fest mit dem verbunden, was wir das Heilige nennen. Kurz gesagt: Die Energie selbst ist Liebe.«[86] Dieses Energie-Liebe-Frieden-Freude-Schönheit-Licht ist der Ozean, in den der Mystiker und der Sterbende eintauchen. Mit der Beschreibung ihrer Erfahrung liefern sie zugleich eine Liste der höchsten Werte, doch der stärkste Impuls, der von einer solchen Versenkung ausgeht, äußert sich in dem Wunsch, selbst ein Kanal dieser Energie zu werden, von ihr äußerlich wie innerlich vollkommen erfüllt zu sein. Das Bewußtsein, das ganz auf die kosmische Empathie ausgerichtet und eingestimmt ist, erlebt in solchen Augenblikken die unmittelbare Fülle der göttlichen Ordnung. Aus dieser Ordnung erwachsen die Werte und Ziele der moralischen Ordnung, die ihrerseits auf die gesellschaftliche Ordnung übertragen werden können.

Renée Weber diskutiert in einem ihrer scharfsinnigen Gespräche mit David Bohm den Zusammenhang von Sein und Sinn.[87] Bohms Ausgangspunkt ist, daß jede Veränderung des Sinns im Grunde eine Veränderung des Seins ist, weil das Sein das Bewußtsein enthält und damit auch Sinn: »sein Sinn ist das menschliche Bewußtsein« – wenn sich das Bewußtsein verändert, verändert sich der Sinn. Andererseits gibt die eigene Sinngebung umfassende Kategorien vor, nach denen wir wahrnehmen und urteilen. Insofern es sich dabei um einen dynamischen Prozeß handelt, kann man sagen: der Sinn gestaltet und lenkt den Einsatz unserer Energien. Wir steuern unsere Energien entsprechend unseren Wertsetzungen und Prioritäten.

In der Folge einer Gipfelerfahrung oder eines Nah-Todeserlebnisses verändert sich die Perspektive des Daseins, der Lebenssinn, das Bewußtsein, das Sein und die Werte: man sieht die Welt nicht mehr mit denselben Augen. Sie gleicht einem unendlichen ineinanderverwobenen Netz: alles, was darin lebt, ist voneinander abhängig und untereinander in empathischer Resonanz verbunden, getragen von der impliziten Ordnung eines einheitlichen Bewußtseins. Der Beobachter ist von dem, was er beobachtet, nicht zu trennen; alle Menschen sind auf einer tiefen Ebene miteinander verbunden, die hin und wieder von denen erreicht wird, die über die Grenzen und Mauern der gewöhnlichen Wahrnehmung hinausgehen. Die empathische Antwort, die sie dort bekommen, impliziert empathische Verantwortung; du spürst diese Verantwortung, sagt der Dichter Francis Thompson,

Wenn Deinem neuen Herzen
Durch unsterbliche Macht alle Dinge,
Ob nah oder fern,
Auf geheime Weise
Einander verbunden sind,
Daß du keine Blume berühren kannst,
Ohne daß ein Stern erzittert …[88]

4. Karma und Reinkarnation

Das Gesetz des Karma liegt nicht außerhalb der Person. Der Richter befindet sich nicht außen, sondern innen. Das Gesetz, das der Tugend zum Sieg verhilft und Unrechttun zur Bestrafung bringt, ist das Gesetz der Entfaltung unseres Seins. Die weltliche Ordnung ist eine Widerspiegelung des göttlichen Geistes.

Sir Sarvepalli Radhakrishnan

Alle Krankheiten sind durch Karma verursacht. Es ist entweder die Folge deiner eigenen Schuld oder die Schuld eines anderen, den du liebst. [...] Karma muß auf die eine oder andere Weise abgetragen werden. Das verlangt das universale Gesetz des Ausgleichs. [...] Wenn der größte Teil des Karma abgearbeitet ist, dann kann ein anderer die verbleibende Last auf sich nehmen und so das Leid des Schuldners lindern.

Der Magus von Strovolos

Das universale Gesetz des Karma [...] ist das von Aktion und Reaktion, Ursache und Wirkung, Säen und Ernten. Im natürlichen Verlauf der Gerechtigkeit wird der Mensch durch sein Denken und Tun zum Schiedsrichter seines Schicksals. Welche Kräfte auch immer er in Gang setzt, sie müssen zu ihm, dem Auslöser, zurückkehren. Das Karma als Gesetz der Gerechtigkeit zu verstehen, das den Ungleichheiten des Lebens zugrunde liegt, dient dazu, den menschlichen Geist von seinem Unmut gegenüber Gott und den Menschen zu befreien.

Paramahansa Yogananda

Einleitung

Die östliche Karma- und Reinkarnationslehre wird zunehmend auch im Westen populär. Nach einer von Gallup 1981 durchgeführten Befragung glauben 23% der Amerikaner an Karma und Wiedergeburt. Vor allem junge Leute sind für diese Lehre empfänglich (29% der unter 30jährigen gegenüber 21% der über 30jährigen); wer nicht in die Kirche geht, akzeptiert sie eher (27%) als jemand, der regelmäßig einen Gottesdienst besucht (17%). Immerhin, und das mag überraschen, glauben 21% aller Protestanten und 25% aller Katholiken in den USA an etwas, das weit davon entfernt ist, in die offizielle christliche Lehre aufgenommen zu werden. In Großbritannien durchgeführte Umfragen zum Karmaglauben ergaben einen Popularitätszuwachs von 18% (1969) auf 28% (1979). Ob diese Entwicklung von theoretischen Überlegungen oder von persönlichen Erfahrungen beeinflußt ist, geht aus solchen Ergebnissen nicht hervor. Tatsache ist, daß eine wachsende Minderheit im Westen offenbar bereit ist, den Glauben an Karma und Wiedergeburt in ihre Weltsicht zu integrieren.[1]

Bei den Nachforschungen zu diesem Kapitel habe ich ungefähr 75 Bücher zu Rate gezogen. Es ist unmöglich, das ganze Spektrum zu diesem Thema, die Argumente pro und contra, auf so engem Raum unterzubringen. Ich werde mich deshalb darauf beschränken, die Grundideen von Karma und Wiedergeburt zu erörtern, soweit sie mit der Vorstellung einer universalen moralischen Ordnung verbunden sind. Ein Großteil der Beweisführung und Auseinandersetzung dreht sich um Fragen der Erinnerung und der persönlichen Identität.[2] In welchem Sinne ist ein Mensch mit einem anderen Menschen, an dessen Leben er sich zu erinnern meint, identisch? Lassen sich wahrheitsgetreue Wiedergaben von Erinnerungen anderer mit Besessenheit erklären?[3] Warum sind die vermeintlichen Wiederverkörperungen so selten und außergewöhnlich? Gibt das Gesetz des Karma, das die Wiedergeburten bestimmt, eine zufriedenstellende Erklärung für genetische oder soziale Benachteiligungen? Bietet es eine Lösung für das vertrackte Theodizeeproblem, wie ein allmächtiger und gütiger Gott das Böse in der Welt zulassen kann?

Ich beginne mit den Ursprüngen der Lehre im Hinduismus, verfolge ihren Weg über die großen heiligen Schriften bis zu ihrer modernen Prägung, die sie im 20. Jahrhundert bei Radhakrishnan bekam, und zeige schließlich, wie sie Eingang gefunden hat in den Buddhismus. Wir werden einen vergleichenden Blick auf Platon werfen und auf seine philosophisch-theologischen Nachfahren, werden die Lehren der Theosophie und Anthroposophie befragen und uns mit den Ergebnissen der medialen Transkommunikation (»chanelling«) und hypnotischen Regression auseinandersetzen. Ein besonderes Augenmerk gilt dem Leben des Hellsehers Edgar Cayce, dessen »Readings« den möglichen Zusammenhang von Karma und Krankheit in vielerlei Hinsicht erhellen. Am Ende werden wir die oben aufgeworfenen ethischen und metaphysischen Problemstellungen weiter vertiefen und dabei sehen, wie einige christliche Autoren die östliche Karmalehre und die westliche Evolutionslehre miteinander verbunden haben.

Indische Ursprünge

Die allgemein bekannteste Definition von Karma liegt in der Redewendung: »Wie ihr sät, so werdet ihr ernten.« Dies ist ein Grundsatz des Ackerbaus, aber darüber hinaus ein allgemeines Gesetz von Ursache und Wirkung, das vom physikalischen in den moralischen Bereich übertragen wurde. Seit rund 2700 Jahren, als diese Idee in den Upanishaden erstmalig formuliert worden ist, hat sie sich der indischen Mentalität tief eingegraben, immer verbunden mit der Lehre von der Wiedergeburt. Leid und Freud sind die Früchte der Taten einer früheren irdischen Existenz. Dieser Gedanke wird normalerweise prospektiv, mit Blick auf die Zukunft, formuliert; man kann ihn aber auch umkehren, wie es McKenzie getan hat, und er ist dann genauso wahr: »Was immer jemand erntet, das muß er gesät haben.«[4] Eine Kette von Existenzen verbindet die Gegenwart gleichermaßen mit der Vergangenheit wie mit der Zukunft.

In den ältesten indischen Texten ist von Karma noch nicht die

Rede. Man sah das Leben des Individuums als einmalig an; nach dem Tod entrückte die Person in das Land der Toten, wo sie entweder in Glückseligkeiten schwelgte oder Torturen erlitt, je nachdem welche Verdienste – moralisch und rituell – sie sich erworben hatte.[5] Das letzte Wort über das weitere Schicksal der Seele sprach Yama, der Gott der Toten, der in den Nah-Todeserlebnissen heutiger Inder noch immer eine wichtige Rolle zu spielen scheint.[6]

Nach der historischen und etymologischen Interpretation von Mircea Eliade ist das Karma ursprünglich ein Strukturmoment des rituellen Opferungsprozesses. Das Wort bedeutet eigentlich Handlung oder Tat, aber im besonderen Kontext der »Brahmanas«, die zwischen 1000 und 800 vor Christus geschrieben wurden, bezeichnet es »die rituellen Handlungen und deren segensreiche Folgen (denn der Opfernde gelangte nach seinem Tod in die Welt der Götter.) Die Reflexion über den *rituellen* Vorgang von ›Ursache und Wirkung‹ mußte jedoch zwangsläufig zu der Erkenntnis führen, daß jede *Handlung* schon allein dadurch, daß sie ein *Ergebnis* zeitigte, sich in eine unbegrenzte Kette von Ursache und Wirkung einfügte.«[7] Kaum aber war das Karma mit dem Gedanken einer universalen Kausalität verknüpft, wurde die frühere Gewißheit von der Heilswirksamkeit der Opferungen fraglich: warum sollte man nur bei dieser besonderen Handlung Wirkungen annehmen? Und weiter: wenn diese Wirkung in einem himmlischen Leben nach dem Tod bestand, wo schlugen sich die Ergebnisse aller anderen Taten nieder? Den Aufenthalt im Himmel dachte man sich zeitlich begrenzt, und selbst das Atman, die entkörperte Seele, mußte ihre Existenz anschließend in einem anderen Bereich fortsetzen: da lag es auf der Hand, dem Nachleben eine Wiederverkörperung folgen zu lassen, eine Wiedergeburt in dieser Welt. Die Vorstellung, daß die Seele ihre Existenz nach einem Zwischenaufenthalt in der jenseitigen Welt fortsetzte, führte im indischen Denken unausweichlich zur Lehre von der Seelenwanderung und dem Rad der Wiedergeburt (*Samsara*); aus diesem Rad suchten sich die Weisen zu befreien, indem sie auf dem Weg der Erkenntnis (*Jnana*) im Triumph über das Unwissen (*Avidya*) zur Erlösung (*Moksha*) gelangten.

Es ist hilfreich, sich die Bedeutungen einiger Schlüsselbegriffe der indischen Moralordnung genauer vor Augen zu führen, denn im systematischen Zusammenspiel dieser Begriffe entfaltet sich das Wesen der indischen Ethik und Metaphysik.

1. *Brahman.* Ein Wort mit der Wurzelbedeutung »wachsen«. Brahman ist die höchste Wahrheit, die durch alle Veränderungen hindurch mit sich selbst identisch bleibt,[8] der sich selbst genügende Lebensquell, das transzendent Absolute, das sich nur mit negativen Begriffen umschreiben läßt. Radhakrishnan unterscheidet vier Aspekte eines Ganzen: »(1) das transzendentale Sein, das jeder konkreten Wirklichkeit vorausgeht; (2) das ursächliche Differenzierungsprinzip; (3) das innerste Wesen der Welt; und (4) die Erscheinungswelt«.[9] Diese Aspekte, betont Radhakrishnan, sind nicht aufeinanderfolgende, sondern gleichzeitig wirksame Aspekte der einen Wirklichkeit.
2. *Atman.* Abgeleitet von *an*, »hauchen«, »atmen«. Atman ist der Atem des Lebens. Die Bedeutung von Atman »erweiterte sich schrittweise und umfaßte schließlich das Leben, die Seele, das Selbst bzw. den Wesenskern des Individuums.«[10] Der Atman ist die »fundamentale Wirklichkeit, die den bewußten Kräften des Individuums zugrunde liegt, der innere Daseinsgrund der menschlichen Seele«. Er ist ein Prinzip, das alle Bedingtheiten und Grenzen der persönlichen Wahrnehmung transzendiert; er ist reines Selbst-Bewußtsein und höchste Freiheit.
3. *Brahman* als *Atman.* In den älteren Upanishaden ist Atman das Prinzip des individuellen Bewußtseins und Brahman der überpersönliche Grund des Kosmos,[11] aber die Unterschiede verwischen sich: am Ende ist Gott sowohl der transzendente, numinose Andere als auch der Grund des menschlichen Bewußtseins. Diese Gleichsetzung ist für das menschliche Leben von existentieller Bedeutung: »Brahman, die Urkraft des Universums, wird durch Atman, das innere Selbst des Menschen, erkannt.« Und weil die göttliche Erkenntnis über Identifikation erreicht wird, ist der Akt der Identifikation selbst eine Befreiung (*Moksha*), eine Entdeckung der Wahrheit, die zentrale Einsicht: »Das bist Du« (*Tat Tvam Asi*).
4. *Jivatman.* Das individuelle Selbst, das aus dem reinen und

freien Bewußtsein des Atman hervorgeht. Die Aufgabe des *Jivatman* ist, die reinste Form der Vollkommenheit zu erlangen, die dem Menschen innewohnt, »die Vergöttlichung des empirischen Ich«,[12] die Verwirklichung des Himmelreichs in uns. Nicht zufällig enthalten viele Yoga-Übungen Atemtechniken (*Prana*), die das Einswerden mit dem Ur-Atem anstreben, die Rückkehr zur Quelle, zu der eigenen und wahren Natur.

5. *Jnana*. Abgeleitet von *jna*, »wissen«. *Jnana* ist das Erlangen spiritueller Weisheit, die zur wahren Anschauung und zum Einswerden mit der höchsten Wirklichkeit führt. Die Meditationsübungen des Yoga suchen dieses höchste Wissen jenseits des alltäglichen Bewußtseins und seiner dualistischen Sinneswahrnehmung zu erfahren.

6. *Maya*. Gewöhnlich mit Illusion übersetzt. Der Schleier, durch den wir die Dinge als scheinbar getrennt wahrnehmen. *Maya* wird im Westen oft mißverstanden. *Maya* bedeutet nicht – Radhakrishnan hat immer wieder darauf hingewiesen –, daß die Erscheinungswelt und das empirische Ich eine Illusion sind.[13] Die Illusion besteht im Gegenteil darin, die Erscheinungswelt für die höchste Wirklichkeit zu halten. In diesem Sinne könnte man sagen, daß ein Materialist im *Maya* gefangen ist. Vor allem anderen steht in der indischen Metaphysik die Erfahrung der Einheit mit der höchsten Wirklichkeit; im Vergleich dazu ist alles weitere sekundär, relativ, kontingent. Die Einheitserfahrung ist der Definition nach nicht-dualistisch und transzendent; sie hebt den Unterschied zwischen dem Erkennenden und dem Erkannten auf: »alle Spuren von Trennung verschwinden; das Leben ist ein nahtloses Ganzes«.[14] Die höchste Wirklichkeit, die unmittelbar erlebt wird, ist einfach, nicht vielfach. Nur im mittelbaren Erleben, durch die Sinne, scheint sie aus vielen Wirklichkeiten zu bestehen. Es kommt hier auf die Art der Wahrnehmung an: wer auf das Eine schaut und trotzdem Verschiedenes erblickt, sieht die Reflektion seines eigenen Geistes. Auf dieser Erfahrungsebene wird das Getrennte als real erlebt; die Ebene wird jedoch überschritten, sobald der *Jivatman* aus dem Traum des Getrenntseins in die Wirklichkeit des Einsseins erwacht.

7. *Avidya*. Der Gegensatz von *vidya*, Weisheit oder Erkenntnis, also: Nichtwissen. *Avidya* ist eng mit dem Begriff *Maya* ver-

knüpft und wird oft äquivalent gebraucht, als Ausdruck für die Deformation des wahren Wissens. *Avidya* ist die Verbergung der höchsten Wirklichkeit, das Versagen, die wahre Natur der geschaffenen Welt und die Bedeutung des offenbarten *Jnana* zu erkennen. *Avidya* ist auch die Unkenntnis von den karmischen Konsequenzen der menschlichen Handlungen. Wenn die endliche Schöpfung, wie Radhakrishnan sagt, nur eine Selbstbeschränkung des unendlichen Schöpfers ist, dann halten sich begrenzte Geschöpfe in der Gegenwart des Schöpfers auf, ohne daß sie es merken.[15] Die Erscheinungswelt ist demnach »ein Übergang vom Ek-sistenten (wörtlich: Heraus-stehenden) zum Wirklichen«. »Unsere Endlichkeit ist die Bedingung unseres Gewahrseins. Unsere Zeitlichkeit gibt uns die Chance, das Ewige zu begreifen. Unsere Begrenztheit gibt uns den Raum und die Gelegenheit, das Unbegrenzte zu erblicken.«[16] Das Allgemeine wird durch das Besondere wahrgenommen, allerdings nur von denen, die Augen haben, zu sehen – die nicht von der *Avidya*, der metaphysischen Blindheit, geschlagen sind.

8. *Samsara*. Der endlose Prozeß des Werdens, das heraklitische Fließen, das Kommen und Gehen der vergänglichen Formen. Im Hinblick auf den Menschen steht der *Samsara* für die endlose und ununterbrochene Reihe der Inkarnationen, die sich solange fortsetzt, bis die *Moksha* erreicht ist.

9. *Dharma*. Ein Wort mit der Stammwurzel *dhri*, »unterstützen, hochhalten«. Auf der ontologischen Ebene ist *Dharma* das allem zugrundeliegende Prinzip der Ordnung und Verbundenheit, auf der moralischen Ebene die Verpflichtung zum Handeln, die sich aus der Erkenntnis dieser Allverbundenheit ergibt.[17] Als höchstes *Dharma* gilt *Ahimsa*, die Gewaltlosigkeit, eine universale Liebe für die ganze Schöpfung.

10. *Karma*. Was Karma ist, wird nun verständlich aus der Ordnung und Allverbundenheit des *Dharma*, das seinerseits aus der Einheit des *Atman-Brahman* hervorgeht. Das *Karma* wird als Gesetz beschrieben; als solches bestätigt es die moralische Ordnung des Universums. Die Interpretationen zum *Karma* reichen im Grad ihrer Differenziertheit von der einfachen Vorstellung, *Karma* sei das Ergebnis von Handlungen, bis zu subtilen Erklärungen, die im *Karma* ein Wechselspiel von Wille,

Begierde, Charakter, Absicht und Handlung erkennen. *Karma* ist eher ein organisches Prinzip, wirksam in einer Art moralischer Homöostase, die die ethische Energie ausgleicht und erhält, als eine mechanisch zurückschlagende Apparatur, obgleich auch dieses Bild eine begrenzte Berechtigung hat. Man kann die Homöostase, den selbstregulativen Prozeß, auch pädagogisch verstehen, denn er prägt dem Individuum ein, daß alle Menschen und überhaupt die ganze Schöpfung von Grund auf miteinander verbunden sind.

11. *Moksha*. Befreiung, Erlösung, Errettung, Erleuchtung; die über Weisheit (*Jnana*), Hingabe (*Bhakti*) und Werke (*Karma*) gewonnene Einheitserfahrung, bei der der *Jivatman* mit dem höchsten *Brahman-Atman* eins wird und sich über die Zwänge der *Samsara* (Begrenztheit und Wiedergeburt) und des *Karma* (Früchte des Handelns) hinweghebt; die *Moksha* löst auch die Scheuklappen von *Maya* und *Avidya* und führt zur Erkenntnis der inneren Vollkommenheit, die sich der gewöhnlichen Wahrnehmung entzieht.

Mit diesen wichtigsten Einteilungen und Definitionen sollte die innere Dynamik des hinduistischen Denkens etwas deutlicher geworden sein; er zeigt, wie eng die Verknüpfungen sind zwischen den verschiedenen Grundbegriffen und Variablen. Alles entsteht aus der göttlichen Einheit von *Atman* und *Brahman*; der *Jivatman* kann den *Brahman* erkennen, wenn er zur *Moksha* gelangt. *Jnana* und *Vidya* offenbaren das wahre Wissen von der Einheit; *Avidya* und *Maya* verlocken zu einem falschen Gefühl von Getrenntsein, wodurch die Menschen dem ewigen Kreislauf von *Karma* und *Samsara* unterworfen sind. *Moksha* ist die Entdeckung der innersten Wahrheit, die Einsicht, wie T. S. Eliot sagt, daß in meinem Anfang mein Ende ist und in meinem Ende mein Anfang. Wenn wir die Erfahrung des Lebens hinter uns haben, heißt es bei Eliot, und seinen Sinn verfehlen,

> wird unser ganzes Forschen damit enden,
> dort anzukommen, wo wir einst begannen,
> und erstmals diesen Ort zu kennen.[18]

Die Upanishaden

»Upa-ni-sad« wird gewöhnlich übersetzt mit: »Sich-in-der-Nähe-Niedersetzen« (bei einem Lehrer). Nach einer anderen Herleitung, die von dem indischen Philosophen Sankara stammt, ist »upanishad« jenes Erkennen, das Unwissen auflöst oder zerstört.[19] Zu den Upanishaden gehören achtzehn größere Texte, von denen acht bis ins 7. oder 8. Jahrhundert v. Chr., also in vorbuddhistische Zeit, zurückreichen. Sie gehören zur Offenbarungsliteratur, d. h., sie enthalten Einsichten, die der normalen Sinneswahrnehmung, dem logischen Denken und Reflektieren unzugänglich sind: Sprüche von Weisen, die »aus der Fülle ihrer erleuchteten Erfahrung«[20] und aus unmittelbarer Anschauung sprechen.

Die Upanishaden sprechen erstmalig aus, daß sich *Karma* und *Samsara* in der *Moksha* auflösen können, in die Freiheit von der Unterwerfung unter die Zeit und den sie begleitenden karmischen Bindungen.[21] In der *Moksha* ist die höchste metaphysische Wirklichkeit und damit das Ziel der Ethik erreicht. Doch nur der kann zu universaler Liebe finden, der sich von dem Verlangen irdischer Dinge befreit hat: »Der Mensch, der ohne Begehren ist [...], dessen (einziges) Begehren dem Atman gilt, den verläßt das Leben nicht. Da er Brahman ist, geht er zu Brahman ein.«[22] Sobald das Wünschen und Wollen ganz auf Brahman gerichtet ist, tritt das Affinitätsgesetz in Kraft und ganz natürlich zieht es die Seele zu Brahman.

Für die Seele, die noch an das *Samsara*-Rad gebunden ist, gilt das Gesetz des Karma: »Man wird gut durch gute Werke und schlecht durch schlechte Werke.«[23] Dieser Grundsatz wird an späterer Stelle der Brihadaranyaka Upanishaden genauer ausgeführt:

> So wie einer handelt, so wie er sich benimmt, so wird er. Wer Gutes tut, wird gut, wer Böses tut, böse. Man wird tugendhaft durch tugendhafte Werke, böse durch böse Werke. Andere sagen jedoch: Der Mensch besteht aus Begehren. So wie sein Begehren ist, ist seine Absicht, so wie seine Absicht ist, handelt er. So wie er handelt, so wird er.

Darüber ist dieser Vers:
Woran er mit seinem Tun hängt,
daran hängt auch sein Herz
und dorthin strebt sein Feinkörper.
Wenn er das Ende aller Werke erreicht hat,
die er hier auf Erden getan hat,
kehrt er aus jener Welt wieder
in diese Welt der Werke zurück.[24]

Wer ein gutes Leben geführt hat, wird in der obersten Kaste der Brahmanen wiedergeboren;[25] den Bösen droht eine Wiedergeburt als Schwein oder Hund. Die Idee der Seelenwanderung schließt also die Möglichkeit, als Tier wiedergeboren zu werden, ein und damit all die Probleme, die mit dem erneuten Aufstieg zu einer menschlichen Geburt verbunden sind. Der Text spricht unmißverständlich aus, wie die Upanishaden die Lehre vom Karma verstehen. Zunächst wird nur untersucht, welche Handlungen welche Resultate zeigen; später geht man über zu einem mehr psychologischen Konzept, das das Handeln mit den Bedürfnissen und Absichten und der persönlichen Entwicklung in Zusammenhang bringt. Wenn es im letzten Vers heißt, die Seele müsse »in jener Welt« erst das Ende aller Werke erreicht haben, bevor sie »in dieser Welt« neu beginnen könne, weist das auf eine Spannung zwischen verschiedenen Auffassungen innerhalb der Karmalehre. In den Upanishaden hält sich noch die alte wedische Vorstellung, die eine Belohnung und Bestrafung nach dem Tode vorsieht, neben der neuen Lehre, nach der das Karma von Inkarnation zu Inkarnation weitergegeben wird – die Taten schlagen damit doppelt zu Buche. »Es war schon oft eine Menge Scharfsinn erforderlich«, kommentiert McKenzie, »um über diese Schwierigkeit hinwegzukommen.«[26]

Doch haben solche Hindernisse die Karmalehre nicht daran hindern können, sich im indischen Denken über 2700 Jahre hinweg einen festen und einflußreichen Platz zu sichern.

Die Bhagavad Gita

Die *Bhagavad Gita*, der »Gesang des Erhabenen«, läßt sich bis ins 5. Jahrhundert vor Christus zurückverfolgen. Nach Ansicht Radhakrishnans ist sie »mehr ein klassisches religiöses Werk als eine philosophische Abhandlung«;[27] für Sharma dagegen ist sie »die Quintessenz der hinduistischen Kultur, die Summe und das Wesen der indischen Philosophie, der theoretischen wie der praktischen, der Metaphysik und Ethik, der Religion, der Mystik und des Brauchtums«.[28] Ausgangspunkt der *Gita* ist der Konflikt zwischen Handeln und Nichthandeln. Der Kriegsheld Arjuna steht in Erwartung einer Schlacht, bei der er – wie er befürchtet – seine Verwandten töten wird, die auf der anderen Seite kämpfen, und damit sein Karma schwer belasten könnte. »Sein Herz war von Kummer erfüllt« (I, 46). Krishna aber hält ihm vor, sich in der Stunde der Bewährung dem Leben zu verweigern; das Schlachtfeld sei auch ein moralischer Kampfplatz, auf dem Mut und Entschlossenheit gefordert seien. »Unzerstörbar« sagt Krishna, »ist der Geist, der mit seiner Schöpfung verwoben ist. Niemand kann ihn zunichte machen, denn er ist unvergänglich« (II, 17). Und weiter: »Wenn jemand denkt, er töte, und wenn ein anderer denkt, er werde getötet, so kennen beide nicht die Wege der Wahrheit. Das Ewige im Menschen kann nicht töten; das Ewige im Menschen kann nicht sterben« (II, 19). »Wie jemand ein altes Gewand ablegt und sich ein neues anzieht, so verläßt der Geist seinen sterblichen Körper und zieht sich einen neuen an« (II, 22).[29] Krishna unterscheidet also zwischen dem vergänglichen Körper und der unsterblichen ewigen Seele. Er macht Arjuna indirekt den Vorwurf, auf das Vergängliche fixiert und von ihm bestimmt, das heißt von Maya und Avidya geblendet zu sein. Dieser Gedanke führt auf die berühmte Lehre von der Entsagung, die nicht das Tun selbst betrifft, wohl aber ihre Ziele. Sie wird in vielen Textstellen der *Gita* immer wieder formuliert:

> Kümmere dich um deine Arbeit, nicht um ihre Belohnung. Arbeite nicht der Früchte wegen, aber laß auch nicht ab von deinem Tun. (II, 47)

> Groß ist der Mann, der auf dem Wege des Handelns vorangeht und dabei frei ist von allen Bindungen und seine geistigen Kräfte im Gleichgewicht hält. (III, 7)
>
> Er ist erlöst: er ist frei von allen Verhaftungen, sein Geist hat in der Weisheit seinen Frieden gefunden, und er vollbringt sein Werk als heiliges Opfer. Das Tun eines solchen Mannes ist rein. (IV, 23)
>
> Der Verzicht auf das Werk und das uneigennützige Tun: beide Wege führen zum Höchsten. Doch besser als das Werk zu lassen ist, das heilige Werk zu tun. (V, 2)
>
> Dieser Mann der Eintracht läßt den Lohn seiner Arbeit fahren und findet endgültigen Frieden; der Mann der Zwietracht, von Begierden getrieben, hängt an der Belohnung und bleibt deshalb gebunden. (V, 12)
>
> Hier nun, Arjuna, was ich über die Loslösung vom Werk zu sagen weiß; die Entsagung, oh Bester aller Männer, gibt es in drei Arten.
>
> Werke des Opferns, des Schenkens und des Insichgehens sind nicht aufzugeben, sondern durchzuführen; denn dies sind Werke der Läuterung.
>
> Doch selbst diese Werke, Arjuna, sollen in freier Hingabe und ohne Erwartung einer Belohnung verrichtet werden. Dies ist mein letztes Wort. (XVIII, 4-6)

Diese Auszüge haben eine gemeinsame Botschaft: es ist nicht das Karma, das Werk selbst, das den Menschen bindet, vielmehr sein Anhängen an den Früchten des Tuns. Nicht den Taten wird entsagt, sondern dem, was sie an Ergebnissen versprechen. Das selbstlose, im Geist der Liebe praktizierte *Karma Yoga* ergänzt das eher zu Passivität neigende *Jnana Yoga*. Die Neufassung der Karmalehre bedeutet eine weitreichende Verfeinerung.[30] Alle Handlungen und ihre Früchte sind Gott geweiht. Damit ist eine Ebene der Motivation erreicht, die über eine bloß formale Gesetzestreue hinausgeht; die höhere Motivation ist die der symbolischen Opferung: das individuelle Tun und die persönliche Identität gehen im kosmischen Geschehen auf. Nicht ich, sagt Paulus, sondern Christus in mir: gefordert ist die vollständige Ausrichtung und Einstimmung des menschlichen Willens auf den göttlichen. Der starre Fatalismus früherer Karmavorstellungen ist damit überwunden, das Verhältnis von *Karma Yoga* und *Jnana Yoga* neu bestimmt, wodurch das *Karma Yoga* eine neue mystische Tiefe gewinnt.

Vom *Karma Marga*, dem Weg der Tat, kann der eifrige Schüler nun noch weitergehen zum *Bhakti Marga*, dem Pfad der Liebe. *Bhakti*, abgeleitet von *bhag* (»anbeten«), meint »eine Zuneigung, die sich ganz auf den *Bhagavad*, den Anbetungswürdigen, richtet.«[31] Er ist der höchste Schöpfergott, der sich von Zeit zu Zeit als ein *Avatar* (wörtlich: »Herabsteiger«) inkarniert, um die Menschheit zu erlösen. Die individuelle Seele gilt als eine Emanation des Erhabenen; sie hat eine unabhängige, bewußte Existenz, ist unzerstörbar und doch solange an das Rad des *Samsara* gebunden, bis sie durch *Bhakti* erlöst wird. Für S. G. F. Brandon ist *Bhakti* das tiefe persönliche Vertrauen in die Barmherzigkeit des Erhabenen, vergleichbar dem paulinischen Glauben an Christus. Doch weicht die christliche Lehre von den Anschauungen der Upanishaden vor allem in einem Punkt ab: sie postuliert einen persönlichen Gott der Liebe und Barmherzigkeit, zu dem der Gläubige, der ihm hingebungsvoll dient, in Beziehung treten kann. Der Höchste ist kein Abstraktum, er hat »eine konkrete, individuelle Existenz« und ermöglicht damit eine liebende Gemeinschaft. Die folgenden Verse aus der *Gita* führen aus, wie die *Bhakti*-Haltung zu verstehen ist und wie sie sich zur wahren Erkenntnis (*Jnana*) verhält:

> Wenn man Ewigkeit in den Dingen sieht, die vergehen, und das Unbegrenzte im Begrenzten, dann hat man reine Erkenntnis.
>
> Doch wenn man nur die Verschiedenheit der Dinge sieht, ihre Unterteilungen und Grenzen, dann hat man unreine Erkenntnis. (XVIII, 20-21)

> Der Yogi, der die Sünde abgelegt hat und seine Seele mit Gott in Einklang bringt, fühlt die Freuden der Ewigkeit.
>
> Er sieht sich selbst im Herzen aller Dinge, und er sieht alle Dinge in seinem Herzen. Dies ist die Sicht des Yogi, der im Einklang lebt; er sieht immer und überall dasselbe.
>
> Und wenn er mich in allem sieht und in mir alles sieht, dann verlasse ich ihn nie, und nie verläßt er mich. Wer in der Einheit der

> Liebe ist, liebt mich in allem, was er sieht. Wo immer er lebt, in Wahrheit lebt er in mir.
>
> Und er ist der größte Yogi, wenn seine Sicht immer dieselbe ist: wenn die Freuden und Schmerzen der anderen seine eigenen Freuden und Schmerzen sind. (VI, 29-32)

Diese Texte lassen sich in drei Punkten zusammenfassen:

1. Eine Wahrnehmung, die in den vergänglichen, begrenzten und unterschiedenen Lebensformen das Ewige, Unbegrenzte und Eine sieht, ist eigentliche Wahr-nehmung.
2. Wer in allem eins sieht, wird eins mit Gott; er erkennt alle Lebensformen als Erscheinungsweisen des Göttlichen, die es wert sind, geliebt zu werden.
3. Das Einheitsbewußtsein läßt zwischen dem Yogi und seinen Mitmenschen automatisch empathische Resonanz entstehen: er erlebt die Gefühle der anderen als seine eigenen.

Diesem Schema liegt dasselbe metaphysische Konzept von Gegenseitigkeit zugrunde wie dem christlichen Gleichnis vom Weltgericht, in dem der Herr die Schafe von den Böcken scheidet (Matth. 25, 31-46). Die Schafe stehen dabei für die, die Christus in allen Menschen erkennen und bereit sind, den Notleidenden zu helfen. Die *Gita* zählt, anders als das Evangelium, keine konkreten Taten auf, und doch macht der Text an späterer Stelle unmißverständlich klar, daß das Wissen um die metaphysische Einheit ethische Konsequenzen hat: »Wenn jemand erkennt, daß der Gott in ihm derselbe Gott ist, der in allem ist, verletzt er sich nicht selbst, indem er andere verletzt: so geht er den höchsten Weg« (XIII, 28). Genau diesen Zusammenhang erfahren die Sterbenden in der Lebensrevision: ein früheres Geschehen kommt so zurück, wie es die anderen erlebt haben. Zur Einheit des Seins gehört empathische Resonanz, und zu empathischer Resonanz die Einheit des Seins.

Bhakti Marga, der Weg der Liebe, erweist sich als noch wesentlicher als *Karma Marga*, der Weg der Tat, doch kommt die Liebe erst in hingebungsvollem, selbstlosem Tun richtig zum Ausdruck. Mit anderen Worten: die Liebe steht über dem Handeln, ähnlich wie bei Paulus der Glaube über dem Werk steht; für Paulus liegt es in der Natur des Glaubens, daß er in liebenden Werken Früchte trägt. »Nur durch Liebe«, sagt Krishna, »können die Menschen mich sehen, mich erkennen und zu mir kommen. Wer für mich arbeitet, wer mich liebt, wer mich als höchstes Ziel ansieht, ohne an den Dingen zu hängen, und wer die ganze Schöpfung liebt, der gelangt wahrhaftig zu mir.« (XI, 54). Es ist dasselbe Prinzip der Liebe, das wir im *Jnana* der Upanishaden gefunden haben: »Da er Brahman ist, geht er zu Brahman ein« – nach den Gesetzen der Affinität, der Anziehung und der Vereinigung. Der *Bhakti Yogi* hält seine Seelenkräfte im Gleichgewicht, er hat eine liebende Gesinnung, die gegenüber allem gleich ist, und findet in dem Guten, das allen Wesen gemein ist, seine Freude. In der *Gita* ist die Moralordnung in der metaphysischen Ordnung verwurzelt und diese wiederum in der göttlichen Ordnung; die *Bhakti*-Ethik spiegelt die Natur Gottes wider; ihre geistigen Werte stammen aus der Einheit mit ihm, das heißt aus der Erfahrung von Frieden, Liebe, Licht, Weisheit und Freude.

Der Buddhismus: das Dhammapada

Im Rahmen dieser Untersuchung ist es nicht möglich, den vielfältigen Entwicklungslinien der buddhistischen Schulen gerecht zu werden. Ich beschränke mich deshalb auf die Lehren des Buddha selbst und im besonderen auf das, was er über Karma, Samsara und Nirvana ausführt. Wie viele vor ihm hielt auch Buddha das irdische Leben für einen nicht wünschenswerten Zustand: er fesselt das Individuum an ein anhaltendes Verlangen (*Tanha*), das unvermeidlich zum Leiden (*Dukkha*) führt. Die wahrscheinlich leitende Einsicht Buddhas war die, daß alle Erscheinungen der Welt unbeständig sind. Mit der Lehre vom Nicht-Selbst (*Anatta*) übertrug er die Unbeständigkeit auch auf das persönliche Selbst. Was wir für das Selbst halten, erklärte er, ist in Wirklichkeit nur eine Zusammensetzung von *Skandhas*, verschiedenen Daseinsfaktoren. Diese Substanzlosigkeit des Selbst steht im Gegensatz zu dem, was die Upanishaden lehren, die mit dem Atman eine unvergängliche Urkraft im menschlichen Bewußtsein postulieren. Während die Lehre vom Atman die Beständigkeit des Seins betont, liegt der Akzent der *Anatta*-Lehre auf der dauernden Veränderung. Diese gegensätzliche Tendenz hat sich auch in unterschiedlichen Meditationstechniken niedergeschlagen.[32]

Nach der Interpretation von Ninian Smart versteht der Buddha das Karma als eine psychische Kraft, die aus Haltungen und Begierden entsteht.[33] Er vergleicht die wiedergeborene Seele mit einer Flamme, die weiterbrennt; solange das Feuer des falschen Verhaltens und der schlechten Begierden noch brennt, entzündet ein Licht ein anderes. Wenn die Flamme verlöscht, ist das Nirvana erreicht. Es ist also das Karma, das wandert, nicht das Selbst und seine Skandhas, die sich einfach auflösen: »Das Karma eines vorübergehenden Aggregates, Individuum genannt, gehen über auf ein anderes vorübergehendes Aggregat, das nicht dasselbe Individuum ist.«[34] Wenn also eher das Karma als die Seele weiterwandert, dann sollte das, sagt Bhattacharya, unser Verantwortungsgefühl vergrößern, denn wir sehen ja, »daß wir durch unser Tun den Grundstein für das Glück oder Unglück eines anderen Menschen legen«.[35] Andererseits können skrupellose Menschen erleichtert aufatmen, wenn es tatsächlich stimmt, daß ihre Schuld einem anderen aufgebürdet wird; und genau das ist die Kritik brahmanischer Philosophen an der Lehre Buddhas. Sie sehen in ihr eine doppelte Ungerechtigkeit: nicht nur daß ein Täter seiner Verantwortung für das entgeht, was er gesät hat, noch dazu muß ein anderer die Konsequenzen erleiden! So entsteht eine heftige Kontroverse über die Frage, was sich eigentlich reinkarniert. Der Buddha hat vor allem die Diskontinuität, die Polarität der Existenzen, zur Sprache gebracht; die Upanishaden haben mehr die Kontinuität betont.

Doch ist die Lehre vom *Anatta* im Hinblick auf die Wiedergeburt ambivalent. Eliade erinnert daran, daß Buddha auf die Frage, ob das Atman existiere oder nicht, eine klare Antwort verweigert habe; er stand in einem Dilemma und wollte seine Schüler weder in die »Häresie der Dauer« noch in die »Häresie von der Vernichtung durch den Tod« verstricken. Ihm selbst sagt man nach, er habe sich an verschiedene Vorleben erinnern können, was immerhin auf eine gewisse Kontinuität hinweist. Die völlige Leugnung des Atman, des Selbst, ergäbe die paradoxe Situation eines Leidens, das keiner erleidet, Taten, die keiner begeht. Am Ende kann man dann nur noch feststellen, daß der, der die Früchte erntet, zwar nicht der ist, der sie gesät hat, aber er ist auch »kein anderer«.[36]

Eknath Easwaran versucht mit Hilfe verschiedener Vergleiche eine Lösung zu finden, die aus diesem existentiellen Dilemma herausführen könnte. Er vergleicht das buddhistische Universum mit einem grenzenlosen Ozean: ein Stein, den man dort hineinwirft, verursacht kleine Wellen unter Milliarden anderer Wellen. Wenn wir uns dazu entscheiden, unseren Ich-Bedürfnissen nachzugehen, leisten wir damit unseren Beitrag zum »Meer des egoistischen Verhaltens, in dem wir immer auch leben«; und die Konsequenzen des Steinwurfs kommen garantiert auf uns zurück.[37] Das Karma, das im Geist verwahrt wird, ist das, was eine Person ausmacht: es »ist die Anhäufung von allem, was wir getan, gesagt und gedacht haben«. Mit diesem Gedanken beginnt das *Dhammapada* (der Weg der Pflicht). In der Übersetzung von Easwaran lautet der erste Vers: »Unser Leben ist durch den Geist geformt; wird werden, was wir denken. Ein böser Gedanke zieht Leiden nach sich, so wie ein Ochse die Räder des Karrens zieht; [...] einem reinen Gedanken folgt die Freude wie ein Schatten, der einen nie verläßt.« Radhakrishnan übersetzt diese Stelle so: »Unsere geistige Natur ist das Ergebnis von dem, was wir gedacht haben; wir werden von unseren Gedanken geführt, werden von unseren Gedanken gemacht.«[38] Und bei Mascaró heißt es: »Was wir heute sind, kommt aus den Gedanken von gestern, und unsere jetzigen Gedanken errichten unser Leben von morgen; unser Leben ist die Schöpfung unseres Geistes.«[39] Easwarans Übersetzung ist die eleganteste, aber sie wird durch die anderen Übertragungen erst richtig verständlich. Der entscheidende Punkt ist, daß geistige Handlungen als Handlungen angesehen werden und deshalb so bedeutsam sind – ein Gedanke, der von Übersetzern wie Jaines, die einen mehr literarischen Zugang zu dem Text haben, bestritten wird. Doch kommen wir zu Easwarans Überlegungen zum Wesen der Persönlichkeit zurück. In Analogie zur modernen Physik vergleicht

Easwaran die menschliche Persönlichkeit mit einem Kraftfeld, über das man sinnvolle Aussagen machen kann, ohne es von den übrigen Lebensformen zu trennen. Doch kommt auch Easwaran nicht umhin, von einem »Ich-Bewußtsein« bzw. Selbst zu sprechen; insofern das Selbst die Summe unserer frühen Taten und Begierden ist, wählen wir – wenn auch unbewußt – die Umstände unserer Wiedergeburt selbst aus.[40] Dazu benutzt er das Bild einer Eichel, die Keime schlägt und zu einer großen Eiche heranwächst: sie hat ihre Wesensmerkmale teilweise von ihren Eltern geerbt, alles übrige gewinnt sie aus der unmittelbaren Umgebung, in der sie aufwächst. Man kann darüber streiten, ob zwischen einer Flamme, die weiterbrennt, und einer Eichel, die aus dem Boden wächst, wirkliche Parallelen bestehen. Das Bild der Eichel paßt in die Reihe der organischen Metaphern des ausgehenden 20. Jahrhunderts, aber nicht zum Bild des Feuers. Der Tod der Eichel ist die Geburt des Baumes; was aber geschieht, wenn ein Feuer erlischt?

Trotz solcher philosophischen Dispute und Spitzfindigkeiten steht die tiefe Moralität des buddhistischen Universums nicht in Frage, um so mehr als in den Mahayana-Schulen mit der Lehre vom Bodhisattva eine große Ethik des Mitgefühls entsteht. Bestimmende Theorien bleiben die Unbeständigkeit des Seins und die Substanzlosigkeit des Selbst; innerhalb einer Lehre, die das Karma psychologisch versteht, kommt den Gedanken und Begierden eine Schlüsselrolle zu.

Platonische Philosophie

In den Zusammenhang der Karmalehre gehören auch wichtige Bereiche der Philosophie Platons, die auf das abendländische Denken nicht ohne Einfluß blieben. Die Eschatologie des Christentums hat Platons Vorstellung einer unsterblichen Seele übernommen, allerdings ohne die damit verbundene Lehre der Seelenwanderung (metempsychosis). Nach der orphischen und pythagoreischen Überlieferung ist die Seele göttlich und unsterblich; im Durchlauf durch eine Reihe von Inkarnationen unterzieht sie sich solange der Reinigung, bis sie Erlösung findet.

Platon hielt die Tugendhaftigkeit, das Gutsein, für etwas, das sich selbst genügt; zumindest ein Philosoph sollte sein Verhalten nicht danach ausrichten, welchen äußeren Lohn es einbringt.

Wie fremd die Philosophie Platons dem ist, was die meisten Griechen vor ihm geglaubt und gedacht haben, macht Radhakrishnan deutlich, der indische Einflüsse vermutet: »Die wesenhafte Einheit des menschlichen und des göttlichen Geistes, die Unsterblichkeit der menschlichen Seele, die Flucht aus dem ruhelosen Umtrieb der beschwerlichen Wanderung, die Scheingestalt der Welt, die Verachtung des Körpers, die Unterscheidung zwischen Erkenntnis und Vermutung widersprechen jeder einzelnen Vorstellung der griechischen Volksreligion.«[41]

Übersetzen wir Platon in die Sprache des Sanskrit, finden wir bei ihm die Lehre vom *Atman*, nach der die menschliche Seele mit der göttlichen identisch ist, die Befreiung aus dem Kreislauf der *Samsara*, die Auffassung der Welt als *Maya* und die Unterscheidung zwischen *Jnana/Vidya* und *Avidya*. Die Seele mußte ihre Wanderung fortsetzen, wenn sie ihre wahre Natur nicht erkannte und nach Materiellem strebte;[42] ihre Täuschung, *Maya*, bestand darin, die Sinnenwelt für die höchste zu halten, ihr Unwissen, *Avidya*, darin, ihr eigenes Wesen nicht zu erkennen.

In zwei berühmten Gleichnissen aus der *Politeia*, dem Linien- und dem Höhlengleichnis, trifft Platon eine genauere Unterscheidung zwischen Wissen und Meinen. Er unterscheidet zwischen einer allgemeinen Gerechtigkeit und der Gerechtigkeit des Philosophen. Diese ergibt sich aus der unmittelbaren persönlichen Anschauung der Idee des Guten, der Quelle der Wirklichkeit und Wahrheit; dagegen beruht die allgemeine Gerechtigkeit darauf, daß man die überlieferten Gebräuche ehrt und befolgt. Den Unterschied zwischen dem Wissen aus eigener Erfahrung und der Meinung aus zweiter Hand illustriert Platon zunächst an einer in zwei ungleiche Hälften geteilten Linie. Diese Unterscheidung führt er dann mit dem Höhlengleichnis weiter aus. Die meisten Menschen, sagt Platon, sind Gefangene in einer Höhle, unfähig, ihre Köpfe zu drehen; ihr einziges Vergnügen besteht darin, den Schatten nachzuschauen, die von einem Feuer hinter ihrem Rücken an die vor ihnen befindliche Wand geworfen werden. Ab und zu jedoch gelingt es einem Gefangenen, sich aus dieser beschränkten Sicht der Dinge zu befreien und ins helle Tageslicht zu entkommen, in einer höheren Form der Wirklichkeit, die die Höhlenperspektive buchstäblich in ein neues Licht stellt. Ein unerschrockener Höhlenbewohner, der sich aus dem Dunkel herausgewagt hat, wird in den Schatten *Mayas* nicht mehr die ganze Wahrheit erkennen. Er kehrt in der Überzeugung zurück, »dem Seienden näher« gewesen zu sein und »richtiger« gesehen zu haben.[43]

In der *Bhagavad Gita* erscheint Krishna dem Arjuna in seiner göttlichen Gewalt, »glänzender als tausend Sonnen«; im Sterbeerlebnis gibt es ein unglaublich helles Licht, »das den Augen nicht weh tut«; und bei Platon ist die Sonne das Bild für die Idee des Guten. Wer das Eine kennengelernt hat, begreift das Viele als etwas, das einer weniger wirklichen Welt angehört, relativ ist und vorübergehend. Unverstand (*amathia*) ist, sagt Platon im *Protagoras*, »falsche Meinungen zu haben und sich zu täuschen über wichtige Dinge«.[44] Weil »niemand aus freier Wahl dem Bösen nachgeht, oder dem, was er für böse hält«, werden schlechte Taten aus Unwissenheit begangen, aus fehlender Einsicht in die höheren Dinge. Niemand, so die Schlußfolgerung Platons, handelt freiwillig schlecht; wenn er etwas Böses tut, handelt er aus Unkenntnis gegenüber dem Metaphysischen, das heißt: ihm fehlt die unmittelbare Erfahrung der Idee des Guten. Einem modernen Leser mag eine solche Behauptung merkwürdig naiv vorkommen; der Schlüssel zu ihrem Verständnis liegt in Platons Unterscheidung zwischen Wissen und Meinen. Wissen ist für ihn mehr als die bloße intellektuelle Zustimmung des Verstandes, die sich in einer Willensentscheidung niederschlagen kann und dann vielleicht auch noch in einer bestimmten Handlung; wer wirklich weiß, wer das Gute unmittelbar erfaßt, kann gar nicht anders als richtig wahrzunehmen und tugendhaft zu handeln. Eine Seele, die einmal »etwas erblickt hat von dem Wahrhaften«, wird weniger »von Vergessenheit und Trägheit« niedergedrückt; unter denen, die zur Erde kommen, wird die, die »am meisten geschaut« hat, »ein Freund der Weisheit und des Schönen«; sie wird alles daran legen, ihre blaß gewordene Erinnerung wieder lebendig werden zu lassen.[45]

Das Wissen um die Idee des Guten verbindet die metaphysische Ordnung mit der moralischen. Die Vorstellung, daß die Seele den körperlichen Tod überlebt, hat ebenfalls moralische Implikationen. Denn wäre der Tod »eine Erledigung von allem«, gäbe die metaphysische Ordnung keine tragfähige Basis ab für die moralische Ordnung des irdischen Lebens. Wenn aber, wie Sokrates überzeugt ist, die Seele weiterlebt, wäre es zu unserem Verderben, würden wir sie vernachlässigen. Die einzige Chance, dem Bösen zu entgehen und sich vor ihm zu schützen, besteht also darin, möglichst »gut und vernünftig« zu werden; denn das einzige, was die Seele in die andere Welt hinübernehmen kann, ist ihre Erziehung und ihre Lebensweise.[46] Nach dem Tode, vermutet Platon, werden die Seelen ihren Verdiensten gemäß belohnt oder bestraft. Sind ihre Vergehen »heilbar«, werden sie für ein Jahr in den Tartarus geworfen. Die unheilbaren Fälle aber steigen nie wieder heraus.[47]

In seinem letzten Dialog, den *Gesetzen*, tritt Platon den Versuch an, die Gerechtigkeit der Götter zu beweisen. Gegenüber einem »Jüngling«, der die moralische Beschaffenheit des Weltganzen bezweifelt, betont er, daß »alle Dinge so angeordnet sind, wie es zur Erhaltung und Vollkommenheit des Ganzen erforderlich ist«, so daß nach dem Gesetz der Verwandtschaft »wer schlechter wird, zu den schlechteren, wer sich bessert aber zu den besseren Seelen hinwandert«. Diesem »Rechtsbrauch« der Götter kann niemand entkommen: »Du wirst die gebührende Strafe erleiden müssen, welche der Himmel dir auferlegt«. Das himmlische Gesetz korrigiert die offenkundigen Ungerechtigkeiten von bösen und gottlosen Menschen, »die sich in den Besitz widerrechtlichen Gewinnes gesetzt haben«.[48] Der Jüngling wird ermahnt, nicht auf Äußerlichkeiten zu vertrauen, die vor dem Gesetz des Karma nicht zählen. Dies ist ein Argument der unteren Moralstufe; es appelliert an den Eigennutz. Für den Philosophen auf der anderen Seite des Spektrums gilt eine höhere Moral: er ist tugendhaft um der Tugend willen, aus Liebe zum Guten. Das pragmatische Argument taucht später in der Philosophie Kants wieder auf, der die Unsterblichkeit der Seele als notwendige Bedingung für ein moralisches Universum ansieht.[49]

Es wäre aussichtslos, in diesem Kapitel die Einflüsse nachzeichnen zu wollen, die die Philosophie Platons auf die Moralgeschichte des abendländischen Denkens genommen hat. Ich beschränke mich deshalb auf eine kurze Darstellung des bedeutendsten Neuplatonikers, Plotin, der seinerseits Porphyrios, Jamblicos und Proklos Diadoches beeinflußt hat; in der italienischen Renaissance kam es dann zur großen Wiederentdeckung Platons, und es folgten die Cambridger Platoniker des 17. Jahrhunderts. Im 20. Jahrhundert wurde ein anderer Philosoph aus Cambridge, McTaggart, zu einem der eifrigsten Verfechter der Reinkarnationslehre. W. R. Inge hat in seinen Gifford-Vorlesungen einen Großteil der Geschichte des Platonismus nachgezeichnet; die beiden Bände sind Plotin gewidmet.[50]

Nach Ansicht Inges sind die Grundzüge der plotinischen Metaphysik indisch: »Einheit ist der Ursprung und die höchste Eigenschaft des wahren Seins, Getrenntsein ein Zeichen von Unvollkommenheit und Wirklichkeitsverlust.«[51] Die Seele hat zwei Aspekte, einen höheren, der sündenlos ist, und einen niedrigeren, der sündigen und der bestraft werden kann; dieser ist nur ein »Abbild der Seele«. Nach dem Tod geht die untere Seele dorthin, wo ihre Wünsche sie hinziehen. Ist sie von der höheren Seele erleuchtet, begleitet sie diese in die Freiheit, zu den heiligen Gefilden. Wenn nicht, reinkarniert sich die niedrigere Seele auf einem ihr angemessenen Seinsniveau, als Mensch, Tier oder Pflanze. Die Umstände der Wiedergeburt sind nach dem Prinzip der »*adrasteia*« (in der griechischen Mythologie: die »Unentrinnbare«) bis ins kleinste geregelt; dabei ist nichts dem Zufall überlassen, alles beruht auf Gesetzmäßigkeit, Fehler sind ausgeschlossen: »Doch man glaube doch ja nicht, es sei jemand zufällig ein Sklave, er gerate zufällig in Gefangenschaft oder erleide grundlos Unbill an seinem Leibe; er hat vielmehr das einst getan, was er jetzt leidet; wer seine Mutter getötet hat, wird in seinem späteren Leben selbst ein Weib und wird von seinem Sohne getötet werden, und wer einem Weib Gewalt angetan hat, wird ein Weib, um selbst ein Opfer der Gewalt zu werden.«[52] Dieses starre Vergeltungsdenken ist eine eindringliche Aufforderung, die Gegenwart zu akzeptieren; seine Schreckensbilder dienen als Mahnung für die Zukunft. Es gibt keine mildernde *Bhakti*-Barmherzigkeit, kein *Karma Yoga* selbstloser Hingabe. Plotin beharrt auf Bestrafung; ein Grund dafür ist seine Überzeugung, daß das Gute getan werden soll, weil es gut ist, und nicht im Hinblick auf eine Belohnung.

Lehren aus dem »Jenseits«

Nahezu alle »gechannelten«, aus einer angeblich postmortalen Welt stammenden Botschaften, die seit der Mitte des 19. Jahrhunderts veröffentlicht worden sind, enthalten theoretische Überlegungen zum Thema Karma und Reinkarnation. Die Theorien berufen sich meistens auf die kosmische Gerechtigkeit, auf die Möglichkeit, geschehenes Unrecht wiedergutzumachen, und auf die kontinuierliche moralische Weiterentwicklung in der Schule der Erfahrung, genannt Erde. Wir werden uns hier auf einige Themen konzentrieren, die immer wiederkehren: wir fragen nach psychologischen Grundmustern, die die verschiedenen Inkarnationen miteinander verbinden, betrachten die Lebensvorschau im Vergleich zum Lebensrückblick, beschäftigen uns mit sogenannten »Gruppenseelen«, mit persönlichen karmischen Beziehungen und mit ein paar kniffligen metaphysischen Problemen, zum Beispiel zur Frage des Ursprungs von geistigen und körperlichen Krankheiten.

»T. E. Lawrence« stößt beim Nachdenken über seine irdischen Erfahrungen auf das Gesetz des Karma, das sich im Kreislauf der Inkarnationen, in den Zyklen des Wachstums, manifestiert. Die Zeit nach dem Tod ist für ihn eine Phase des Großreinemachens nach der eigentlichen Arbeit, die auf der Erde getan werden muß, »da es ganz so aussieht, als präsentiere jedes nachfolgende Dasein gleichartige Problemstellungen und böte gleichzeitig neue Gelegenheiten zu ihrer Bewältigung an«.[53] Der einzelne Mensch, sagt »Lawrence«, entwickelt bestimmte Tendenzen, die früher oder später als typische Verhaltensmuster in Erscheinung treten. Solche Muster zeigen sich darin, daß in vergleichbaren Krisensituationen immer wieder dieselben »eingebauten« Reaktionen ausgelöst werden, es sei denn, es gelingt, die Schwachstelle, den blinden Fleck, zu erkennen und zu überwinden. Dieser Gedanke wird noch erweitert und erklärt dann alle Wiederholungen früher Lebensmuster, zum Beispiel auch den Nachvollzug der menschlichen Evolution in der Embryogenese. »Lawrence« berichtet von einem Mann, der immer wieder, schon in jugendlichem Alter, auf dem Schlachtfeld getötet wurde; weil er seine aggressiven Impulse nicht durchschaute, brachte er sie nicht unter Kontrolle; »Lawrence« deutet an, daß er im nächsten Leben wohl als Frau inkarniert werden müsse, um die Gefahr einer erneuten Wiederholung zu verringern.[54]

Zur Erklärung solcher kontinuierlichen Seelenmuster führt »Lawrence« ein verblüffendes Schema vor. Während das Individuum einen Zyklus nach dem anderen durchläuft, werden die Tendenzen früherer Leben »schichtweise« im Unbewußten gelagert, so daß das Lebensmuster zunehmend komplizierter und die Zahl der abzuarbeitenden Wiederholungen immer größer wird. Dieses Schema setzt offenbar eine begrenzte Anzahl von Inkarnationen voraus; man liefe sonst Gefahr, sein ganzes Leben mit Wiederholungen zu verbringen ... Eine interessante Weiterführung dieser Vorstellung finden wir in Jungs Archetypen des kollektiven Unbewußten, die ebenfalls mit angeborenen Tendenzen oder Instinkten verglichen werden – wie die Chreoden, von denen die Biologie spricht, und die Gewohnheiten, denen wir in Sheldrakes Theorie der morphischen Resonanz begegnen. In der Hypnoseforschung mehren sich die Anzeichen, daß über das Unbewußte oder aus dem Unbewußten spezifische Erinnerungen abgerufen werden können; Jungs Patienten bringen in ihren Träumen mythologische Muster hervor, die ihrer bewußten Vorstellungswelt vollkommen fremd sind. Auch Jung spricht von Schichten des Unbewußten, die er mit Stockwerken eines Hauses vergleicht. Gibt es so etwas wie eine psychische Resonanz der vergangenen Leben, könnte man zwischen dem persönlichen und dem kollektiven Unbewußten eine besondere Schicht annehmen, die sowohl individuell als auch kollektiv ist. In diesem erweiterten Modell entspräche das Neuverarbeiten der unbewußten Tendenzen früherer Leben dem, was Jung den Individuationsprozeß nennt.

Die Vorschau auf das Leben und die Wahl einer neuen Existenz ist ein anderes, häufig erörtertes Thema. Gefragt wird nach der Möglichkeit der »Entscheidung« über ein bestimmtes Lebensmuster, nach der Art des Vorauswissens und der offenbar stattfindenden Prädestination. Gelegentlich erblicken Sterbende in ihren Nah-Todeserlebnissen nicht nur Episoden aus vermeintlich früheren Leben, sie sehen darüber hinaus Dinge aus ihrer persönlichen Zukunft und sehen sogar globale Ereignisse voraus; doch betonen dabei alle das Moment des »freien Willens«, der es ihnen zumindest erlaubt, auf die Ereignisse zu reagieren, wenn nicht gar diese mitzugestalten. Aus dem Szenario der Lebensvorschau und Lebenswahl ergibt sich, daß jeder sich seine jetzige Lebensform selbst auferlegt hat; diese Vorstellung entspricht im Kern dem Gesetz des Karma, entfernt sich aber auch von dem Gedanken einer wie auch immer gearteten Willkür. Wieviel vom großen Puzzle kann man sehen, wenn man nur die Perspektive des Körpers hat?

»H. A.«, der sich durch Tony Neate mitteilt, betont jedenfalls, daß jede Seele vor der Wiederverkörperung sich selbst den Weg aussucht, den sie gehen will; ist sie aber erst einmal wiedergeboren, ist sie den Gesetzen und Zwängen ihrer Umgebung unterworfen und den Bedingungen der Welt.[55] So etwas wie Glück oder Zufall, sagt »H. A.«, gibt es nicht; alles folgt einem verborgenen Plan. Das Bibelwort »Auge um Auge, Zahn um Zahn« will er als Ausdruck des karmischen Gesetzes verstanden wissen, nach dem alles ganz genau zurückgezahlt wird. Es warnt davor, sich selbst mit Rachegedanken zu tragen, mit Böswilligkeit, Verachtung und Haß; solche Gefühle binden einen an die Person, gegen die sie gerichtet sind. Vor der Verkörperung sieht die Seele den Grundriß des ihr bevorstehenden Lebens, als Gesamtplan, aber ohne besondere Details. Wer sich für ein schweres Leben entscheidet, tut dies entweder zum Ausgleich für vergangenes Unrecht oder einfach, um zu lernen. Diese Entscheidungsfindung – wenn es sie denn gibt – unterstreicht, wie wichtig es ist, sein eigenes Leben anzunehmen und mit ihm klarzukommen, »denn das eigene innere Selbst hat es sich ausgesucht und es ist dein eigenes Zeugnis, auf die du zurückschauen wirst, wenn du es verläßt.«[56]

»Frances Banks« erzählt (über Helen Greaves), wie sie mit der Ausweitung ihres Bewußtseins immer mehr einen Plan und eine Form erkannte: eine »Blaupause«, die zeigt, daß »die Seele vor der Inkarnation freiwillig eine Grenzlinie anerkennt, bis zu der sie gehen kann«.[57] Inkarnationen sind notwendig, erklärt »Banks«, weil die Seele das Bedürfnis hat, »einen Teil von sich selbst in die dichtere Umgebung der Erde zu entsenden, wo sie immer wieder versucht, die Prüfungen und Spannungen der dort herrschenden Schwingungen zu meistern«. Die Seele ist demnach etwas Zusammengesetztes; sie birgt einerseits die individuellen inkarnierten Persönlichkeiten und geht andererseits über sie hinaus. Vergleichen wir dies mit den Ausführungen von »Maurice Barbanell«, der post mortem über die reinkarnierte Seele berichtet, sie befinde sich nur zu einem Teil im materiellen Bereich; ein »Rest« ihrer früheren Persönlichkeit bleibe im geistigen Bereich, es kehre nicht alles auf die Erde zurück.[58] Der sich reinkarnierende Teil der Seele, heißt es weiter bei »Banks«, könnte dies aus dem Wunsch tun, seinen Erfahrungshorizont zu erweitern, seine Kräfte zu erproben, seine Gefühle ins Gleichgewicht zu bringen oder weil er ganz bestimmte Bedingungen sucht. Er legt sich auf zukünftige Ereignisse fest, weil diese ihm die notwendige Erfahrung liefern und weil sie in den übergeordneten Entwicklungsplan passen.

»Gildas« äußert sich durch Ruth White über denselben Prozeß: das höhere Selbst entscheidet über die Situation, in die die Seele hineingeboren werden soll, »vor allem, um der Seele bestimmte Gelegenheiten zu geben, ihre karmischen Schulden abzutragen«.[59] Die Lebensumstände, etwa die familiäre Situation, sind also bis zu einem bestimmten Maß vorherbestimmt. Aber die Betonung liegt hier auf der »Gelegenheit«, die genutzt werden kann oder auch nicht; das hängt allein vom freien Willen ab. Nicht vorherbestimmt, sagt »Gildas«, sind spontan auftretende Krisen und ihre Folgen, doch könne man sich auch hier intuitiv der Führung durch das höhere Selbst anvertrauen. Die enge Verbindung mit dem höheren Selbst, das ein Kennzeichen der umfassenden spirituellen Integration ist, schaffe die günstigsten Voraussetzungen für den Lernprozeß. Später weist »Gildas« noch darauf hin, daß auf einer bestimmten Ebene die ganze Anlage des Lebens vorhergewußt, nicht aber festgelegt sei.

Diese drei Berichte legen ein metaphysisches Konzept frei, das wenig bekannt sein dürfte. Danach wählt ein erweiterter Teil des

Bewußtseins die Umstände unserer Erdenleben aus, wobei es offenbar nicht notwendig ist, daß wir den Sinn dieser Entscheidung verstehen. Andererseits, wenn wir an manche Mitmenschen denken, die selbst beim Anblick von offenbar himmelschreiender Ungerechtigkeiten noch einen Lebenssinn fanden und sich ihren inneren Reichtum bewahrten – Viktor Frankl in Auschwitz zum Beispiel –, darf man sich über unsere engstirnige Annahme, das Universum sei ein Zufallsprodukt, bar jeder Moral und übergreifenden Ordnung, schon etwas zu wundern beginnen.

Paulus nennt die Kirche den Körper Christi und beschreibt, wie ihre Glieder gegenseitig voneinander abhängen. Swedenborg zeigt, »daß der ganze Himmel einen einzigen Menschen darstellt und ein Mensch im Bilde ist, weshalb er auch der größte oder Großmensch heißt«.[60] Der Himmel ist ein makrokosmisches Gegenbild zum Mikrokosmos, ein spirituelles Hologramm, in dem das Ganze in den Teilen ist. Dieses Modell führt uns nun zur Frage nach dem Verhältnis der Einzelseele zur Gruppe bzw. zum Phänomen der Seelengruppen, die sich zu einer Gruppenseele zusammenschließen. Unsere beiden Gewährsmänner in dieser Angelegenheit sind »Frances Banks« und »Frederik W. H. Myers«.

»Banks« schickt ihren Ausführungen vorweg, daß die Vorstellung von Gruppenseelen einer Gesellschaft, die den Individualismus preise, wohl wenig schmackhaft zu machen sei. Die Grundidee kann man mit ineinandergeschachtelten, von innen nach außen größer werdenden chinesischen Kästchen vergleichen, einer Hierarchie von Holons. Die kleinste Gruppe, die Familie, ist Bestandteil größerer Interessengruppen, die über die Familiengrenzen hinausreichen. Die nächsthöheren Gruppen vergleicht »Banks« mit fortgeschrittenen Universitätsklassen, bestehend aus weisen Männern, die die Gesetze des göttlichen Geschehens studieren und an der kreativen göttlichen Imagination teilhaben; sie enthalten gewissermaßen selbst »zellenartige Anhäufungen von Seelen«, um die sie sich kümmern und denen sie Anregungen geben. Oberhalb dieser Ebene gibt es weitere Gruppen, die noch integrativer und einheitlicher sind, bis hinauf zur grenzenlosen und alles übersteigenden Gottheit, »dem Großen Seelenwesen, in dem wir leben, uns bewegen und unser Dasein haben.«[61] Dieser atemberaubende Ausblick deutet auf eine stufenweise Ausdehnung des Bewußtseins und der persönlichen Identität; er führt bis zu dem Punkt, wo wir ein kosmisches Bewußtsein von der eigenen wesenhaften und inneren Einheit mit dem Universum haben, jenem Punkt, an dem der *Jivatman* erkennt: *Tat Tvam Asi.* Leben ist im Leben – wir bewegen uns auf die Einheit zu, indem wir unsere Wahrnehmung, unser Mitgefühl und damit auch unsere Freiheit erweitern; doch die Ausdehnung geht nicht in einfach nur *in Richtung* der Einheit, sie vollzieht sich *durch* die Einheit, auf dem Wege der Einheit, über die schon gegebene Einheit und Verwandtschaft zweier liebender Seelen, die fortschreiten zu der höchsten allumfassenden Einheit der göttlichen Liebe, des göttlichen Lichts.

Nach Ansicht »Myers« reinkarnieren sich die Seelen in der Regel sechs bis acht Male. Während dieser Inkarnationen bekommen sie nur einen Zipfel der gesamten Möglichkeiten menschlicher Erfahrung zu fassen. Denselben Eindruck kann man gewinnen, wenn man verreist, persönlich oder via Bildschirm; das Spektrum der menschlichen Lebensumstände ist so vielfältig, daß man kaum glauben kann, daß auf ein und demselben Planeten derart unterschiedliche Leben gelebt werden können. Doch die Beschränktheit des Einzellebens läßt sich dadurch überwinden, daß man am Leben der Gruppenseele partizipiert und damit an »jeder Tat und an jedem Gefühl ihrer vergangenen Chroniken«,[62] ähnlich wie in der Lebensrevision; die Erfahrungen werden anschließend verglichen, wodurch sich das Bewußtsein entsprechend erweitert. Die Seele erfährt »bis ins Detail alle Konsequenzen der Taten, Stimmungen und Gedanken einer verwandten Seele und kann deshalb [...] in solch einem gemeinsamen Gruppenstatus Erkenntnisse über alle typischen irdischen Existenzformen gewinnen«. Die empathische Resonanz vergrößert die eigene Erfahrung; sie kann aber leicht mit einem Fall echter Reinkarnation verwechselt werden. Swedenborg hat darauf hingewiesen, daß scheinbare Reinkarnationserfahrungen von einer fremden Seele stammen können, die über das Gedächtnis einer inkarnierten Seele ihr eigenes Leben wiedererlebt und zwar so, daß die Seele auf Erden glaubt, es sei ihre Existenz.

Doch selbst eine solche Deutung muß der Idee der Gruppenseele nicht widersprechen, denn auch die inkarnierte Seele kann aus der Erfahrung der fremden Seele durchaus lernen.

»Myers« spricht noch eine andere Art von Gruppenbeziehung an: eine »junge« Seele kann das Karma einer »älteren« annehmen, weil sie Zugang zum Gruppengedächtnis hat bzw. ein von der älteren Seele geschaffenes Muster übernimmt. Dies ist weniger ein stellvertretendes Sühneopfer als ein Ergebnis der Seelenverwandtschaft, das sowohl der einzelnen Seele als auch der Gruppe Gelegenheit bietet, sich zu entwickeln. Dahinter steht die Vorstellung gegenseitiger Kohärenz auf der Grundlage einer empathischen Resonanz, die sich wie das Universum selbst ausdehnt und immer weitere Kreise des Verstehens zieht.

Samuel Butler erklärt in seinem satirischen Roman »Erewhon«, daß die Inkarnation in dieser Welt aus der Perspektive der Präexistenz einer kriminellen Handlung gleichkommt. Solange sich die Seele im Reich der Ungeborenen aufhielt, war sie gut versorgt und hatte keinen Grund, unzufrieden zu sein; doch »aus ihrer maßlosen Verdorbenheit heraus faßte sie ein Verlangen, in diese gegenwärtige Welt einzugehen [...] In böswilliger Absicht machte sie sich daran, zwei unglückliche Menschen, die ihr nichts getan hatten und die bis zu diesem gemeinen Anschlag auf ihren Frieden vollkommen zufrieden und glücklich gewesen waren, zu quälen und zu belästigen«.[63] Nach dieser Auffassung ist das Kind verantwortlich für die Wahl seiner Eltern. Die normale Ansicht dazu ist umgekehrt: gewöhnlich entscheiden die Eltern, wann und warum sie ein Kind haben wollen, und neigen entsprechend dazu, ihre Kinder als eigene Schöpfung anzusehen. Die Problemlage verschiebt sich, je nachdem, wie man das Verhältnis von Leib und Seele faßt. Verschiedene Möglichkeiten bieten sich an:

1. (Orthodoxer Materialismus:) Nichtphysikalische Prinzipien werden grundsätzlich verneint: die Eltern sind die Erzeuger ihrer Kinder.
2. (Orthodoxes Christentum:) Die Seele ist unsterblich und überlebt den Körper nach dem Tod; doch ist sie gleichzeitig mit dem Körper geschaffen und hat deshalb keinen Einfluß auf seine

Konstitution und seine Lebensumstände; eine Lebensvorschau gibt es nicht.
3. (Karma und Wiedergeburtslehren:) Die Seele hat eine Präexistenz und entscheidet über ihre Lebensumstände und über ihre Eltern, mit denen schon frühere Verbindungen bestehen können.

»Gildas« bemerkt zu diesem Thema, daß eine Beziehung in einem früheren Leben sehr wohl Bindungen schaffen könne; die verbindende Kraft sei entweder Liebe oder Haß, mit den ihnen entsprechenden positiven oder negativen Gedanken, Gefühlen und Taten. Die Verwandtschaft zieht die Seelen an und bringt sie zusammen, zum Zwecke des gegenseitigen Trostes oder des karmischen Ausgleichs: »Wenn du durch dein Leben fortschreitest, triffst du dieselben Seelen unter verschiedenen Umständen wieder und erhältst die Gelegenheit, alte Schulden zurückzuzahlen, noch einmal die Lektionen zu lernen, die du bis dahin nicht verstanden hast.«[64] Ein offensichtliches Problem hier auf Erden ist die fehlende Erinnerung an bestimmte Verbindungen und Umstände, doch Gildas deutet immerhin an, daß manch schwierige Beziehungen und herausfordernde Lebenssituationen wahrscheinlich karmisch bedingt seien. Die Persönlichkeit nachfolgender Inkarnationen sei sicher nicht in jeder Hinsicht dieselbe: vielmehr seien »diese verschiedenen Persönlichkeiten bzw. Aspekte wie kleine Blümchen, die sich am selben Stengel zu einer großen Blume zusammensetzen; und der Stamm mag dabei das höhere Selbst sein, das führende Licht der Seele«.[65] Dies erinnert an das Christusgleichnis vom Weinstock und den Reben. Negative Bindungen lassen sich nicht durch fortgesetzte Feindschaft, durch Anklagen und Gegenanklagen, lösen; die Befreiung beginnt mit Toleranz, Verständnis und Vergebung. Wenn Jesus seine Jünger ermutigte, ihren Feinden zu vergeben, sprach er eine tiefe Wahrheit aus, ganz im Sinne der Lösung von negativen karmischen Bindungen; Verbitterung und Haß verlängern den Teufelskreis nur. »Gildas« sagt klar, daß sich das höhere Selbst seine Eltern aussucht, mit allen Konsequenzen, die diese Entscheidung bedeutet, für die Beziehungen in der Familie und für die individuelle Autonomie.

Kommen wir nun zu den eigentlichen gordischen Knoten, die

entwirrt werden müssen, wenn wir den Geheimnissen des menschlichen Daseins auf die Spur kommen wollen. Mit Voltaire können wir uns angesichts des Erdbebens von Lissabon die Frage stellen: Warum mußten 55 000 Menschen sterben? Wie paßt das in das kosmische Modell vom Bösen, sei es körperlich oder moralisch? Und genauso wie bei Naturkatastrophen kann man weiter fragen: was ist mit der Ungleichheit der Lebensbedingungen, warum müssen offenbar Unschuldige leiden? Brennende Fragen, die schon Dostojewski und Camus nicht in Ruhe ließen und für die wir an dieser Stelle ein paar mögliche Antworten skizzieren wollen.

Jede Erklärung von Hungerkatastrophen und Massensterben wird immer hart oder gleichgültig klingen, ob wir nun den Zufall heranziehen, die Unerforschlichkeit Gottes oder das Karma. »Gildas« unterscheidet drei Arten von Seelen, deren höheres Selbst sich für eine armselige, abstoßende oder kurze Inkarnation entschieden hat; einmal die Seelen, die beim Aufstieg auf den Berg der Erkenntnis und Erfahrung den steilen Weg nehmen; dann solche Seelen, die alte karmische Schulden zurückzahlen (wahrscheinlich nicht ihre eigenen); und schließlich diejenigen, die sich selbst dem Leiden ausliefern »um des Weltkarmas willen, in einem Versuch, in der Menschheit ein größeres Mitgefühl wach werden zu lassen«.[66] (Wenn man diesen Gedanken weiterführt, könnte das bedeuten, daß in Vorbereitung einer neu anbrechenden Zivilisation zur Zeit eine Menge Weltkarma abgearbeitet wird.)

»Myers« und »Gildas« äußern sich auch zum Thema Behinderung. Für beide ist Lernen der eigentliche Zweck des Karmas, so daß Tyrannen und Inquisitoren ganz offenbar dumm oder auch schwachsinnig wiedergeboren werden, damit sie »lernen, die Leiden ihrer Opfer mitzufühlen und zu verstehen«. Diese Leiden können so schrecklich sein, daß »das Vorstellungszentrum des Verursachers völlig durcheinandergerät und er verdammt ist, sein ganzes folgendes Leben in einem Zustand geistiger Verwirrung zu verbringen«.[67] Die empathische Resonanz, die sich seines Geistes bemächtigt, jagt ihn durch die Hölle seiner eigenen Machenschaften.

Über »Myers« hinaus bietet »Gildas« drei weitere Szenarien

an. Die Seele könnte sich zum Beispiel für einen schweren Weg entscheiden, um einem Verwandten zu mehr Mitgefühl zu verhelfen; sie könnte das Karma der Gruppe auf sich nehmen, oder sie hat die tierische Evolutionsstufe gerade erst verlassen und in der ersten menschlichen Inkarnation einen noch unfertigen Körper angenommen. »Gildas« vermeidet die Kategorien von Sünde und Strafe und spricht statt dessen von Ursache und Wirkung, Lernen und Fortschritt. Als Ergebnis können wir festhalten: Wer seine Lebensumstände zu akzeptieren lernt und konstruktiv an ihnen arbeitet, ist auf dem Weg einer kreativen Entwicklung. Daneben sollte man besonders darauf achten, das Unglück anderer nicht mit abergläubischen und gefühllosen Bemerkungen zu kommentieren: »Urteilt nicht ...«. Anderen mit dem Argument, daß sie ihr Unglück verdient haben, die Hilfe zu verweigern kann nur dazu führen, daß wir uns alle noch tiefer in das Netz des Karmas verstricken.

Hypnotische Regression

Seit etwa zehn Jahren ist das Interesse an hypnotischen Regressionen sprunghaft angestiegen. Die einen sehen in solchen »Rückführungen« ein bedeutsames Phänomen, andere tun sie als Fabrikationen des Unbewußten ab. Besondere Beachtung fanden die angeblichen Erinnerungen an frühere Leben. Viele davon sind nicht verifizierbar oder erweisen sich als Fälle von Kryptomnesie, Phänomene eines verborgenen Gedächtnisses: die fraglichen Ereignisse stammen zum Beispiel aus einem Roman, den man vor langer Zeit einmal gelesen, längst vergessen und in der Erinnerung mit eigenen Zutaten modifiziert hat.[68] Uns beschäftigt hier weniger, ob die Erinnerungen wahrheitsgetreu sind oder nicht, als vielmehr die psychischen Phänomene, die durch eine Regressionstherapie freigesetzt werden und von denen es heißt, daß sie an das Karma gebunden seien. Wenn man eine pragmatische Sicht einnimmt, wie Ronald Wong Jue,[69] ist es weniger wichtig, ob man das metaphysische Konzept von Karma und Reinkarnation für sich akzeptiert oder nicht; die entscheidende Entdeckung ist, daß bestimmten Patienten mit der Regressionstherapie geholfen werden kann, Allergien, Phobien und andere psychische oder psychosomatische Störungen auszuheilen. Ich kann dazu nur sagen, daß solche Erfolge der Vorstellung eines über lange Zeit wirksamen Karmas zumindest nicht widersprechen.

In der umfangreichen Literatur zur hypnotischen Regression erscheinen viele der von uns behandelten Themen. Zahlreiche Patienten, die unter Hypnose zu einem früheren Tod zurückkehren, berichten von dem Gefühl, aus dem Körper herauszuschweben.[70] Eine Frau erzählt, daß ihr Körper sich ausgedehnt und den ganzen Raum erfüllt habe; euphorische Gefühle hätten sie überflutet und zugleich habe sie verstanden, daß im Universum alles seinen Sinn habe und vollkommen gerecht sei.[71] Eine andere Frau, Heather Whiteholm, deren jetziges Leben mit schweren Problemen belastet war, berichtet ebenfalls von seligen Gefühlen bei einem früheren Tod. Sie schwebte in einem alles umfassenden goldenen Licht und konnte in alle Richtungen sehen: »Es gab kein Getrenntsein, keine Absonderung. Alles war eins.«[72] Dieser Glückszustand endete mit dem Bewußtwerden ihres »karmischen Drehbuchs«; statt zu ertrinken, hätte sie ein erfolgreiches Leben als Pianistin verbringen können, wenn »sie dem von ihr gewählten Weg gefolgt wäre«.[73] Wir werden auf den Fall Heather noch zurückkommen.

Die von Joel Whitton zurückgeführten Patienten sahen sich nach dem Tod mit einem Tribunal konfrontiert, einer »Gruppe weiser älterer Wesen«, meist drei oder vier Gestalten in weiten weißen Gewändern. Sie »strahlen eine heilende, belebende Energie aus, die alle seelischen Belastungen und alle Schuldgefühle vertreibt«. Der vor Gericht Stehende, der sein eigenes Leben zu beurteilen hat, erlebt die empathische Resonanz genauso, wie wir sie aus der Nah-Todeserfahrung kennen. »Jedes emotionale Leid, das ein solcher Mensch einem anderen zugefügt hat, empfindet er jetzt so, als müsse er es selber erdulden.«[74] Die Zeit für Wiedergutmachung ist abgelaufen – es bleibt ihm nur noch die Reue. Aber die Richterwesen verdammen die Seele nicht (sowenig wie das Lichtwesen); sie ermutigen sie vielmehr, aus ihren Fehlern zu profitieren und weiterzulernen. Die Hypnotisierten gebrauchen ähnliche Formulierungen wie diejenigen, die ein Nah-Todeserlebnis hatten; die Rückschau sei ein vollständiges Erinnern und Wiedererleben, das sich in einem einzigen Moment abspiele. Einige besondere Episoden aus dem vergangenen Leben werden noch einmal unter den Augen der Richter angesehen und mit ihnen diskutiert. Man bemüht sich um ein »objektives Verständnis« im Kontext der Lebensmuster, die von einer Existenz auf die nächste übergehen.

Das Gericht soll nun auch an der Planung für das nächste Leben beteiligt sein. Diese richtet sich weniger nach den Wünschen als nach den Bedürfnissen, die sich aus den abzutragenden karmischen Schulden ergeben. Weniger entwickelte Persönlichkeiten brauchen einen detaillierteren Plan als höher entwickelte Seelen, die mit einer Grundrichtung auskommen. Hindernisse, die man wählt, dienen als Ansporn, sich zu entwickeln; es kann zum Lebenssinn gehören, sich von seinen emotionalen Schwierigkeiten zu befreien. »Nach meinem Plan«, erzählt eine Frau, »sollte ich mich für ein tragisches Ereignis entscheiden, das mich veranlassen würde, nach Erreichen des dreißigsten Lebensjahres meine ganze seelische Haltung zu ändern«.[75] Um bestimmte Verwandlungen in Gang zu setzen, könnte das höhere Selbst zum Beispiel auch für ein Nah-Todeserlebnis sorgen; eine solche Erfahrung wäre dann sozusagen im »karmischen Drehbuch« vorgezeichnet.

Helen Wambach fragte 750 Versuchspersonen, die unter Hypnose von ihren Geburten berichteten, ob sie wiedergeboren werden wollten oder nicht. 81 Prozent erklärten, sie hätten sich, wenn auch widerwillig, für die Geburt entschieden; auch hier zeigt sich wieder die Spannung zwischen persönlichen Wunschvorstellungen und überpersönlichen Erfordernissen.[76] Heather, die schon erwähnte Patientin von Joel Whitton, sah in der Vorausschau, »daß sie ein Leben voller Enttäuschungen, Zurückweisungen und Tränen führen werde«.[77] Sie erfuhr als ihre Bestimmung, sich mit dem ausschweifenden Leben ihrer früheren Persönlichkeit, Isobel, auseinanderzusetzen. Zunächst war sie entsetzt bei der Aussicht, »von dieser Mutter geboren zu werden«; als sie dann aber ihre Großmutter sah, die sie aus einem glücklicheren Vorleben wiederzuerkennen glaubte, beruhigte sie sich ein wenig. Heather litt vor der Behandlung unter massiven allergischen Reaktionen, verbunden mit Kopfschmerzen, Blutandrang an Brust und Hals, Hautausschlägen, Lungenentzündungen und bronchitischen Anfällen. In Trance erlebte sie dann einen schweren Autounfall wieder, der ihr 1931 in Gestalt von Isobel zugestoßen war. Sie machte drei schreckliche Tage durch, konnte nicht mehr schlafen, litt unter Übelkeit, hatte Weinkrämpfe und war am Boden zerstört. Als sie schließlich völlig erschöpft einschlief und am nächsten Morgen erwachte, stellte sie fest, daß ihre allergischen Symptome alle verschwunden waren – die Kopfschmerzen, das Pfeifen in den Ohren, der Blutandrang in der Brust; sogar ihre hartnäckigen Hautprobleme gingen sichtbar zurück. Der unheilvolle psychosomatische Kreislauf war durchbrochen.[78]

Die Ergebnisse der Regressionsforschung bestätigen die gechannelten Berichte über die prägenden Muster und Tendenzen einer Persönlichkeit. Ein anschauliches Beispiel dafür ist der Fall von Steve Logan, der es ablehnte, seinen kranken Vater im Pflegeheim regelmäßig zu besuchen, weil er als Kind von ihm schlecht behandelt worden war.[79] Bei einem der seltenen Besuche bemerkte er, daß sein Vater schwer atmete: der Sauerstoffschlauch hatte sich gelöst. Er hätte in diesem Augenblick seinen Vater sterben lassen können, ohne etwas dafür tun zu müssen. Aber er rief dann doch nach der Schwester. Ein paar Jahre später hatte er dann selbst einen schweren Fahrradunfall und Glück, mit dem Leben davonzukommen. Unter Hypnose, in einem veränderten Bewußtseinszustand, wurde Logan klar, daß der Vorfall mit seinem Vater eine wichtige Prüfung war, »die ich mir selbst verordnet hatte. Wenn ich ihm seine Verfehlungen vergeben konnte, deren er sich – augenscheinlich über mehrere Inkarnationen – mir gegenüber schuldig gemacht hatte, dann würde ich bei dem Unfall mit dem Fahrrad nicht getötet werden.« Er bestand den Test und konnte innerhalb seines Entwicklungsplans nun zu neuen Aufgaben übergehen, die für diese Lebenszeit noch nicht unbedingt vorgesehen waren. Wieder einmal zeigte sich, daß das Verzeihenkönnen ein wichtiger Schlüssel zum Erfolg ist, wenn es darum geht, festgefahrene Muster aufzubrechen.

Whitton und Fischer illustrieren ihre Auffassung vom Karma mit dem Bild des »kosmischen Klassenzimmers«.[80] Sie unterscheiden drei Stadien; auf der untersten Stufe der Evolution wird Karma als strenge Vergeltung verstanden, dann als Gesetz des Ausgleichs und schließlich als »Schule der harten Schläge«, »die durch wiederholte schmerzliche Erfahrung zur Erkenntnis führt«. Um zu solcher Erkenntnis zu gelangen, muß man die Gesetze des Karmas kennen und akzeptieren. Menschen, die sich in ihrem Leben benachteiligt fühlen, müssen den Sinn ihrer Opferrolle gut verstanden haben, um eine positive Einstellung zu anderen Menschen und zum Leben zu finden. Wenn man die Antriebskräfte des Karma nicht kennt, kann man sich viel leichter in Verbitterung, Groll und Rachegefühle hineinsteigern. Wenn man jedoch eine Situation im Lichte des Karma betrachtet, ist das eine Hilfe, sich mit ihr zu arrangieren; man wird sich in Toleranz und Nachsicht üben, um selbst weiterzukommen, und sich freimachen von den Schablonen des Denkens und Verhaltens. Karma ist ein Weg, sein Wesen zu verfeinern.

Unter den Fallbeispielen von Whitton und Fisher ist die Geschichte eines Mannes, der die zwanghafte Neigung hatte, alle, die ihn schlecht behandelten, zu töten. Mit dem Wissen um das Karma gelang es ihm in diesem Leben, seinen Zwang selbst unter extremen Provokationen zu kontrollieren. Eine Frau, die in einem früheren Leben eine besondere Freude daran hatte, Menschen zum Tode zu verurteilen, erlebte »nach dem Verlust eines nahen Angehörigen den Kummer, den sie in jenem Leben anderen Menschen verursacht hatte«. Ein jüdischer Chirurg erfuhr, daß er mit seiner Tätigkeit Grausamkeiten und Verfolgungen aus einem früheren Leben wiedergutmachte; hatte er früher menschliche Körper zerstört, so heilte er sie nun und begriff als Jude, was es bedeutete, ein Verfolgter zu sein.

87 Prozent der von Helen Wambach zurückgeführten Personen gaben an, ihre Eltern, Verwandten und Freunde schon aus früheren Leben zu kennen.[81] Die Art der Beziehungen war nicht konstant, sie wechselte und konnte negativ oder positiv sein. In negativen Fällen kehrt zum Beispiel jemand auf die Erde zurück, um die Beziehung zu seinem Mörder zu verbessern; in positiven Verbindungen werden aus engen Freunden oder Ge-

schwistern in einem späteren Leben Eheleute. Die Arbeit, die zu tun ist, bleibt gleich; sie verlangt manchmal nichts anderes, als einem anderen zu vergeben.

Wir erwähnten den Fall Heather, bei der allergische Symptome plötzlich verschwanden. Die Ärztin Edith Fiore hat ein ganzes Spektrum von Krankheiten erfaßt, deren karmische Ursachen durch die Regressionstherapie aufgeklärt werden konnten: Freßgelüste und chronisches Übergewicht waren auf einen früheren Hungertod zurückführbar; Phobien und Ängste standen mit traumatischen Ereignissen einer früheren Existenz im Zusammenhang; Schlafstörungen und Schlaflosigkeit gingen auf Horrorerlebnisse zurück, die sich in einem Vorleben während des Schlafes ereignet hatten; chronische Kopfschmerzen rührten von Kopfverletzungen oder Exekutionen her; Bauchschmerzen traten auf, weil man von einer tödlichen Waffe durchbohrt worden war.[82] Wambach erwähnt, daß der gewaltsame Tod ein besonders hartnäckiger Grund von Phobien ist. Sie zitiert Personen, die sich vor Pferden fürchten, weil sie von einem Pferd getötet worden sind; in einem anderen Fall verwandelt sich die Furcht vor dem Ertrinken in eine Wasserphobie.[83] Solche Wirkungen scheinen durch eine Art empathische Resonanz übertragen zu werden, die durch die Zeiten geht; sie lösen sich auf, wenn die auslösenden Erlebnisse wiederholt und in die Psyche integriert worden sind.

Vor unseren Augen entsteht nun allmählich ein einheitliches Bild; es ist das Bild einer moralischen Ordnung, die auf subtile und zugleich umfassende Art und Weise das Universum durchwirkt. Es verweist uns auf unsere permanente Verantwortung für das, was wir sind, und für den Ort, an dem wir uns befinden, mag auch die Lebenswahl auf einer Ebene getroffen worden sein, die der bewußten Persönlichkeit normalerweise unzugänglich ist. Die Daten der Regressionsforschung sind in psychischer und spiritueller Hinsicht aufschlußreich, und – wenn man diese Seite akzeptieren kann – auch in metaphysischer. Ihre Bedeutung für die Psyche liegt in der Erleichterung mentaler und emotioneller Probleme. In spiritueller Hinsicht fordern sie dazu auf, unseren Feinden zu vergeben und unser Schicksal anzunehmen. Und im Hinblick auf die Metaphysik können wir hinter der offenkundigen Ungerechtigkeit und Willkür vieler Lebenssituationen allmählich einen Plan und einen Sinn erkennen.

Die Metaphysik von Edgar Cayce

Der 1877 in Kentucky geborene Edgar Cayce zählt zu den außergewöhnlichen Hellsehern dieses Jahrhunderts. Er begann seine Tätigkeit damit, unter Hypnose »Readings« zu erstellen, mediale Diagnosen für Leute mit chronischen Gesundheitsbeschwerden, aber schon bald fühlte er sich hineingezogen in einen Strudel von Fragen nach dem Wesen der physischen und metaphysischen Welt. Sein Nachlaß in Palm Beach enthält Abschriften von rund 14 000 Readings, die er in einem Zeitraum von 43 Jahren für mehr als 6000 Leute erstellt hat. Unter seinen frühen Erfolgen auf dem Gebiet des medizinischen Hellsehens ist der Fall eines Mädchens, die auf unerklärliche Weise den Verstand verloren hatte. Cayces hypnotisch erstellte Diagnose ergab, daß das Mädchen einen eingeklemmten Weisheitszahn hatte, der auf einen ins Gehirn führenden Nerv drückte. Die zahnärztliche Untersuchung bestätigte den Befund; der Zahn, der vorher unverdächtig erschienen war, wurde entfernt und das Mädchen vollständig gesund.[84] Noch eine Vorbemerkung zu Cayce: als er, der evangelische Christ, feststellte, daß er unter Hypnose von Reinkarnationen sprach, war er zunächst erschrocken; lange Jahre praktischer Erfahrung und theoretischer Überlegung überzeugten ihn schließlich von der Richtigkeit der Reinkarnationslehre.

I. C. Sharma, eine Autorität auf dem Gebiet indischer Ethik, hat in einer speziellen Untersuchung das metaphysische Konzept von Cayce mit dem der Upanishaden und der Bhagavad Gita verglichen. Er zitiert Cayce mit den Worten: »Wisse, daß dein Körper, dein Geist, deine Seele, eine Offenbarung Gottes auf Erden ist – so wie jede andere Seele auch; und daß dein Körper wahrhaftig der Tempel des lebendigen Gottes ist. Alles Gute, und mehr noch, alles Göttliche [...] was du wissen sollst, offenbart sich allein in dir und durch dich – und ist nicht das, was jemand anders denkt, nicht was jemand anders tut!« Den Sinn des Lebens faßt er folgendermaßen zusammen: »Daß es, das Dasein, sich selbst erkenne, um selbst zu sein und Teil von dem Ganzen; nicht das Ganze, aber eins mit dem Ganzen; daß es sich so seine Individualität bewahre, sich selbst erkennend selbst seiend, noch immer eins mit den Zwecken der ersten Ursache, durch die es hervorgerufen wurde, das Dasein, ins Sein, in das Gewahrsein, in das Bewußtsein des eigenen Selbst. Das ist der Zweck, das ist die Ursache des Seins.«[85]

Daraus folgt: das »Sündigen«, »das Verfehlen des Ziels«, wurzelt darin, daß man die fundamentale Einheit und Ganzheit des Lebens nicht erkennt; diese Ignoranz führt zu Egoismus und Absonderung, zur Verleugnung der Wahrheit, die in der Einheit liegt. Zugleich folgt daraus: das Gesetz der Einheit wird durch Liebe erfüllt, durch Frieden und Harmonie mit dem Ganzen. Andere Konstanten in Cayces Weltbild sind: die Sinnhaftigkeit und Unendlichkeit des Lebens, der Fortgang des Lebens nach den Gesetzen des Karma und der Reinkarnation, die Ansicht, daß der Wille das Schicksal schafft, daß der Geist gestaltende Kraft besitzt, und daß die Antwort auf alle Probleme im Selbst liegt.[86] Das beste Heilmittel gegen jede Art von Leiden ist die Liebe, die der Mensch von Gott empfängt und zurückgibt.

Cayce hat ein Modell vom Karma erarbeitet, das sehr komplex ist. Über das Unbewußte bekam er Zugang zu karmischen Aufzeichnungen, die er unter Hypnose mitteilte. Er unterscheidet zwischen zwei Grundarten von Karma, einem fortwirkenden Karma und einem vergeltenden.

Das fortwirkende Karma folgt dem Prinzip der Erhaltung und Ansammlung. Von ihm heißt es, es wirke in den individuellen Begabungen und Fähigkeiten, in den Eigentümlichkeiten, Interessen und Einstellungen eines Menschen. Nach den Forschungen von Ian Stevenson spricht einiges dafür, daß bestimmte Fähigkeiten und Interessen in die nächste Inkarnation übernommen werden. Er führt drei Personen an, die schon sehr früh besondere Geschicklichkeiten entwickelten, der eine beim Nähen, der zweite beim Fischen, der dritte beim Umgang mit Maschinen; alle drei behaupteten, Reinkarnationen von Menschen zu sein, die in diesen Bereichen besondere Begabungen bewiesen hatten. Auch bei frühreifen musikalischen oder künstlerischen Talenten scheint die Annahme eines fortwirkenden Karmas durchaus sinnvoll; Steiner warnt jedoch davor, wie wir noch sehen werden, bei diesen Verbindungen zu einfache Gleichungen aufzustellen.

Beim vergeltenden Karma stehen die Wirkungen in einem angemessenen Verhältnis zu dem ursprünglichen Leid, das jemand einem anderen Menschen oder anderen Lebewesen zugefügt hat. Die Nachwirkungen können körperlich oder psychisch manifest werden; es reicht schon, daß jemand einen anderen übermäßig verspottet oder schlecht gemacht hat.[87] Cerminara unterscheidet drei Arten von vergeltendem Karma:

1. das »Bumerang-Karma«. Wer in einem Vorleben andere Menschen mit rotglühenden Eisen geblendet oder sich über Verkrüppelte lustig gemacht hat, dem kann es passieren, daß er sich in der Gegenwart als Blinder oder Krüppel wiederfindet. War er ein Betrüger, ist er nun der Betrogene.[88]
2. das »Organismus-Karma«. Wer in diesem Leben ein Vielfraß ist, könnte in einem nächsten unter Verdauungsstörungen leiden. Ursache dieser karmischen Wirkung ist der Mißbrauch des eigenen Organismus.[89]
3. Das »symbolische Karma«. Ein psychosomatisches Leiden kann symbolisch übertragen werden. Jemand ist taub, weil er sich in einem Vorleben gegenüber anderen »taub« gestellt hat; ein anderer, der als früherer Herrscher sein Land hat »ausbluten« lassen, leidet jetzt unter Anämie. Solche Gesundheitsprobleme erweisen sich häufig als besonders hartnäckig.[90]

Das vergeltende Karma tritt nicht notwendig schon im unmittelbar folgenden Leben in Erscheinung. Es kann aus verschiedenen Gründen aufgeschoben werden, etwa wenn jemand nicht in der Lage ist, die Konsequenzen auf sich zu nehmen, oder wenn er seine Schulden im Zusammenleben mit anderen Personen zurückzahlen muß. In keinem der Fälle aus Cayces Akten ließ sich jedoch nachweisen, daß ein gegenwärtiges Leiden von einem früheren Opfer stammte, das es seinem Mißhandler heimzahlte. Das Karma wirkt direkt auf die verursachende Person, entweder psychisch oder psychosomatisch. Die Rückwirkung des Karma, seine Re-aktion, läßt sich im psychischen Bereich genauer nachweisen als im rein körperlichen.

Sharma vergleicht Cayces Reinkarnationsmodell mit den Lehren des Hinduismus. Er nennt Karma »das Gesetz von der Erhaltung der ethischen Energie«; es wirkt über bestimmte Grundzüge oder Tendenzen, sogenannte *Samskaras*, die sich im Unbewußten als dauerhafte karmische Spuren niederschlagen.[91] Es gibt drei Arten von Karma; ein kumulierendes Karma, das sich in der Zukunft manifestiert, ein fruchtbringendes Karma, das in der gegenwärtigen Inkarnation heranreift, und ein freiwilliges Karma, das in diesem Leben geschaffen und später weitergetragen wird. Nach Ansicht von Sri Ramana Maharshi sucht der persönliche Gott Iswara aus dem Warenhaus des Unbewußten ein passendes Karma aus, das dem Entwicklungsstand der Seele angemessen ist. Nur das Ego, das sich ganz in Liebe zu Gott hingibt und mit aller Konsequenz erkennt, daß überall und allein der göttliche Wille am Werk ist, kann sich von den karmischen Wurzeln ablösen.[92] Sharma vergleicht das Karma mit der Gnade; Karma ist das Bemühen und Gnade der Preis. Die beiden Begriffe müssen sich also nicht gegenseitig ausschließen. Sharma zeigt auch, daß der Grundsatz der Bergpredigt, seine Feinde zu lieben, zu einer Aufhebung des Karmas führt.

Die moralische Ordnung, die Cayce im Blick hat, impliziert eine besondere Verantwortung. Cayce verweist deshalb immer wieder auf die schöpferischen Kräfte des Willens und die gestaltenden Kräfte des Geistes. Wir haben uns unsere Gegenwart durch frühere Gedanken und Taten selbst geschaffen; daraus folgt dann auch, daß sich unsere Zukunft aus dem herausbildet, was wir jetzt denken und tun.

Rudolf Steiner und die Anthroposophie

Die Anthroposophie Rudolf Steiners entwickelte sich aus der theosophischen Bewegung, die Helena Blavatsky Mitte der siebziger Jahre des vergangenen Jahrhunderts ins Leben gerufen hatte. Die Theosophie verdankt einen Großteil ihres Erfolges dem Einzug östlicher Metaphysik in das westliche Denken und auch der Tatsache, daß es Gandhi und anderen gelang, viele Hindus für die Juwelen ihrer eigenen Religion neu zu begeistern. Madame Blavatsky verglich das Karma mit einem Faden, den die Leute um sich weben, und stellte die schöpferische Initiative ganz in den Verantwortungsbereich des Menschen. »Der Mensch ist es, der plant und Ursachen schafft, und das karmische Gesetz gleicht die Wirkungen aus, diese Ausgleichung ist keine Handlung, sondern universale Harmonie, die immer ihre ursprüngliche Lage wieder einzunehmen strebt« – eine Art moralischer Selbstregulation oder Homöostase. Wir belohnen und strafen uns selbst, Karma ist nur das Mittel dazu. Karma ist die Lehre, »die den Ursprung des Bösen erklärt, und unsere Vorstellungen von dem, was göttliche unveränderbare Gerechtigkeit sein sollte, veredelt, anstatt die unerkannte und unerkennbare Gottheit zu erniedrigen, indem sie aus ihr die launenhafte grausame Tyrannin macht, die wir ›Vorsehung‹ nennen«.[93]

Steiners umfangreiches Werk zum Thema Karma und Reinkarnation enthält unter anderem fünf Bände über karmische Beziehungen und eine Reihe kleinerer Aufsätze und Vorträge. Das Konzept von Karma und Wiedergeburt war für sein Denken zentral, und Steiner hoffte, daß es eines Tages mehr Verbreitung und Anerkennung finden würde als zu seiner Zeit. Ausgangspunkt seiner Überlegungen ist der bekannte Satz, daß der Mensch der Architekt seines eigenen Schicksals ist. Was damit gemeint ist, illustriert er am Bild des Schlafens und Wachens – in gewissem Sinn verkörpern wir uns jeden Tag aufs neue – und vergleicht darüber hinaus die Reinkarnation mit der Reise in ein fernes Land. Wer sein Tätigkeitsfeld von Europa nach Amerika verlegt, ist in eine ganz neue Umgebung gestellt. Dennoch wird sich ein Mechaniker mit seiner Vorbildung und beruflichen Fähigkeit in einer anderen Umgebung wiederfinden als ein Bankbeamter. Sein Vorleben in Europa bestimmt also sein neues Leben in Amerika; »es zieht gleichsam aus der ganzen Umwelt diejenigen Dinge an sich, die ihm verwandt sind«.[94] Ähnlich ist es nun mit der Seele, mit dem »Geistselbst«, wie Steiner sagt: »Es umgibt sich in einem neuen Leben notwendig mit demjenigen, mit dem es aus den vorhergehenden Leben verwandt ist.« Ein neues Leben ist somit ein »selbstgeschaffenes Schicksal«, in dem die Seele mit vertrauten Menschen aus früheren Leben zusammenkommt, »weil die Taten, die zwischen ihnen gewesen sind, ihre Folgen haben müssen«.

Angesichts der Frage, was karmisch bedingt ist, findet Steiner eine einfache Antwort: »Das, was da herüberkommt aus früheren Erdenleben, das sind wir eigentlich selber.«[95] Wollten wir unser Karma wegschaffen, würden wir uns selbst wegschaffen, denn wir selbst sind die Wurzel oder Quelle unseres Karmas. Dasselbe sagt Ramana Maharshi, wenn er feststellt, daß das Ich und das Karma im letzten eins sind; wer aus dem Gesetz des Karmas ausbricht, bricht aus seinem Ich heraus und in diesem Transzendieren verwirklicht er sich selbst, indem er sich mit dem innersten göttlichen Atman identifiziert und damit vom Rad des *Samsara* befreit. Steiner argumentiert philosophisch, daß Freiheit den Boden der Notwendigkeit brauche; Karma sei ein solcher Untergrund, der sich aus uns selbst, aus unseren früheren Leben, gebildet habe. Wir kommen damit zu dem paradoxen Schluß, daß Freiheit und Notwendigkeit beide aus uns selbst entstehen: die Notwendigkeit ergibt sich aus den Zusammenhängen mit den Taten, Gedanken und Gefühlen, die aus den Vorleben nachwirken; innerhalb dieses selbst geschaffenen Bezirks der Notwendigkeit bleibt zugleich eine Freiheit im Handeln, oder wenigstens im Denken und Fühlen. In unseren Gedanken, sagt Steiner, haben wir ein unmittelbares Bewußtsein von Freiheit; selbst ein Gefangener hat Gedanken, die man nicht in Ketten legen kann; er ist grundsätzlich frei, neue und kreative Denkweisen für die Zukunft zu entwickeln, die sich von den früheren unterscheiden. Wir personifizieren also sowohl Freiheit als auch Notwendigkeit.

Steiner stellt die Wiederverkörperung als feste Größe in einen evolutionären Zusammenhang. Wenn es Evolutionstheoretikern möglich ist, so sein Argument, die Gegenwart aus der Vergangenheit zu erklären, dann muß es legitim sein, diese Methode auch auf die Entwicklung der Seele anzuwenden. Die Vorstellung, daß Dinge, die zur Seele gehören, aus etwas anderem als Seelischem entstanden sein könnten, weist er zurück. Es gibt also eine Erblinie der Seele, so wie es eine Erblinie des

Körpers gibt. Steiner zeigt – und darin stimmt er mit Cayce überein –, wie körperliche und geistige Vererbung ineinandergreifen; reduktionistische Handhaber von Ockhams »Rasiermesser« würden eine solche Synthese von vornherein ablehnen, weil sie die Zahl der Hypothesen unnötig vermehrt. Doch nach Steiners Überzeugung ist das Umfeld eines Menschen an sein persönliches Karma gebunden und zu diesen vom Karma bestimmten Umständen gehören auch genetische Faktoren. Die Seele zieht es nach dem Prinzip der Verwandtschaft oder Anziehung zu solchen Eltern hin, die über eine ihr entsprechende körperliche Erbmasse verfügen. Will zum Beispiel eine Seele moralischen Mut entwickeln, so wird sie nach einer Familie suchen, die ihr das Entfalten dieser Eigenschaft ermöglicht. Dabei werden möglicherweise verschiedene Seelen zusammengezogen, die bereits in einem früheren Leben miteinander verbunden waren.[96] Nach Auffassung von Steiner wie auch von Cayce ist das spirituelle Erbe die treibende Kraft in diesem Prozeß; es wirkt im Verein mit dem körperlichen Erbe, und zwar nach den Grundsätzen der Verwandtschaft und Entsprechung.

Wir kommen nun zu Steiners Konzept vom karmischen Fortwirken bestimmter Talente und Fähigkeiten. Daß diese vom einen Leben ins nächste übertragen werden, sagt Steiner, sei durchaus der Fall, doch könne man sich auch leicht vom Anschein täuschen lassen. Die allesbewegende Idee, die hinter der menschlichen Existenz steht, ist die Entwicklung des Menschen »zu einem allseitigen Wesen, indem er durch die mannigfaltigsten Lebensbetätigungen durchgeht«.[97] Kontinuität ist dann am wahrscheinlichsten, wenn eine Begabung in einem früheren Leben nicht zur vollen Reife gekommen ist. Zum Beispiel wird ein Mathematiker, der früh gestorben ist, auch in seinem nächsten Leben mit einer Begabung für Mathematik geboren werden. Wenn derselbe Mathematiker aber ein hohes Alter erreicht hat, könnte sich sein Talent verbraucht haben. Im nächsten Leben wird diese Person überhaupt keine mathematische Begabung mehr zeigen, sein Talent könnte sich aber in eine andere Fähigkeit, Kraft oder Eigenschaft umsetzen.

Dieses Prinzip prägt allgemein den Zusammenhang von

Handlung, Schicksal und Karma. Im Durchgang zu einer neuen Geburt, erklärt Steiner, sehe sich die Seele in den anderen sie umgebenden Seelen gespiegelt. Das Gute wie das Böse, das sie den anderen zugefügt hat, und alle Gefühle, die damit verbunden waren, kehren von der geförderten oder verletzten Seele zurück: »Und man hat eigentlich wie in einem mächtigen, ausgebreiteten Spiegelungsapparat seine vorigen Erdenleben, namentlich das letzte, aus den Seelen, mit denen man zusammen war, gespiegelt vor sich.«[98] Mit diesem Schauspiel verändert sich das Ichgefühl und durch die Verinnerlichung und Aneignung der Spiegelbilder bildet sich ein neuer Astralleib (Gefühlsleib); er gibt die Impulse, »die uns drängen zu den Menschenseelen oder abdrängen von den Menschenseelen, mit denen wir dann im physischen Leib zugleich wiederum geboren werden«.

Ein erhebender Aspekt dieser Spiegelung ist, daß die Liebe, die zu anderen Seelen ausgeströmt ist, als Strom der Freude zurückkehrt. Das gleiche gilt für die negativen Gefühle: Taten, die aus »kalter Antipathie« oder Haß begangen wurden, werden genauso gespiegelt und verwandeln sich in das Gegenteil von Freude, in Unlust und Leid; solche Empfindungen, sagt Steiner, können sich in einem weiteren Leben in der Seele als »eine Art Stumpfheit des Geistes« abladen. Das allgemeine Gesetz besagt, daß Liebe Freude bewirkt und ein offenes Herz (Verständnis), während Antipathie oder Haß Leid und Torheit (Verständnislosigkeit) nach sich ziehen.[99] Wer die Veranlagung hat, ständig schmerzhaft berührt zu sein, sagt Steiner, hat in einem früheren Leben wahrscheinlich zu viel gehaßt. Der einzige Weg, der ihn aus dieser Zwangsjacke befreit, führt über die Liebe und das Verzeihen.

Ein weiterer philosophischer Zankapfel ist die Rolle des Zufalls. Die Rede vom Zufall, sagt Steiner, sei innerhalb der physikalischen Welt gerechtfertigt, wo Dinge äußerlich zusammentreffen, die zunächst innerlich nichts miteinander zu tun haben. Wenn ein Ziegelstein vom Dach fällt und zufällig eine unschuldige Person trifft, setzt dies jedoch für die Zukunft einen karmischen Ausgleich in Gang. So kann Steiner sagen: Wenn man *alle* Welten in Rechnung stellt, vergangene und zukünftige, gibt es keinen Zufall.[100] Eine Ausdehnung dieser Sichtweise könnte hilfreich sein, das von Jung sogenannte Phänomen der »Synchronizität« zu erklären, die »sinngemäße Koinzidenz« von kausal nicht verbundenen Ereignissen, oder auch bedeutsame Korrelationen in der Astrologie.

Je geringer die Rolle des Zufalls im Leben ist, desto größer ist der Raum für Freiheit und Verantwortung. Die Einsicht in das Wesen des Karmas kann die geistige Entwicklung vorantreiben. Die Erkenntnis des Karmas, sagt Steiner, gewinnt erst dadurch »ihren Wert, daß sie in unseren Willen für die Zukunft einströmt«.[101] Er sieht in der menschlichen Evolution eine Vorwärtsbewegung zu immer mehr Freiheit und Bewußtsein, und das heißt Verantwortungsgefühl; auf dieser Prämisse beruht auch sein Erziehungsmodell. Möglicherweise ist die Zeit für den Menschen gekommen, seine inneren Kräfte und ein ihnen entsprechendes Religionsverständnis zu entwickeln, das sich weniger auf äußere Formen und Stützen verläßt. Wer das moralische Element von Karma und Reinkarnation innerlich angenommen hat, weiß: »Wie ich war in dem Leben, so werde ich wirken auf alles, was in der Zukunft geschieht, auf die ganze Kultur der Zukunft. – Da erweitert sich etwas mit dem Wissen von Reinkarnation und Karma über die Grenzen von Geburt und Tod hinaus, was der Mensch bisher nur in engsten Grenzen kennengelernt hat: das Verantwortlichkeitsgefühl!«[102] Die Öffnung des ethischen und metaphysischen Horizontes führt zu entsprechenden Veränderungen im Denken und im Verhalten, in Erziehung und Psychologie, in Politik und Religion.

Karmische Moralordnung und spirituelle Evolution

> Die nächste Stufe der Evolution betrifft nicht die menschliche Physis, sondern seine Psyche, seinen Verstand und seinen Geist; sie besteht in der Erweiterung seines Verständnisses und seines Bewußtseins, in der Entwicklung eines neuen integrativen Charakters, der dem neuen Zeitalter angemessen ist.
>
> *Sir Sarvepelli Radhakrishnan*

Sir Sarvepelli Radhakrishnan, einer der herausragenden Vertreter indischen Denkens im 20. Jahrhundert und Herausgeber klassischer Schriften der indischen Religion, hat sich weltweit um ein größeres Verständnis zwischen den Kulturen bemüht. Äußerlich ging es ihm um das Überschreiten des engstirnigen Nationalismus, um größere Toleranz und Zusammenarbeit unter den Staaten im Rahmen der globalen Verantwortung für das ökologische Gleichgewicht; innerlich um die Wertschätzung der Einheit von Leben und Bewußtsein, wie sie im Wirken des Karmas zum Ausdruck kommt. Ein größeres Bewußtsein wird auch ein reiferes sein; es erkennt die Verantwortung an, die aus der gegenseitigen Abhängigkeit erwächst. In ähnlichen Zügen wie Radhakrishnan zeichnet Paul Brunton den Zusammenhang von Ethik und Metaphysik im westlichen Denken. Er unterscheidet drei Evolutionsstufen. »Die Ethik der frühen Jahrhunderte beruhte auf vagen Ängsten vor einem mit aller Wahrscheinlichkeit existierenden Gott, die Ethik unserer Zeit beruht auf einer völligen Indifferenz gegenüber einem nicht-existenten Gott. Erste führte zu einem gewissen Maß an Zurückhaltung, die zweite führt zu keinerlei Zügelung. Die Ethik der Zukunft wird auf dem rationalen Verständnis der Macht des Karma, des Gesetzes der persönlichen Verantwortung beruhen, und dies wird zur richtigen Zügelung des menschlichen Verhaltens führen.«[103] Am Anfang dieses Prozesses, vermutet Brunton, werden die Menschen vielleicht nur aus Angst gefügig sein, aber die moralische Entwicklung wird eines Tages selbstlose und hingebungsvolle Liebe hervorbringen.

So unterschiedlich die hier vorgestellten Karma- und Reinkarnationsmodelle auch sein mögen, sie sind stimmig genug, um aus ihnen eine kohärente moralische Ordnung ableiten zu können. Diese steht im Kontext einer zugrundeliegenden göttlichen und metaphysischen Ordnung. Wir werden alle drei Ordnungen der Reihe nach betrachten.

Die göttliche Ordnung umfaßt die Grundwerte, die im Zentrum aller religiösen Überlieferungen stehen, nämlich Liebe, Weisheit, Kraft und Einheit. Als Geist oder Bewußtsein, als Leben oder Energie, ist die Einheit der ganzen Schöpfung immanent; zugleich übersteigt sie die Schöpfung und hält sie mit einer allumfassenden Liebe zusammen. Über das Bewußtsein kann der Mensch diese Liebe erfahren. Er bekundet seine Weisheit (*Vidya* oder *Jnana*) im Verlangen nach dem Einssein mit Gott und in der Wahrnehmung der Einheit, die der Schöpfung zugrunde liegt.

Die metaphysische Ordnung ist gewissermaßen die explizite Struktur der göttlichen Ordnung. Alle Seelen sind Manifestationen oder Aspekte – Tropfen oder Funken – der göttlichen Einheit und sind deshalb im Innersten ihres Seins miteinander verbunden. Die Überselbst, sagt Brunton, sind verschieden, aber nicht getrennt.[104] Die Seelen durchlaufen einen Prozeß der Involution oder Verdichtung, sie nehmen individuelle Formen an und sehnen sich dann nach der Einheit zurück, aus der sie erwachsen sind. Dieser Prozeß vollzieht sich über eine Reihe von Wiedergeburten mit einer fortschreitenden Verfeinerung der Seele bis zur göttlichen Durchlichtung, die sich in der Liebe und Hingabe zu allem Lebendigen zeigt. Das Endziel (*telos*) ist die Befreiung und Erlösung für alle.

Einer der bekanntesten Einwände gegen dieses Modell karmischer Moralordnung ist, daß wir Menschen keine Erinnerungen an frühere Inkarnationen haben. Wir haben aber gesehen, daß man über Hypnose nicht nur verlorengegangene Erinnerungen aus diesem Leben wieder hervorholen kann, sondern allem Anschein nach auch Erinnerungen aus früheren Inkarnationen. Die These, es handle sich bei diesen Phänomenen um Fabrikationen des Unbewußten oder um Formen von Besessenheit, ist zumindest in einigen Fällen nicht plausibel. Wenn dem Unbewußten aber echte Erinnerungen aus früheren Leben zugänglich sind (ganz abgesehen von der Frage, wem sie »gehören«), kann man unterstellen, daß sie einen Einfluß auf die Psyche haben. Wir haben gesehen, wie Patienten durch das Wiedererleben und die Integration von inneren Erfahrungen, die offensichtlich dem Gedächtnisstrom eines verstorbenen Individuums entstammten, von ihren Phobien und Allergien befreit wurden. Angesichts solcher Heilungen steht die Fabrikationsthese ziemlich dürftig da, besonders wenn man die Heftigkeit und Schmerzhaftigkeit der wiederholten Erfahrung berücksichtigt und die Tatsache, daß die Symptome sich gegenüber allen anderen Formen der Behandlung als unkurierbar erwiesen hatten.

Um wessen Erinnerungen handelt es sich aber nun? Oder anders gefragt: Wie ist das Verhältnis des jetzigen Individuums zu der Person, die Situationen aus früheren Leben wiedererlebt? Das Gedächtnis ist ein entscheidender Faktor unserer Identität, und trotzdem können wir uns bewußt nicht mehr an viele Ereignisse der letzten Woche erinnern, geschweige denn an die vielen Erlebnisse des vergangenen Jahres. Anderseits erkennen wir Ereignisse wieder, an denen wir beteiligt waren. Menschen, die zurückgeführt worden sind, oder auch Menschen, die sich über Psychometrie in die Erinnerungen anderer einschalten können, behaupten von sich, die »eigenen Erinnerungen« leicht von denen anderer unterscheiden zu können. Dies mag einen Skeptiker wenig überzeugen, doch wir kennen dasselbe Phänomen von den Nah-Todesberichten, in denen die Betroffenen erklären, ihr Erlebnis sei nicht wie ein Traum gewesen. Es steht uns frei, ihnen nicht zu glauben, doch dafür spricht zunächst einmal nichts, solange wir selbst keine ähnliche Erfahrung gemacht haben und solange wir die Betroffenen als psychisch ausgeglichen betrachten können. Nach ihrem subjektiven Eindruck waren sie in die vergangene Situation unmittelbar hineinversetzt; sie fügen möglicherweise noch hinzu, daß sie mit den Personen, denen sie dort begegneten, auch in diesem Leben in Verbindung stehen und daß die damalige Situation ihre jetzige Beziehung erhellt. Jemand berichtet zum Beispiel, er sei mit seinem Gegenüber in heftigen Streit geraten und sie hätten beide eine Waffe gezogen, um sich gegenseitig umzubringen. Dann blitzte es plötzlich auf, und es zeigte sich, daß sich diese Situation bei einem der beiden schon einmal in der Ehe eines früheren Lebens abgespielt hatte. Die kurze Vision reichte aus, um eine verhängnisvolle Wiederholung zu verhindern. Der Betroffene war anschließend fest von der psychischen Kontinuität überzeugt, die ihn mit der ehemals existierenden Persönlichkeit verbindet.

Ein zweites Gegenargument stammt von John Hick. Nach seiner Auffassung liefert das Karma letztlich keine befriedigende Erklärung für gegenwärtige Ungleichheiten; entweder gibt es kein erstes Leben, dann kann man das Problem in einem infiniten Regreß auf immer frühere Inkarnationen zurückschieben; oder aber es gibt ein erstes Leben, dann entsteht das Problem mit dem Augenblick des ersten Schöpfungsakts.[105] Zudem ist dann der Schöpfer in die Ungerechtigkeiten seiner Schöpfung verwikkelt. Aus irgendwelchen Gründen hält Hick es nicht für angebracht, das christliche Postulat des freien Willens mit ins Spiel zu bringen: wenn aber Gott seinen Geschöpfen ein bestimmtes Maß an Freiheit gab, einschließlich des Risikos, Fehler zu machen, dann könnte ein früherer Mißbrauch des freien Willens der Grund sein für spätere Unterschiede und Ungleichheiten, und das Karma böte Gelegenheiten, das Gesetz der Liebe zu erlernen. Das orthodoxe Christentum hat hier mit seiner Lehre von nur einem Leben erheblich mehr Probleme, manche Ungerechtigkeiten zu erklären, die die Ausübung des freien Willens beeinträchtigen und spirituellen Fortschritt schwierig, wenn nicht gar unmöglich machen. Es ist nicht einfach, die kosmische Gerechtigkeit einer Metaphysik zu verstehen, die ein nur 10 Tage dauerndes Leben in Äthiopien zuläßt und annimmt, daß die weitere Entwicklung der Seele im Jenseits stattfinden wird.

Kehren wir zur karmischen Moralordnung zurück, für die zumindest eine Reihe von Indizien sprechen. Natürlich bleibt es problematisch, vom Besonderen auf das Allgemeine zu schließen, aber dies ist eine Gefahr, die für alle moralischen und metaphysischen Systeme gilt. Wir wollen nicht den Anschein erwecken, als könnten wir innerhalb der physikalischen Ordnung, die uns begrenzt, mehr als ein paar Teile des Musters erkennen. Unser Bild muß zwangsläufig unvollständig bleiben.

Die karmische Moralordnung setzt eine innere Interdependenz voraus: die Verbundenheit aller Seelen innerhalb des allumfassenden göttlichen Seins und die besondere empathische Resonanz zwischen Individuen der Gegenwart und einigen Personen der Vergangenheit. Diese Interdependenz bedeutet Verantwortung, insofern wir alle Teile desselben Ganzen sind und uns durch das Aufeinanderabgestimmtsein gegenseitig beeinflussen können; das Gleichgewicht des Organismus kann durch das Versagen eines einzigen Organs durcheinandergebracht werden und stellt sich erst dann wieder ein, wenn das Organ geheilt ist und wieder konstruktiv mit dem Ganzen zusammenwirkt. Im Bild des Symphonieorchesters: der ganze Klang ist gestört, wenn nur ein einziges Instrument falsch gestimmt ist.

Der harmonische Einklang setzt voraus, daß sich alle an das Gesetz der Liebe halten; jedes Versagen aber führt zu einer Dissonanz, die ein Neustimmen des Instruments erfordert.

Die Freiheit, die mit der Verantwortung verbunden ist, hat einen retrospektiven und einen prospektiven Aspekt. Sie besteht retrospektiv darin, zu akzeptieren, daß die Situation, in der man sich jetzt befindet, das Ergebnis früherer Gedanken, Gefühle und Taten ist, für die man selbst verantwortlich war. Dies ist, wie wir bei Steiner gesehen haben, nicht Prädestination; denn die karmische Moralordnung unterstellt, daß man von seinem freien Willen Gebrauch macht, selbst wenn man unter dem Einfluß verschiedener *Samskaras* und äußerer Faktoren steht. Prädestination dagegen würde bedeuten, daß dich ein allmächtiger Gott kraft eines souveränen Entschlusses in eine Situation stellt, über die du keine Kontrolle hast. Ein Gefühl für die retrospektive Verantwortung führt dazu, seine eigene Position anzunehmen, und häufig auch zu der Einsicht, daß das Vergebenkönnen die einzige wirklich konstruktive Antwort auf negative Wiederholungen ist, ein Ausweg aus dem Teufelskreis der fortgesetzten Beschuldigungen und der Verbitterung. Manche Kritiker behaupten, daß die Karmatheorie ein zu großes Maß an Fatalismus befördere und dazu ermutige, die eigene spirituelle Entwicklung weiter aufzuschieben, doch mit dieser Auffassung ignorieren sie den prospektiven Aspekt.

Die prospektive Verantwortung, die nach vorne schaut, betont die kreative und bewegende Kraft von Geist und Wille: unser Leben ist eine Schöpfung unseres Geistes, wie es im *Dhammapada* heißt. Der Geist entscheidet, wie wir auf bestimmte Umstände reagieren, während der Wille die Gedanken und Gefühle in Handlungen umsetzt, die zu Gewohnheiten werden, zum Charakter und schließlich zum »Schicksal«, das die Wahl und Muster zukünftiger Existenzen beeinflußt. Unsere Freiheit ist nur partiell, weil die Vergangenheit über das Unbewußte auf uns einwirkt: wir sind von starken Kräften getrieben, die ein wichtiger Faktor in unseren Entscheidungsprozessen sein können und Konsequenzen aufwerfen, die uns weitere Prüfungen und Belehrungen bescheren. Wir bewegen uns schrittweise in Richtung eines tieferen Wissens, einer größeren Freiheit und einer stärkeren Liebe. Obwohl jeder von uns einem eigenen, selbst erstellten Lehrplan folgt, bleibt unser aller Ziel dasselbe: die Liebe und Weisheit Gottes zu ergründen. Karma ist eine Form kontinuierlicher Überprüfung, die uns so viele Gelegenheiten verschafft, wie wir brauchen, um das Gesetz der Liebe zu erlernen; sie führt uns am Ende zur Harmonie, zur Freude und zum Frieden, in unserem eigenen Bewußtsein und im Austausch mit anderen. Gnade und Vergebung sind in der göttlichen Liebe allgegenwärtig, doch die eigentliche Frage ist, ob wir selbst in der Lage sind, uns und den anderen zu vergeben, uns von den Mustern der Vergangenheit zu befreien, die uns binden und unsere Durchsicht auf die göttliche Ordnung verdunkeln.

5. Das Gericht

So wie der Mond stirbt und zum Leben zurückkehrt, so werden auch wir, die wir sterben müssen, wieder auferstehen.

Juan Capastrino, Indianer, Kalifornien

Einführung

Bei einem Rückgang in die Geschichte wollen wir nun erforschen, wie die menschlichen Vorstellungen von einem Nachleben zunehmend moralisiert wurden und sich so schrittweise eine moralische Ordnung etablierte; sie steht im Kontext der metaphysischen Grundannahme, daß die Seele bzw. das bewußte Selbst den körperlichen Tod überlebt. Vorzivilisatorische Gesellschaften, soweit sie historisch überliefert sind oder gegenwärtig noch bestehen, haben die postmortale Existenz selten, wenn überhaupt, in Frage gestellt. So steht der Tod in der religiösen Tradition Afrikas für den »Übergang vom körperlichen zum körperlosen Leben [...] und das körperlose Leben wird als genauso wirklich angesehen wie das körperliche«.[1] Der Tod ist die Trennung des immateriellen Teils des Menschen von seinem physischen Körper.

Wenn der Tod aber die Trennung der Seele vom Körper vollzieht, bedeutet er für den Verstorbenen zugleich das Ende seiner körperlichen Teilnahme am Leben der Gemeinschaft. Trotzdem gibt es eine Fortsetzung des Zusammenseins; die Lebenden versichern sich ihrer durch »Gebete, Trankopfer, Spenden und andere religiöse Gebräuche«;[2] der Tote revanchiert sich, indem er die Lebenden beschützt und sich für sie einsetzt. In gewisser Weise greift also die soziale Ordnung auf das Nachleben über, doch gibt es weder die scharfen Grenzlinien, die wir aus dem westlichen Denken gewohnt sind, noch denselben eschatologischen Zeitplan, der die Geschichte vom Anfang bis zum Ende strukturiert. Afrikanische Denkmodelle sind eher zyklisch als linear.

Soziale Kontinuität kann nun also bedeuten, daß der gesellschaftliche Status eines Menschen in der kommenden Welt unverändert bleibt. Darüber entscheidet vor allem seine Position, weniger seine moralischen Qualitäten; der Privilegierte genießt in der Regel auch weiterhin ein besonderes Ansehen. Frazer erwähnt eine Volksgruppe auf den Fidschi-Inseln, nach deren Glauben der Fährmann am Seelenfluß die Leute, die übersetzen wollen, fragt, ob sie einfache Passagiere sind oder zur Kabinenklasse gehören: »[...] denn die Geister der Anführer hielten sich in strenger Ordnung an einem Ende des Kanus auf, während die Geister der einfachen Leute am anderen Ende zusammengepfercht wurden«.[3]

Zwar gibt es einen universellen Glauben an ein Nachleben, doch fand Lévy-Bruhl bei seinen Erforschungen prälogischer Kulturen meist nur vage Vorstellungen über die Art dieses Nachlebens.[4] Auch Opoku bemerkt das Fehlen klarumrissener Begriffe von Himmel und Hölle; dies, fügt er hinzu, hindere manche Stämme nicht an der Vorstellung, daß die Menschen für ihr Erdenleben Rechenschaft abgeben müssen. In einigen, keineswegs in allen Naturvölkern hat sich so etwas wie ein individuelles Moralbewußtsein entwickelt. Das unserem Erlösungsgedanken entsprechende Ideal besteht darin, nach dem Tod seinen Platz unter den Vorfahren einzunehmen, von der Gruppe im Jenseits, dem Clan, aufgenommen und eingegliedert zu werden. Ein solcher Glaube stellt die Dienstbarkeit des einzelnen gegenüber seiner Gruppe sicher; aus dieser Identität ausgeschlossen, verdammt zu werden, droht als höchste Strafe.

Als rituelle Form der Eingliederung unterziehen sich die männlichen Mitglieder einer Initiation. Anschließend wird von ihnen erwartet, daß sie heiraten und männliche Nachkommen zeugen, die ihre Gebräuche fortsetzen. Die Männer eines Stammes von den Fidschi-Inseln müssen, wenn sie beim Zeugen von Söhnen versagen, fürchten, zu sterben »und den Vorfahren ihres Volkes entgegenzutreten, die wütend sind über den armen Kerl, der es nicht geschafft hat, die erfolgreiche Fortführung der Ahnenverehrung sicherzustellen«.[5] Aus einem solchen Ordal kann man ersehen, daß der Empfang im Jenseits ein folgenschweres Ereignis ist. Verschiedene Faktoren wie der Rang des

Verstorbenen, die Art seines Todes, die Zahl seiner Nachkommen und die letzte Ehre, die ihm erwiesen wurde, spielen dabei eine Rolle;[6] dem Neuankömmling droht als größte Gefahr, von der Gruppe geächtet zu werden. Kinderlose Männer nehmen in der sozialen Ordnung den niedrigsten Rang ein.[7] Ich erwähne diese Details, weil sie zeigen, daß der Status im Jenseits meistens mehr eine Sache der gesellschaftlichen Stellung ist als der moralischen Verdienste. An der Fortführung der sozialen Strukturen hängt das Wohlergehen der gesamten Gesellschaft, die die Lebenden wie die »Toten« umfaßt.

Verbrechen und Strafen

Naturvölker legen besonderen Wert auf den sozialen Zusammenhalt, weil er notwendig ist, um ihr Überleben zu garantieren. Zentrale Forderung ist der Gehorsam gegenüber den Autoritäten. Tugendhaftes Verhalten wird danach bestimmt, wie es den gemeinschaftlichen Zusammenhalt fördert oder stärkt; unmoralisch ist ein Lebenswandel, der die Sozialordnung der Gruppe schwächt oder untergräbt. Die moralische Ordnung basiert auf dem Gehorsam gegenüber einer Autorität, die – auch wo sie gesellschaftlich erscheint – tatsächlich erst durch die Religion legitimiert ist. Es gibt keine wirkliche Trennung zwischen dem, was wir die Autorität der Gesellschaft oder des Staates nennen würden, und der Autorität der Kirche; gleichermaßen wird auch zwischen Brauch oder Konvention und Gesetz keine klare Unterscheidung getroffen.

Gesetze sind dazu da, eine bestimmte Ordnung zu beschreiben und/oder vorzuschreiben. Das Gesetz der Schwerkraft beschreibt eine Ordnung der gegenseitigen Anziehung von Körpern; ein Gesetz gegen Mord schreibt eine bestimmte Sozialordnung vor oder versucht es wenigstens. Wenn ein solches Gesetz nicht befolgt wird, wird dem, der es verletzt, eine Strafe auferlegt. In jeder Gesetzgebung sind Strafmaßnahmen verankert. Ihr Ziel ist es, bestimmten Handlungen vorzubeugen, durch die exemplarische Bestrafung von Gesetzesüberschreitern andere abzuschrecken, und nicht zuletzt den Übeltäter zu bessern.

Durch seine Verordnungen schreibt das Gesetz gesellschaftliche Pflichten vor; wenn jemand diesen Pflichten nicht nachkommt oder wenn er ein Verbrechen begeht, tritt die Strafmaßnahme in Kraft.

Solange die Unterschiede zwischen zivilen und religiösen Autoritäten verwischt sind, werden Sünden wie Verbrechen behandelt und Verbrechen wie Sünden. Erst in einem späteren Stadium der gesellschaftlichen Entwicklung werden Sünden als Verletzungen des göttlichen Gesetzes definiert und Verbrechen als Übertretungen des menschlichen Gesetzes. Einige Verbrechen/Sünden sind nahezu allen Kulturen gemeinsam: Mord, Diebstahl, Unzucht, Inzest oder Lüge. Andere sind stammesspezifisch, so die Zauberei, die als antisozial gilt, weil sie Mitgliedern des Stammes Tod oder Leid beschert. Wieder andere, wie die Mißachtung von Ritualen oder Vernachlässigung von Verehrungsvorschriften, sind im strengeren Sinn religiöse Verletzungen. Das sie vereinigende, universelle Regulierungsprinzip ist das Tabu. Nach Freud bedeutet das Wort Tabu »einerseits: heilig, geweiht, andererseits: unheimlich, gefährlich, verboten, unrein«;[8] was heilig ist, ist unnahbar und verboten. Die beabsichtigte psychologische Wirkung des Tabus besteht darin, Angst und Schrecken einzujagen und damit antisoziales Verhalten zu verhindern. Die Verbote werden so formuliert, daß sie das individuelle Verhalten negativ einschränken: »Du sollst nicht ...« Die ganze Anlage eines Tabus drängt auf Konformität mit den festgesetzten Normen und trägt damit zur sozialen Stabilität bei.

Man sollte noch erwähnen, daß es eine Norm gibt, die nur für die Angehörigen des Stammes, die Insider, gilt, und eine andere für die Außenstehenden, die Outsider, die nach dem Gutdünken der Stammesführer beraubt und getötet werden dürfen. Das Mitgefühl mit Fremden oder gar die Identifikation mit ihnen ist noch nicht sehr weit entwickelt. Ein erstes aufkeimendes moralisches Element im Bereich des Tabus ist das Schuldgefühl. Es tritt auf, wenn ein Tabu verletzt worden ist, und kann unter Umständen so ausgeprägt sein, daß jemand von seinem Wissen sprichwörtlich aufgefressen wird; man spricht von einem »nocebo«-Effekt, eine Art Selbstsuggestion, bei der die bloße Vorstellung einer Strafe schon ausreicht, um sie wirklich werden zu lassen.

So sind Fälle von Tabuverletzern bekannt geworden, die ihren König berührt hatten, was bei Todesstrafe verboten war, und im Wissen um die Folgen ihrer Tat dahinsiechten, bis sie starben.

Die gesellschaftlichen Strafen haben ihren Ursprung in persönlichen Racheakten, die ein einzelner gegenüber einem anderen übt, der ihm Böses getan oder der seine Rechte oder Interessen beschnitten hat. Die Vergeltung ist in ihrer einfachsten Form eine Reflexhandlung zum Zwecke der Selbstverteidigung – ein Geschlagener schlägt zurück – und somit ein Mittel der Abschreckung. Sie zeigt dem Aggressor, daß er nicht straflos angreifen kann und daß er besser daran tut, Ärger zu vermeiden. Wenn er trotzdem angreift, muß er damit rechnen, für sein Tun zu bezahlen: Auge um Auge, Zahn um Zahn, getreu der *lex talionis*, die Gleiches mit Gleichem vergilt. Eine solche private Übereinkunft ist gesellschaftlich gesehen anarchistisch, weil sie sich über weitergehende soziale Konventionen hinwegsetzt; deshalb etabliert sich in allen Gesellschaften schon bald eine öffentliche Rechtsautorität, zum Beispiel in der Person des Anführers, der aufgrund seiner Macht und seines Ansehens als Richter auftritt. Die private Rache wird nun durch ein offizielles Verfahren des Ausgleichs gesteuert, eine Art kollektiver Rache, die vor allem die Selbsterhaltung der Gesellschaft im Blick hat. Ein derartiges Vergeltungssystem spiegelt die Entrüstung des Stammes über das Verbrechen wider und ein zunehmendes Mitgefühl für die Opfer; in dem geforderten Strafmaß schlägt sich das gemeinsame Empfinden von der Schwere des Verbrechens nieder. Die emotionalen Argumente für die Todesstrafe laufen im Grunde auch heute noch darauf hinaus, die öffentliche Empörung über ein Verbrechen zu befriedigen, das nach einer angemessenen Vergeltung verlangt.[9]

Die ersten Strafgesetzbücher folgten dem Grundsatz »Auge um Auge«; man hielt die Grundlegung dieses Prinzips für das am besten geeignete Verfahren ausgleichender Gerechtigkeit. Es bestand darin, einem Verbrecher dasselbe Maß an körperlichen Schmerzen aufzuerlegen, das dieser seinem Opfer zugefügt hatte. Es nahm wenig Rücksicht auf unterschiedliche Motive: die Tat selbst war Maßstab genug. So wurde jede kriminelle Handlung von äußeren Gesichtspunkten her beurteilt; in der

Entscheidung über die Strenge des Urteils spielten mildernde Umstände oder psychische Störungen keine Rolle.

Solange zwischen Verbrechen und Sünden nicht unterschieden wurde, gab es keinen Grund anzunehmen, daß die göttliche Strafe für das Brechen eines Tabus auf die irdische Lebenszeit beschränkt blieb. Der Glaube an ein Nachleben und die Vorstellung göttlicher Sanktionen machten eine Rache oder Strafe denkbar, die erst nach dem Tod einer Person vollzogen wurde, entweder an Stelle einer Bestrafung in diesem Leben oder als Ergänzung zu ihr. So griff die gesellschaftliche Moralordnung auf das zukünftige Leben über.

Gottesurteile

In der primitiven Rechtsprechung gab es für den Verurteilten als letzte Zuflucht die Möglichkeit, sich einem Gottesurteil zu unterziehen, einer körperlichen Prüfung, mit der sich der Proband besonderen Gefahren aussetzte. Das Ergebnis galt als »das unmittelbare Urteil der Gottheit« in dieser Angelegenheit.[10] Gottesurteile, sogenannte Ordale, gab es in verschiedenen Varianten; der Proband mußte Gift nehmen, ein Bein oder einen Arm in eine kochende Flüssigkeit tauchen, ein heißes Eisen ablecken, sich einem Zweikampf unterziehen (diese Art der Prüfung blieb in der Tradition des ritterlichen Duells noch lange erhalten), er wurde unter Wasser gehalten, er mußte über Feuer gehen oder einfach ein Los ziehen. Ermittlungsordale, die der Überführung eines Täters dienten, wurden nach der Schwere der Verletzung beurteilt: je schlimmer die Verletzung, desto schuldiger der Beklagte. Dabei kam es zu interessanten psychosomatischen Phänomenen: die Überzeugung von der eigenen Unschuld hatte eine offenbar immunisierende Wirkung auf das Opfer. Man kann das mit dem Feuerlaufen vergleichen, eine moderne Form der Selbsterprobung, bei der der Meditierende einen bestimmten Geisteszustand erreicht, in dem er überzeugt ist, daß die glühenden Kohlen, über die er geht, ihm nicht die Fußsohlen versengen. Aus dem Gottesurteil haben sich spätere Praktiken des Folterns und des Weissagens entwickelt; auch das Wetten und die Eidesbezeugungen vor Gericht gehen auf Formen der Ordale zurück.

Das Gottesurteil ist ein, wenn auch grausames, so doch eindeutig auf die individuelle Schuld gerichtetes Bewertungsverfahren, über das festgestellt werden soll, ob der Beschuldigte für die ihm zu Last gelegte Tat verantwortlich ist oder nicht, und wenn ja, welche Strafe ihm gebührt. Die Vorstellung einer persönlichen Bestrafung nach dem Tod setzt ein bereits entwickeltes Empfinden für die individuelle Identität voraus und ein Bewußtsein von der moralischen Verantwortung für die eigenen Taten. Der einzelne ist nicht mehr einfach ein funktionierendes Glied der Gruppe, er bekommt ein gewisses Maß an Würde, Selbständigkeit und Selbstwertgefühl. Der Wunsch, unsterblich zu sein, sagt John Hick, entwickelt sich einerseits mit der Entdeckung der individuellen Werte; er schließt aber auch die Kultivierung der göttlichen Werte mit ein, denn das »Wünschenswerte« besteht gerade darin, eins zu werden mit ihm und seiner Güte.[11] Pflicht wird zu persönlicher Verpflichtung gegenüber dem Göttlichen und ist nicht mehr der kollektiven Identität des Stammes untergeordnet.

Wenn wir heute unter den sogenannten Naturvölkern Vorstellungen von einer Vergeltung nach dem Tode begegnen, ist schwer zu entscheiden, ob diese Vorstellungen originär oder von einer weiterentwickelten Religion übernommen worden sind. Der Jenseitsglaube, der in den Erzählungen dieser Völker zum Ausdruck kommt, ist selten von einer verbindlichen Moral beherrscht. Oft findet die Seele Wege, den Klauen der Wächter an den Toren des Todes zu entwischen, indem sie ihren Mut, ihre Geschicklichkeit oder ihre List ausspielt. Mag man in derartigem Mut noch eine Form der Tugend erkennen, so dürfte das für die Gerissenheit kaum gelten. Nach dem Glauben der Gilbert-Insulaner muß die Seele auf ihrer Reise in das Geisterland verschiedene Gottesurteile über sich ergehen lassen.[12] Um zum Eingangstor zu gelangen, muß sie an Nakaa vorbei, dem Torwächter, der mit dem Rücken zum Weg steht und Netze knüpft. Die Seele versucht, sich an Nakaa vorbeizuschleichen, aber der hat ihr Näherkommen längst bemerkt, streckt seine Hand aus und verwickelt sie in den Fäden seines Netzes. Dann legt er sie auf seine Knie und untersucht ihr Herz. Wenn er etwas Böses entdeckt, Spuren von Inzest, von Feigheit oder Diebischem, wird die Seele entweder an einen Ort ewiger Bedrückung verbannt, auf einen Pfahl gesteckt oder zu den Leibern ihrer Vorfahren geworfen. Die meisten Inselbewohner glauben, daß diese Verurteilung unvermeidlich ist, und dennoch kann die Seele, wenn sie gerissen ist, der Greifhand Nakaas und den Fängen des Netzes entkommen. Mit anderen Worten: die Seele kann, in Ausnahmefällen, der moralischen Verurteilung entgehen, indem sie von Fähigkeiten Gebrauch macht, die mit Moral nichts zu tun haben.

Mit dem Aufkommen eines Denkens, das die moralische Verantwortlichkeit des Individuums in den Vordergrund stellt, spielen Eigenschaften wie Geschicklichkeit und List bald nur noch eine untergeordnete Rolle im postmortalen Gerichtsverfahren. Auch andere Formen des Ordals, die Brücke, das Wägen der Seele und die Aufzeichnungen im Buch des Lebens, werden mit fortschreitender gesellschaftlicher Entwicklung entsubjektiviert und der unparteiischen göttlichen Gerechtigkeit angepaßt.

Die Brücke

Benjamin Franklin, der Erfinder des Blitzableiters, mußte sich im 18. Jahrhundert von den Geistlichen seiner Zeit vorhalten lassen, er versuche mit seiner Erfindung das Strafgericht Gottes von den Sündern abzulenken, deren Häuser in ein Unwetter gerieten. Eine ähnliche Denkweise prägte einmal das Verhalten der Menschen gegenüber Brücken. Flüsse wurden als natürliche Grenzen betrachtet, die von Göttern errichtet worden waren und die jeweils ihre eigene Schutzgottheit hatten. Einen Strom zu überbrücken war eine prometheische Herausforderung der göttlichen Ordnung, die einem Sakrileg nahekam; als Ausgleich wurde meist ein Menschenopfer verlangt, das den Flußgeist beschwichtigen sollte. Im alten Rom hielt man Brücken für einen Affront gegenüber dem Flußgeist, denn sie beraubten ihn seiner Nahrung in Gestalt jener Reisenden, die beim erfolglosen Versuch, den Fluß zu überqueren, ertranken. Das jährliche Opfer bestand ursprünglich aus lebendigen Bürgern; später wurden diese durch ausgestopfte Figuren von alten Männern ersetzt.

Solche ehrfürchtigen Assoziationen wurden auf die Vorstellung einer Brücke des Gerichts übertragen, die nach dem Tode überschritten werden mußte. Die ältesten Darstellungen vom Passieren der Grenzbrücke, die die eine Welt mit der nächsten verbindet, beschreiben, was nicht überrascht, mehr ein Geschicklichkeitsordal als eine moralische Prüfung. Die ponapenische Seele muß die Tanzbrücke (»kan kaper«) überschreiten, die von verborgenen Quälgeistern bewacht wird.[13] Dort angekommen, beginnt die Seele einen grotesken Possentanz, um die Unholde von ihrer Pflicht abzulenken, bis die Brücke passiert ist. Der beste Tänzer hat die größten Erfolgschancen; ein Mann wie Molières angeberisch-absurder »Bürger als Edelmann«, der nicht tanzen kann, würde frühzeitig vom Schicksal ereilt. Ein ähnliches Bild bei den Todas: sie müssen eine Schlucht überqueren, über die nur ein dünner Faden führt.[14] Die Eigennützigen, die Eifersüchtigen, die Mißmutigen und »alle, die sich an der geheiligten Milchwirtschaft vergehen« (was immer das bedeuten mag!), stürzen in den Fluß. Erst werden sie von Blutegeln gebissen, dann aber von den Uferbewohnern an Land gebracht. Dort bleiben sie eine Zeit, die an ihrer Schlechtigkeit gemessen wird, und setzen erst dann ihre Reise fort. Beim Passieren dieser Brücken spielen sicher moralische Kriterien eine Rolle; dennoch gelingt es den Bewohnern bestimmter Regionen offenbar immer wieder, wie ausschweifend ihr Leben auch gewesen sein mag, ungestraft ans andere Ufer zu kommen. Im unparteiischen Vorgang der moralischen Bewertung gibt es auch hier wieder einmal eine Ausnahme.

In der persischen Überlieferung heißt die Brücke »Cinvat«, was übersetzt wird mit Brücke der Trennung oder der Entscheidung oder auch der Belohnung. Das Ordal bestand ursprünglich darin, die richtige Parole zu kennen; Zarathustra machte daraus im 6. Jahrhundert vor Christus »eine Ergebenheitsprüfung gegenüber der höchsten Gottheit«, Athura Mazda.[15] Die Seele verpflichtete sich zum Gehorsam gegenüber dem Guten im Kampf gegen die bösen Kräfte Ahrimans. Dabei ist eine besondere moralische Haltung offenbar nicht verlangt; die eigentliche

Betonung liegt »auf dem rechten Glauben, nicht auf einem moralischen Lebenswandel«.[16] Neun Speerlängen breit war die Brücke für die Gerechten und schmal wie eine Rasierklinge für die Frevler, die kopfüber in die Hölle stürzten.

Der Islam hat die Brückenprüfung von den Persern übernommen. Die Brücke lag direkt über der Hölle, sie war schärfer als eine Schwertklinge und dünner als ein Haar, umrankt von spitzem Dornengestrüpp. Ob es gelang, die Brücke zu überqueren, hing vom Glauben der Seele und von ihrer religiösen Praxis ab. Die Rechtschaffenen retteten sich im Eilschritt auf die andere Seite, während die, die schwer an ihrer Schuld trugen oder an der Lehre des Propheten gezweifelt hatten, den Boden unter ihren Füßen verloren und in den unter ihnen gähnenden Abgrund rutschten.

Als Nachtrag noch ein Hinweis auf die Ethymologie des Wortes »pontifex«, ein Titel, den noch heute der Papst trägt. Der Begriff setzt sich zusammen aus den lateinischen Wörtern »pons«, die Brücke, und »facere«, machen; Pontifex ist also ein Brückenbauer und ursprünglich eine Bezeichnung für eine Art priesterlichen Bauunternehmer. Weil nämlich die Brücken als etwas Sakrales angesehen wurden und die Flußgötter für Souveränitätsverletzungen entschädigt werden mußten, brauchte man einen solchen Priester-Ingenieur, der die erforderlichen Besänftigungsriten beherrschte. Die Klasse der Brückenbauer war mit großer Macht ausgestattet, denn sie verwaltete die Geheimnisse der Wissenschaften und der Religion. Das jährliche Opferfest wurde in Rom für Vater Tiber abgehalten. Dort erhielt Kaiser Augustus im Jahre 13 nach Christus den Titel »pontifex maximus«, der auf spätere heidnische und christliche Kaiser überging. Wann genau er dem Bischof von Rom verliehen wurde, ist nicht mehr festzustellen;[17] in diesem neuen Kontext jedenfalls bezeichnet der Pontifex den Brückenbauer oder Grenzüberschreiter, der zwischen Himmel und Erde vermittelt, »zwischen dem Materiellen und dem Geistigen, zwischen dem Menschlichen und dem Göttlichen«.[18]

Das Wägen der Seele

Das Bild vom Seelenwiegen als Form der Wert-schätzung ist unmißverständlich für alle, die Handel treiben und mit Maßen und Gewichten zu tun haben. Im Griechischen spricht man in einer wörtlichen Übersetzung dieser Idee von »psychostasia«. Mit modernen Badezimmerwaagen kann man das Gewicht der Seele selbstverständlich nicht ermitteln, denn der eigentliche Sinn dieses Meßverfahrens besteht darin, eine Sache gegen die andere abzuwägen, in diesem Fall die guten Taten gegen die bösen. In einem solchen Gegeneinander kommt das herrschende dualistische Denken zum Ausdruck, das wir bis in die mittelalterlichen Darstellungen der *psychostasia* verfolgen können.

Die ältesten Hinweise auf das Wägen finden sich in den altägyptischen Sargtexten des mittleren Reichs (ca. 2160 bis 1580 v. Chr.). Die Taten einer Person wurden ursprünglich einfach in zwei Haufen nebeneinandergelegt; der Vergleich entschied dann über ihr weiteres Schicksal. Später kam die Idee auf, die Taten gegeneinander abzuwägen. Im *Tibetanischen Totenbuch* werden die guten Taten als weiße Kieselsteine gezählt, die bösen als schwarze.[19] Dieser Vorgang diente der Einschüchterung der Seele; vergeblich versucht sie, ihre Unschuld zu beteuern.

Das *Ägyptische Totenbuch* enthält zwei sich scheinbar widersprechende Berichte von der Verurteilung nach dem Tod. Im 125. Kapitel gibt die Seele eine lange Erklärung ihrer Unschuld ab, wobei sie rituelle wie moralische Vergehen weit von sich weist.[20] Einige Forscher halten solche Erklärungen für magische Zaubersprüche, die die göttliche Gerechtigkeit untergraben sollen;[21] Brandon vertritt dagegen die Meinung, daß die Unschuldserklärung *vor* dem Abwägen stattfindet, das erst die Wahrheit ans Licht bringt.[22] Thot überwacht den Vorgang des Wägens; *Maat*, das Symbol der Wahrheit, ist das Gegengewicht, mit dem das Herz ausbalanciert wird; auf diese Weise gelangt man zu einem objektiven Urteilsspruch. *Maat* steht aber auch für das Gewissen; das Gericht entscheidet also nicht nur über die Handlungen der Seele, sondern auch über ihre Absichten: es ist mehr

Gewissensprüfung, die über die äußeren Fakten hinaus das moralische Innenleben des Menschen erforscht.

In der persischen Tradition ist es Rashnu, der die Taten der Seele auf seiner geistigen Waage abwägt: »Er wird [von der Wahrheit] um keine Haaresbreite abweichen, denn er handelt ohne Ansehen der Person. Unparteiisch läßt er Gerechtigkeit walten, über Könige und Prinzen nicht anders als über den Geringsten unter den Menschen.«[23] Die Propheten des Islam verkünden: »Und für den Tag der Auferstehung stellen wir gerechte Waagen auf. Und dann wird niemandem Unrecht getan. Wenn es auch nur das Gewicht eines Senfkorns ist, bringen wir es bei. Wir rechnen genau genug ab.«[24] »Wer dann schwere Waagschalen hat, hat ein angenehmes Leben. Wer aber leichte Waagschalen hat, der geht zugrunde.«[25] Betont wird die Genauigkeit, mit der gemessen wird; das, was die Waagen anzeigen, ist unwiderruflich.

Das Alte Testament enthält mehrere Hinweise auf das Wägen zu Lebzeiten. »Wenn ich in Falschheit einherginge«, ruft Hiob zur Beteuerung seiner Unschuld, »dann wäge Gott mich auf gerechter Waage« (Hiob 31,5f.). »Jeder meinte«, heißt es im Buch der Sprichwörter (16,2), »sein Verhalten sei fehlerlos, doch der Herr wägt den Geist ab.« Daniel erklärt Nebukadnezar die Bedeutung des Menetekels; »Mene: *Gezählt* hat Gott die Tage deiner Herrschaft und macht ihr ein Ende. Tekel: *Gewogen* wurdest du auf der Waage und zu leicht befunden.« (Dan. 5,25). Die alttestamentarische Überlieferung, nach der die Seelen gewogen werden, geht offenbar auf ägyptische Glaubensvorstellungen zurück.[26] Im alttestamentarischen Buch Abraham, einem apokryphen Text, ist es der Erzengel Dokiel, der das Gewicht der Seelen bestimmt; danach spricht Gott das Urteil. Obwohl das hier beschriebene Gericht unmittelbar nach dem Tode stattfindet, haben die großen mittelalterlichen Darstellungen das Ereignis auf den Tag der Wiederkunft verlegt. So ist das »Jüngste Gericht« über den Eingangsportalen vieler gotischer Kathedralen eindrucksvoll ins Bild gesetzt. Die Pilger, die nach Chartres kamen, pflegten die Kirche durch den südlichen Eingang zu betreten; zwischen den Türen hieß sie eine freundliche Christusfigur willkommen, doch sobald ihr staunender Blick nach oben ging, sahen sie Christus majestätisch über dem Jüngsten Gericht thronen und bei ihm den Erzengel Michael als Seelenwäger. Diese Szene läßt sich nicht auf die Heilige Schrift zurückführen; Michael ist auch nicht der natürliche Nachfolger des ursprünglichen Seelenwägers Henoch; er tritt vielmehr als der Verteidiger der Seelen auf, der sie in der Stunde des Todes gegenüber dem Teufel in Schutz nimmt. In Autun ist er der Gegenspieler eines Dämons, der alles daran setzt, die Waagschalen in seine Richtung zu beeinflussen. Im Verlauf der Jahrhunderte wird er immer mehr zum streitbaren Fürsprecher der Menschen gegen den Teufel;[27] das Wägen der Seele, das am Anfang eine unparteiisch vollzogene moralische Wertmessung gewesen war, verkommt zu einem direkten Wettkampf zwischen dem Erzengel Michael und den Kräften des Bösen. Dieser Bedeutungswandel ist ein Hinweis darauf, daß das Vertrauen auf den Glauben das Vertrauen auf die Werke übersteigt; man kann darin einen moralischen Rückschritt erkennen, der die persönliche Verantwortung schwächt und die Abhängigkeit von kirchlichen Zusagen und Vorschriften fördert.

Das Buch des Schicksals

Das Panorama, das in der Lebensrückschau ausgebreitet wird, hat uns gezeigt, daß die Ereignisse unseres Lebens offenbar unauslöschlich in einem inneren Gedächtnis aufgezeichnet sind. Ähnliches glaubt man traditionell vom Buch des Schicksals, in dem das ganze Leben einer Person aufgezeichnet sein soll. Das Buch wird in der Stunde des Todes geöffnet und geprüft, damit der Seele ein gerechter Platz zugewiesen werden kann. Das alttestamentarische Buch des Lebens, auch Buch der Erinnerung genannt, enthält die Namen der Getreuen Jahwes. Wer sündigt, setzt sich der Gefahr aus, daß sein Name ausgestrichen wird (Ex. 32,32; Ps. 69,29). So wird aus einer einfachen Namenliste ein Verzeichnis der Gerechten und im Neuen Testament ein Index derer, deren Namen im Himmel aufgeschrieben sind (Lk. 10,20). Psalm 139, eine Meditation über den allwissenden Gott, beginnt mit dem Vers: »Herr, du hast mich erforscht und du kennst mich«; einige Zeilen später heißt es: »in deinem Buch war schon alles verzeichnet« (Ps. 139,6). Aus der Ferne, sagt der Psalmist, erkenne der Herr seine Gedanken; was immer er tue, es sei schon bekannt: wohin er auch gehe, er könne der Gegenwart Jahwes nicht entfliehen. Also bittet er darum, daß der Herr sein Herz erkenne und seine Gedanken prüfe: »Sieh her, ob ich auf dem Weg bin, der dich kränkt, und leite mich auf dem altbewährten Weg« (Ps. 139,24).

Manchmal überträgt Jahwe die Aufgabe, das Buch zu führen, einem Engel. Bei Ezechiel ist es ein Mann mit leinenem Gewand, »an seinem Gürtel hing Schreibzeug« (Ez. 9,2). Ihm ist aufgetragen, durch Jerusalem zu gehen und allen ein Kreuz auf die Stirn zu malen, »die über die in der Stadt begangenen Greueltaten seufzen und stöhnen«. Andere Engel erhalten den Befehl, alle zu töten, die kein Erkennungszeichen tragen. Diese Szene wiederholt sich in der Offenbarung: die mit dem Siegel Gottes auf der Stirn werden verschont. Der Höhepunkt der in der Offenbarung geschilderten »letzten Tage« ist der Moment, da neben anderen Büchern das Buch des Lebens aufgeschlagen wird (Offb. 20,11-15). In den Büchern ist alles aufgezeichnet, was die Seelen in ihrem Leben getan haben. Die entsprechende Passage ist etwas undurchsichtig. Wer nicht im Buch des Lebens verzeichnet war, heißt es dort, wurde in den Feuersee geworfen. Gleichzeitig wird von den Toten gesagt, sie seien nach ihren Werken gerichtet worden. Es ist nicht eindeutig, ob jeder nach seinen Taten gerichtet wird oder nur die, die nicht im Buch des Lebens verzeichnet waren. In jedem Fall entspricht das Urteil der Lebensführung der Menschen; sie werden also für ihre Handlungen selbst verantwortlich gemacht. Es gibt an dieser Stelle keinen Hinweis darauf, daß die Sünden durch den Opfertod Christi getilgt worden sind.

Der Koran verkündigt: »Wenn der Himmel sich spaltet, die Sterne sich zerstreuen, die Meere über die Ufer treten und die Gräber ausgeräumt werden, bekommt einer zu wissen, was er früher oder später in seinem Leben getan hat« (Sure 82). Wächter sind über die Seelen gesetzt, »vornehme Engel, die alles aufschreiben und die wissen, was ihr tut«. Der Seele wird am Tag der Auferstehung ein aufgeschlagenes Buch präsentiert und befohlen, es zu lesen, denn »es bedarf niemandes außer euch selbst, um an diesem Tag Rechenschaft abzulegen« (Sure 17). Das weitere Schicksal der Seele entscheidet sich danach, wie das Buch überreicht wird: »Wem seine Schrift in seine Rechte gegeben wird, mit dem wird glimpflich abgerechnet werden und er wird froh zu seinen Angehörigen zurückkehren. Wem dagegen seine Schrift von hinten her gegeben wird, der wird ach und weh schreien und in einem Höllenbrand schmoren« (Sure 84, 7-12, 69,19 ff.). Dem so Verdammten helfen auch früherer Reichtum und Macht nichts mehr. »Er hat nicht an den gewaltigen Gott geglaubt und nicht dazu angehalten, dem Armen zu essen zu geben.« Deshalb wird er nun ergriffen, an eine 70 Ellen lange Kette gelegt und in das Höllenfeuer geworfen. Er kann den Folgen seines Unglaubens und seiner mitleidlosen Lebensführung nicht entkommen.

Eine Weiterführung dieses Bildes finden wir im *Tibetanischen Totenbuch*. Wenn der Seele die schwarzen Kiesel vorgezählt werden, bestreitet sie, jemals etwas Böses getan zu haben. Daraufhin sagt der Todesgott: »›Ich will den Spiegel des *Karma* befragen‹ [...] worin sich jede gute und böse Tat lebhaft widerspiegelt. Lügen ist nutzlos.«[28] Evans-Wentz deutet den Spiegel als Gedächtnis; »der Richter ist das Gewissen selbst in seinem strengen Aspekt von Unparteilichkeit und Liebe zur Rechtschaffenheit.« Im Bewußtsein des Verstorbenen melden sich nun die Rechtfertigungen und Entschuldigungen, denen eine andere Seite entgegnet, die die objektiven Absichten erforscht und bewertet. Auch hier kann die Seele den Früchten des Karmas nicht entkommen.

Von Homer zu Platon

Innerhalb des uns überlieferten griechischen Denkens ist Homer der erste, der über ein postmortales Gericht und die individuelle moralische Verantwortung spekuliert hat. Im 12. Buch seiner Odyssee beschreibt er die Schwermut und Trübsal, die unter den Bewohnern des Hades herrschten.[29] Insofern der Tod die Identität einer Person vernichtet, ist die nachfolgende Existenz nicht mehr als ein Schatten der irdischen Lebensfülle, eine schale und freudlose Fortsetzung. Dies ist das gemeinsame Los aller Menschen, unabhängig von ihren moralischen Verdiensten. Männer wie Tantalus und Sisyphus waren zunächst die einzigen Ausnahmen. Ihre Vergehen gegen die Götter verdienten ewige Strafen: unstillbarer Hunger und Durst für den einen, fruchtlose, frustrierende Schwerstarbeit für den anderen.

Die homerische Perspektive erweckte keine Hoffnungen, noch flößte sie besondere Ängste ein; sie förderte eher so etwas wie Resignation. Nur ein paar Lieblinge und Verwandte der Götter wie Menelaos hatten das Glück, der unterirdischen Höhlenwelt zu entgehen; er wurde direkt zur Insel der Seligen entrückt. Dies geschah ganz nach der Willkür der Götter und war vollkommen unabhängig von moralischen Erwägungen. Ehemals Mensch, erhielt Menelaos nun einen göttlichen Status und die ersehnte Unsterblichkeit, die mehr war als die wenig wünschenswerte Fortsetzung des Lebens unter der Erde. Andere avancierten zum Gott, weil sie von der Nahrung der Götter, dem wohlschmekkenden Ambrosia, genascht oder vom duftenden Nektar geschlürft hatten; sie griffen zu Mitteln der Magie, um sich selbst ihrer Unsterblichkeit zu versichern.[30] Solche Vorstellungen widersprachen nicht der herrschenden homerischen Auffassung, daß alle Toten ein gemeinsames Schicksal ereilt; es waren eher Zusätze, die freilich schon den Keim späterer Vorstellungen einer Abtrennung der Seele nach dem Tode in sich trugen, selbst wenn man sich dabei zunächst seiner Beziehungen zu den Göttern oder der Magie bedienen mußte.

Die Mysterien von Eleusis stellten ein rosigeres Leben in Aussicht als das, was Homer geschildert hatte. Erzählungen und Dichtungen beflügelten die Phantasien der Pilger und nährten ihre Sehnsucht nach einem erfüllteren Leben; in diesen Hoffnungen wurden sie von den Mysterien bestätigt. Außer Mördern wurde der Zugang zum Heiligtum niemandem verwehrt; Reinheit war allein in ritueller Hinsicht gefordert. Die Mysterien lehrten nicht die Unsterblichkeit der Seele; den Eingeweihten wurde lediglich versichert, daß ihre Existenz nach dem Tode lebendiger und erfüllter sei. Auch nahm man in Eleusis keinen moralischen Einfluß auf die Pilger, niemand forderte sie auf, ein besseres Leben zu führen. Die Einweihung allein machte sie zu

Mitgliedern einer besonderen Klasse und garantierte ihnen eine bessere Behandlung im Jenseits. Die eigentliche Bedeutung der Mysterien lag also nicht im moralischen Bereich, sondern in ihrer magischen Funktion.[31]

Die spirituelle Sonderstellung der Initiierten spielte auch in der orphischen Tradition eine wichtige Rolle. Die Orphiker übernahmen und verfeinerten Elemente des dionysischen Kultes, bei dessen orgiastischen Feiern die Verehrerinnen in einen Zustand der »Ekstase« versetzt wurden, in dem sie zeitweilig ihr Menschsein ablegten und sich als Teil des Göttlichen fühlten. Aus diesem bacchischen Erlebnis schlossen die Orphiker, daß die Seele unsterblich und göttlich sei; und so »ersetzten sie die *orgia* durch die *katharsis*, die von Apollo gelehrte Reinigungstechnik«.[32] Die göttliche Seele stand bald im krassen Gegensatz zum sterblichen Körper, der als Kerker angesehen wurde, aus dem die Seele auf dem Weg der *katharsis* auszubrechen versuchte. Warum, fragten die Orphiker, muß die Seele überhaupt in diesen Körper hinabsteigen? Sie hatte offenbar vor der Geburt irgendwelche nicht näher bekannten Sünden begangen, die sie mit einer Zeitstrafe auf der Erde abbüßen mußte. Die Seele war für ihre pränatalen Vergehen persönlich verantwortlich; am Ende ihrer Pilgerreise mußte sie die Strafe für ihre Missetaten abbezahlt haben und konnte erst dann um Einlaß bitten in der Wohnung der Gerechten.[33]

Der Reinigungsprozeß nahm in der Regel mehr als eine Lebenszeit in Anspruch. Die Seele ist durch die Urschuld an das »Rad der Geburten« gekettet; um davon frei zu kommen, muß sie in das orphische Mysterium eingeweiht werden und ein entsprechendes Leben führen. Die Zeit zwischen den Erdenleben ist für die unreine Seele eine Phase der Bestrafung und Reinigung. »Nach ihren Thaten im früheren Leben wird ihr im nächsten Leben vergolten werden: was er damals Anderen gethan, genau dieses wird der Mensch jetzt erleiden müssen.«[34] Während dem Reinen durch »steigendes Glück in künftigen Geburten gelohnt« wird, verdammt sich der Übeltäter selbst zu einer weiteren Leidensrunde. Dieses zyklische Muster wiederholt sich endlos, solange die Seele nicht initiiert ist: Geburt, Tod und ein Zwischenspann der Strafe und Belohnung. Im zeitlichen

Geschehen ist kein Schlußpunkt in Sicht, kein Jüngstes Gericht, wie es die jüdisch-christliche Tradition für das Ende der Zeiten erwartet.

Die orphische Linie des griechischen Denkens erreicht in Platons Dialogen »Phaidros« und »Politeia« ihren Höhepunkt. Wichtig ist, daß Platon die postmortalen Strafen oder Belohnungen nicht zur Grundlage seiner Ethik macht. Die Gerechtigkeit, sagt er, hält nicht Ausschau nach möglichen Folgen; gut zu sein, ist Belohnung genug. Das Gute ist das Gesunde und Harmonische in der Seele, das, was sie erhält und zur Entwicklung bringt. Über die Liebe zum Guten finden wir nicht nur innere Zufriedenheit, wir werden, je mehr wir lieben, dem Guten selbst und damit Gott ähnlich (Phaidros 252e). Erst nach diesen grundsätzlichen Überlegungen erörtert Platon auch die Frage der Seelenwanderung und des Gerichts. Seine Vorstellungen davon präsentiert er in der allegorischen Geschichte des armenischen Soldaten Er, der als vermeintlich Toter tagelang auf dem Schlachtfeld lag. Nach zwölftägigem Aufenthalt in der anderen Welt kann Er ein paar Einzelheiten über das berichten, was er im Zustand zwischen den Leben beobachten konnte. Dieses Zwischenstadium dauert seinem Bericht zufolge 1000 Jahre; erst dann entscheidet sich die Seele für ein neues Erdenleben.

Er erzählt, wie er an »einen wunderbaren Ort« gekommen sei; zwischen zwei Spalten am Himmel und zwei Spalten in der Erde habe er die Richter sitzen sehen. Die Seelen hätten ihren Urteilsspruch empfangen, der ihnen auf dem Rücken angeheftet worden sei: danach wären sie entweder den Weg nach rechts oben durch den Himmel gegangen oder den nach links unten in die Erde. Aus den beiden anderen Spalten habe Er weitere Seelen kommen sehen, die ihre tausendjährige Zwischenzeit vollendet hatten und nun bereit waren, ein neues Erdenleben zu wählen. Je nachdem wie sie ihre Zeit genutzt hätten, hätten sie ausgesehen, die einen schmutzig und erschöpft, die anderen glücklich und rein. Das Gericht habe sich an den Maßstab der zehnfachen Vergeltung gehalten, so »daß sie jeder für alles, was sie jemals und wann immer Unrechtes getan, einzeln hätten Strafen geben müssen zehnmal für jedes, nämlich immer wieder nach hundert Jahren als welches die Länge des menschlichen Lebens sei, damit sie so zehnfach die Buße für das Leben ablösten« (Politeia 615AB). Nach demselben Verhältnis werden auch die Guten belohnt. Es wird also nicht – wie in der Gesetzgebung der Naturvölker – einfach mit gleicher Münze heimgezahlt. Die Zinsrückzahlungen übersteigen bei weitem die angelegte Kapitalsumme: wer einen Wind sät, erntet einen Sturm.

Die mystische Überlieferung im griechischen Denken, von Orpheus bis Platon, geht nach Ansicht Radhakrishnans von Grundprinzipien aus, »die Gemeinbesitz indischer und griechischer Mystik sind. Sie ließ im Christentum erstehen das Bewußtsein der Sünde und die Notwendigkeit der Erlösung, Belohnung und Strafe nach dem Tode (beides auf dem Wege der Reinigung und Vergeltung), die Einweihung durch Sakramente als Ausweis für ein glückliches Leben nach dem Tode und die Notwendigkeit moralischer und zeremonieller Lauterkeit.«[35] Dies alles ist weit entfernt von wilden Brückentänzern und gerissenen Seelen. Wir werden sehen, wie sich diese Themen im Christentum weiterentwickeln, einmal vor dem Hintergrund der jüdischen Tradition, dann unter dem Einfluß Platons, der das Individuum für sein Tun allein verantwortlich macht und ihm nicht mehr die Möglichkeit zugesteht, im verzweifelten Rückgriff auf magische Techniken und andere Tricks die Waage der Gerechtigkeit zu seinen Gunsten zu beeinflussen.

6. Jüdische Eschatologie und christliche Moralordnung

> Ich bin der Ursprung und die Auflösung des ganzen Universums.
>
> *Bhagavad Gita VII,6*

> Ich bin das Alpha und das Omega, der Erste und der Letzte, der Anfang und das Ende.
>
> *Offenbarung 22,13*

Wir haben uns im ausgehenden 20. Jahrhundert an apokalyptische Prophezeiungen gewöhnt, die das Ende des Zeitalters, wenn nicht der ganzen Welt, voraussagen. Sie verleihen denen, die sie verbreiten, eine gewisse missionarische Nachdrücklichkeit, uns, den Rest, lassen sie mit dem vagen und unangenehmen Gefühl zurück, daß an ihren Warnungen etwas dran sein könnte und wir ihnen Beachtung schenken sollten, besonders wenn wir uns das Ausmaß der Umweltzerstörungen und allgemeinen Instabilität einmal richtig vor Augen führen. Daß solche Vorhersagen einer drohenden Vernichtung eine lange Tradition haben, ist vielleicht weniger bekannt; der Schwerpunkt dieses Kapitels liegt deshalb auf dem Verhältnis von Eschatologie und moralischer Ordnung. Eschatologie, von griechisch »eschaton«, ist in der christlichen Tradition das Studium der »letzten Dinge«: Tod, Gericht, Himmel und Hölle. Wir werden die moralische Ordnung im Zusammenhang mit dem Schicksal des Individuums und seiner ethischen Ausrichtung betrachten. Wir werden sehen, daß die moralische Ordnung ursprünglich in die natürliche und soziale Ordnung eingebettet ist und mit ihnen eine Einheit bildet. Anders gesagt: für die Vorstellung von einem Nachleben (d. h. für eine metaphysische Ordnung) ist in diesem Modell zunächst kein Platz. Von der Gerechtigkeit wird erwartet, daß sie zu Lebzeiten gewährt wird und nicht eines jenseitigen Ausgleichs bedarf. Erst als mit dem offenkundigen Wohlstand der Gottlosen und dem Anstoß erregenden Unglück der Guten diese Weltsicht unter Druck geriet, wurde die metaphysische Ordnung ins Spiel gebracht, um die Schalen der göttlichen Gerechtigkeit wieder ins Gleichgewicht zu bringen. In den apokalyptischen Bildern des göttlichen Zorns am Tage des Herrn wurde sie als moralische Kraft beschworen, die mit dem Bösen aufräumt und Frieden und Gerechtigkeit errichtet.

Moralische Grundstrukturen im Alten Testament

Das Alte Testament beginnt bekanntlich mit der Schöpfung, der Seinswerdung, doch zu Lebzeiten Jesu hat sich die Aufmerksamkeit auf das Ende verschoben, auf die erwartete Erfüllung der Geschichte durch das Eingreifen Gottes. Zu allen Zeiten aber sind die Lehrer des Alten Testaments damit beschäftigt, das Gesetz auszulegen, Handlungen und ihre Folgen zu prüfen, moralische Ursachen und Wirkungen zu befragen. Das folgende Ablaufschema ist ein Versuch, die wichtigsten ethischen Strukturen und moralbildenden Kräfte nachzuzeichnen, die das jüdische Denken dieser Zeit prägen.

1. Die göttliche Ordnung konstituiert sich innerhalb der Schöpfung. Sie befindet sich in einem Zustand des Gleichgewichts und der Harmonie, beruhend auf dem Gehorsam gegenüber den göttlichen Verfügungen. Eingebaut in diese Ordnung sind zugleich die potentiellen Destabilisierungsmomente des freien Willens und eine eigenständige unberechenbare Macht der Vernunft.
2. Versuchungen führen zu Verletzungen der göttlichen Ordnung. Diese können unterschiedlich eingestuft werden: als Verbrechen, als Sünde, als Störung des Gleichgewichts oder als Einbruch des Chaos in die festgesetzte Harmonie.
3. Die Folgen des Ungehorsams: Bestrafungen mit Krankheit, persönlichen Plagen oder Tod.
4. Der Sünder zeigt Reue und Zerknirschung über begangene Missetat; es kommt zu einer Sinnesänderung (*metanoia*).
5. Die Gesetzesübertretung wird ihm vergeben; er wird gerettet und findet sein Seelenheil. Die göttliche Harmonie hat sich

behauptet und wird wieder eingesetzt. Gott versöhnt sich mit dem Sünder und schließt mit ihm einen neuen Bund.

Vom Menschen wird erwartet, daß er in der Lage ist, seinen Willen frei auszuüben; entweder in Übereinstimmung mit den göttlichen Anordnungen oder gegen sie. Nach den Kategorien des Alten Testaments sind die Menschen der ersten Gruppe die Gerechten, die anderen die Toren (»der Tor sagt in seinem Herzen, es gibt keinen Gott«). Die Gerechten haben Erfolg in ihrem Leben, die Toren müssen leiden. Später bildet sich die Vorstellung eines postmortalen Gerichts heraus, in dem Gott die Gerechten belohnt und seinen Zorn über die Köpfe der Toren ausgießt. Die göttliche Gerechtigkeit tritt erst nach dem Tod in Kraft; Sanktionen werden verhängt und die Früchte des irdischen Tuns gerecht verteilt.

Diesseits und Jenseits von Eden

Wie die Kulturen des Nahen Ostens, zum Beispiel die Ägypter, haben auch die Juden den Schöpfungsakt nicht einfach als ein Ins-Dasein-Setzen der materiellen Welt verstanden; mit der Schöpfung etabliert sich zugleich eine moralische Ordnung.[1] Von den Menschen wird erwartet, daß sie ihr Verhalten mit dieser Ordnung abstimmen und sich in das System der Strafen und Belohnungen einfügen. »Die ›Rechtschaffenheit‹ ist also weniger eine Haltung der Frömmigkeit als eine Verhaltensweise, die die kosmische und moralische Ordnung aufrechterhält und vor Erschütterungen bewahrt.«[2] Von Adam und Eva wird erwartet, daß sie sich an die göttliche Verfügung halten, nicht von den Früchten des Baumes zu essen, der in der Mitte des Gartens steht. Der erste Sündenfall ist also ein Akt des Ungehorsams; der zweite, die Ermordung Abels durch seinen Bruder Kain, ist eine Verletzung der Heiligkeit des Lebens.

Der Sündenfall steht für die Ankunft des Bösen in einer Welt, die ursprünglich gut war. Gott hat eine gute Welt erschaffen; die Menschheit aber führte das Böse ein, weil sie die Freiheit ihres Willens mißbrauchte: die Menschheit ist deshalb selbst verantwortlich für das Erscheinen des Bösen. C. G. Jung und andere würden dieser Auffassung dagegenhalten, daß das Böse letztlich in der Verantwortung des Schöpfers liegt, der seinen Geschöpfen die Fähigkeit verlieh, Verbrechen zu begehen:[3] diese Argumentation wollen wir hier nicht weiterverfolgen.

Nach dem Sündenfall geht es immer weiter bergab; die Menschheit rutscht ins Verderben, und Jahwe stoppt diesen bejammernswerten Zustand mit der Sintflut, voller Reue darüber, jemals auf dieser Erde einen Menschen gemacht zu haben. Nur einer wird verschont: Noah, »ein gerechter, untadeliger Mann unter seinen Zeitgenossen, der seinen Weg mit Gott ging« (Gen. 6,9). Nach der Flut wird für Noah und seine Nachkommen eine neue Weltordnung errichtet.

Bald darauf schließt Jahwe mit Abraham einen Bund: »Ich schließe meinen Bund zwischen dir und mir samt deinen Nachkommen, Generation um Generation, einen ewigen Bund: Dir und deinen Nachkommen werde ich Gott sein« (Gen. 17,7). Dieser ethnische Bund ist eine zentrale Säule der alttestamentarischen Moralordnung, denn er verbündet das jüdische Volk mit der Gerechtigkeit und Güte Jahwes. Jahwes Gerechtigkeit geht ein in das »Gesetz«, für das er selbst die Gewähr übernimmt. Wer also das Wirken des Gesetzes in Zweifel zieht, der zweifelt an der Gerechtigkeit und Güte von Jahwe selbst. Die Juden haben ihr Wirklichkeitsverständnis immer wieder an dieser göttlichen moralischen Ordnung gemessen. Daraus ergaben sich, wie wir noch sehen werden, diverse Spannungen.

Nach dem jüdischen Menschenbild ist der Mensch eine psychosomatische Einheit von Seele und Körper, die durch den Tod zerstört wird.[4] Im Totenreich der Juden, im »Scheol« (wörtlich: Grube), gibt es ursprünglich keine Statusunterschiede; dorthinunter steigen alle, ohne Ausnahme. Die metaphysische Ordnung hat folglich keine Bedeutung für die moralische Ordnung, denn jenseitige Belohnungen oder Bestrafungen für das irdische Verhalten sind nicht vorgesehen. Alle Rechnungen müssen in dieser Welt beglichen werden, obwohl zwischen Lebensführung und Lebensglück offenkundig Diskrepanzen bestehen.

Gerhard von Rad hat darauf hingewiesen, daß die Lebensführung des einzelnen Juden weniger von den Normen des Dekaloges (oder später von der Bergpredigt) bestimmt war, als vielmehr von den Erwartungen und Vorbildern des Gemeinschaftslebens, das heißt also von der bestehenden Sozialordnung, in der eine bestimmte Rolle gespielt werden mußte.[5] In den Anfängen der jüdischen Geschichte glaubte man an eine Verbindung zwischen ideellen und weltlichen Gütern, zwischen Tugendhaftigkeit und Wohlstand. Der »gute« Mensch ist der, der die Aufbaukräfte des Guten und das Zerstörungspotential des Bösen kennt; er wird sich entsprechend verhalten, ein arbeitsreiches Leben führen, sich etwas aufbauen und dafür als Gegenleistung (so jedenfalls sieht die Theorie es vor) mit Wohlstand, Gesundheit, einem langen Leben und vielen Nachkommen belohnt. Auf der anderen Seite läuft der verdorbene Mensch in das Elend von Armut und Krankheit und stirbt früh. Doch ist das noch nicht alles: die Schuld der Väter wird an den Familien bis in die dritte und vierte Generation vergolten (Ex. 35,7); die Segnungen und Verwünschungen haben ein langes Nachspiel. Der einzelne erntet nicht nur die Früchte seines eigenen Tuns, sondern auch die seiner Ahnen; und umgekehrt lastet er die Folgen seiner Handlungen seinen Nachkommen auf. Die moralische Verantwortung ist eine Gemeinschaftsangelegenheit.

Naturkatastrophen wie die große Flut wurden nicht einfach als Unglücksfälle angesehen. Man schrieb ihnen eine Ursache und einen höheren Sinn zu; die Ursache war Jahwe, der höhere Sinn göttliches Mißfallen. Dies sind Vorstellungen, die dem modernen Verständnis fremd geworden sind; man begegnet ihnen allenfalls noch im Kleingedruckten von Versicherungspolicen unter dem Abschnitt »Höhere Gewalt«. Der Schöpfer kontrolliert seine Schöpfung und kann zur Wahrung der Gerechtigkeit auch von Naturkatastrophen Gebrauch machen. Zu den üblichen Mitteln seiner Machtausübung gehören das Schwert (Krieg), Hungersnöte und Seuchen; in Reaktion auf den Widerstand und die Abtrünnigkeiten seines Volkes und auf andere Verstöße gegen seine Gebote. Als Agenten des Schwertes, als strafende Ruten, setzt Jahwe kriegslüsterne Nachbarn ein. Wenn eine Invasion droht, erklären die Propheten, daß Jahwe seine Wut an Israel auslassen wolle; ist die Katastrophe bereits eingetroffen, lautet die Botschaft, daß Israel für ein Gesetzesvergehen bestraft worden sei (vgl. Jer. 6). Solche Strafmaßnahmen treffen gleichermaßen das Individuum und die Gemeinschaft. Es besteht letztlich nur ein gradueller Unterschied zwischen persönlichem und gemeinschaftlichem Glück oder Unglück; alles hat seinen Ursprung in den guten oder bösen Taten, die man gemeinsam begangen hat.

Die Individualisierung der Gerechtigkeit

Diese Art von moralischer Ordnung stand bald in einem offenkundigem Konflikt mit der täglichen Erfahrung. Der Gute hatte nicht immer Erfolg, und der Böse fand nicht zwangsläufig ein schnelles und unschönes Ende. Jeremia zeigt sich als erster bereit, die Frage der Gerechtigkeit vor dem Herrn zu erörtern: »Warum haben die Frevler Erfolg, weshalb können alle Abtrünnigen sorglos sein?« (Jer. 12,1). Ja, warum eigentlich, wenn doch die Geschehnisse auf der Erde der göttlichen Macht und seiner Lenkung unterstehen? Eine mögliche Antwort auf diese Frage wird im Buch Hiob vorgebracht; Unglücksfälle treffen auch solche Menschen, die äußerlich zwar anständig erscheinen, aber innerlich verdorben sind. Israel hat sich sehr gewunden, wenn es darum ging, von dieser uralten Verbindung von Gerechtigkeit und Wohlstand abzulassen. Besonders die Propheten bestanden darauf, daß ein Mensch oder seine Familie nur für entsprechende Sünden bestraft werde. Dieser Grundsatz wurde auch auf nationale Unglücksfälle angewendet, die »sofort die Rückfrage nach einer damit korrespondierenden Verschuldung« auslösten.[6] Die Schuld wiederum verlangte Buße und eine neue Lebensführung in Gehorsam und Liebe zu Gott. Dieses Prinzip von menschlicher Handlung und göttlicher Wirkung lag dann auch den Prophezeiungen von kommendem nationalen Unheil zugrunde. Die Propheten konnten sich ausrechnen, daß die Verdorbenheit Israels Jahwe verärgern müsse, daß er Hungersnöte und Seuchen entfesseln würde, um sein Volk in die Knie zu zwingen, es sei denn, es wäre schon vorher zur Buße bereit. Die Propheten hofften, daß ihre eindringlichen Warnungen auf die Moral des Volks eine katalysierende Wirkung zeigen würden.

Jeremia und Ezechiel lebten zur Zeit des Untergangs von Jerusalem und der Verschleppung in das babylonische Exil zu Beginn des 6. Jahrhunderts vor Christus. Beide Propheten neigten dazu, diese nationale Katastrophe als göttlichen Urteilsspruch über die Verdorbenheit Israels anzusehen. Aber diese Deutung war nicht restlos überzeugend; der König hatte im Sinne von Jahwes Rechtsordnung gerade erst einige Reformen eingeleitet, und außerdem war das Ausmaß des Unglücks zu gewaltig, um die These von der göttlichen Vergeltung noch glaubwürdig erscheinen zu lassen. Die Leute fragten sich, was sie verbrochen hatten, und gingen sogar so weit, sich über Jahwes Ungerechtigkeit zu beklagen. Sie rüttelten an den Fundamenten der bestehenden Moralordnung; ihr Widerspruch kam in dem Satz zum Ausdruck: »Die Väter haben saure Trauben gegessen und den Söhnen werden die Zähne stumpf« (Jer. 31,29; Ez. 18,2). Das Leiden der Unschuldigen wurde zu einem brennenden Thema, weil einfach zu viele Menschen aus ihrem vertrauten gesellschaftlichen Zusammenhalt herausgerissen worden waren.[7]

Jeremia und Ezechiel boten eine Antwort an, die die individuelle Verantwortung und Vergeltung betonte. »Jeder stirbt nur für seine eigene Schuld«, heißt es bei Jeremia: »Nur dem, der die sauren Trauben ißt, werden die Zähne stumpf.« Und Ezechiel ergänzt: »Nur wer sündigt, soll sterben.« Die Reaktion auf die Exilierung Israels führte letztlich zur Individualisierung der Religion und der Moralordnung. Der einzelne Mensch wurde zum Gegenstand göttlicher Beurteilung; diese Entwicklung mochte verbunden sein mit dem wachsenden Bewußtsein für den Wert und die Rechte des Individuums, das nicht einfach nur mehr ein Rad im Gemeinschaftsgetriebe war.[8] Es gab nun auch die Chance, seine Sünden individuell zu bereuen, sie zukünftig zu unterlassen und ein aufrichtiges und gesetzestreues Leben zu führen. Die Sünden konnten vergeben werden und die betroffene Person selbst glücklich weiterleben.

So problematisch die Lehre von der gemeinsamen Verantwortung war, dasselbe galt für die Lehre von der persönlichen Verantwortung, solange sie Belohnungen und Bestrafungen auf die Lebenszeit begrenzte. Die Antwort der Propheten wich den kritischen Fragen aus, die in den Büchern Hiob und Ekklesiastes zu brennenden Problemen wurden: »Wenn das Leid des einzelnen nicht mehr auf die ›Sünden der Väter‹ zurückgeführt werden konnte, wie wollte man das Unglück einer Person begründen, die dieses offensichtlich nicht verdiente?«[9] Wir müssen daran erinnern, daß es für unverdientes irdisches Leid im Scheol keine Wiedergutmachung gibt; gleichzeitig wird von Jahwe gesagt, er sei ein gerechter und allmächtiger Gott. Gerechtigkeit oder Allmächtigkeit – eines von beiden ließ sich nun nicht mehr halten. Doch die Scheu, Gott eines dieser beiden Attribute abzusprechen, war letztlich zu groß. Eine dritte Lösung bot sich an, nämlich das Argument, die Absichten Jahwes seien unergründlich und müßten einfach hingenommen werden als etwas, das über das begrenzte menschliche Verständnis von Gerechtigkeit hinausgeht.

Es wäre nun aber ein Irrtum anzunehmen, daß im Blick auf das Individuum das Schicksal des Volkes nicht mehr zählte. Wir haben die Botschaft der Propheten bisher nur unter ihren bedrohlichen Aspekten gesehen, ohne die Hoffnungen und Tröstungen zu erwähnen, die auch in ihr ausgesprochen werden. Mit dem Untergang Jerusalems und dem babylonischen Exil war das göttliche Urteil vollstreckt worden. Ließ Jahwe an dieser Stelle sein Volk einfach im Stich? Ezechiel und Deutero-Jesaja glaubten das nicht. Ezechiel sieht in einer Vision ein von ausgetrockneten Gebeinen übersätes Tal. Jahwe fragt ihn, ob diese Gebeine wieder lebendig werden können (Ez. 37,1-14). Demütig antwortet der Prophet: »Herr und Gott, das weißt nur du.« Tatsächlich erfüllt Jahwe die Gebeine mit neuem Leben. Er umkleidet sie mit Fleisch, und sie stehen auf – »ein großes, gewaltiges Heer«. Die Gebeine, erklärt Jahwe, sind das ganze Haus Israel, das seine Hoffnung verloren hat, in die Heimat zurückgeführt zu werden; doch sie müssen nicht verzweifeln. Die Macht Jahwes wird sich darin erweisen, daß er sie nach Hause zurückkehren läßt. Dies wiederum wird ihren Glauben neu entfachen.

Jesaja 40-55 ist ein in sich geschlossenes Buch, das gegen Ende der Exilzeit von einem anonymen Autor verfaßt worden ist. Es wurde als das Buch der Tröstung Israels bekannt und sucht eine neue Deutung für das Leiden des Volkes. Die einzige bis dahin verfügbare Erklärung war die, daß die Sünden der Väter an den Kindern vergolten wurden. Die in Deutero-Jesaja vertretene Ansicht rückt davon nicht vollständig ab, aber sie erklärt nun, daß die Vergehen anderer auch durch das Leid eines einzelnen oder einer ausgewählten Gruppe verbüßt werden können. Damit kommt ein neues lebendiges Element ins Spiel; die Figur des leidenden Gottesknechts, der bereitwillig und bewußt die Sündenlast auf sich nimmt und damit die Messiasrolle Jesu im Neuen Testament vorwegnimmt. Der Gottesknecht bedrängt Israel, auf Jahwe zu vertrauen und auf ihn zu bauen, und Jahwe verspricht seinem Volk als Gegenleistung: »Ich mache dich zum Licht für die Völker, damit mein Heil bis an das Ende der Erde reicht« (Jes. 49,6). Mit diesem Versprechen erweitert Jahwe seinen Anspruch über die Grenzen Israels hinaus und macht sein Volk zum Vermittler zwischen ihm und den Heiden.

Israels Leiden (oder wenigstens das der Ausgewählten) bekommt nun einen ganz neuen Sinn, der im vierten Lied vom Gottesknecht offen zutage tritt. Der Gottesknecht, heißt es dort, wurde vom Volk verachtet und gemieden, weil er voller Schmerzen war und von Krankheit geschlagen. »Aber er hat *unsere* Krankheit getragen und *unsere* Schmerzen auf sich geladen. Wir meinten, er sei von Gott geschlagen, von ihm getroffen und gebeugt. Doch er wurde durchbohrt wegen *unserer* Verbrechen, wegen *unserer* Sünden zermalmt. Zu *unserem* Heil lag die Strafe auf ihm, durch seine Wunden sind wir geheilt« (Jes. 53,4f). Der Schein hatte getrogen. Der erste Eindruck war der eines Mannes, der mehr oder weniger aus eigener Schuld geschlagen war. Nun offenbart ein tieferes Verständnis, daß der Gottesknecht sein Leben in demütiger Buße hingegeben hat; indem er die Fehler anderer auf sich nahm, trat er für die vielen ein und erlöste sie von ihrer Sündenlast. Mit dem Handeln dieses Mannes trat Gott selbst in Aktion; der Knecht ist ein Repräsentant Jahwes und als solcher ein Instrument göttlicher Gnade und Aussöhnung. In seiner Figur personifiziert sich ein fortgeschrittenes Moralbewußtsein; dennoch wird der Gottesknecht am Ende wie selbstverständlich im konventionellen, diesseitigen Sinn belohnt: »Er wird Nachkommen sehen und lange leben.« Die traditionelle Moralordnung des Ausgleichs und der Vergeltung bleibt vollständig in die soziale und physische Ordnung eingebettet.

Im Buch Hiob ist das Thema der individuellen Bestrafung und des unschuldigen Leidens am eindringlichsten und auf besonders dramatische Weise in Szene gesetzt. Die Rahmenerzählung, die in Prosa gehalten ist und einen anderen Verfasser hat als der Haupttext, zeigt Jahwe im Gespräch mit dem »Satan« (wörtlich »Gegenspieler«) über seinen Diener Hiob, der offenbar so etwas ist wie ein Vorbild im Ertragen von Unglück. »Dieser Mann war untadelig und rechtschaffen; er fürchtete Gott und mied das Böse« (Hiob 1,1). Das Porträt im Hauptteil des Textes schildert ihn weniger demütig. Die Aufgabe Satans ist allgemein das Aufspüren irdischer Affären und in diesem konkreten Fall, den Glauben von Hiob zu prüfen, dessen Reichtum offenbar – ganz im Sinne der herrschenden Moralordnung – mit seiner Gerechtigkeit korrespondiert. Satan äußert den Verdacht, daß Hiobs Frömmigkeit oberflächlich sein könnte und daß er von Jahwe ablasse, sobald er seinen Besitz verliere. Jahwe nimmt Satans Herausforderung an und gibt ihm – im Vertrauen auf Hiobs Glaubenskraft – die Erlaubnis, dessen weltliche Güter zu vernichten. Dies erledigt Satan mit vollendeter Gründlichkeit. Hiobs Ochsen und Kamele werden von räuberischen Horden entführt, seine Schafe werden vom Blitz geschlagen, seine Söhne, Töchter und alle Knechte bis auf die wenigen getötet, die die »Hiobsbotschaften« zu überbringen haben. Hiob aber hält an seiner Frömmigkeit fest; er gesteht seinem Gott das Recht zu, ihm zu nehmen, was er ihm gegeben hat.

Satan kehrt zu Jahwe zurück und beklagt sich, daß Hiobs Leben so untadelig sei wie zuvor. Er wolle ihm nun körperlichen Schaden zufügen, um ihn weiter zu prüfen. Auch das wird ihm erlaubt. Hiob findet sich bald von bösartigen Geschwüren übersät. Das ist endgültig zu viel für seine Frau. Sie bedrängt Hiob, lieber Gott zu verfluchen und zu sterben, als an seiner Frömmigkeit festzuhalten. Hiob aber bleibt standhaft: »Nehmen wir das Gute an von Gott, sollen wir dann nicht auch das Böse annehmen?« (Hiob 2,10). In diesem Moment des Dramas erfahren drei Freunde von Hiobs Unglück und kommen zu ihm, um ihre Teilnahme zu bekunden.

Hiobs Freunde sind Repräsentanten der traditionellen Moral, genauer gesagt, der Auffassung, daß Unglücksfälle, besonders wenn sie ein solches Ausmaß annehmen, auf ein von Hiob begangenes Unrecht zurückweisen. Nach ihrer Logik ist es schlicht undenkbar, daß Jahwe etwas Ungerechtes tun könne; also muß Hiob die Schuld für das übernehmen, was da so unheilvoll über ihn eingebrochen ist. Kein Mensch, erklären sie, ist ohne Sünde und rein vor Gott. Hiob solle Buße tun und sein Leiden »als einen heilsamen richterlichen Eingriff Gottes« anerkennen.[10] Sollte er sich aber gegen sein Unglück auflehnen, müsse er an Gott zerbrechen. Hiob weigert sich, den Zusammenhang von Schuld und Strafe auf seinen eigenen Fall anzuwenden, und fährt fort, seine Unschuld zu beteuern: »An meinem Rechtsein halt ich fest und laß es nicht; mein Herz schilt keinen meiner Tage« (Hiob 27,6). Er besteht darauf, nicht er, sondern Jahwe habe den Bund mit ihm gebrochen, und fordert eine Erklärung für die Launen der kosmischen Gerechtigkeit. Seine Leiden erscheinen ihm sinnlos, weil sie unverhältnismäßig sind.

Wir sollten an dieser Stelle noch einmal daran erinnern, daß Hiob nicht die Aussicht hat, möglicherweise in einer Zeit danach ausgleichende Gerechtigkeit zu erfahren. Alle Rechnungen müssen innerhalb der irdischen Weltordnung beglichen werden. Am Ende trifft Hiob auf Jahwe, der aus einem Unwetter zu ihm spricht: »Ich will dich fragen, du belehre mich! Wo warst du, als ich die Erde gegründet? Sag es denn, wenn du Bescheid weißt« (Hiob 38,4). Jahwe spielt gegenüber Hiob sein ganzes Wissen und seine ganze Macht aus: ob Hiobs Arm denn genauso stark und ob er eine Stimme habe wie Donnerhall? Am Ende dieses Vergleichs gibt Hiob klein bei: »So habe ich denn im Unverstand geredet über Dinge, die zu wunderbar für mich und unbegreiflich sind [...] Darum widerrufe ich und atme auf, in Staub und Asche« (Hiob 42,2ff). Hiobs Reue gilt seiner offenkundigen Anmaßung, die göttliche Weisheit in Frage gestellt zu haben, weniger irgendwelchen Vergehen, die er vor dem Eintreffen der Katastrophen begangen haben könnte. Sie kündigt jedoch ein neues Verhältnis zu Jahwe an.

Die Dichtung endet an dieser Stelle, ohne die alte Moralordnung, nach der jeder in diesem Leben seinen verdienten Lohn erhält, in irgendeiner Weise zu rechtfertigen; auf die Frage nach dem Leiden in der Welt und der Rolle Gottes (Theodizee) gibt es keine klare Antwort. Der Epilog bemüht sich jedoch, den alten Moralkodex zu verteidigen; Hiobs Besitzstände verdoppeln sich, so daß er es nun, nur als Beispiel, auf die unglaubliche Zahl von 14.000 Schafen bringt, die er sein eigen nennen darf. Doch selbst solche Freigebigkeit ist im letzten kein angemessener Ausgleich. Die Söhne und Töchter von Hiob sind nicht ersetzbar, trotz der Wertschätzung, die seine neue Familie erfährt. Die Glaubwürdigkeit der alten Moralordnung wird überstrapaziert; sie gerät an einen Punkt, wo sie zerreißen muß.

Ihren Zusammenbruch erleben wir im Buch Kohelet. Man sollte aber gleich hinzufügen, daß dieses Buch wahrscheinlich nicht sehr weit verbreitet war und nur die Ansichten einer kleinen, gebildeten, weltabgewandten Minderheit wiedergab.[11] Der Prediger glaubt zwar noch an die Macht Jahwes, Ereignisse vorwegzubestimmen, stellt aber seine Gerechtigkeit fundamental in Frage und damit auch die Logik des Vertrauens auf Gott. »Es gibt gesetzestreue Menschen, denen es so ergeht, als hätten sie wie Gesetzesbrecher gehandelt; und es gibt Gesetzesbrecher, denen es so ergeht, als hätten sie wie Gesetzestreue gehandelt« (Koh. 8,14). Alles ist »Windhauch«, sagt der Prediger: hinter dem Ganzen ist kein Sinn und Zweck und kein Plan erkennbar. Der Tod macht den Menschen ein Ende, nicht anders als den Tieren; alles ist Staub und kehrt zum Staube zurück.

Der Prediger hat keine direkte Begegnung mit Jahwe, die ihn dazu bringen könnte, seine Meinung zu ändern. Die These von der Unergründlichkeit der Welt hat das letzte Wort; dazu besteht nicht die geringste Chance einer Wiedergutmachung des Leidens nach dem Tode, denn die Vorstellung von der Auferstehung ist noch nicht entwickelt. Die Menschen können sich nur an die glücklichen Momente halten, die ihnen noch zu Lebzeiten vergönnt sind, und hoffen, daß kein unberechenbares Unglück dazwischenkommt.

Der Tag des Herrn

Der Tag des Herrn (oder auch Tag Jahwes) ist von traditioneller Bedeutung für das Verständnis der alttestamentarischen Eschatologie. Verbunden mit diesem Tag ist – was die physische Ordnung betrifft – die Erwartung katastrophischer Entladungen der göttlichen Macht. Politisch versprach er die Erfüllung des Bundes mit Gott durch die Vernichtung von Israels Feinden. Israel, so die ursprüngliche Hoffnung, würde für das ihm auferlegte Unrecht gerächt; an irgendeine individuelle Wiedergutmachung war dabei noch nicht gedacht. Es gibt zunächst keine klare Vorstellung von der göttlichen Intervention am Ende der Zeiten. Man dachte wohl an so etwas wie einen entscheidenden militärischen Sieg.

Der Gedanke einer Vergeltung an Israels Feinden hielt sich noch lange, doch richtete sich das eigentliche Augenmerk zunehmend auf die göttliche Moralordnung, die mit diesem Tag in Kraft gesetzt werden sollte. Mit der Vollendung der Geschichte sollte die Gerechtigkeit endgültig über das Böse triumphieren, und danach würden ideale gesellschaftliche Bedingungen herrschen. Die geistigen Wurzeln dieser dualistischen Geschichtsauffassung liegen in der zoroastrischen Idee des Kampfes zwischen Ahriman und Ohrmuzd, an dessen Ende das Prinzip des Bösen von den Kräften des Lichts bezwungen wird.

Amos war der erste Prophet, der die Vorstellungen vom Tag des Herrn gegen Israel wendete, indem er ein moralisches Kriterium einführte, das für alle verpflichtend war. Amos schrieb im 8. Jahrhundert vor Christus, unmittelbar vor dem Fall Jerusalems, der im nachhinein als Tag des Herrn gedeutet wurde (vgl. Ez. 13,5; Klgl. 2,21 f). »Weh denen«, warnt Amos, »die den Tag des Herrn herbeisehnen. Was nützt euch denn der Tag des Herrn? Finsternis ist er, nicht Licht. Es ist, wie wenn jemand einem Löwen entflieht und ihn dann ein Bär überfällt« (Am. 5,17-19). Amos ermahnt das Volk, nach dem Guten statt nach dem Bösen zu suchen, damit es ihm wohlergehe. Der Bund mit Jahwe verpflichte Israel zum Gehorsam gegenüber dem Gesetz und lege ihm damit eine große Verantwortung auf. Es könne sich nicht auf die Unkenntnis des göttlichen Willens berufen; das Strafgericht werde dann nur um so heftiger ausfallen.[12]

Zefania zeichnet den Tag des Herrn in traditionellen Farben: »Ein Tag des Zorns ist jener Tag, ein Tag der Not und Bedrängnis, ein Tag des Krachens und Berstens, ein Tag des Dunkels und der Finsternis, ein Tag der Wolken und der schwarzen Nacht« (Zef. 1,15). Hinwegfegen werde dieser Tag die Menschen wie das Vieh, und die Sündigen werde er taumeln lassen. Am Ende seiner Vision steht ein Aufruf zur Buße: »Sucht Gerechtigkeit, sucht Demut! Vielleicht bleibt ihr geborgen am Tag des Zornes des Herrn« (Zef. 2,3). Wenn die »überheblichen Prahler« erst entfernt sind, wird ein reumütiger Rest übrigbleiben, der kein Unrecht mehr tut und nicht lügt. Das Strafgericht trifft die Verruchten und unterwirft die Unterdrücker Israels. So groß wie die Schrecken dieses Tages sind auch die mit ihm verbundenen Hoffnungen. Für den einzelnen bleibt freilich das Problem, wie er Wiedergutmachung erfahren soll, wenn der Tag des Herrn nicht zu seinen Lebzeiten eintritt. Denn wenn er ins Scheol hinabsteigen muß, hat er nichts zu erwarten. Diejenigen aber, die den Tag des Herrn erleben und überleben, sind die Prototypen eines »Fähnleins der Aufrechten«; in den Vorstellungen von der Auferstehung der Toten kehrt dieses Bild später wieder.

Joels Vision von jenem Tag führt das traditionelle Bild vom Beben der Erde weiter; die Himmel erzittern und Sonne und Mond verfinstern sich (Joel 2,10). Der Prophet ruft das Volk zur Buße auf und ergeht sich dann im Versprechen einer Ära der Fülle und des Überflusses, eines neuen Zeitalters, in dem der Herr seinen Geist über die Menschheit ausgießt. Daneben deuten die Vorzeichen auf ein bevorstehendes Gericht über die Völker, das die Geschicke Israels wieder zum Guten wenden wird. Weil sich das Volk in Joels Vision bußfertig zeigt, geht das Strafgericht diesmal nur auf Israels Gegnern nieder; von deren Ländern bleiben nur Steppen und Wüsten übrig.

Die Apokalyptik des Alten Testaments

Wir erreichen nun einen Wendepunkt im jüdischen Denken über die nachtodliche Moralordnung. Wir haben gesehen, wie unter Jeremia und Ezechiel die Lehre von der individuellen Vergeltung aufkommt und welche fast unüberwindbaren Schwierigkeiten Hiob hatte, um sie mit seiner eigenen Lebenserfahrung in Übereinstimmung zu bringen. Wir haben die Entwicklungsgeschichte vom Tag des Herrn verfolgt, jenem Tag, an dem die moralische Ordnung zu ihrem Recht kommen soll. Wir haben aber auch festgestellt, daß dieser Tag für die vielen, die bereits im schattenhaften Scheol wohnen, zu spät kommt. Es wurde zunehmend deutlich, daß die Ansprüche einer gerechten Moralordnung im Umkreis eines einzigen irdischen Daseins nicht befriedigt werden konnten; es wuchs der Druck, eine Art postmortaler Wiedergutmachung zu formulieren, mit der die Waage der Gerechtigkeit wieder ins Gleichgewicht kommt.

Die ersten Darstellungen von der »Auferstehung« beschreiben einen eher geistigen Vorgang. In Jesaja bekundet der Gerechte sein heftiges Verlangen nach Gott: »Meine Seele sehnt sich nach dir in der Nacht, auch mein Geist ist voll Sehnsucht nach dir« (Jes. 26,9). Käme dieser Mann ins Scheol, wäre die Kommunikation mit Jahwe sofort abgeschnitten; doch er hat offenbar die Hoffnung, daß nur die Sünder vernichtet werden. Die Gerechten werden nach ihrem Tod zu neuem Leben erwachen, ihre Körper werden auferstehen, und es wird eine neue Gemeinschaft der Gläubigen mit Gott errichtet. Bei Ezechiel finden wir ein etwas anderes Bild (Ez. 37, 1-14). Seine Vision vom Tal der Knochen ist nicht nur eine Allegorie auf den Wiederaufbau Israels, sie sagt auch etwas über das technische Verfahren der Auferstehung, über das Einhauchen des Lebensgeistes und die Neueinkleidung der Skelette. Sie stimmt mit der Vorstellung überein, daß der Mensch ein psychosomatischer Organismus ist, der in seiner persönlichen Unversehrtheit wiederhergestellt werden muß, damit er ein volles Leben führen kann.

Am Schicksal derer, die ihr Leben für das Volk Israel geopfert haben, zeigt sich das Problem nachtodlicher Gerechtigkeit in seiner ganzen Schärfe. Eine mögliche Wiedergutmachung kann nur im Nachleben stattfinden. Das 2. Buch der Makkabäer enthält den historisch gesehen frühesten ausdrücklichen Hinweis auf die Auferstehung, die bekannteste Darstellung des Themas aber befindet sich im Buch Daniel. Daniel spricht von einer Zeit großer Not, die der Auferstehung vorausgeht und als die Zeit der »messianischen Wehen« bekannt geworden ist. In dieser Periode entwickelt das Böse eine bis dahin noch nicht dagewesene Kraft und Intensität. Dann aber kommt die Rettung: »Von denen, die im Land des Staubes schlafen, werden viele erwachen, die einen zum ewigen Leben, die anderen zur Schmach, zu ewigem Abscheu« (Dan. 12,2). Hier vollzieht sich ein grundsätzlicher Wandel in der Lehre von der Auferstehung. »Bis dahin war sie das alleinige Vorrecht des gerechten Israeliten; nun wird sie auf alle ausgedehnt, die sich als besonders gut oder böse hervorgetan haben.«[13] Die ursprüngliche Bedeutung der Auferstehungslehre lag in der Wiedererrichtung der Gemeinschaft der Gerechten mit Gott. Die Weiterentwicklung der Lehre von der Auferstehung und vom Gericht hat Folgen, die nicht deutlich genug gemacht werden können. Sie bedeutet den Untergang der alten Moralordnung, nach der Bestrafungen und Belohnungen nur im irdischen Leben ausgesprochen wurden, und das Aufkommen einer neuen Lehre, nach der das ewige Leben von dem irdischen Verhalten abhängt. Diese neue Lehre hat zunächst mehr das Schicksal des Volkes im Blick, doch in späteren Büchern des Alten Testaments richtet sich das Interesse zunehmend auch auf das individuelle Schicksal.

Die apokalyptischen Visionen vom Ende der Welt, dem Gericht und der Auferstehung sind unmittelbar aus der prophetischen Tradition der Strafandrohung und des Heilsversprechens gewachsen. Wurde die Stimme des Herrn mißachtet, drohte Strafe. Tat man Buße, folgte Befreiung und Heil. Der Aufruf der Propheten war eine im wesentlichen ethisch begründete Handlung, ebenso die göttliche Intervention am Ende der Zeiten, wenn mit der Durchsetzung der moralischen Ordnung alle Rechnungen beglichen werden und das Zeitalter der Gerechtigkeit anbricht. Obwohl es zwischen Prophezeiung und Apokalyptik diese enge Verbindung gibt, bekommen die apokalyptischen Visionen zunehmend eine universelle Perspektive; die Gerichtshoheit Jahwes wird auf alle Völker der Erde ausgedehnt, und sein erwartetes Eingreifen am Jüngsten Tag münde in eine umfassende Geschichtsphilosophie mit einer klaren moralischen Ausrichtung. Ich habe an anderer Stelle beschrieben, wie die Seelen, die im Scheol noch ununterschieden waren, in den späteren Auferstehungslehren verschiedenen Kategorien – von den Gerechten zu den Sündern – zugeordnet werden.[14] Im apokryphen 1. Buch Henoch wird erstmals zwischen einem Gericht, das unmittelbar nach dem Tod stattfindet, und einer Endabrechnung am großen Gerichtstag unterschieden. Im Buch der Weisheit ist das Bild vom Endgericht schon vollständig entwickelt. Hier wird nun die gottlose Sicht, die das Leben als Zufall und den Tod als das Ende des Individuums ansieht, und mit ihr die Moral von »might-is-right« (Gewalt ist Recht) als großes Mißverständnis entlarvt. »So denken sie, aber sie irren sich; denn ihre Schlechtigkeit macht sie blind. Sie verstehen von Gottes Geheimnissen nichts, sie hoffen nicht auf Lohn für die Frömmigkeit [...] Gott hat den Menschen zur Unvergänglichkeit geschaffen« (Weish. 2,21-23). Ein langes Leben kann nun nicht mehr als Beweis göttlicher Gunst angesehen werden: »Mehr als graues Haar bedeutet für die Menschen die Klugheit, und mehr als Greisenalter wiegt ein Leben ohne Tadel.« Mit anderen Worten: Qualität, nicht Quantität ist das, was am Ende zählt. Der Herr nimmt den Gerechten zu sich in Sicherheit; fort von der Verdorbenheit, die ihn umgibt. Die Gottlosen aber kommen zitternd zum Gericht über ihre Sünden: »ihre Vergehen treten ihnen entgegen und überführen sie. Dann wird der Gerechte voll Zuversicht dastehen vor denen, die ihn bedrängt und seine Mühe verachtet haben. Wenn sie ihn sehen, packt sie entsetzliche Furcht und sie geraten außer sich über seine unerwartete Rettung« (Weish. 4,20-5,2). Damit sind die Gesetze des Urwalds aufgehoben: eine Warnung für alle, die das Leben der Gerechten unterdrücken. In der ausgleichenden Gerechtigkeit des Nachlebens kommt die moralische Ordnung wieder ins Gleichgewicht.

Das Buch der Weisheit, das sich vor allem mit dem individuellen Schicksal beschäftigt, ist im Ganzen der jüdischen Überlieferung eher untypisch. Es hat griechische Wurzeln, die an das orphisch-platonische Denken erinnern. Im Zentrum der jüdischen Behandlung dieses Themas stand lange Zeit das Schicksal des Volkes. Erst nach der Plünderung Jerusalems im Jahre 70 nach Christus dachte man – in einer ähnlichen Reaktion wie auf die Katastrophe von 587 vor Christus – wieder mehr an das Schicksal des einzelnen. Aber da hatte bereits das Christentum die historische Bühne betreten.

Ethik und Eschatologie in den synoptischen Evangelien

Nach dem Matthäusevangelium begann Jesus seine Tätigkeit als Prediger mit dem Aufruf zur Buße: »Kehrt um! Denn das Himmelreich ist nahe!« (Matth. 4,17), In diesen Worten ist der Kern seiner Botschaft enthalten; von ihnen geht sie aus an seine Mitmenschen. Das Gebot, umzukehren, Buße zu tun (englisch: »repent«, französisch: »repenser«, was wörtlich ›überdenken‹ heißt), sein Bewußtsein zu verändern (griechisch: »metanoia«) erhält besonderen Nachdruck durch die Ankündigung des kommenden Himmelreiches – Gott erfüllt damit das Versprechen, die Gerechten seines Volkes am Tag der Abrechnung zu erlösen. Zu Beginn dieses Jahrhunderts haben Religionsforscher wie Albert Schweitzer die Auffassung vertreten, daß die gesamte Ethik Jesu aus dem Bewußtsein des Übergangs verstanden werden müsse, daß die apokalyptische Sicht auf die bevorstehende Umwälzung den Charakter seiner ethischen Botschaft wesentlich geprägt habe.[15] Spätere Theologen haben diese Ansicht modifiziert; ohne die Einsichten Schweitzers grundsätzlich in Frage zu stellen, haben sie der Eschatologie einen Vorrang über die Ethik abgesprochen und herausgestellt, daß die Rede vom Himmelreich zugleich etwas Gegenwärtiges wie Zukünftiges meint, etwas, das schon existiert *und* etwas, das für die nahe Zukunft erwartet wird. Viele Argumente berufen sich auf den bekannten Ausspruch von Jesus in Lk. 17,20 (vgl. auch 9,27): »Das Reich ist schon mitten unter euch« (also nicht etwas, was erst noch bevorsteht.) Es läßt sich jedoch nicht ganz klären, ob die Betonung des schon gegenwärtigen Himmelreichs nicht vielleicht ein Versuch war, seine Verzögerung zu rechtfertigen.

Die zentralen Grundsätze der Ethik Jesu sind in der Bergpredigt niedergelegt (Matth. 5-7). Man nimmt an, daß das Matthäusevangelium etwa 50 nach Christus zusammengestellt worden ist. Es enthält eine Sammlung von Jesus zugewiesenen Sprüchen, die überarbeitet, neugeordnet und aufeinander abgestimmt wurden.[16] Die Lehrsätze stammen im wesentlichen aus der traditionellen jüdischen Theologie der fortgesetzten Schöpfungstat Gottes. Sie schöpfen ganz aus der Kraft der Interpretation und stehen damit im Gegensatz zum wörtlichen Schriftverständnis der Pharisäer. Messianische Vorstellungen von der Erlösung fehlen übrigens in der Bergpredigt.[17]

Das Vaterunser betont die väterliche Beziehung Gottes zu seinen Kindern und die Bedeutung des gegenseitigen Vergebens. Die Menschen sind aufgefordert, Gott zu vertrauen; der wahre Jünger ist der, der den Willen seines Vaters im Himmel tut, nicht der Heuchler, der ostentativ fastet, betet und Almosen verteilt. Die Gerechtigkeit muß tiefer reichen als die der Schriftgelehrten und Pharisäer; es kommt allein auf die innere Haltung an. Es reicht nicht, nicht zu töten; man darf nicht einmal wütend auf seinen Bruder sein. Es reicht nicht, nicht die Ehe zu brechen; man darf nicht einmal unzüchtige Gedanken haben, die der Tat notwendig vorausgehen. Es reicht auch nicht, sich an die *lex talionis* zu halten, das Auge um Auge, Zahn um Zahn, es reicht nicht, seinen Nächsten zu lieben und seinen Feind zu hassen; man muß vielmehr so weit gehen, daß man sich auch dem, der einem Böses tut, nicht widersetzt, daß man seine Feinde liebt und für die betet, die einen verfolgen. Diese beiden letzten Gebote haben Tolstoj und später Gandhi in besonderer Weise inspiriert; sie sind die gemeinsame Wurzel ihrer Ideen vom gewaltlosen Widerstand (*Ahimsa*).

Gegenseitigkeit ist ein anderer Schlüsselbegriff der Bergpredigt. Vergib, damit auch dir vergeben wird: »Denn wenn ihr den Menschen ihre Verfehlungen vergebt, dann wird euer himmlischer Vater auch euch vergeben« (Matth. 6,14). Und ähnlich heißt es: »Richtet nicht, damit ihr nicht gerichtet werdet. Denn wie ihr richtet, so werdet ihr gerichtet werden und nach dem

Maß, mit dem ihr meßt und zuteilt, wird euch zugeteilt werden« (Matth. 7,2). Mit anderen Worten: die eigentliche Arbeit beginnt bei dir selbst, und nicht damit, den anderen zu kritisieren – zieh zuerst den Balken aus deinem eigenen Auge. Diese Beispiele von Gegenseitigkeit gipfeln in der Goldenen Regel: »Alles, was ihr also von anderen erwartet, das tut auch ihnen!« (Matth. 7,12) Wie du die anderen behandelst, so werden sie dich behandeln, und in gleicher Weise wird dich dein himmlischer Vater behandeln. Der durchgängige Akzent der Bergpredigt liegt auf der persönlichen Verantwortung.

Einige Gleichnisse über das Himmelreich, darunter das Gleichnis vom Unkraut und das Gleichnis vom Fischernetz, weisen auf das von Matthäus (Kapitel 24 und 25) und Markus (Kapitel 13) geschilderte Jüngste Gericht. Das Unkraut darf so lange unter dem Weizen wachsen, bis die Erntezeit kommt, das Ende der Welt. Dann wird das Unkraut eingesammelt und im Feuer verbrannt; der Weizen aber, die Gerechten, werden »im Reich ihres Vaters wie die Sonne leuchten« (Matth. 13,14ff.). Nach demselben Prinzip werden die Fischerleute die guten Fische in einen Korb sammeln und die schlechten, die sie nicht gebrauchen können, wegwerfen. »So wird es auch am Ende der Welt sein: Die Engel werden kommen und die Bösen von den Gerechten trennen und in den Ofen werfen, in dem das Feuer brennt. Dort werden sie heulen und mit den Zähnen knirschen« (Matth. 13,47-49). Diese emphatische Bildersprache ist typisch für Matthäus.

Unmittelbar vor der sogenannten Rede über die Endzeit (Matth. 24,25) steht die siebenfache Anklage gegen die Heuchelei der Pharisäer und Schriftgelehrten, die als Nattern und Schlangenbrut bezeichnet werden: »Wie wollt ihr dem Strafgericht der Hölle entrinnen?« Die große Verweigerung der Juden könnte die christliche Lehre von den Letzten Dingen entscheidend beeinflußt haben.[18] Als die Haltung der Pharisäer gegenüber den Predigten vom Himmelreich zunehmend feindlicher wurde, änderte sich der Charakter dieser Predigten: »Es war nicht mehr die frohe Botschaft einer großen Chance, sondern ein scharfer Tadel der verpaßten Gelegenheit und die Warnung vor einem drohenden und strafenden Zorn.«[19] Die härtesten Passagen über ein zukünftiges Strafgericht finden sich bei Matthäus, der die eher zurückhaltend formulierten Berichte von Markus detailliert ausmalt.[20] Wir finden dort auch traditionelle apokalyptische Elemente, die uns aus alttestamentarischen Schilderungen vom Tag des Herrn schon vertraut sind: die Verdüsterung von Sonne und Mond, Erdbeben, Kriege etc.[21]

Die Rede über die Endzeit, die etwa 80 nach Christus verfaßt wurde und gängige Vorstellungen der griechisch sprechenden jüdisch-christlichen Gemeinde wiedergibt,[22] enthält auch eine Prophezeiung von der Zerstörung des Jerusalemer Tempels; dies Ereignis (70 n. Chr.) schürte noch einmal gewaltig die Hoffnungen auf die Rückkehr des Menschensohns, der ein Machtwort über die auseinanderbrechende Welt sprechen sollte. Die Wiederkunft des Menschensohns »auf den Wolken des Himmels mit großer Macht und Herrlichkeit« war jedem offenbart, aber nur der Vater im Himmel wußte den genauen Zeitpunkt. Noch bevor dieses Geschlecht vergangen ist, hatte Jesus gesagt, sei alles geschehen. Er hatte seine Zuhörer aufgefordert, auf der Hut zu sein und – wie die klugen Jungfrauen – wachzubleiben. Er hatte sie ermutigt, das Beste aus ihren Talenten zu machen und sie nicht – wie der nichtsnutzige Diener, der dafür in die Dunkelheit geworfen wurde – in der Erde zu vergraben.

Wir kommen nun schließlich zu der eigentlichen Szene des Jüngsten Gerichts, zum Weltgericht am Ende der Zeiten, das endgültig über das Schicksal der einzelnen entscheidet. Alle Völker der Welt sind bei dieser großen Verhandlung vor dem Thron des Königs versammelt, dessen Aufgabe es ist, die Schafe von den Böcken zu trennen. Die Schafe sind die, die ihren Nächsten geliebt haben wie sich selbst, die den Hungernden zu essen, den Dürstenden zu trinken, dem Fremden ihre Gastfreundschaft, dem Nackten ihre Kleidung, den Kranken und Eingesperrten ihren Trost gegeben haben. Sie haben – wie der gute Samariter – auf die Nöte ihrer Brüder und Schwestern reagiert; jeder einzelne, dem sie geholfen haben, war Christus selbst. Die mönchische Tradition hat dieses Denken übernommen und in den Regeln des heiligen Benedikt verwahrt; es inspirierte in unserer Zeit die Arbeit von Mutter Teresa in Kalkutta. In jedem Mitmenschen, im Nächsten, ist

Christus. Wer seine Aufgabe und Gelegenheiten in diesem Leben verpaßt, bekommt keine zweite Chance; er wird in das ewige Feuer geworfen.

Aus all dem Genannten ergeben sich einige Punkte, die festzuhalten sind. Der in der Bergpredigt aufgestellte Grundsatz der Gegenseitigkeit findet auch im Jüngsten Gericht Anwendung. Man wird nach dem Maßstab gemessen, den man bei anderen angelegt hat, man erfährt die Behandlung, die man anderen hat zukommen lassen. Die Mitfühlenden und Liebenden erfahren Mitgefühl und Liebe; die Gefühl- und Gedankenlosen werden gefühl- und gedankenlos behandelt. Das Gericht richtet nicht mehr über ganze Völker, sondern beurteilt den Einzelmenschen nach dem, was er getan oder nicht getan hat. Und: »es ist nirgendwo die Rede davon, daß der Tod Christi Erlösung bewirkt«.[23] Das Recht ist absolut und unbeugsam. Die Zweiteilung in Gute und Böse wird ins Extrem getrieben; es gibt keine mildernden Umstände oder Zweifelsfälle – entweder ist einer schwarz oder weiß, Schaf oder Bock. In diesem Szenario spiegelt sich ein Hang zum Legalismus wieder, der für Matthäus typisch ist, ein Bedürfnis nach strikter Einhaltung des Gesetzes und klaren Vorschriften, die keinen Spielraum lassen für modifizierende Einschränkungen.

Das große Doppelgebot, Gott zu lieben und seinen Nächsten wie sich selbst, unterstreicht die Gültigkeit der moralischen Ordnung von Ursache und Wirkung. Jede Handlung hat unentrinnbare Konsequenzen. Die Anwendung des Gesetzes der Liebe führt zur Erlösung, seine Vernachlässigung zur Verdammnis. Die metaphysische Ordnung von Himmel und Hölle verhilft der moralischen Ordnung endgültig zu ihrem Recht und sanktioniert sie. Die Menschen werden als freie und vernünftig handelnde Wesen betrachtet, die über das Leben und ihre moralischen Wertsetzungen selbständig entscheiden können und deshalb für ihre Verhaltensweisen und die Ergebnisse ihres Tuns verantwortlich sind. Von der Gerechtigkeit wird erwartet, daß sie ihren Lauf nimmt: unverdiente Barmherzigkeit hält sie nicht auf. Der Kreis, der mit der Botschaft »Kehrt um, denn das Himmelreich ist nahe!« seinen Anfang nahm, schließt sich nun. Die moralische Ermahnung zur Buße war durch den eschatologischen Blick auf das bevorstehende Himmelreich bekräftigt worden. Hier wird nun die Ankunft des Himmelreiches geschildert; es ist eine triumphale Proklamation der moralischen Botschaft, daß die Gerechten erlöst werden und die Bösen dem Verderben anheimfallen.

Lukas setzt andere Schwerpunkte bei der Beschreibung des Jüngsten Gerichts. Doch beginnen wir bei den Seligpreisungen, denen Lukas (anders als Matthäus) entsprechende Wehrufe gegenüberstellt. Also:

> Selig ihr Armen, denn euch gehört das Reich Gottes.
> Selig, die ihr jetzt hungert, denn ihr werdet satt werden.
> Selig, die ihr jetzt weint, denn ihr werdet lachen.

Und dann:

> Aber weh euch, die ihr reich seid, denn ihr habt keinen Trost mehr zu erwarten.
> Weh euch, die ihr jetzt satt seid, denn ihr werdet hungern.
> Weh euch, die ihr jetzt lacht, denn ihr werdet klagen und weinen (Lk. 6,21).

Selig nennt Lukas auch die, die für ihre Treue zum Menschensohn verfolgt werden, denn am Tag seiner Wiederkunft – ein Vorverweis auf das 21. Kapitel – »wird euer Lohn im Himmel groß sein«. Mit anderen Worten: für ihre gegenwärtigen Drangsalierungen wird in der kommenden Welt ein Ausgleich geschaffen. Wir finden bei Lukas eine durchgängige Tendenz der Indentifikation mit den Armen und Ausgestoßenen, und nicht nur mit den Armen im Geiste.

Der Gedanke des Ausgleichs liegt auch der Parabel vom reichen Mann und vom armen Lazarus zugrunde, allerdings mit einem entscheidenden Unterschied. Die Jünger werden für die Leiden belohnt, die sie Jesu wegen ertragen haben; Lazarus wird allein deshalb in Abrahams Schoß getröstet, weil er in seinem Erdenleben große Armut erlitten hat. Es gibt keinen Hinweis darauf, daß Lazarus ein besonders guter Mensch gewesen wäre. Die Parabel beschreibt zunächst den Gegensatz zwischen dem Reichen, der sich in Purpur und feines Leinen kleidet, und Lazarus, der mit Geschwüren übersät vor seiner Tür liegt. Beide sterben eines Tages. Der Reiche erleidet die Qualen der Unterwelt, Lazarus dagegen ruht sich im Schoß Abrahams aus. Als der reiche Mann Abraham um Linderung seiner Leiden bittet, erhält er die Antwort: »Mein Kind, denk daran, daß du schon zu Lebzeiten deinen Anteil am Guten erhalten hast, Lazarus aber nur Schlechtes. Jetzt wird er dafür getröstet, du aber mußt leiden« (Lk. 16,25). Man könnte vermuten, daß der Reiche sich nicht an die moralischen Normen gehalten hat, die Matthäus in seiner Gerichtsszene aufzählt, und daß er deshalb leiden muß. Aber Lukas' Vision ist eine andere. Während der Reiche leidet, weil er im irdischen Leben seine Tröstungen hatte, wird der Arme für sein körperliches Leiden entlohnt, nicht aber für irgendwelche Liebesdienste. Hier wird eine Moralordnung präsentiert, die die irdischen Verhältnisse umkehrt und auf Ausgleich bedacht ist.

Das Gleichnis wirft weitere Fragen auf: Besteht zwischen Sofortgericht und Endgericht nicht eine Spannung oder gar ein Widerspruch? Das Sofortgericht, wie es Lazarus und der reiche Mann erleben, vollzieht sich mit dem Tod oder unmittelbar danach; das »Jüngste Gericht« findet dagegen erst am Ende der Zeiten statt. Wenn aber vorher schon ein Sofortgericht abgehalten worden ist, besteht dann die Funktion des Jüngsten Gerichts allein in der Bestätigung des ersten Urteils? Tatsächlich laufen beide Traditionslinien nebeneinander her. Vom Sofortgericht handelt eine weitere Geschichte, die sich ebenfalls nur bei Lukas findet, die Geschichte vom reumütigen Schächer. Nach dem Bericht von Matthäus und Markus haben die beiden Männer, die mit Jesus gekreuzigt wurden, ihren Spott über ihn ergossen. Bei Lukas höhnt nur einer der beiden Verbrecher; der andere erkennt, daß Jesus unschuldig ist und bittet ihn: »Denk an mich, wenn du in dein Reich kommst« (Lk. 23,42). Die Reue in der Todesstunde zeigt sofortige Wirkung; in seiner Antwort spricht Jesus das Urteil: »Heute noch wirst du mit mir im Paradies sein.« Die eigentliche Botschaft dieses Satzes ist wohl die, daß Gott in der Lage ist, den Menschen auch nach dem Tode noch zu vergeben. Auf den ersten Blick könnte es dagegen scheinen, als habe der Verbrecher mit einer letzten Geste der Reue sein ganzes verkommenes Leben ungeschehen gemacht. Die Vorstellung von moralischer Ordnung ist auch hier wieder eine andere als die, die wir von Matthäus kennen; es gibt keinen Hinweis auf frühere moralische Qualitäten des Verbrechers. Doch wird er nicht wie

Lazarus für sein Leiden entschädigt, sondern dafür belohnt, daß er Jesus in seiner Göttlichkeit erkennt und ihn bittet, sich seiner zu erinnern.

Das Evangelium, die Briefe und die Offenbarung des Johannes

Im vierten Evangelium gibt es keine dramatische Gerichtsszene, keinen äußeren Akt der Rechtsprechung über individuelle Taten. Johannes beschreibt vielmehr einen inneren, kontinuierlichen Prozeß der Selbstbeurteilung, ausgehend von der Erkenntnis, das Licht nicht erkannt und verworfen zu haben. Das Jüngste Gericht, soweit es überhaupt bei ihm vorkommt, offenbart das Ergebnis dieses inneren Prozesses. Gott liebte die Welt so sehr, daß er seinen einzigen Sohn hingegeben hat, damit jeder, der an ihn glaubt, das ewige Leben hat: »Denn Gott hat seinen Sohn nicht in die Welt gesandt, damit er die Welt richtet, sondern damit die Welt durch ihn gerettet wird. Wer an ihn glaubt, wird nicht gerichtet; wer nicht glaubt, ist schon gerichtet« (Joh. 3,16ff). An späterer Stelle, im 12. Kapitel, versichert Jesus noch einmal, er sei nicht gekommen, um die Welt zu verurteilen, sondern um sie retten: »Wer mich verachtet und meine Worte nicht annimmt, der hat schon seinen Richter: Das Wort, das ich gesprochen habe, wird ihn richten am letzten Tag« (Joh. 12,48). Die Menschen, die das Licht verweigern, zeigen damit, daß sie die Finsternis mehr lieben. Denn wer Böses tut, geht dem Licht aus dem Weg und haßt es, weil es seine Taten aufdecken könnte. Im Sinne dieses Bildes kann Jesus (das Licht, an dem sich die Geister scheiden) im scheinbaren Widerspruch zu den anderen Aussagen erklären: »Um zu richten, bin ich in die Welt gekommen, damit die Blinden sehend und die Sehenden blind werden« (Joh. 9,39). Solches Richten ist genaugenommen ein Selbstrichten des Menschen, ein Prozeß der Entscheidung für oder gegen Jesus; an diesem Licht kann sich der einzelne messen und selbst beurteilen. Dem Sohn, der den Willen des Vaters tut, ist alle richterliche Gewalt anvertraut. Er ist zum Höchsten

Richter bestellt: wenn sich die Toten beim Klang seiner Stimme aus ihren Gräbern erheben, werden »die das Gute getan haben, zum Leben auferstehen, die das Böse getan haben, zum Gericht« (Joh. 5,29). Die moralische Ordnung erwächst hier aus der selbstauferlegten Verantwortung des einzelnen in Glaube und Tat gegenüber dem Aufruf Christi. Wes Geistes Kind jemand ist, wird sich aber erst am letzten Tag endgültig erweisen; wenn er ins ewige Leben eingeht oder in die ewige Verdammnis.

Der erste Johannesbrief legt dar, welche Früchte das geistige Leben in der Gemeinschaft mit Gott trägt. Zunächst zählt Johannes die Bedingungen eines wahrhaft christlichen Lebens auf: der Christ läßt von der Sünde ab, er hält die Gebote ein (besonders das Liebesgebot), er hängt nicht an der Welt und hütet sich vor den Antichristen. Wer seine Sünden bekennt, sagt Johannes, dem vergibt Gott und reinigt ihn von allem Unrecht. »Wenn aber einer sündigt, haben wir einen Beistand beim Vater: Jesus Christus, den Gerechten« (1. Joh, 2,1). Jesus ist das Kreuzesopfer, das die Welt von den Sünden befreit. Seine Rolle in diesem Kontext ist die des Retters, weniger die des Richters, er ist Vermittler und Fürsprecher der Sünder, von denen trotzdem erwartet wird, daß sie ihre Sünden aufrichtig bereuen und nach ihren Möglichkeiten ein christushaftes Leben führen. »Wer sagt, er sei im Licht, aber seinen Bruder haßt, ist noch in der Finsternis. Wer seinen Bruder liebt, bleibt im Licht« (1. Joh. 2,9 f). Weil die Welt vergänglich ist und ihr ein baldiges Ende droht, empfiehlt Johannes den Christen, sich zumindest teilweise von ihr zu lösen. Er selbst ist vollkommen davon überzeugt, in den letzten Tagen zu leben (vgl. 1. Joh. 2,18). Seine Mystik gipfelt in der Rede über die Liebe: »Gott ist die Liebe, und wer in der Liebe bleibt, bleibt in Gott, und Gott bleibt in ihm« (1. Joh. 4,16). Vollkommen aber ist die Liebe erst, wenn wir dem Tag des Gerichts ohne Angst entgegensehen können. »Furcht gibt es in der Liebe nicht, sondern die vollkommene Liebe vertreibt die Furcht. Denn die Furcht rechnet mit Strafe, und wer sich fürchtet, dessen Liebe ist nicht vollendet« (1. Joh. 4,18). Die moralische Ordnung verwirklicht sich in der vollkommenen Liebe zu Gott; sie macht der Trennung von ihm und der Angst in uns ein Ende. Wer schon zu Lebzeiten von Gott nicht getrennt ist, weil er in Liebe zu ihm lebt, für den kann es auch nach dem Tod keine Trennung geben.

Dieses Kapitel bliebe ohne ein Hinweis auf die »Offenbarung des Johannes« unvollständig; denn gerade ihr sind viele christliche Vorstellungen vom Jüngsten Gericht entnommen. Bei der ersten Auferstehung erwachen zunächst die Märtyrer zum Leben, um mit Christus die tausendjährige Herrschaft anzutreten. Beim Endgericht der Taten der Verstorbenen werden dann die Bücher des Lebens mit den Aufzeichnungen geöffnet, und diese werden danach gerichtet, wie sie gelebt haben. Das Los der Gottlosen »wird der See von brennendem Schwefel sein. Dies ist der zweite Tod« (Offb. 21,8). Danach aber steigt das Neue Jerusalem aus den Himmeln herab; dem Gericht und der Zerstörung folgt eine neue Schöpfung, und mit ihr wird die moralische Ordnung auf Erden wieder neu errichtet.

Die nahende Wiederkunft des Herrn ist im Christentum ein Dauerthema; sie erregt in vielen ein dringendes Bedürfnis nach moralischer Erneuerung, das nicht immer mit den reinsten Absichten verbunden ist. Schöpfung, Niedergang, Vernichtung, Neuschöpfung: dieser Zyklus zieht sich durch die gesamte Bibel, von der Sintflut und dem neuen Bund mit Noah bis zu der Zerstörung Babylons und dem ihr folgenden tausendjährigen Reich. Das apokalyptische Denken hat nie aufgehört, das menschliche Bewußtsein zu beherrschen. So wie viele Christen glauben, daß wir zur Zeit die sprichwörtlich letzten Tage durchleben, behaupten Hindus, daß wir den Untergang des Kali Yuga erleben; doch nach dem Tiefpunkt, nach den kataklystischen Katastrophen, dürfen wir den Aufgang eines goldenen Zeitalters erwarten.

7. Glauben und Werke, Himmel und Hölle

Wer Gutes tun will, klopft ans Tor; wer liebt, findet das Tor schon offen.

Rabindranath Tagore

Die Schriftgelehrten und die Pharisäer haben sich auf den Stuhl des Mose gesetzt. Tut also alles, was sie euch sagen, aber richtet euch nicht nach dem, was sie tun; denn sie reden nur, tun selbst aber nicht, was sie sagen.

Matthäus 23, 2-4.

Wer zu sehr damit beschäftigt ist, Gutes zu tun, hat keine Zeit, gut zu sein.

Rabindranath Tagore

Einführung

Wir wollen in diesem Kapitel der Frage nachgehen, welchen Einfluß der Glauben und die Werke eines Menschen auf sein Nachleben haben. Ist der Glaube allein eine ausreichende Garantie für die Erlösung? Was überhaupt ist mit Glauben gemeint, was alles gehört dazu? Wie ist der Glauben mit den Werken verbunden? Wie kommt man zu der Annahme, daß gute Taten, für sich genommen, nicht ausreichend sein könnten, um in den Himmel zu kommen? Welche Verbindung besteht zwischen dem Sühneopfer Christi und der moralischen Verantwortung, die im freien Willen liegt? Gibt es einen Zusammenhang zwischen dem Primat des Glaubens und einem erhöhten Schuldbewußtsein bzw. einer Geringschätzung der menschlichen Fähigkeiten? In den möglichen Antworten auf diese Fragen spiegeln sich grundverschiedene Temperamente und Typen;[1] so kann es nicht überraschen, daß sich die christliche Geschichte hindurch eine lebhafte Debatte darüber entzündet hat, wie das Verhältnis von Gnade und freiem Wille zu fassen ist. Ich gehe bei der Behandlung dieser Fragen sowohl chronologisch als auch thematisch vor.

Die Frühkirche in Jerusalem

Die Kirche in Jerusalem vertrat ein Christentum, das im wesentlichen den jüdischen Wurzeln verpflichtet blieb. Sie hat für sich beansprucht, die ursprüngliche Lehre von Jesus weiterzutragen »und wurde deshalb so heftig von Paulus bekämpft«.[2] Daß sich am Ende das Christentum des Paulus als orthodoxe Lehre durchsetzte, hat sehr viel mit der Zerstörung Jerusalems zu tun (70 n. Chr.), bei der die christliche Urgemeinde zerschlagen wurde.

Nach Ansicht Brandons ist der Hauptgrund für die Divergenzen eine unterschiedliche Deutung der Person und Mission von Jesus. Die Jerusalemer Christen sahen in Jesus den Messias von Israel, der seinen göttlichen Auftrag innerhalb des Judentums erfüllte. Sie sprachen seiner Botschaft jede universelle Gültigkeit ab; einen Nichtjuden betraf sie erst dann, wenn dieser konvertierte und die jüdischen Gebräuche und das Gesetz befolgte. Für das damalige Judentum hatte der Messias keinen göttlichen Status, der Jahwes vergleichbar gewesen wäre. Er wurde als Ehrenretter Israels angesehen; ganz sicher erwartete niemand von ihm, daß er sein Leben hingab, um sein Volk zu erlösen. Noch befremdlicher muß auf die Judenchristen die Vorstellung gewirkt haben, ein solcher Messias könnte sterben, »um den verhaßten Heiden die religiöse Erlösung zu bringen«.[3] Für die, deren Erwartungen auf die Figur eines triumphierenden Heilands fixiert war, »der seine Feinde mit einem Hauch aus seinem Mund davonblasen würde«, war die Kreuzigung etwas höchst Anstößiges. Um es noch klarer zu sagen: die Kreuzigung stand in direktem Widerspruch zu den traditionellen Vorstellungen von der Rolle des Messias, und es bedurfte peinlicher Erklärungen, um dieses Ereignis zu rechtfertigen.

Eine Erklärung, die einige Plausibilität für sich beanspruchen konnte, bezog sich auf die Figur des leidenden Gottesknechts aus Jesaja, 40 bis 55. Matthäus bezeichnet Jesus dann auch als den Knecht Gottes (Matth. 12,18 ff), und Lukas rechtfertigt die Kreuzigung, indem er Jesus erklären läßt, daß sich das Jesajawort »Er wurde zu den Verbrechern gerechnet« (Jes. 53,12) an ihm erfüllt habe (Lk. 22,37). Der Kontext bei Jesaja macht die Parallele noch deutlicher. Der Gottesknecht, heißt es dort, gab sein Leben als Sühneopfer hin; er, der Gerechte, machte die vielen gerecht, indem er ihre Schuld auf sich nahm. »So bildete sich die Auffassung, daß die Kreuzigung ein Unglücksfall war, den die Propheten unwissentlich veranlaßt hatten und der Jesus in seinem Messiasamt bestätigte.«[4] Als Petrus vor dem Tempel im Namen Jesu einen Gelähmten heilt, erklärt er der Bevölkerung, daß der Glaube an Jesus die Heilung bewirkt habe. Denn der Gott der Väter habe den »Knecht Jesus verherrlicht, den ihr verraten und vor Pilatus verleugnet habt« (Apg. 3,13). Der Glaube, der durch ihn komme, habe dem Mann die volle Gesundheit geschenkt. »Nun, Brüder,« fährt Petrus fort, »ich weiß, ihr habt aus Unwissenheit gehandelt, ebenso wie eure Führer. Gott aber hat auf diese Weise erfüllt, was er durch den Mund aller Propheten im voraus verkündigt hat: daß sein Messias leiden werde. Also kehrt um, und tut Buße, damit eure Sünden getilgt werden.« Petrus gibt den Juden ausdrücklich Gelegenheit, ihren »Irrtum« zu bereuen; dieser war nichtsdestoweniger Teil des göttlichen Heilsplans.

Andererseits ist die Analogie zum Gottesknecht nur ein Teil des Gesamtbildes; der Vergleich sollte keinen Schatten werfen auf die erwartete majestätische Wiederkunft, bei der Jesus »seine Rolle als Messias erfüllen und Israel von der Unterdrückung durch seine Feinde erretten« würde.[5] Mit anderen Worten: die Vision des siegreichen und erobernden Messias wurde nicht preisgegeben, sondern einfach in die Zukunft verlegt; man erwartete die Wiederkunft Christi und das Jüngste Gericht für den Tag des Herrn. Doch zwischen dem Jesus, der seine Mission als Messias der Juden erfüllt, und dem, der als Erlöser der Heiden und der Juden den Kreuzestod stirbt, liegen Welten.

Paulus – Rechtfertigung durch die Gnade

Man kann der Lehre des Paulus unmöglich gerecht werden, wenn man nicht auch seinen persönlichen Hintergrund kennt und besonders sein einschneidendes Erlebnis auf der Straße nach Damaskus. Im Brief an die Philipper macht Paulus selbst ein paar Angaben zu seiner Person. Er sei als »Hebräer von Hebräern« geboren, am achten Tag beschnitten worden, er habe als Pharisäer nach dem Gesetz gelebt und voll Eifer die frühe Christenkirche verfolgt. Untadelig sei er gewesen »in der Gerechtigkeit, wie sie das Gesetz vorschreibt. Doch was mir damals ein Gewinn war, das habe ich um Christi willen als Verlust erkannt« (Phil. 3,6f). Im Lichte seiner neuen Überzeugung sieht er die Beschneidung und das Befolgen des Gesetzes allein nicht mehr als heilswirksam an: »Nicht meine eigene Gerechtigkeit suche ich, die aus dem Gesetz hervorgeht, sondern jene, die durch den Glauben an Christus kommt« (Phil. 3,9). »Ich weiß, daß in mir, das heißt in meinem Fleisch, nichts Gutes wohnt«, bekennt er im Brief an die Römer: »Ich tue nicht das, was ich will, sondern das, was ich hasse [...] ich sehe ein anderes Gesetz in meinen Gliedern, das mit dem Gesetz meiner Vernunft im Streit liegt und mich gefangenhält im Gesetz der Sünde« (Röm. 7,15-23).

Als Saulus war er noch »voll Droh- und Mordgeschnaube« gegen die Jünger; dann unternahm er seine Schicksalsreise nach Damaskus: »Plötzlich umblitzte ihn Licht aus dem Himmel« (Apg. 9,3). Eine Stimme, die sich später als die von Jesus zu erkennen gab, fragte ihn: »Saulus, Saulus, warum verfolgst du mich?« und gab ihm den Auftrag, sich in die Stadt zu begeben. Paulus war drei Tage blind. Ein Mann namens Hananias machte ihn wieder sehend, nachdem er in einer Vision erfahren hatte, daß Saulus das auserwählte Werkzeug sei, mit dem der Herr seinen Namen vor das Volk Israels und vor die Völker der Heiden bringen wolle. Im Leben des Saulus/Paulus ist die Bekehrung ein dramatischer Eingriff, der sein Leben radikal änderte. Mehr noch als seine Zuhörer muß Paulus selbst erstaunt gewesen sein über das, was ihm da ohne eigenes Zutun widerfuhr, zunächst über die Wende seines Schicksals und später über die große Mission, die ihm anvertraut wurde.

Das eschatologische Denken des Paulus hat sich über eine Reihe von Stufen hinweg entwickelt; trotzdem ist es möglich, die wichtigsten Elemente seiner Erlösungstheologie, soweit sie mit Fragen der Moralordnung und Wiederkunft Christi (*parousia*) verbunden sind, zu skizzieren.[6]

1. Die Grundaussage des Paulus über den Menschen lautet: »Alle sind abtrünnig geworden, alle miteinander taugen nichts. Keiner tut Gutes, auch nicht ein einziger« (Röm. 3,12; Koh. 7,20; Ps. 14,1-3). Das wird folgendermaßen ausgeführt:
(a) Gott ist in Zorn über die Heiden, weil sie gottlos und verdorben sind; sie schwelgen nicht nur in allen möglichen lasterhaften Praktiken, sie ermuntern andere auch noch, ihrem Beispiel zu folgen.
(b) Die Juden sind nicht besser: »worin du den anderen richtest, darin verurteilst du dich selber, da du, der Richtende, dasselbe tust« (Röm. 2,1). Ihre starrsinnige Verweigerung, Buße zu tun, facht den Zorn Gottes nur noch heftiger an. Gott hat keine Günstlinge, die er bevorzugt behandelt.
(c) »Nicht die sind vor Gott gerecht, die das Gesetz hören, sondern er wird die für gerecht erklären, die das Gesetz tun« (Röm. 2,13). Im weiteren Verlauf des Römerbriefes spitzt Paulus diese Aussage weiter zu. Die Betonung verschiebt sich vom Beachten des Gesetzes zum Glauben an Christus: »Durch Werke des Gesetzes wird niemand vor Gott gerecht werden [d. h. Verzeihung und Erlösung finden]; denn durch das Gesetz gibt es nichts als Erkenntnis der Sünde« (Röm. 3,20).
(d) Der Beschnittene wird nicht allein deshalb erlöst, weil er beschnitten ist; er muß auch das Gesetz halten. Es ist sogar besser, sich an das Gesetz zu halten, ohne beschnitten zu sein, als beschnitten zu sein, aber das Gesetz zu verfehlen. »Jude ist, wer es im Verborgenen ist, und Beschneidung ist, was am Herzen durch den Geist, nicht durch den Buchstaben geschieht« (Röm. 2,29).

2. Weil sich die Menschheit im Zustand des Verfalls befindet und vollkommen unfähig ist, sich selbst durch eigenes Bemühen

und Tun zu retten, besteht die einzige Hoffnung darin, daß der Glaube an Christus den Menschen gerecht macht. Genauer gesagt: Rechtfertigung gibt es »allein durch die Gnade, um Christi willen, durch einen Glauben, der in guten Werken tätig wird«.[7]

(a) Durch einen Menschen, durch Adam, ist die Sünde auf die Welt gekommen, und mit der Sünde kam der Tod. Der Fall eines einzelnen Menschen brachte allen die Verdammnis, aus der es kein Entrinnen gibt. Der Lohn der Sünde ist der Tod.

(b) Der Umkehrschluß heißt: »Wie durch den Ungehorsam des einen Menschen die vielen zu Sündern wurden, so werden auch durch den Gehorsam des einen die vielen zu Gerechten gemacht werden« (Röm. 5,19). »Da nämlich durch *einen* Menschen der Tod gekommen ist, kommt durch *einen* Menschen auch die Auferstehung der Toten. Denn wie in Adam alle sterben, so werden in Christus alle lebendig gemacht werden« (1. Kor. 15,15).

(c) »Alle mußten sterben, weil einer Gott nicht gehorcht hatte. Aber durch den einen Menschen Jesus Christus schenkt Gott uns seine Gnade, die so reich ist, daß sie die Folgen von Adams Schuld mehr als aufwiegt« (Röm. 5,15 f). Die Gnade der Vergebung ist vollkommen unverdient, ein freies Geschenk der Liebe Gottes durch Christus. Die Initiative geht von Gott aus; sie ist völlig unabhängig von den Verdiensten des Menschen.

(d) Das Geschenk der Gnade geht gleichermaßen an Juden und Heiden, an alle, die an Christus glauben. Außer dem Glauben wird von niemandem etwas erwartet, weder eine andere Verpflichtung noch ein früheres Abkommen mit Gott. Juden und Heiden haben gleichermaßen gesündigt, so daß alle, »denen die Gnade und die Gabe der Gerechtigkeit reichlich zuteil wurde, leben und herrschen [werden] durch den einen, Jesus Christus« (Röm. 5,18).

3. Durch die Kreuzigung – »für die Juden ein empörendes Ärgernis, für Heiden eine Torheit« (1. Kor. 1,23) – werden die Menschen gerechtgesprochen.

(a) Für Paulus ist die Kreuzigung alles andere als ein peinlicher Ausrutscher; sie steht im Mittelpunkt seiner Theologie. »Die Erlösung wird durch ein freies Geschenk Gottes vollzogen, insbesondere durch die Inkarnation, den Tod und die Auferstehung Jesu Christi.«[8]

(b) »Christus ist schon zu der Zeit, als wir noch schwach und gottlos waren, für uns gestorben« (Röm. 5,6). »Nachdem wir jetzt durch sein Blut gerecht gemacht sind, werden wir durch ihn erst recht vor dem Gericht Gottes gerettet werden« (Röm. 5,9). Tod und Auferstehung sind also keineswegs ein unglücklicher Zufall, sondern Teil des großen göttlichen Erlösungsplans.

(c) Christus starb, um die Menschheit mit Gott zu versöhnen. Vor seinem Tod waren wir Feinde Gottes, aber durch das göttliche Wirken in Christus wurden wir mit ihm versöhnt. »Das alles kommt von Gott, der uns durch Christus mit sich versöhnt und uns den Dienst der Versöhnung aufgetragen hat. Ja, Gott war es, der in Christus die Welt mit sich versöhnt hat, indem er den Menschen ihre Verfehlungen nicht anrechnete« (2. Kor. 5,18). Die Kreuzigung verwandelt das Verdammungsurteil des Gerichts in einen Freispruch, der ein Akt der Gnade ist. Damit ist die Sollschuld getilgt.

(d) Die Taufe ist der Tod der Sünde, der Tod des alten Menschen. Sie ist ein Akt mystischer Vereinigung, in dem der Gläubige den Tod und die Auferstehung Christi wiederholt. Der alte Mensch wird gekreuzigt und von der Sklaverei der Sünde befreit. Die Getauften ziehen den neuen Menschen an, »der *nach dem Bild Gottes* geschaffen ist in wahrer Gerechtigkeit und Heiligkeit« (Eph. 4,24, Kol. 3,9). Von den neuen Christen wird erwartet, daß sie bis zur Wiederkunft ihres Herrn ohne Sünden bleiben; diese Annahme wurde um so problematischer, je länger sich die Wiederkunft verzögerte.

4. Zwischen Glauben und Werkgerechtigkeit besteht ein scheinbarer Widerspruch. Doch kann, wie wir gesehen haben, die Rechtfertigung nur durch einen Glauben geschehen, der sich auch in guten Werken niederschlägt. Die Werke sind das Ergebnis einer spirituellen Umkehr bzw. Ausdruck eines inneren Wandels.

(a) Paulus erklärt, daß Gott sein Volk nicht verstoßen habe, sondern einen »Rest« von Israel erwählt habe, und zwar »aus Gnade, nicht mehr aufgrund von Werken; sonst wäre die Gnade nicht mehr Gnade« (Röm. 11,6). »Auch David preist den Menschen, dem Gott Gerechtigkeit unabhängig von seinen Werken anrechnet« (Röm. 4,8). Paulus verficht den Primat des Glaubens und stellt damit auch den göttlichen Entschluß über alle menschlichen Anstrengungen. Wenn gute Werke allein ausreichten, so die Argumentation, wäre die Gnade überflüssig und der Glaube unnötig. Die von den Christen beanspruchte Einzigartigkeit Christi wäre unverständlich, von seiner Mission ginge keine Anziehung aus. Christus wäre nicht mehr der Weltenretter, als den ihn die Christen feiern, sondern allenfalls ein Vorbild der guten Tat.

(b) Andererseits sagt Paulus mit Blick auf die Juden, daß Gott am »Tag des Zorns« auf die Werke sieht: »Er wird jedem vergelten, wie es seine Taten verdienen; denen, die beharrlich Gutes tun und Herrlichkeit, Ehre und Unvergänglichkeit erstreben, gibt er ewiges Leben, denen aber, die nicht der Wahrheit, sondern der Ungerechtigkeit gehorchen, widerfährt Zorn und Grimm« (Röm. 2,6-8). Und die Galater ermahnt Paulus: »Täuscht euch nicht: Gott läßt keinen Spott mit sich treiben; was der Mensch sät, wird er ernten. Wer im Vertrauen auf das Fleisch sät, wird vom Fleisch Verderben ernten; wer aber im Vertrauen auf den Geist sät, wird vom Geist ewiges Leben ernten. Laßt uns nicht müde werden, das Gute zu tun; denn wenn wir darin nicht nachlassen, werden wir ernten, sobald die Zeit dafür gekommen ist« (Gal. 6,7-9).

Vor Gott sind neben dem Charakter auch die guten Werke eines Menschen entscheidend. Gute Werke mit reinen Absichten fließen unmittelbar aus dem lebendigen Glauben. Für Jesus Christus, erklärt Paulus den Galatern, kommt es darauf an, »den Glauben zu haben, der in der Liebe wirksam ist« (Gal. 5,6). Die Gemeinde soll einander in Werken der Liebe Gutes tun, so wie es das große Liebesgebot vorschreibt, in dem das ganze Gesetz zusammengefaßt ist. Paulus empfiehlt, die Werke des Fleisches zu vermeiden und sich lieber an die Früchte des Geistes halten, an »Liebe, Freude, Friede, Geduld, Freundlichkeit, Güte, Treue, Sanftmut und Selbstbeherrschung« (Gal. 5,22f.). »Haltet mit allen Menschen Frieden«, heißt es im Brief an die Römer, die Rache aber überlaßt Gott (Röm. 12,9-21).

(c) Jakobus stellt diesen Sachverhalt noch klarer heraus. Auf die

Frage, ob einen der Glauben rette, wenn man nicht ein einziges gutes Werk vorweisen könne, antwortet er unmißverständlich, »daß der Glaube ohne Werke nutzlos ist« (Jak. 2,20). Glaube und Taten müssen zusammenwirken; in den Taten wird der Glaube sichtbar und durch die Taten wird er vollkommener. Man kann es auch anders sagen: Ein Glaube, der sich nicht in guten Taten äußert, ist ganz einfach kein echter Glaube.

5. Trotz gewisser Entwicklungen in der Eschatologie des Paulus bleibt er bei seiner Überzeugung, daß die Wiederkunft Christi, die *parousia*, in nicht allzu langer Zeit bevorsteht. Die frühen Briefe an die Thessalonicher stehen in der Erwartung einer Zeit der Unruhen, in der der Widersacher die Herrschaft übernimmt. Diesen aber wird Jesus beim Endgericht nach der Auferstehung »durch den Hauch seines Mundes wegblasen und durch seine Ankunft und Erscheinung vernichten« (2. Thess. 2,8). Die Verweise auf den Widersacher, den Antichristen, fehlen in der zweiten Phase (1. Korintherbrief), ebenso die Ankündigung eines Gerichts, das über die Taten urteilt. In einer dritten Phase (2. Korintherbrief, Römerbrief) wird die Auferstehung auf die Zeit unmittelbar nach dem Tod vorverlegt; daneben erwartet Paulus die weltweite Ausbreitung des Königreichs Christi. Am Ende sieht Paulus in Christus den Erlöser, der »alles in allem« ist: entweder werden alle mit ihm versöhnt und gehen ein in seine Liebe, oder aber die Reulosen werden vernichtet.[9]

Nach allgemeiner Ansicht ist die paulinische Ethik nicht unmittelbar an diese Eschatologie geknüpft. Sie gründet vielmehr in der mystischen Identifizierung mit Christus. »Die Ethik Pauli«, sagt Albert Schweitzer, »ist nichts anderes als seine Mystik des Seins in Christo.« Paulus besitzt »eine Vorstellung der Erlösung, aus der sich Ethik in unmittelbarer Weise als natürliche Funktion des Erlöstseins ergibt«.[10] Das mystische Einssein mit Christus, symbolisch vollzogen im Sakrament der Taufe, ermöglicht dem Gläubigen, an Christi Tod und Auferstehung teilzuhaben und damit von der Sünde und vom Gesetz freizuwerden. Das heißt in der Praxis: der Christ, der sich am Willen Gottes ausrichtet, handelt zwangsläufig ethisch. Er bedarf keiner Beschränkungen durch das Gesetz; dies brauchen nur die Ungläubigen, die sich noch im Zustand des Unerlöstseins befinden.

Schweitzer setzt sich auch mit den kniffligen Fragen der Rechtfertigungslehre auseinander. Ausgehend von seinem mystischen Ansatz, versucht Paulus, die Lehre von der Sündenvergebung durch den Sühnetod Jesu mit der Freiheit vom Gesetz zu verbinden (denn der Sühnetod gehört zum Kern seiner Botschaft, während er die Achtung vor dem Gesetz als nebensächlich ansieht).[11] Also behauptet Paulus, daß die einzig wirksame Rechtschaffenheit aus dem Glauben komme; er erklärt »den Weg der Werke als mit dem des Glaubens unvereinbar« und gelangt in einer Weiterführung dieser »gekünstelten Logik« schließlich zu der Vorstellung eines Glaubens, »der die Werke des Gesetzes und damit Werke überhaupt ablehnt«.[12] Aus einer solchen Annahme aber, sagt Schweitzer, läßt sich schlechterdings keine praktische Ethik mehr ableiten. So verbissen wie Paulus die Gültigkeit der Werke des Gesetzes leugnet, muß er am Ende »den an sich widersinnigen allgemeinen Satz wagen, daß der Glaube keiner Werke bedarf und keine will«.[13] Nach Auffassung Schweitzers läßt sich die paulinische Ethik also nicht aus dem Glauben an das Sühneopfer Christi herleiten; sie entspringt vielmehr der mystischen Verbindung mit dem Erlösten. Und doch wurde gerade die Lehre von der Gerechtigkeit aus dem Glauben, obwohl sie, wie Schweitzer sagt, »etwas Unselbständiges und Unvollständiges« ist, historisch gesehen »das Wirksamste«.[14]

Mit der Befreiung von dem jüdischen Gesetz verpflichtet Paulus die Gemeinden unter das Gesetz Christi, zusammengefaßt in dem Satz: Du sollst deinen Nächsten lieben wie dich selbst. »Also ist die Liebe die Erfüllung des Gesetzes« (Röm. 13,10). In einer berühmten Passage des Korintherbriefs (1. Kor. 13) hebt Paulus das Gesetz der Liebe über alle anderen Grundsätze und Werte. Es folgt dem Auftrag Jesu an seine Jünger, einander zu lieben, denn an den Früchten der Liebe könne man sich erkennen. Tätige Liebe, wie Paulus sie versteht, ist selbstlose Hingabe; ihre Absichten sind reiner als die der strengen Pflichterfüllung oder gar solcher rituellen Werke, die mit einem Auge bereits auf die Entlohnung schielen. Die Ethik des Paulus schöpft aus dem mystischen Erlebnis. Trotzdem führte eine grobe Variante seiner Lehre von der Rechtfertigung durch den Glauben zu schamlosen Heilsansprüchen, auf der Grundlage einer rein intellektuellen Zustimmung. Paulus warnte seine Nachfolger auch vor der Überheblichkeit vieler, die in esoterisches Wissen eingeweiht sind. Er bestand darauf, daß der Schlüssel zu allem die Liebe sei, und hätte deshalb die Vorstellung, daß der Glaube allein schon Erlösung bringe, wahrscheinlich heftig kritisiert. Andererseits hatte sein Anspruch, es gebe außerhalb von Christus keine Erlösung, zur Folge, daß die christliche Kirche allen heidnischen Lebensentwürfen, wie tugendhaft sie auch immer waren, den spirituellen Wert und die Heilswirksamkeit abgesprochen hat. Das Beharren darauf, daß das Christentum den einzigen Weg zur Erlösung bereithält, hat die Beziehungen zu anderen Religionen erheblich belastet.

Die jüdischen Aufstände, die in der Zerstörung Jerusalems (70 n. Chr.) gipfelten, hätten als Anzeichen der bevorstehenden Wiederkunft gedeutet werden können. Doch schon zu diesem Zeitpunkt schwanden die Hoffnungen auf eine baldige Rückkehr des Erlösers. Die Kirche, die sich auf einen längeren Aufenthalt in der Welt einzurichten begann, mußte ihre Lehre von den letzten Dingen schrittweise zurücknehmen. Der unbekannte Verfasser des Hebräerbriefs sieht Christus nicht mehr als endzeitlichen Richter, sondern schreibt ihm die Rolle des Vermittlers zu. Er nennt ihn den »erhabenen Hohepriester [...], der die Himmel durchschritten hat« (Hebr. 4,14). Sein einzigartiges Opfer, das alles übersteigt, was andere Priester je geleistet haben oder noch leisten werden, ist für alle Zeiten ausreichend. Weil die Christen in dieser Welt weiterleben mußten, Versuchungen ausgesetzt waren und Sünden begingen, wurde das Bedürfnis nach einem Fürsprecher im Himmel immer dringlicher. Die Kirche erweiterte nun auch ihr Blickfeld über die enge Schar der Auserwählten hinaus und intensivierte ihre Missionsarbeit. An der geschichtsphilosophischen und apokalyptischen Ausrichtung hielt sie jedoch fest, so daß seit nunmehr 2000 Jahren immer wieder neue christliche Gruppen auftreten, die das drohende Weltende prophezeien. Dahinter steht die Vorstellung einer Geschichte, die sich schrittweise fortbewegt und mit der Wiederkunft Christi feierlich vollendet.

Die Rolle der Gnade: Augustinus gegen Pelagius

Eine Reihe der theologischen Kontroversen der Frühzeit kreiste um die Frage, ob Kirche auf jene Auserwählten beschränkt bleiben sollte, die bereit waren, sich ohne Einschränkung, mit dem Risiko der Verfolgung und des Märtyrertums, dem geistigen Leben zu widmen. Ein Christ zu werden war keine einfache Angelegenheit. Glaubensanwärter, die getauft werden wollten, wurden verpflichtet, sich einer drei Jahre dauernden Vorbereitung zu unterziehen; dazu gehörten Fastenperioden, nächtliche Gebetszeiten und verschiedene Frömmigkeitsübungen.[15] Erst nach der Taufe wurde man zur Kommunion zugelassen. Viele der frühen häretischen Sekten, die Donatisten und Montanisten zum Beispiel, waren nicht bereit, sich der zunehmenden Verweltlichung und Politisierung der Kirche in der nachkonstantinischen Zeit anzupassen; sie sahen in dieser Entwicklung eine Verwässerung des Christentums, das in seinen Ansprüchen gegenüber seinen Anhängern immer halbherziger wurde.

Vor diesem Hintergrund entwickelte sich der Streit um den Pelagianismus, der fundamentale Auswirkungen auf die christliche Moralordnung hatte. Hauptpunkt dieses Streits war die Rolle der Gnade, ihr Verhältnis zum freien Willen und ihrer beider Bedeutung beim Erlangen des Heils. Gnade wurde definiert als »Barmherzigkeit und das Verzeihen Gottes, das er den sündigen Menschen aus freien Stücken gewährt, womit er sie zugleich befähigt, sich den Anforderungen eines neuen Lebens zu stellen und den Versuchungen zu widerstehen«.[16] Diese Definition zerfällt in zwei Teile: Gnade meint erstens die Barmherzigkeit Gottes im Sinne der Rechtfertigungslehre, nämlich das, was den Menschen gerecht macht, wobei die Gnade »durch den Glauben, nicht durch moralische Anstrengungen, empfangen und begriffen wird«; Gnade meint zweitens die Wirkung im Menschen, nämlich die Befähigung, ein gutes Leben zu führen, was nach dieser Lehre ohne das vorherige Tätigwerden Gottes nicht gelingen kann. Die Befähigung kommt also von außen, nicht von innen; sie ist kein eigenständiger Willensakt.

Bevor wir in der Sache weitergehen, sollten wir einen Blick auf die beiden Protagonisten dieses Streites werfen, auf ihren persönlichen Hintergrund und ihre verschiedenen Temperamente, die wesentlich zu der Kontroverse beigetragen haben.

Augustinus, Bischof von Hippo, war im Innersten davon überzeugt, sündhaft und wertlos zu sein, hatte aber die göttliche Gnade erfahren, die sein Leben tiefgreifend veränderte. Sein psychologisches Profil gleicht dem des Paulus. Er war von dem Gefühl bestimmt, ohne das vorherige Wirksamwerden der Gnade nichts erreichen zu können. Anders Pelagius, Lehrer aus Britannien, der am Ende des 4. Jahrhunderts nach Rom kam und über die dort herrschenden moralischen Zustände entsetzt war. Nach seinem Eindruck wurde viel zu viel stillschweigend geduldet oder sogar mit dem Hinweis auf die Schwäche der menschlichen Natur entschuldigt. Pelagius ließ sich von solchen Argumenten nicht beeindrucken; getreu seinem Motto »Wenn ich kann, dann soll ich« ermunterte er seine Zeitgenossen, von ihrem freien Willen Gebrauch zu machen und an sich selbst zu arbeiten.

Joan O'Grady hat die beiden Positionen des Streites auf einen Satz gebracht: »Mittelpunkt des Christendaseins war für Pelagius das moralische Bemühen um Vollkommenheit, für Augustinus die Hingabe an Gott.«[17] Im Verlauf der Auseinandersetzung wurden diese beiden Aspekte, die sich per se nicht ausschließen, immer mehr polarisiert. Drei Themen standen im Mittelpunkt des Interesses: die Erbsünde, das Verhältnis der Gnade zum Heil und der Status des freien Willens. Pelagius wies die Vorstellung zurück, die Ur-Sünde Adams sei auf alle Menschen vererbt worden; jeder Sündenfall, betonte er, sei individuell, abhängig vom persönlichen Lebenswandel und nicht zurückführbar auf eine innewohnende Verdorbenheit. Augustinus hielt an der Gegenposition fest: der Sündenfall habe die menschliche Natur dauerhaft geschädigt, so daß ohne das Eingreifen Gottes niemand sein Seelenheil fände. Die Wirksamkeit der Gnade bestritt Pelagius nicht, vertrat aber die Ansicht, daß sie mehr erzieherisch und kooperativ wirke, insofern sie dem Menschen Freiheit einräume und damit persönliche Verantwortung auferlege. Im Sinne dieser Freiheit sah er Jesus als einen besonders vorbildlichen Menschen an, nicht aber als Erlöser. Ein solcher Gedanke war für Augustinus ketzerisch, denn er stellte die Kirche als ganze und ihren Auftrag in Frage. Die Ablehnung der Erbsünde war gleichbedeutend mit der Ablehnung der Erlösungsbedürftigkeit des Menschen, der seligmachenden Gnade Gottes und der Lehre vom Sühneopfer Christi. Hinzu kam, daß die Kirche die Gnadengaben über die Sakramente spendete; war die seligmachende Gnade unnötig, dann waren es auch die Sakramente; welche Aufgabe aber blieb dann eigentlich noch für die Kirche? Der ganze Heilsplan beruhte auf der Erbsünde und ihrer Zurücknahme durch den Kreuzestod; in den Genuß der Erlösung kam man nur über die Kirche, der die Gnade der Beharrlichkeit gegeben war. Es war dieses Prinzip der verschlossenen Tür, das Pelagius anprangerte. Oder um ein anderes Bild zu gebrauchen: durch den Pelagianismus lief die Kirche Gefahr, ihre Exklusivrechte bei der Gnadenverteilung zu verlieren.

Dritter Schwerpunkt war die Frage der Hinlänglichkeit des freien Willens, der selbst ein Geschenk der Gnade ist.[18] Während Augustinus mehr theologisch dachte, war Pelagius eher ein Moralist. Ihn schockierten die losen Sitten, die er um sich herum in Rom beobachten konnte, und er vertrat die Überzeugung, daß das moralische Niveau durch persönliche Anstrengungen wieder angehoben werden könnte. Die Position des Augustinus hatte zwei Schwächen; seine Argumentation über die Notwendigkeit der Gnade enthielt einen Zirkelschluß und lief dazu auf das anstößige Ergebnis hinaus, daß Gott einige seiner Geschöpfe von vornherein zur Verdammung bestimmte. Die Gnade, behauptete Augustinus, komme nur zu von Gott erwählten Menschen; das aber sind genau die, die durch Gnade bereits befähigt sein mußten, in der Gnade zu beharren. Wer es also schaffte, im Glauben beharrlich und der Kirche treu zu bleiben, hatte per definitionem schon Gnade empfangen. »Die bloße Tatsache, daß jemand sich um Gott bemühte, setzte den Erhalt seiner Gnade voraus.«[19] Pelagius war selbst das beste Beispiel eines nach Gott strebenden Menschen, selbst wenn man die augustinischen Maßstäbe zugrunde legt! Weil Pelagius aber den Grundlehren der Kirche seine Anerkennung verweigerte und seine Schriften als häretisch galten, wurde er von der Kirche verdammt.

Augustinus befand sich in einer ähnlichen Klemme wie Paulus, der versucht hatte, die zentrale Botschaft des Christentums (die Erlösung durch den Kreuzestod) von der Vorstellung der Werkgerechtigkeit abzutrennen; gute Werke allein, so Paulus, führen nicht zur Erlösung; das Heil wird vielmehr durch den Glauben erlangt, der sich dann in guten Werken *manifestiert*. Augustinus kämpfte gegen die Behauptung an, daß es den Menschen auch ohne äußere Hilfe möglich sei, ewiges Leben zu erlangen. Denn wenn das so wäre, wäre der Glaube an Christus und seinen Tod überflüssig und die Kirche gegenstandslos. Weil der Glaube an Christus und seine Erlösungskraft aber das Unterscheidungsmerkmal des Christentums ist (auch Nichtchristen können mit den besten Absichten gute Werke vollbringen), blieb Augustinus letztlich keine andere Wahl, als die pelagianische Lehre zu verurteilen, nach der der freie Wille des Menschen und sein moralisches Bemühen zur Erlösung genügten. In letzter Konsequenz führte die augustinische Argumentation zu der Auffassung, daß der Glaube in jedem Fall wirksamer ist als jede noch so selbstlose Tat eines Nichtgläubigen. Sie setzte sich damit derselben Gefahr aus, auf die Albert Schweitzer schon bei Paulus hingewiesen hatte: jeden Bezug zur Praxis zu verlieren und damit unethisch zu werden.

Die Position des Augustinus bringt noch ein anderes Problem mit sich, das wir erwähnen sollten. Es ergibt sich aus der Annahme, daß die Gnade Gottes nur auserwählten Menschen zuteil wird und daß die Chance, zu den Auserwählten zu gehören, auf ein einziges Leben beschränkt ist. Durch die Gnade werden diese glücklichen Menschen nun befähigt, im Glauben standhaft zu bleiben, und dürfen sich am Ende der Segnungen des Himmels erfreuen. Entsprechend haben die von Gott nicht Erwählten (aus Gründen, die nur er selbst weiß) keine Chance, erlöst zu werden; jede Anstrengung ihrerseits ist nutzlos. Diese Situation ist besonders unbefriedigend, wenn man sie auf ungetaufte Kinder anwendet. Weil die Taufe, die das Kind von der angeborenen Erbsünde freisprach, als wesentliche Vorbedingung für die Gnade der Erlösung galt, waren ungetaufte Kinder zwangsläufig verdammt. Gegenüber Hieronymus gestand Augustinus ein, daß er in ernsthafter Verlegenheit sei, wie er auf dieses Problem eine Antwort finden könne. Trotzdem legte er die Fundamente einer Prädestinationslehre, die Calvin Jahrhunderte später weiter ausbaute. Sie macht Gott zu einem willkürlich verfahrenden Tyrannen und verneint letztlich die Gerechtigkeit der moralischen Ordnung.

Der Streit um den Pelagianismus hat ein Echo gefunden, das bis heute nachhallt. Es bleibt zweifelhaft, ob auf der Grundlage von Prädestination bzw. Determinismus überhaupt eine moralische Ordnung entstehen kann, die doch offenbar ein bestimmtes Maß an freiem Willen und autonomem Handeln voraussetzt. Ein übermäßiges Beharren auf der Gnade und der Abhängigkeit von Gott kann jede moralische Initiative untergraben. Das pelagianische »Wenn ich kann, dann soll ich« (was nicht einschließt »Wenn ich soll, dann kann ich«) will den einzelnen ermutigen, sich aus eigener innerer Kraft zu bemühen, statt seine vermeintliche Unfähigkeit zu rationalisieren, indem er sie seinen Eltern zuschreibt oder seiner Umgebung.

Fegefeuer, Reue und Ablaß

Als die Kirche die Notwendigkeit erkannte, angesichts der sich verzögernden Wiederkunft Christi sich auf einen verlängerten Aufenthalt auf Erden einzurichten, mußte sie, um so mehr sie sich zu einer Volksbewegung entwickelte, den metaphysischen Dualismus von Himmel und Hölle einer Revision unterziehen. Die meisten Christen waren ohne eine vorhergehende Läuterung nicht paradiestauglich. Zur Überbrückung der Kluft zwischen Erde und Himmel entstand schließlich die Lehre vom Fegefeuer, die einen Zwischenraum postulierte und eine Zwischenzeit, die vom Tod bis zur Auferstehung reichte. Jacques Le Goff definiert das Fegefeuer als »ein intermediäres Jenseits, in dem bestimmte Tote eine Prüfung zu bestehen haben, die durch die Fürbitte – die geistliche Hilfe – der Lebenden verkürzt werden kann«.[20] Bis zum 12. Jahrhundert, betont Le Goff, habe es das Wort »purgatorium« nicht gegeben, und also auch kein »Fegefeuer«. Allerdings hätten frühere Gestalten der Kirchengeschichte, besonders Augustinus und Gregor der Große, zur Entstehung dieses neuen Status innerhalb der metaphysischen Ordnung erheblich beigetragen.

Die katholische Lehre basiert auf einer radikalen Unterscheidung zwischen »Todsünden«, die die ewige Verdammnis der Seele in der Hölle nach sich ziehen, und »läßlichen Sünden«, die im Fegefeuer gebüßt werden können. Vergebung der Sünden heißt nicht, daß damit auch die Strafen erlassen sind. Strafen sind vielmehr notwendig und müssen vor dem Eintritt in den Himmel vollstreckt worden sein, sei es noch in diesem Leben in Form einer Buße (bzw. einer angemessenen irdischen Erschwernis), oder aber im nächsten Leben in Gestalt eines reinigenden und läuternden Feuers. Als Sinnbild für die läßlichen Sünden galten Materialien wie Holz, Heu oder Stroh, die im Feuer auf natürliche Weise »aufgezehrt« wurden. Entsprechend wurden die gerechten Taten symbolisch mit Gold, Silber und Edelsteinen assoziiert, und die sehr schweren Sünden mit Eisen, Blei oder Bronze.[21]

Papst Gregor der Große brachte im 6. Jahrhundert die Fegefeuerlehre mit didaktisch eingesetzten Anekdoten unter das Volk. Der gerissene Seelenhirt erkannte die Notwendigkeit, »authentische Zeugnisse von glaubwürdigen Zeugen beizubringen und klare Auskunft darüber zu geben, wo die reinigenden Strafen stattfinden«.[22] Gregor hatte einen klaren Blick für die kirchenpolitische Bedeutung dieser Lehre: im letzten Buch seiner Dialoge liefert er »›Beweise‹ für die Unsterblichkeit der Seele und zeigt – anhand von Sterbebett-Visionen, Geistererscheinungen und Berichten über Jenseitsreisen – die Gewißheit der postmortalen Bestrafung und den Nutzen von Fürbitten und gottgefälligen Taten zum Wohle der Toten«.[23] Die »Fürsprache« verbindet die Lebenden mit den Toten, und die Kirche, die die Eucharistiefeier abhält, spielt bei der Vermittlung eine zentrale Rolle. Unter den Lehrbeispielen Gregors ist die Geschichte eines von den Toten erweckten Einsiedlers, der zunächst die Hölle besucht, wo er zu seinem Entsetzen nur berühmte Menschen trifft, später dann von einem Engel gerettet wird und den Auftrag erhält, zukünftig gewissenhafter über seine Lebensweise nachzudenken. Und wie sollte es anders sein – der Einsiedler führt von diesem Augenblick an ein vorbildliches Leben. An einer anderen von Gregors wirkungsvollen Erzählungen weist Carol Zaleski eine Reihe von Motiven nach, die in den mittelalterlichen Berichten über »Jenseitsreisen« bald zum vertrauten Inventar gehörten: der »Höllenfluß, die blühenden Wiesen des Paradieses, die weißgekleideten himmlischen Heerscharen, die Brücke der Prüfung, und vor allem die Objektivierung der Lebenstaten«.[24]

Gegen Ende des 12. Jahrhunderts verankerte sich, so Le Goff, »die imaginäre Geographie des Jenseits in die geographische Wirklichkeit dieser Welt«.[25] Befördert wurden die mittelalterlichen Fegefeuerphantasien vor allem durch den Glauben, daß man durch Beten und besonders durch Fürbitten den Toten zur Hilfe kommen konnte.[26] Diese Form der Anteilnahme stillte ein dringendes Bedürfnis des Gläubigen, der seinen Angehörigen helfen wollte und für sich selbst hoffen konnte, einmal einen ähnlichen Beistand zu erfahren. Sie stärkte die Schlüsselposition der Kirche, die gegen Almosen die Eucharistie spendete, und sicherte ihr »dank ihres vermeintlichen Einflusses auf das Schicksal der Toten eine stärkere Kontrolle über die Lebenden«.[27] Die Gegner der Kirche, die mit der Fegefeuerlehre hart ins Gericht gingen, beharrten darauf, daß das Schicksal einer Person allein von ihren eigenen Verdiensten und vom Willen Gottes abhänge. Es gäbe zwischen Tod und Auferstehung keine Vergebung und kein Fegefeuer. Das Beten für die Toten sei daher überflüssig. »Und bei dieser Gelegenheit können die Häretiker, die die Kirche ja nicht mögen, ihr zudem jegliche Bedeutung nach dem Tode absprechen, ihr diese Machtausübung über die Menschen verweigern.«[28]

Anselm von Canterburys grundlegende Unterscheidung zwischen Sünden, die aus freiem Willen begangen werden, und »läßlichen« Sünden (»peccata venialia«, wörtlich: der Vergebung würdige Sünden), die aus Unwissenheit zustande kommen, bedeutete im ausgehenden 12. Jahrhundert so etwas wie eine moralische Revolution. Die Sündenerforschung konzentrierte sich fortan vor allem auf die Qualität der Absichten einer Handlung. »Die persönliche Verantwortung gewann dadurch entscheidend an Gewicht, und die Sünden wurden nunmehr durch einen Prozeß der Interiorisierung und der Individualisierung verfolgt, der eine neue Bußpraxis notwendig machte. Nicht mehr der Beweis, sondern das Geständnis wurde gefordert, nicht mehr die Strafe, sondern die Reue war entscheidend.«[29] Die Gläubigen wurden ermahnt, ihr Gewissen zu erforschen, eine jährliche »Ohrenbeichte« wurde zur Pflicht. Auch wurden jetzt Bußen auferlegt. Wenn jemand nach der Beichte starb, aber noch bevor er die Buße abgelegt hatte, mußten seine Sünden »im Feuer vernichtet« werden.[30] So wurde die Verbindung zwischen läßlichen Sünden und Fegefeuer bekräftigt.

Das Jahr 1300, von Papst Bonifatius VIII. zum »Heiligen Jahr« erklärt, führte zur Einrichtung einer Ablaßpraxis für läßliche Sünden. Nach der Definition des kanonischen Rechts ist der Ablaß, lateinisch »indulgentia«, »ein von Gott vorgesehener Erlaß zeitlicher Strafen für Sünder, deren Schuld bereits vergeben ist«.[31] Der Ablaß gewährt den Lebenden Absolution und ist zugleich Fürsprache für die Toten. Zur Unterstreichung seiner Wirksamkeit entwickelte die Kirche die Theorie von einem »Gnadenschatz« (»thesaurus ecclesiae«), einer Art Scheckbuch, über das sie mit alleiniger Vollmacht verfügte. Obwohl mit dem Ablaß die Sünden vergeben waren, wurden weiterhin Bußen verhängt, die in Form von Wiedergutmachungen, Gebeten, Psalmen, Vigilien, Fasten, Abtötungen oder Almosen abzuleisten waren. Nach und nach entstand ein systematisch geordneter Bußkatalog, der den Priester in die Lage versetzte, die nach Form und Länge jeweils angemessene Buße auszusprechen. Und doch verstand man den Ablaß als Gnadenakt gegenüber dem Sünder: über die Buße konnte der Sünder Teilhaber der Verdienste werden, die die Kirche aus ihrem Guthaben abtrat. Der Schatz der Kirche schöpfte aus dem grenzenlosen Gnadenkapital, das Christus persönlich erworben hatte, aus dem Überschuß der Jungfrau Maria und aller Heiligen. Später entwickelte sich die Ablaßpraxis zu einem System der Buchhaltung, das es den Gläubigen immer leichter machte, der Kirche Konzessionen abzuhandeln.[32]

Bis 1300 wurde der vollständige Sündenerlaß nur den Kreuzfahrern gewährt, danach wurde er allen Pilgern zugestanden, die sich auf den Weg nach Rom begaben. Bald diente das Ablaßversprechen dazu, die Gläubigen überhaupt zu Pilgerfahrten zu ermuntern. Allen, die zwischen dem Abend des 1. und 2. August die Kirche von Assisi betraten, versprach der Papst den Freispruch von ihren seit der Taufe begangenen Sünden. Die Begeisterung über dieses Sonderangebot war so groß,-daß mehr als 60 000 Menschen die Strapazen der Pilgerfahrt auf sich nahmen; beim Gedränge vor der Kirchentür sind einige von ihnen auf tragische Weise erstickt. Das Edikt von Bonifatius machte es möglich, den Weg der guten Werke zu umgehen, mit dem die Lebenden normalerweise ihre Verdienste auf die Verstorbenen übertrugen. Bonifatius' Nachfolger im Amt machten von ihrer päpstlichen Ablaßgewalt zwar keinen Gebrauch mehr; doch blieben die Bestimmungen des Bonifatius über das 14. Jahrhundert hinaus rechtsgültig.[33]

Tod und Gericht im Mittelalter

Für W. R. Alger ist die Grundstimmung des Mittelalters, besonders im Hinblick auf die Zukunft: »Angst [...] eine lebhafte Angst vor den Menschen, Angst vor dem Staat, Angst vor der Kirche, Angst vor Gott, Angst vor dem Teufel, Angst vor der Hölle, Angst vor dem Tod«.[34] Keith Thomas erinnert daran, wie verletzlich und hilflos der mittelalterliche Mensch reagierte, wenn er mit Krankheit und Plagen, mit Feuer oder anderem plötzlichen Unglück konfrontiert war.[35] Auf dem Boden der Angst und Unsicherheit blühte der Aberglaube und sorgte für eine enge Verbindung von Religion und Magie; von der Zauberei versprach man sich ein wenig Kontrolle über die launenhafte Lebenswelt; Mirakel aller Art hielten die Unsicherheit in Grenzen und suggerierten den Menschen, daß sie trotz allem nicht ganz hilflos sind. Zwischen den Menschen und Gott nahm die Kirche die Vermittlungsposition ein: sie war Spenderin der Gnaden und Schatzkammer übernatürlicher Kräfte. Diese Kräfte kamen beim Volk, das den Umgang mit ihnen suchte, in den Ruf »mechanischer Wirksamkeit«: nicht so sehr weil sie von der Kirche stammten, sondern weil man dem Priester, der die Hostien weihte und damit das große Wunder der Transsubstantiation vollzog, eine besondere Macht zusprach.[36] Auch die Hostie selbst kam in den Ruf außergewöhnlicher Wirksamkeit. Manche Gläubige behielten sie im Mund, um sie später verwenden zu können; von einem Mann wird berichtet, er habe sie zu Pulver zerstampft und im Garten verstreut, als Schutzzauber gegen Raupen! Zwar betonten die Kirchenbehörden, daß Gebete und Rituale weniger Mittel der Magie zum Zwecke der Kontrolle seien, als vielmehr Formen der Fürsprache (»intercessio«), d. h. als Bittgesuch bei Gott (»supplicatio«) Wirkung zeigen können, doch das Volk nahm es mit dieser Unterscheidung nicht so genau.

Über den Portalen der großen gotischen Kathedralen in Europa erscheinen im 12. Jahrhundert die ersten Skulpturen vom Jüngsten Gericht. Für die Wallfahrer muß dies ein ehrfurchtgebietendes Schauspiel gewesen sein, und eine Szene, die Trennung der Gerechten von den Verfluchten, dürfte ihre Phantasien besonders beflügelt haben. Wiederkunft und jüngstes Gericht waren zunächst noch miteinander verbunden; an Stelle dieser kombinierten Darstellung tritt im 13. Jahrhundert das Bild vom großen Gerichtshof.[37] Zu den wichtigsten Merkmalen des Gerichts gehört die bereits beschriebene Wägung der Seelen, die *psychostasia*; doch legt die Waage in den mittelalterlichen Darstellungen das Schicksal der Seele nicht unerbittlich fest. Fürsprecher treten auf, Johannes und die Jungfrau Maria, die sich für die Sache der Seelen einsetzen.[38] Wo Christus als höchster Richter und göttlicher Vermittler über dem Gericht thront, stehen Maria und Johannes ihm gegenüber. Sie werden immer mehr zu Hauptfiguren des Geschehens, »ihre Bedeutung«, sagt Ariès, »kommt der des seelenwägenden Erzengels gleich«.[39] Das deutet auf gnädige Zugeständnisse im an sich unparteiischen Gang des Gesetzes und hat Folgen für die moralische Ordnung. Denn wenn die Fürsprecher mit ihren Appellen an die Gnade des Richters Erfolg haben, können strenge Urteile umgestoßen werden, oder anders gesagt: menschliche Erwägungen können den göttlichen Richter ins Schwanken bringen.

Eine Aura von Gesetzlichkeit umgibt die mittelalterlichen Darstellungen von »Buch des Lebens«; aus dem allgemeinen »Zensus« der Kirche mit den Namen der Erlösten wird ein individuelles »Register«, das die persönliche Summe der Gedanken, Worte und Werke enthält. »Das Buch ist also zugleich Geschichte eines Menschen – seine Biographie – und Buch der Rechnungsauslegung oder Haushaltsbuch, mit zwei Spalten, deren eine die gute, deren andere die bösen Taten verzeichnet.«[40] Im ausgehenden Mittelalter glaubte man, der Teufel behalte das Buch ein, um damit seinen Anspruch auf die Seelen geltend zu machen; am Ende des 16. Jahrhunderts gab es dann für jede Person zwei Bücher, die in der Todesstunde zu Rate gezogen wurden.

Damit ist bereits eine zweite wichtige Veränderung angedeutet, die zumindest teilweise das Ergebnis einer wachsenden Anerkennung des Individuums ist. Hatte man sich das Jüngste Gericht zunächst als Generalabrechnung am Ende der Zeiten vorgestellt, so setzte sich später die Überzeugung durch, daß das Schicksal der Seele im Augenblick des körperlichen Dahinscheidens entschieden werde. Entgegen der ursprünglichen Annahme, die Toten könnten ruhen, bis sie die letzte Trompete am Tag der Wiederkunft weckt, setzte sich ein neuer Glaube durch, der sich das Purgatorium als Wartezimmer für den Himmel vorstellte. Der Schlafraum verwandelte sich in ein Gerichtszimmer, wo die Seele nun anstelle der großen Abrechnung eine letzte Prüfung erwartete.[41] Die Waage gab es nun auch nicht mehr, doch immer wieder tauchte ein Dämon auf, der das Buch des Lebens noch vor dem eigentlichen Prozeß an sich riß. Die Gerichtszimmerszene, in der Gott bzw. Christus nicht mehr als höchste Richter erscheinen, erlaubt verschiedene Interpretationen. Die Seele, so eine Deutung, ist unbeteiligter Zeuge eines Kampfes zwischen den Mächten von Gut und Böse. Nach einer anderen Deutung, die mir plausibler erscheint, ist die Seele an dem Geschehen selbst wesentlich beteiligt, und die Frage ist: wie wird sie auf die Enthüllungen reagieren, die das Buch des Lebens bereithält? Die Seele ist drei Versuchungen ausgesetzt: Hochmut, Verzweiflung und das Hängen am Weltlichen, an Dingen oder auch an Menschen. Die beiden ersten Versuchungen beziehen sich auf die Frage: Hochmut und Verzweiflung, welche Bedeutung mißt man dem eigenen Leben zu? Wenn der Teufel die bösen Taten des Sterbenden aufzählt, versucht der Schutzengel erst gar nicht, die guten Taten dagegenzuhalten, um das Gleichgewicht wiederherzustellen; statt dessen nennt er Beispiele göttlicher Barmherzigkeit, erzählt zum Beispiel die Geschichte vom reumütigen Schächer, um dem Sterbenden zu helfen, »sein krankhaftes Grübeln über sein Leben und seine Vergehen hintanzustellen«.[42] In der Stunde ihres Todes ist die Seele aufgefordert, ihr gläubiges Vertrauen auf die göttliche Barmherzigkeit unter Beweis zu stellen, nicht aber ihre guten Taten zur Schau zu stellen. Auch hier präsentiert sich eine moralische Ordnung, die von der Gnade abhängig ist und den Möglichkeiten des freien Willens offenbar mißtraut. Das Buch des Lebens hat seine Bedeutung grundlegend verändert: »In früheren Epochen noch Symbol für unparteiische Gerechtigkeit, war das Buch der Taten im 15. Jahrhundert eine Mahnung, die an die Notwendigkeit von Gnade und Fürbitte erinnern sollte.«[43] In den Mysterienspielen des 14. Jahrhunderts treten der gekreuzigte Jesus und die Jungfrau Maria für das Wohl der Seelen ein. Christus trägt gewöhnlich seine fünf Wunden zur Schau, und Maria klopft sich an die Brust: sechs Gründe, warum ihren Bitten um Erbarmen stattgegeben werden sollte.[44]

Die dritte Versuchung ist die *avaritia*, das Hängen am Vergänglichen; sie stellt eine große Prüfung für die Entsagungsbereitschaft der Seele dar. Je nach der inneren Haltung im entscheidenden Moment des Todes werden entweder die Sünden oder die guten Taten gelöscht. Man kann sich leicht vorstellen, wie die Konzentration auf diese letzte Prüfung zu der perversen Vorstellung führte, es sei wichtiger, tugendhaft zu sterben als zu leben, da ein guter Tod die Sünden ausradiert und alles wiedergutmacht. Eine lustige Anekdote führt diese Strategie freilich ad absurdum. Es ist die Geschichte eines Kaufmanns, der gehört hatte, daß ein guter Tod darin bestehe, im Augenblick des Dahinscheidens sich an Gott zu erinnern, und der daraufhin all seinen Söhnen einen Gottesnamen gegeben hatte, in der Hoffnung, daß sie an seinem Sterbebett anwesend wären und ihn so an Gott erinnerten. Es kam, wie es kommen mußte; der Kaufmann lag im Sterben und rief aus dem Geschäft seine Söhne herbei, um sicherzustellen, daß sie bei seinem Tod dabei waren.

Als der letzte Sohn gekommen war, saß der Kaufmann plötzlich aufrecht im Bett und rief: Ja, und wer kümmert sich jetzt um den Laden? – woraufhin er auf der Stelle verstarb!

Die Begegnung mit den eigenen Taten, ein Motiv, das wir vom Lebensrückblick in den Nah-Todeserlebnissen kennen, findet sich in den verschiedensten Varianten eines den Tod begleitenden Gerichts. Wesentlich ist, daß der Charakter der sterbenden Person durch die Konfrontation mit seinen Taten nach außen tritt, manifest und objektiv wird. Nichts bleibt mehr verborgen: alles ist im Buch verzeichnet und wird gegeneinander abgewogen. Während der Totenbettprüfung ist die Seele ihr eigenes Maß und ihr eigener Richter; sogar ihre letzten Anstrengungen sollen noch eine entsprechende äußere Form finden in der Gnade, Barmherzigkeit und Fürsprache, die ihr gewährt werden. Doch wird der Seele mit der Lehre von der Erbsünde die Fähigkeit abgesprochen, aufgrund eigener Verdienste ihr Schicksal zu bestimmen. Die alte Aufspaltung in Glauben und Werke, Gnade und freien Willen tritt in dieser Moralordnung wieder neu zutage. Das Gerichtsverfahren urteilt letztlich über den Glauben; schlechte Taten oder Unterlassungssünden können durch Barmherzigkeit und/oder Fürsprache außer Kraft gesetzt werden. Die Seele wird aufgefordert, auf die Gnade zu vertrauen, und mit dem drohenden Phantom geistigen Hochmuts davor gewarnt, sich auf sich selbst zu verlassen. Die hier geltende moralische Ordnung beruht also auf Vermittlung, Glauben und Gnade; der freie Wille und das eigene Tun kommen erst an zweiter Stelle.

Reformatorische Eschatologie

Die protestantischen Erneuerer griffen in vielerlei Hinsicht auf das Erbe zurück, das Augustinus hinterlassen hatte. Sie nahmen den Widerspruch auf, der zwischen seiner Gnadenlehre und seiner Auffassung von der Kirche bestand. Ein Kommentator nennt die Reformation den Triumph der ersten Lehre über die zweite. Seine Ausführungen über die augustinische Gnadenlehre sind es wert, vollständig wiedergegeben zu werden:

> Sündhafte Menschen, die zum Guten und zu Gott zurückfinden wollen, sind ganz und gar auf die Gnade Gottes angewiesen; diese Gnade ist unerläßlich, vorauswirkend, unwiderstehlich und unfehlbar; und da sie eine freie Gnade Gottes ist, muß sie in allen Einzelheiten ihrer Zuteilungen und Wirkungen in der von Ewigkeit zu Ewigkeit gültigen Absicht Gottes gelegen haben.[45]

Wir haben gesehen, wie Augustinus gegenüber Pelagius seine Ansicht verteidigte, daß die Gnade für die Erlösung unerläßlich sei; trotzdem ging die Kirche nicht so weit, sie als unwiderstehlich zu bezeichnen; der extreme Augustianismus konnte sich im Rahmen der Orthodoxie nicht entfalten. Die augustinische Lehre von der Kirche machte aus dieser ein Werkzeug der Gnadenverteilung und sicherte ihr damit die mächtige Vermittlerrolle zwischen den Menschen und Gott. Doch eine unwiderstehliche Gnade, die von Gott direkt auf die Person übergeht, hätte die Mittlerfunktion überflüssig gemacht und konnte deshalb von der Kirche nicht geduldet werden. Eine solche Auffassung hätte auch die persönliche Entscheidungskraft aufgehoben und damit die moralischen Folgen einer falschen Wahl. Das Machtmonopol der Kirche blieb unangetastet, bis Luther zu dem entscheidenden Angriff ansetzte.

Luthers psychologische Konstellation glich der von Paulus und Augustinus: er hatte ein klares Bewußtsein von seiner eigenen Sündhaftigkeit und ist – wie er selbst berichtet – an dem Versuch, die paulinische Lehre von der Rechtfertigung durch den Glauben zu begreifen, beinah verzweifelt. Der Glaube an Christus war für Luther zunächst nichts anderes als »eine weitere Forderung des strafenden Gottes an den sündengequälten Menschen«, bis er erkannte, daß Gottes Absichten barmherzig waren, »daß er die Menschen ihres Glaubens wegen gerecht sprach, nicht wegen ihrer Werke«.[46] Als Luther die Schriften von Augustinus gegen die Pelagianer las, fühlte er sich in seiner Auslegung bestätigt. Doch er ging weiter: Wenn die Werke kein Weg der Rechtfertigung vor Gott und also nutzlos waren, dann waren es auch die asketischen Übungen, die die Kirche verordnete, und darüber hinaus alle Zermonien und Rituale, die sie praktizierte. Gnade wurde nicht über Sakramente vermittelt, sondern kam unmittelbar von Gott; die kirchlichen Mittlerdienste waren also nicht mehr notwendig.

Daneben erzürnte sich Luther über den Ablaßhandel, der die Preise für den Loskauf von Sünden in absurde Höhen trieb. In den Praktiken eines gewissen Tetzel war der moralische Tiefpunkt eines Systems erreicht, das einmal als Bußordnung begonnen hatte. Alger beschreibt die Stimmung jener Jahre:

> Das Kirchentum verschlang die Moral. Der Gehorsam gegenüber dem Sittengesetz verkam zur Hingabe an ein Ritual. Der Handel mit Ablässen wurde auf Dauer zu unverschämt und zu blasphemisch, um noch länger ertragen werden zu können, als Johannes Tetzel, ein Dominikanermönch, durch Europa reiste, in den Kirchen seinen Stand aufbaute und die berühmten Ablässe von Leo X. zum Verkauf anbot, die jedem, der reich genug war, den vorgeschriebenen Preis zu zahlen, die Vergebung aller Sünden, wie abscheulich auch immer, und ob vergangen, gegenwärtig oder zukünftig, versprachen! Dieser schamlose, aber befugte Scharlatan rühmte sich, »daß er durch den Ablaßverkauf mehr Seelen vor der Hölle bewahrt, als der heilige Petrus durch seine Predigten zum Christentum bekehrt« habe. Und erklärte, daß »sogar wenn jemand die Mutter Gottes geschändet hätte, er ihm dafür noch einen Straferlaß verkaufen könne«.[47]

Diese Glaubenspraxis bedeutete den Ausverkauf jeder glaubwürdigen Moralordnung: mit Geld konnte man sich Straffreiheit für die schändlichsten Verbrechen erwerben. Ob jemand der Hölle entkam, hing weniger von seinen moralischen Qualitäten ab als von der Größe seines Geldbeutels. Daß Luther auf diese Verhältnisse mit großer Empörung reagierte, darf kaum überraschen.

Bevor wir uns näher mit Luther und Calvin auseinandersetzen, sollten wir uns der Gemeinsamkeiten erinnern, die die Katholiken mit den Reformatoren verbindet. Beide Seiten waren sich einig, daß die Erbsünde in den Tod geführt hatte und daß der Himmel für die ins Verderben gesunkene Menschheit verschlossen war; daß erst die Fleischwerdung, der Tod und die Auferstehung Christi uns die Erlösung aus diesem Zustand der Verlorenheit brachten; und daß am Tag der Wiederkunft alle Körper auferstehen werden und ein Weltgericht stattfinden wird, das die Menschen zum Himmel oder zur Hölle verurteilt. Die wesentlichen Unterschiede zwischen beiden Anschauungen bezogen sich auf die Art und die Mittel der Erlösung.[48] Die Katholiken glaubten, daß der Sühnetod Christi die Sünden aller getilgt habe und daß durch moralische Ergebenheit und mit Hilfe der Kirche die Erlösung erreicht werden könne; die Lutheraner behaupteten dagegen, daß der Tod Christi nur denen die Vergebung der Sünden bescherte, die einen echten Glauben hatten; und Calvin schließlich vertrat die Meinung, daß Gott den Sündenfall und alle folgenden Verdammungen vorausgesehen, zugleich aber bestimmt habe, daß einige Sünder gerettet werden sollten.

Die Confessio Augustana, 1530 von Melanchthon verfaßt, legt die Grundsätze des lutherischen Protestantismus dar. Es verwirft »die Pelagianer und andere, so die Erbsund nicht für Sund halten, damit sie die Natur fromm machen durch naturlich Kräft, zu Schmach dem Leiden und Verdienst Christi.«[49] Die Confessio lehrt die Rechtfertigung durch den Glauben und die Vergebung der Sünden durch göttliche Gnade, um Christi willen, über den Glauben, nicht »durch unser Verdienst, Werk und Genugtun«.[50] Sie enthält einen langen Artikel über das Verhältnis von Glauben und Werken, der feststellt, daß das »Hauptstück« im christlichen Leben, die Lehre vom Glauben, vernachlässigt worden sei, »weil allein Werklehre an allen Orten gepredigt«.[51] Bei der Darlegung des Zusammenhangs von Glauben und Werken beruft sich die Confessio auf die Autorität von Paulus und Augustinus:

> Erstlich, daß uns unser Werk nicht mugen mit Gott versuhnen und Gnad erwerben, sondern solchs geschieht allein durch den Glauben, so man glaubt, daß uns um Christus willen die Sunde vergeben werde, welcher allein der Mittler ist, den Vater zu versuhnen. Wer nun solches vermeint durch Werk auszurichten und Gnad zu verdienen, der verachtet Christum und suchet den eigen Weg zu Gott wider das Evangelium.[52]

Die Confessio spricht sich aus den bekannten Gründen dagegen aus, auf die eigenen Werke und persönlichen Verdienste zu vertrauen. Christus ist der einzige Vermittler im Verhältnis des

Menschen zu Gott, den die Confessio zuläßt; er tritt damit allein an die Stelle, die vorher mit ihm die Jungfrau Maria, die Heiligen und die Kirche eingenommen hatten. »Sehr trostlich und heilsam«, heißt es weiter, sei die Rechtfertigungslehre für »die bloden und erschrockenen Gewissen«; es hatte sich, darf man ergänzen, als ziemlich unklug erwiesen, die Glaubensschwachen auf eigene Anstrengungen zu verpflichten, ihre Seelenruhe zu erwerben. Der Text weist nachdrücklich darauf hin, daß der Glaube nicht mit dem Wissen um historische Ereignisse gleichzusetzen ist; Glauben heißt vielmehr »Zuversicht haben zu Gott, seine Zusag zu empfahen«.[53] Wie bei Paulus erwachsen die guten Werke aus dem rechtverstandenen Glauben, ja, diese sind für einen gläubigen Menschen geradezu unvermeidlich, selbst wenn er sich die Gnade nicht verdienen kann. Es wird unterstellt, daß die menschliche Natur ohne Glauben viel zu schwach sei, um gute Werke zu vollbringen, Leid zu ertragen, den Nächsten zu lieben und was sonst einen Christen auszeichnet. Die »39 Artikel« der Kirche von England nennen die Rechtfertigung durch den Glauben »eine äußerst heilsame Lehre voller Tröstungen«;[54] ähnliche Vorstellungen finden sich in den programmatischen Erklärungen der Baptisten und Methodisten.[55]

Das Augsburger Bekenntnis erwartet die Wiederkehr Christi für den Jüngsten Tag, wo er kommen wird, um »zu richten; und alle Toten auferwecken, den Glaubigen und Auserwählten ewigs Leben und ewige Freude zu geben, die gottlosen Menschen aber und die Teufel in die Helle und ewige Straf verdammen«.[56] Das Westminster Bekenntnis von 1646 spricht von einer Verurteilung auf der Grundlage der Gedanken, Worte und Werke, und die zweite »Confessio Helvetica« von 1566 stellt kategorisch fest, daß die Gläubigen sofort zu Christus eingehen, während die Ungläubigen mit dem Kopf voran in die Hölle gestürzt werden. Das Fegefeuer, durch seine Assoziationen mit dem Ablaß in Verruf geraten, wird in dieser metaphysischen Ordnung verworfen; Gebete für die Toten sind daher vollkommen nutzlos. Die Lehre vom Fegefeuer, so das Argument, stehe im Widerspruch zu einem Glauben, der an der Sündenvergebung durch das Sühneopfer festhalte.

Die 39 Artikel der Kirche von England verurteilen, inter alia, die römische Lehrmeinung zum Fegefeuer und zur Anrufung der Heiligen; sie sei »ein närrisches Ding, nutzlos herbeigewünscht, auf keiner Vollmacht durch die Schrift gegründet, sondern dem Wort Gottes vollkommen zuwiderlaufend«.[57] Wir werden im nächsten Kapitel sehen, wie die Verkürzung der metaphysischen Ordnung von drei auf zwei Dimensionen die Reformatoren in große Schwierigkeiten brachte; denn das Purgatorium war ja erdacht worden, um die kompromißlose Härte aufzuheben, die mit dem endgültigen Entweder-Oder von Himmel und Hölle verbunden war.[58]

Johannes Calvin war in seinem Temperament ganz anders als der leidenschaftliche und alles in allem wenig systematisch denkende Luther. Calvin war ein strenger Mann mit einem ausgeprägten Machtwillen und einem ausgezeichneten juristischen Verstand. Die Veröffentlichung seiner *Institutio* gilt als epochemachendes Ereignis; sie ist in ihren Anstößen mit Kants *Kritik der reinen Vernunft* und Newtons *Principia* vergleichbar, denn in der *Institutio* werden erstmals die Lehren der reformierten Kirchen systematisch dargelegt. Leitidee der Theologie Calvins ist die absolute Souveränität Gottes; hieraus entwickelt er in logischer Konsequenz seine Lehre von der Prädestination. Vorstufen dieser Lehre lassen sich, wie wir gesehen haben, bis Augustinus zurückverfolgen, doch bilden sich im Zuge ihrer Entwicklung signifikante Unterschiede heraus. So verwirft Calvin den Anspruch der Kirche, zwischen der Seele und Gott zu vermitteln, und stellt dagegen »das Priesteramt für alle Gläubigen«. Ein noch wichtigerer Unterschied gegenüber Augustinus ist, daß dieser sich auf eine positive Form der Prädestination beschränkte (den Gnadenakt Gottes, der zum ewigen Leben führt), während Calvin eine doppelte Vorherbestimmung annimmt – zur Erlösung und zur Verdammnis. Doch ist seine Lehre nicht so einfach, wie sie auf den ersten Blick erscheinen könnte. Calvin verwehrt sich gegen den Einwand, die Prädestination sei ein Willkürakt Gottes; dieser handle vielmehr auf der Grundlage eines »wohlwollenden Gefallens«, das per definitionem Weisheit, Gerechtigkeit und Liebe miteinschließt, auch wenn diese göttlichen Tugenden in der Stunde des Unheils vollkommen unerforschlich und unerkennbar blieben. Calvin erinnert daran, daß das Menschengeschlecht dem Verderben anheimgefallen ist: es sei ein Gewinn für die Menschheit, wenn überhaupt jemand gerettet werde. Das eigentlich Anstößige seiner metaphysischen Ordnung ist die angeblich liebevolle Absicht eines Gottes, der bestimmte Seelen von vornherein ins Verderben schickt: wenn es in seiner göttlichen Allmacht steht, solche Seelen zu retten, warum rettet er sie dann nicht kraft seiner göttlichen Liebe? Diese Frage wird wohl nie eine befriedigende Antwort finden, »nicht einmal mit dem Zugeständnis der Unergründlichkeit«.[59] Überhaupt hat das Argument des unerforschlichen Ratschlusses seit den Tagen Calvins immer mehr an Überzeugungskraft verloren.

Eine praktische Folge der Reformation war zweifellos die Wiedererstarkung der christlichen Moralordnung. Wenn jemand die göttliche Gnade individuell zu spüren bekam, »fühlte er eine persönliche Verantwortung, sich zu bessern«.[60] Doch die Demokratisierung, die mit dem allgemeinen Priestertum einherging, war auch der Keim für eine große Autoritätskrise der Kirche, besonders dort, wo man die ganze Autorität auf Schriften übertrug, die für die vielfältigsten und widersprüchlichsten Auslegungen Raum gaben. Die Relativierung der moralischen Ordnung lief in letzter Konsequenz auf eine anarchische Ethik hinaus, die nur die besondere Situation gelten läßt und keine Prinzipien, die darüber hinausgehen: das Absolute ertrinkt in einem Meer des Relativen.

Faszinierende Einblicke in das spätere Schicksal einiger führender Reformatoren geben die Schriften von Emanuel Swedenborg; dieser behauptete von sich, mit den Angehörigen der geistigen Welt Gespräche zu führen und auf diese Weise herausfinden zu können, wie sich ihre Ansichten nach dem Tod verändert haben. Uns interessieren an dieser Stelle besonders seine »Konversationen« mit Luther, Calvin und Melanchthon. In Swedenborgs Berichten davon wird überdeutlich, daß er die Lehre von der Rechtfertigung durch den Glauben allein (»sola fide«) für eine Fehlentwicklung und die Prädestinationslehre geradezu für verderblich hält. Er tut deshalb sein Bestes, um die Reformatoren über ihre Irrtümer aufzuklären.

Als erstes zeigt er Luther, der von einer Art Thron herab große Reden an seine Nachfolger richtet. Diejenigen von ihnen, die seinen Lehren besonders »nahestehen«, sitzen unmittelbar um ihn herum, während die weniger Begeisterten Abstand zu ihm halten. Im Verlauf seiner Gespräche, berichtet Swedenborg, habe Luther zugestanden, »daß er seinen Hauptlehrsatz über die Rechtfertigung durch den bloßen Glauben nicht aus dem Wort, sondern aus dem eigenen Verständnis geschöpft« habe; und – als bedürfe es noch einer dramatischen Untermalung – präsentiert uns Swedenborg einen Luther, der seine früheren Ansichten belächelt, sie jedoch damit rechtfertigt, daß er mit den Katholiken habe brechen müssen. »Daß ich denn abgeirrt, macht mir kein Wunder; nur das ist ein wunderlich Ding, daß ein Narr mochte so viele Narren machen [...] daß sie nicht gewahr geworden die Gegengründe in der Heiligen Schrift, welche doch sehr zu Auge stehen.«[61] Weil Luther »das Überwalten der Liebtätigkeit« jetzt aber anerkennt, ist für ihn noch nicht alles verloren; Swedenborg fügt hinzu, daß selbst Paulus den Glauben über die Liebe gesetzt habe. Interessant ist hier die Verschiebung der Begrifflichkeit; der Gegenbegriff zum »Glauben« ist nicht das »Werk«, sondern die »thätige Liebe.« Sie besteht nach Swedenborgs Grundüberzeugung »in einer inneren Neigung, das Wahre zu tun«, und beansprucht deshalb keine äußeren Verdienste. Sie folgt, mit anderen Worten, einem inneren Impuls, der aus dem Herzen kommt. Den von der Liebe getrennten Glauben vergleicht Swedenborg mit dem »Licht des Winters, in welchem alles auf dem Erdboden erstarrt, und nichts hervorgebracht wird; aber der Glaube mit der thätigen Liebe ist wie das Licht des Frühlings und des Sommers, in welchem alles blühet und hervorkommt.«[62] Das erste ist ein Licht ohne Liebe, das zweite ein Licht, das von Liebe und damit auch Wärme erfüllt ist.

Melanchthon wird an einem Schreibtisch sitzend dargestellt, wo er Tag für Tag endlose Gedanken über die Rechtfertigung durch den Glauben aufs Papier kritzelt, ohne auch nur ein Wort über die Liebe zu verlieren. Im Verlauf der geistigen Unterhaltungen mit Swedenborg wird seine Kleidung immer gröber, seine Umgebung immer dunkler; schließlich »erschien er mit rauchem Fell umkleidet, weil der Glaube ohne Liebtätigkeit frostig ist.«[63]

Die größte Abscheu aber spart sich Swedenborg für Calvin auf; dessen Prädestinationslehre ist ihm eine »greuelhafte Ketzermeinung«, ein grausames Gedankenkonstrukt, das Gott zum Tyrannen macht, statt in ihm den liebenden Vater zu sehen. Swedenborg vergleicht das monströse Gebilde mit einem wilden Tier, das seine eigenen Jungen verschlingt. Bei seinen Treffen mit Calvin stößt Swedenborg auf eine unerschütterliche Überzeugung; daß der allmächtige Gott nur die Erwählten rette; Calvin nimmt alle Gründe, die gegen seine Ansicht sprachen, für »Ausstöße aus dem Magen und für Bauchlärm«.[64]

Swedenborg selbst lehrt eine metaphysische Ordnung, in der Gott Liebe und Weisheit ist, die sich in Christus, dem Erlöser der Welt, verkörpert hat. Sein Gott verurteilt niemanden zu immerwährenden Strafen; die Seelen in der Hölle befinden sich an einem Ort bzw. in einem Zustand, der ihrer »herrschenden Liebe«, nämlich der wahren Verfassung ihres Herzens und Willens, entspricht. Das stellvertretende Sühneopfer Christi lehnt Swedenborg ab, zumindest insofern es als Entschuldigung für moralische und geistige Trägheit herhalten muß. Obwohl Swedenborg immer wieder betont, daß alles Gute von Gott kommt, räumt er der menschlichen Freiheit einen zentralen Platz ein; sie wird tätig im Willen und im Verstehen und entspricht darin der göttlichen Liebe und Weisheit. In der metaphysischen Ordnung Swedenborgs gibt es Himmel und Hölle in den verschiedensten Abstufungen; diese sind der jeweilige Ausdruck des inneren Zustands der Seele, das Ergebnis der Begegnung mit den Taten; dem einzelnen widerfährt Gerechtigkeit nach dem Stand seiner Entwicklung in der Liebe und in der Weisheit.

Gnade und freier Wille: ein bleibendes Dilemma

Bei unserem Versuch, die Spannung zwischen Gnade und freiem Willen nachzuzeichnen, haben wir eine Reihe von Fragestellungen berührt, die über die Religion hinaus in die Gebiete der Psychologie und Politik hineinreichen. Wir erwähnten, daß einige der frühen Häresien sich für eine harte Bruderschaft stark machten und wenig Rücksicht auf die Schwachen nahmen, die sich selbst nicht helfen konnten. Joan O'Grady hat eine Grundfrage des Christentums so formuliert: »Ist diese Religion für die, die zur Vollkommenheit streben und schon ein bestimmtes Maß an Reinheit erreicht haben, oder ist sie für jeden, und wenn er noch so lax und apathisch ist?«[65] Soll es also besser zwei Christenheiten geben oder doch nur eine Kirche? Die Lehre vom Fegefeuer entstand aus solchen Überlegungen; sie wurde genährt durch den Glauben an die eigene Verdammung und den Wunsch, etwas dagegen zu tun. »Man hat lange zwischen der Einsicht in die Unmöglichkeit einer Revision des göttlichen Gerichts und dem Bedürfnis, das Geschick der Verurteilten zu mildern, hin und her geschwankt.«[66] So kam es zur Annahme eines zwischen Himmel und Hölle gelegenen Ortes der Reinigung und zu den Formen der Fürsprache und des Ablasses, die am Ende zu den beschriebenen Auswüchsen führten.

Nirgendwo ist diese Thematik eindrucksvoller dargestellt als in Dostojewskis *Legende vom Großinquisitor*. Die Geschichte spielt während der Blütezeit der Inquisition in Spanien. Christus kehrt auf die Welt zurück; man erkennt ihn an seinem »stillen Lächeln unendlichen Mitgefühls«.[67] Er begegnet dem herrschaftlichen Großinquisitor, der ihn abführen läßt, und es kommt zu einem Gespräch, in dessen Mittelpunkt das Thema Freiheit steht. Für den Großinquisitor in seiner Weltklugheit ist die Freiheit eine unerträgliche Bürde, die weder der einzelne noch die Gesellschaft auf sich nehmen kann: »Der Mensch kennt keine qualvollere Sorge als die, möglichst rasch ausfindig zu machen, wem er jene Gabe der Freiheit zu Füßen legen könnte, mit welcher dies unselige Geschöpf geboren wird.«[68] Der Großinquisitor wirft Christus vor, die schreckliche Freiheit des Menschen gemehrt, statt sie an sich genommen zu haben. Die Kirche jedoch habe Mitleid gezeigt mit den armen, von der Freiheit gebeugten Kreaturen, sie habe »seine Tat den Menschen angepaßt«, als Verwalterin von Wunder und Geheimnis die Verantwortung übernommen und dafür die Ergebenheit gefordert, die ihrer Autorität zustehe. Wer den von der Kirche vorgebrachten Antworten Glauben schenke, sei von der großen Angst und schrecklichen Not, frei entscheiden zu müssen, befreit. Die Kirche sei die Vermittlerin, die seine Verantwortung übernehme und die Gnadengeschenke verteile.

Wie sehr sich die Argumente auch wandeln und die Positionen verschieben, die christliche Moralordnung bleibt geprägt von einer Reihe polarer Gegensätze. Da ist immer eine Unterströmung von Gnade, selbst dort, wo der freie Wille so leidenschaftlich verfochten wird wie bei den Pelagianern. Da ist immer eine Andeutung von Determinismus, der dann in der Theologie Calvins so ausdrücklich wird. Da ist eine Spannung zwischen Barmherzigkeit und Liebe auf der einen Seite und Gerechtigkeit auf der anderen. Da gibt es verschiedene Formen der Vermittlung und die Versicherung einer Direktbeziehung zwischen dem Individuum und Gott. Da gibt es einen liebenden Gott, die Hierarchie von Himmel und Hölle und dazwischen, für manche, ein Fegefeuer. Und da ist nicht zuletzt, in der Erwartung der Wiederkunft und des Jüngsten Gerichts, ein dauerhafter moralischer Druck. Ein einheitliches Bild ist hieraus nicht zu gewinnen; die christliche Tradition hat zwischen den Extremen einer unwiderstehlichen Gnade und eines unbehinderten Willens alle Schattierungen denkbarer Meinungen hervorgebracht. Gleichzeitig stand sie sich immer auch selbst im Weg, solange sie es für nötig hielt, auf ihre Exklusivität zu pochen; denn das zwang sie, bestimmten Glaubensmerkmalen einen höheren Wert beizumessen als der guten Tat, selbst dort, wo diese als integraler Bestandteil eines echten Glaubens angesehen wurde. Ganz sicher aber führt der Weg zu Erlösung über den Auftrag, den Jesus seinen Jüngern gab und der ihr Erkennungszeichen sein sollte: daß sie Gott und einander liebten. Dies ist der Kern seiner Botschaft, der erhalten bleiben muß, nach all den leidenschaftlichen theologischen Debatten, die geführt worden sind und noch geführt werden. Das nächste Kapitel wird zeigen, wie die Überbewertung abstrakter metaphysischer Lehrsätze gegenüber der unmittelbaren religiösen Erfahrung zur Entwurzelung der Menschheit beitrug. Von der ehemals tragenden metaphysisch-moralischen Grundordnung blieb am Ende nur eine vage Vorstellung vom Jüngsten Gericht. Der Glaube an ein Nachleben wurde schrittweise abgetragen, und man ging schließlich dazu über, die Moralordnung in der bloßen Konformität mit der gesellschaftlichen Ordnung zu erkennen.

8. Der Niedergang der religiösen Weltanschauung

Die Antwort auf das menschliche Leben ist innerhalb der Beschränktheiten des menschlichen Lebens nicht zu finden.

C. G. Jung

Der Mensch ist eine nutzlose Passion.

Jean-Paul Sartre

Hintergrund

Das Wort Niedergang in der Überschrift dieses Kapitels ist mit voller Absicht gewählt: es geht um die Verdüsterung und den Untergang der Religionen; der Aufgang der spirituellen Sonne, die aus dem Schatten wieder hervortritt, wird uns dann im Schlußkapitel beschäftigen. Doch sollten wir schon hier, beim Blick auf die Trendlinien des modernen Denkens, daran denken, daß unser Weltbild am Ende des 20. Jahrhunderts aufbricht, um einer umfassenderen Sicht der Wirklichkeit und des Menschen Platz zu machen. Die diesem Kapitel vorangestellten Zitate repräsentieren die beiden Gegenpole im Streit um die Metaphysik und bei der Frage nach dem Sinn des Lebens. Auf der einen Seite Jung, der in einem Interview erklärte, er *glaube* nicht an die Existenz Gottes, er *wisse* darum. Auf der anderen Seite Sartre, der streitbare Atheist, der die Gottesvorstellung als etwas Unerträgliches ansah und sich selbst einer unbequemen Allianz von Existentialismus und Marxismus verbunden fühlte.[1] »Der Mensch ist eine nutzlose Passion.« Mit diesem Satz beendet Sartre seine monumentale Untersuchung *Das Sein und das Nichts*. Am Ende des Lebens triumphiert das Nichts, das sich im Augenblick des körperlichen Todes über das Bewußtsein senkt.[2] Alle menschlichen Anstrengungen bleiben vergeblich, jedenfalls nach Sartres Sicht der Dinge, der einen pessimistischen Nihilismus vertritt, ähnlich der »starrsinnigen Verzweiflung« eines Bertrand Russell.[3]

Der Gedankengang dieses Kapitels bedarf einiger Erklärungen. Hauptziel ist, die wichtigsten Faktoren zu umreißen, die vom 17. Jahrhundert an den Verfall des metaphysischen Glaubens vorangetrieben haben. Über dieses komplexe Gebiet sind so viele Bücher geschrieben worden, daß es anmaßend erscheinen mag, auf so engem Raum eine Zusammenfassung zu versuchen; hinzu kommt, daß die verschiedenen Faktoren, die ich isoliert betrachte, im Grunde nicht getrennt behandelt werden dürfen, weil sie sich überschneiden und aufeinander beziehen. Trotzdem halte ich mein Vorgehen für notwendig, um über die einzelnen Themenkreise genügend Klarheit zu gewinnen. Im ersten Teil dieses Kapitels werden wir die Beziehungen zwischen der göttlichen, metaphysischen, physischen und gesellschaftlichen Ordnung zunächst allgemein betrachten. Wir werden uns dann fragen, was eine Weltanschauung ist und welche Erklärungsmodelle ihr zugrunde liegen. Ausgehend vom Weltbild des Mittelalters und der hermetischen Weltsicht der Renaissance verfolgen wir die Entwicklung der modernen Wissenschaft. Vier Hauptmotive, die die geistige Geburt der Moderne maßgeblich vorangebracht haben, werden eigens behandelt: die Frage nach der Existenz Gottes, der Niedergang der organisierten Religion, der Verlust des Lebenssinns und der Verlust des Glaubens an die Unsterblichkeit.

Der Niedergang, den die Überschrift suggeriert, betrifft die göttliche und die metaphysische Ordnung. In der Folge davon wird die moralische Ordnung auf die gesellschaftliche und die physische Ordnung reduziert und innerhalb dieser Grenzen neu bestimmt. Darüber hinaus nimmt auch das Bewußtsein für die physische Ordnung ab; Wissenschaft und Wirtschaft haben bei ihrem Bestreben, die Natur zu beherrschen, die ökologischen Faktoren ganz aus den Augen verloren. Die von Politik und Wirtschaft vorgegebene Gesellschaftsordnung, deren Ziel die optimale Organisation der materiellen Gesellschaft ist, wurde zur maßgeblichen Bezugsgröße für die Moralordnung. Das bedeutete eine folgenschwere Verschiebung des Schwerpunkts und der Wertmaßstäbe, von der mittelalterlichen Sorge um die Erlösung des einzelnen zum weltlichen Unternehmen des sozialen und ökonomischen Wohlstands. Diese Verlagerung war notwendig, um das Gleichgewicht wiederherzustellen, hat aber zugleich so etwas wie ein spirituelles Vakuum hinterlassen. In seinem Buch *Der Untergang des Abendlandes* kommentiert Oswald Spengler unter der Überschrift »Buddhismus, Stoizismus, Sozialismus« den Verfall der Metaphysik und den Aufgang einer neuen Ethik: »Die Ethik ist über ihren Rang als Teil einer abstrakten Theorie hinausgewachsen. Von nun an ist sie *die* Philosophie, welche die anderen Gebiete sich einverleibt; das praktische Leben rückt in den Mittelpunkt der Betrachtung. [...] Die Metaphysik, Herrin von gestern, wird zur Dienerin von heute. Sie hat nur noch das Fundament zu liefern, das eine praktische Gesinnung trägt.«[4] Durch die Umkehrung der Werte werden die Metaphysik und die Theologie entthront; es gibt keinen metaphysischen Rahmen mehr, aus dem sich eine Ethik herleiten ließe.

Alasdair McIntyre kommt bei seinem Überblick über die Geschichte der Ethik zu einem ähnlichen Schluß. »Das Christentum«, resümiert er, »hat zwei Hauptschwächen: erstens das beträchtliche Ausmaß seiner metaphysischen Annahmen, und zweitens die Tatsache, daß es zu der Behauptung gezwungen ist, Ziel und Zweck dieses Lebens und dieser Welt seien in einer anderen Welt zu finden.«[5] Die Behauptungen des Christentums, fährt McIntyre fort, üben ihre Faszination vor allem auf solche Menschen aus, die »dieses Leben als unbefriedigend empfinden«. Deren Interesse aber erlahme, um so attraktiver die Möglichkeiten des irdischen Lebens sind, die ihnen mit dem wirtschaftlichen Wohlstand geboten werden. Spekulationen über das Jenseits treten in den Hintergrund und gelten als »morbide«. »Aber noch viel wesentlicher ist, daß der Glaube an irgendeinen Gott immer stärker zu einer bloßen Formalität wird – wenn man ihn nicht aufgibt.« Das formale Bekenntnis täuscht häufig über den Verlust des lebendigen Glaubens hinweg; immer mehr »Gläubige« hängen nur noch halbherzig einer Idee an, die sie im Grunde für überholt halten.

Weltanschauung und Weltauslegung

»Weltanschauungen« [im Original deutsch] bestehen aus größtenteils unbewußten Voraussetzungen, die der Denkweise einer jeden Epoche zugrunde liegen. Zu unserem Verständnis über das Wesen von Weltanschauungen haben unter anderem Albert Schweitzer, Alfred North Whitehead, C. G. Jung, W. T. Stace, und Ninian Smart beigetragen. Jung definiert die Weltanschauung als »eine begrifflich formulierte Einstellung«; »Einstellung ist ein psychologischer Begriff, welcher eine auf ein Ziel oder durch eine sogenannte Obervorstellung orientierte besondere Anordnung der psychischen Inhalte bezeichnet.« »Und wie die Armee einen Führer mit einem Generalstab hat, so hat auch die psychische Einstellung eine allgemein leitende Idee, welche durch umfangreiche Materialien, wie Erfahrungen, Grundsätze, Affekte und dergleichen, unterstützt und begründet ist.«[6] Im Unterschied aber zur Einstellung, die ganz unbewußt sein kann, haben nach Jungs Auffassung nur solche Menschen eine Weltanschauung, die sich ein bewußtes Bild von der Welt gemacht haben und von dem Platz, den sie darin einnehmen.

Jung warnt vor einem »Grundirrtum jeder Weltanschauung«; er bestehe in ihrem »merkwürdigen Hang, für die Wahrheit der Dinge selber zu gelten, während sie in Wirklichkeit doch nur ein Name ist, den wir den Dingen geben«.[7] Hinter bestimmten Vorstellungen, die als »common sense« gelten, verstecken sich oft unbewiesene Voraussetzungen; sie werden als selbstverständlich angesehen und deshalb nicht weiter befragt. Jung beschreibt, wie die Metaphysik des Geistes im 19. Jahrhundert von einer Metaphysik der Materie ersetzt wurde; dieser Prozeß sei »intellektuell genommen, eine reine Gaukelei, psychologisch aber eine unerhörte Revolution der Weltanschauung. Alle Jenseitigkeit verkehrt sich in Diesseitigkeit, alle Begründung und alle Zwecksetzung, ja alle Sinngebung erfolgt nur noch in empirischen Grenzen«.[8] Der bis heute herrschende wissenschaftliche Materialismus kommt zu dem Ergebnis, daß der Geist nur ein Nebenprodukt der Materie und die Seele eine Illusion ist, die der Vergangenheit angehört. In der wissenschaftlichen und medizinischen Ausbildung wird uns dieses Resultat als der Weisheit letzter Schluß verkauft und immer wieder eingeschärft. Zu seiner Bestätigung werden großartige Überlegungen angestellt, gleichzeitig aber alle menschlichen Erfahrungsbereiche vernachlässigt, die das Gegenteil nahelegen. Eine wichtige historische Erkenntnis wird sein, daß die gegenwärtige Vorliebe für »horizontale«, an der physischen Welt orientierte Erklärungsmodelle nicht mehr und nicht weniger als eine Reaktion auf die mittelalterliche Vorliebe für »vertikale«, metaphysische Kategorisierungen war. Eine post-moderne Synthese wird beide Seiten berücksichtigen und versuchen, das dem jeweiligen Phänomen angemessene Erklärungsmodell herauszufinden, ohne das eine auf das andere zu reduzieren.

Ninian Smart faßt den Begriff »Weltanschauung«, den es im Englischen nicht gibt, so weit, daß er »sowohl die überlieferten religiösen Systeme als auch ähnlich geartete weltliche Systeme« umfaßt.[9] Als das Gemeinsame von Ideologien und Religionen stellt er fest: beide vermitteln ein Identitätsgefühl und weisen dem Individuum einen Platz in der Welt zu. Smart schlägt deshalb vor, Weltanschauungen als ein Dreieck anzusehen, bestehend aus Individuum, Mitmenschen und Kosmos. »Ein Mythos oder eine Lehre ist nur dann wirklich befriedigend, wenn er jemandem erklärt, welche Beziehungen er zur Gesellschaft und zum Universum hat und worin sein eigentliches Selbst besteht.«[10] Im Hinblick auf unsere vier Ordnungen heißt das: das Individuum hat seinen Platz, aus dem es sich bestimmt, in der gesellschaftlichen und in der physischen Ordnung; darüber hinaus möglicherweise noch in der metaphysischen und der göttlichen Ordnung, je nachdem ob seine Weltanschauung religiös oder säkular ist, spirituell oder materiell. Das Individuum definiert sich und seinen Lebenszweck nach der Zugehörigkeit zu diesen Ordnungen; seine soziale und physische Identität findet es in der Familie, am Wohnort, in der Umwelt, in den wirtschaftlichen und politischen Verhältnissen; seine metaphysische und göttliche Identität in der persönlichen Seele und im universalen Geist. Die Ablehnung der zuletzt genannten Ordnungen führt zu einer Schrumpfung der Identität und zur Verkürzung der Lebensziele, wenn nicht sogar zur Entseelung der menschlichen Existenz.

Erklärungen, welcher Art auch immer, sind eingebettet in den Annahmen der jeweiligen Weltanschauung; die sogenannten Fakten sind mit der Art der Auslegung, ja sogar der Art der Wahrnehmung verschmolzen und können aus diesem Zusammenhang nie ganz herausgelöst werden.[11] Alfred North Whitehead hat zur Verdeutlichung dieses Phänomens zwischen einer »Beobachtungsordnung« und einer »begrifflichen Ordnung« unterschieden.[12] »Die eine resultiert aus den ganz unmittelbaren Unterscheidungen, die wir anläßlich bestimmter Beobachtungen treffen, die andere dagegen aus der Art, wie wir das Universum allgemein begreifen.« Whitehead behauptet nun, »daß die Beobachtungsordnung in jedem Fall durch die Begriffe der begrifflichen Ordnung interpretiert wird«, und zwar dadurch, daß unser Denken sprachlich ist und die jeweilige Sprache wiederum mit bestimmten Vorstellungen verbunden ist. »Die beobachtende Ordnung richtet sich nicht unparteiisch an den Fakten aus. Sie unterliegt einer subjektiven Vorzugsanordnung.« Bestimmte Tatsachen rücken ins Blickfeld, andere werden ignoriert. Whitehead vergleicht dieses Phänomen mit der Sonne, die die Welt ins Licht setzt, aber die Sterne im Dunkeln läßt. Wollte man den Himmel erklären, indem man ihn nur bei Tag oder aber auch nur bei Nacht anschaute, wäre ein solches Modell von einer »trügerischen Vollständigkeit«, weil es die jeweils andere Sichtweise außer acht ließe; dasselbe gilt für jede Interpretation, die den Geist auf die Materie reduziert oder die Materie auf den Geist.

Mit den Kategorien der begrifflichen Ordnung werden bestimmte Einteilungen vorgenommen und Verbindungen hergestellt, die die Welt erst verstehbar machen. Solche klassifizierenden Begriffe sind jedoch unvollkommene Werkzeuge: mit ihrer Hilfe wird die Welt zunächst in ihre Komponenten zerlegt und dann wieder zusammengesetzt. Sie stellen die Welt dar und stellen sie zugleich nicht dar; sie beziehen sie auf einen nur gedanklich bestehenden Vorstellungszusammenhang. Wir haben das Gefühl, eine Sache sei »erklärt«, wenn wir sie einem vertrauten Kontext zuordnen, in einer Schublade ablegen können. Wie kommt es nun aber, daß uns nur bestimmte Erklärungen wirklich befriedigen, andere dagegen Fragen und Zweifel offen lassen?

Nach der Definition von Basil Willey ist eine Erklärung »eine Bestätigung von etwas – einem Ereignis, einer Theorie, einer Lehre usw. – im Sinne der gegenwärtigen Interessen und Annahmen«.[13] Entscheidend ist nun, daß solche vorgegebenen Annahmen den Anschein erwecken, sie seien endgültig und nicht weiter begründbar, denn müßten wir die Erklärung selbst wieder erklären, gerieten wir unweigerlich in psychologische, wenn nicht gar metaphysische Bereiche. Davor aber schrecken die meisten von uns zurück. Weil sie die Voraussetzungen ihres Denkens nicht kennen und sich in dieser Ignoranz geübt haben, verfallen sie geradewegs dem oben beschriebenen »Grundirrtum«. Erklärungen, so Willeys zentraler Gedanke, können keine Absolutheit beanspruchen; ihre Definitionen gehorchen immer den Anforderungen eines besonderen Ortes und einer besonderen Zeit.

In bestimmten »Epochen«, historischen Wendezeiten, wird die Forderung laut, die bisher geltenden Erklärungsprinzipien zu überdenken und neu zu fassen, und zwar als Folge eines »Mißverhältnisses zwischen den herkömmlichen Erklärungen und den gegenwärtigen Bedürfnissen«.[14] Dieses Mißverhältnis ist nicht unbedingt ein Beweis für die Falschheit früherer Erklärungen, aber doch ein Hinweis auf einen notwendigen Kategorienwechsel. Jede Epoche hat ihre eigenen Grundbegriffe, denen Allgemeingültigkeit zugesprochen wird, und tut gegenläufige Vorstellungen als falsch, abergläubisch oder mythologisch ab. In der Epoche, die wir hier betrachten, verlagert sich der Schwerpunkt »von der Metaphysik zur Physik, von der Betrachtung des Seins zur Beobachtung des Werdens«,[15] und sogenannte »wissenschaftliche« Erklärungen ersetzen die theologischen. Als wahr gilt nur das, was mit dem vorgegebenen Weltbild übereinstimmt. Dieses Verfahren hat einige Wissenschaftler dazu ermutigt, simple Entweder-Oder bzw. Wahr-Falsch-Theorien aufzustellen. Die Behauptung, etwas wisse man oder man wisse es nicht, etwas sei wahr oder falsch, hielt sich zumindest bis zum Aufkommen der Systemtheorie, die auf verschiedenen Betrachtungsebenen komplementäre Erklärungsmodelle nebeneinander existieren läßt. Ein einfaches Beispiel: man kann eine Krankheit erklären, indem man ihre Wirkursache, ihr »Wie« beschreibt (z. B. einen Virus); man kann sie zugleich über ihre Zweckursache, ihr »Warum«, definieren (Anlaß zu sein für eine Veränderung des persönlichen Lebensstils).

Im letzten Kapitel werde ich genauer zeigen, inwiefern wir gegenwärtig eine Zeit der Wende durchleben und gefordert sind, unsere Erklärungsprinzipien neu zu formulieren. Zusammenfassend an dieser Stelle nur soviel: Es wäre unklug, die unseren Denkprozessen und Erklärungsmodellen zugrundeliegenden Weltanschauungen zu bestreiten; jede Kultur, jede Denkweise, baut auf besonderen Annahmen auf, die hinter den Konzepten ihrer gesellschaftlichen und physikalischen Ordnung stehen und die darüber entscheiden, ob so etwas wie eine metaphysische oder göttliche Ordnung überhaupt zur Kenntnis genommen werden darf.

Die Weltbilder des Mittelalters und der Renaissance

Die Weltbilder des Mittelalters und der Renaissance gründen im festen Glauben an die Existenz Gottes und an ein kommendes Leben; die physische und die gesellschaftliche Ordnung sind also eingebunden in den Kontext der metaphysischen und der göttlichen Ordnung. Darstellungen dieser Zeit zeigen die flache Erde von konzentrischen Kreisen umgeben, den Himmel darüber und die Hölle ganz unten. Die Welt ist in den planetarischen Kreisbahnen und himmlischen Sphären buchstäblich ent-halten; die sie umkreisenden Himmelskörper halten die Erde im Zentrum zusammen. Nur der irdische Bereich unterliegt der Veränderung und dem Verfall, die Himmel sind unveränderlich und unzerstörbar. Getragen wurde dieses Modell von der offiziellen christlichen Lehre.

Auch das menschliche Leben war ganz in die metaphysische Gewißheit der Existenz Gottes hineingestellt. »Der mittelalterliche Mensch«, sagt C. G. Jung, »hatte ein wunderbares Verhältnis zu Gott. Er lebte in einer sicheren Welt, oder zumindest in einer, die er für sicher hielt. Gott paßte auf jeden auf, der in dieser Welt lebte; er belohnte die Guten und strafte die Bösen. Dann gab es die Kirche, über die der Mensch jederzeit Vergebung und Gnade erhalten konnte; [...] seine Gebete wurden erhört. Er war geistig versorgt.«[16] »Sicher« war die mittelalterliche Welt, von der C. G. Jung hier spricht, freilich nur im subjektiv-psychologischen Empfinden ihrer Bewohner; sie war nicht gerade ein Ort, an dem man es sich bequem machen konnte. Eine gewisse Sicherheit gab die offizielle Theodizee, die alle Ereignisse aus der Vorsehung Gottes erklärte; doch auch diese wurde zunehmend in Frage gestellt. Denn Angst und Unsicherheit lauerten hinter jeder Ecke, und wenn nicht in Form von Krankheit und Unglück, dann in Gestalt von schrecklichen Höllenfeuern, die einen nach dem Tode erwarteten.

W. T. Stace nennt drei unerschütterliche Überzeugungen des mittelalterlichen Menschen, die die äußere Stabilität und den inneren Zusammenhalt seines Weltbildes erklären: daß es (1.) einen Gott gibt, (2.) einen Welt-Sinn und (3.) so etwas wie eine moralische Ordnung.[17] Der mittelalterliche Gott kümmerte sich noch persönlich um seine Welt und ihre Bewohner. Naturphänomene wurden auf seine göttliche Absicht hin gedeutet, noch nicht von rein naturgesetzlichen, mechanischen Ursachen her erklärt. Für ein an teleologische Erklärungen gewohntes Denken wurde »mechanisch« gleichbedeutend mit »zwecklos«: »mechanische« Erklärungen schienen den Zweckgedanken nicht bloß zurückzustellen, sondern vollkommen auszuschließen. Die Behauptung, die Welt ist eine Moralordnung, ist allen religiösen Weltanschauungen gemeinsam. In diesem Sinne kann Stace sagen, ihre moralischen Werte sind objektiv, von Gott garantiert, und nicht nur Projektionen des menschlichen Geistes, abhängig von seinem willkürlichen Tun und seinen jeweiligen Stimmungen.[18] Wer in der Welt eine moralische Ordnung erkennt, kann auch darauf bauen, daß er für offenkundiges Unrecht im Nachleben eine Entschädigung erhält.

Die »hermetische« Weltanschauung der Renaissance wird in der Wissenschaftsgeschichte häufig nur gestreift oder ganz ignoriert. Sie speist sich aus vier Quellen: (1.) aus den Schriften, die

Hermes Trismegistos zugeschrieben werden, (2.) aus dem wiedererwachenden Interesse an Platon, (3.) aus der jüdischen Mystik und Geheimlehre, der Kabbala, und (4.) aus der Alchemie. Die Kosmologie jener Zeit sah die Erde zwar weiterhin im Mittelpunkt des Universums, umspann sie aber mit einem feinen Netz kosmischer Harmonien, Affinitäten und Korrespondenzen, die die Teile auf das Ganze bezogen, den Mikrokosmos auf den Makrokosmos. Unter solchen Zusammenhängen war das ganze Leben mit Bedeutung geschwängert, und die Natur, belebt und lebendig, war noch nicht den todbringenden Eingriffen der mechanistischen Denkweise unterworfen.

Vor dem Hintergrund geheimnisvoller sympathetischer Beziehungen zwischen der Menschheit und der Welt entstand eine Lieblingsvorstellung der Renaissance, die Figur des Magus. Seine Fähigkeit, die Natur zu beherrschen und zu kontrollieren, kam zur vollen Entfaltung, als er selbst schon wieder von der historischen Bühne verschwunden war. Der Magus steht innerhalb der großen Kette des Seins an der Verbindungsstelle zwischen Geist und Materie.[19] Sein geheimes Wissen um Zahlen und Figuren ist der goldene Schlüssel, der ihm den Zugang in die oberen Bereiche des Geistes eröffnet und zugleich den Weg hinunter in die Materie. Auf seinen Erkundungen in der Welt der Natur ist er von demselben ehrfürchtigen Forschergeist geleitet, der sich später bei den Pionieren der wissenschaftlichen Revolution des 17. Jahrhunderts wiederfindet. »Der Magus der Renaissance«, sagt Frances Yates, »ist der unmittelbare Vorläufer der religiösen Wissenschaftler des 17. Jahrhunderts.«[20]

Magie ist die zentrale Antriebskraft des Rosenkreuzertums, eine Magie, »die sich in der niedrigen Welt als mathematische Mechanik ausdrückte, als himmlische Mathematik in der himmlischen Welt und als Beschwörung der Engel in der überhimmlischen Welt.«[21] Die Verbindung von Mathematik und Mystik, die auf Pythagoras zurückgeht, ist ein prägendes Element dieser Zeit und hält sich mindestens bis Kepler. Erst im Verlauf des 17. Jahrhunderts kommt es zu einer entscheidenden Verschiebung: das magische Denken, das das Einzelne in seinen Verbindungen mit dem Ganzen sieht, verwandelt sich in ein mechanisches Denken, das ganz auf die getrennten Teile konzentriert ist und darauf, wie sie funktionieren. Daß die mechanische Wissenschaft aus der magischen Überlieferung der Renaissance erwuchs, ist eine hintersinnige Ironie der Geistesgeschichte: »Der der Magie beraubte Mechanismus wurde zu der Philosophie, die den Animismus der Renaissance verdrängte und den ›Zauberer‹ durch den mechanischen Philosophen ersetzte.«[22]

Bevor wir weitergehen, noch eine Bemerkung zu den ideologischen und politischen Spannungen, die die Entstehung der Royal Society in England begleiteten. Die »hermetisch« orientierten Rosenkreuzer wollten eine durchgängige Reform von Religion, Gesellschaft und Erziehungswesen und stellten, je mehr sie an Einfluß gewannen, für bestehende Institutionen eine massive Bedrohung dar. Das Interesse an der alchemistischen Philosophie des Paracelsus erreichte ausgerechnet während der puritanischen Revolution zwischen 1640 und 1660 ihren Höhepunkt; es trennte die »Neue Wissenschaft« in zwei Lager, ein hermetisches und ein mechanisches.[23] Eine Reihe führender Gelehrter wie Robert Boyle und Henry More schlugen sich auf die Seite der Mechanisten und ebneten damit den Weg für die Gründung und Anerkennung der Royal Society (1662). Ihre konservative Haltung wird verständlich, wenn man auf die politischen und religiösen Unruhen der vorausgegangenen zwanzig Jahre zurückblickt. Die Society entschied sich für eine Politik der Vorsicht. Sie klammerte sich an die experimentelle Wissenschaft und vermied im Interesse der Selbsterhaltung alle Themen, die für Zündstoff sorgten, soziale Utopien ebenso wie den Hexenwahn; auch sprach sie öffentlich nicht über private »Erleuchtungen«, durch die sich die Kirche hätte angegriffen fühlen können.[24]

In einer Festschrift für den Physiker David Bohm entwirft der Biologe Brian Goodwin eine »Wissenschaft der Qualitäten«, die den verbindenden Strukturen des hermetischen Weltbildes neue Geltung verschafft. »Subjekt und Objekt, das Bekannte und das Unbekannte, können sich aufeinander beziehen und aneinander teilhaben, ermöglicht durch die Tatsache, daß die Realität ein einziger, ko-ordinierter Bereich ist.«[25] Die Metaphysik einer zukünftigen Wissenschaft könnte sich sehr wohl auf die Hermetik und den Platonismus der Renaissance stützen; doch dürften in ihr weniger statische Entsprechungen von Bedeutung sein als dynamische und evolutionäre Prozesse.

Gott

Die Abkehr von der Religion führte vom Theismus (Gott ist persönlich und greift in das Weltgeschehen ein) über den Deismus (Gott ist unpersönlich und steht jenseits der Geschichte) zu einem mehr oder weniger ausdrücklichen Atheismus. Deismus und Atheismus haben die metaphysische und die göttliche Ordnung eliminiert: sie erklären alle Phänomene durch natürliche Ursachen. Wir wollen vier Bereiche untersuchen, in der die neue Richtung sich als besonders überzeugend erwies: (1.) die Entwicklungen in der Astronomie und der Physik, die das Bild vom Kosmos, dem vermeintlichen Wirkungsbereich Gottes, nachhaltig veränderten; (2.) die Gottesbeweise; (3.) die Frage nach dem Wesen und der Rechtfertigung Gottes (Theodizee) sowie das Problem des freien Willens in einer Welt des Bösen; und (4.) die Frage nach der Vorsehung, den göttlichen Eingriffen in die irdische Weltordnung.

Kosmologie

Es war bekanntlich die wissenschaftliche Revolution in der Astronomie und in der mechanischen Physik, die das mittelalterliche Weltbild zerstörte. Auf die Vorstellung von der Welt als einem organischen Gefüge folgte das Bild von der Weltenuhr, eine Analogie, deren Bedeutung der Menschheit erst in späteren Epochen aufgehen wird. Eine Uhr besteht aus mechanisch angetriebenen Teilen, die in ihrer Ordnung aufeinander abgestimmt, ko-ordiniert, sind. Man kann sie in diese Teile auseinandernehmen und wieder zusammensetzen, ohne damit ihre innere Ordnung zu zerstören. Die Wirkungsweise einer Uhr kann man am besten verstehen, wenn man sie zerlegt. Eine Uhr muß von Zeit zu Zeit aufgezogen werden: dem »Ablaufen« der Uhr entspricht der 2. Hauptsatz der Thermodynamik, nach dem das Universum (das allerdings nur einmal in Gang gesetzt wird) einem unaufhaltsamen Wärmetod entgegenläuft.

Innerhalb der Kosmologie stechen zwei Themen besonders heraus; einmal die Verdrängung der Erde aus der Mitte des Universums und damit verbunden die wachsende Einsicht in das volle Ausmaß der räumlichen und zeitlichen Dimensionen; und zum zweiten die schrittweise Erkenntnis der Autonomie physikalischer Prozesse.

Mit der Verdrängung der Erde aus dem Zentrum des Universums kamen Zweifel auf über die Rolle der Menschheit in der Gesamtordnung der Dinge. Sollte das Universum tatsächlich eigens für den Menschen geschaffen worden sein? Diese Hypothese wurde immer weniger plausibel, je mehr die astronomischen Instrumente Zeugnis ablegten von den gewaltigen Ausmaßen des Alls und von der relativen Bedeutungslosigkeit unserer Galaxie, ganz zu schweigen unseres Sonnensystems. Die Frage nach dem Umfang des Universums berührte auch die Frage nach seinem Zweck und die Rolle der Vorsehung. Wir wollen uns hier aber zunächst darauf konzentrieren, wie sie die Vorstellungen von der Existenz Gottes beeinflußt. Zwar wird Gott durch die großen wissenschaftlichen Entdeckungen noch nicht widerlegt; doch die gefühlsmäßigen Assoziationen, die sie in Gang setzen, wirken langfristig und bilden, wie Stace sagt, einen »psychologischen Übergang«. Stace nennt zwei entscheidende Momente der Veränderung. Zum einen wächst das Gefühl von der Ferne Gottes im astronomischen Universum, zum anderen wird die Rolle Gottes in die Zeit der Schöpfung zurückverlegt; zwar hat er das göttliche Uhrwerk in Gang gesetzt, anschließend aber mit der unregelmäßigen Bewegung der Planeten bereits Pfuscharbeit geleistet.[26] Gott wird zur ersten mechanischen Ursache und – sind die Gesetze der Bewegung erst einmal wirksam – zunehmend überflüssig. Ein nur noch imaginäres Bild von Gott aber, der »weit entfernt und lange her ist, bedeutet für eine lebendige Religion den Tod.« Von Gott bleibt nicht mehr als ein abstraktes Gebilde, ein rein gedanklicher Glaubenssatz, jeder fühlbaren Wirklichkeit beraubt, eine Behauptung, um die sich trefflich streiten läßt.

Der Gedanke, daß die Prozesse der Natur autonom und

unabhängig ablaufen, geht auf Newtons Bild von Gott als »Erstursache und Konstrukteur des Uhrwerks« zurück. Für Galilei ist Gott ein großer »mechanischer Erfinder«, der für die Erschaffung und Inbetriebnahme des Universums erforderlich war, dann aber die Kausalkräfte der Materie überließ. Newton ließ noch Raum für Gott, der die Unregelmäßigkeiten der Planetenbewegungen korrigierte. Laplace entdeckte dann, daß Gott nicht nötig war, weil sich die Natur selbst korrigierte. Um die Wirkungsweise der Natur zu erklären, hielt Laplace in einem berühmt gewordenen Ausspruch Napoleon entgegen, brauche er keine Hypothese Gott.[27] Die Prozesse der Natur könne man als Selbsterhaltungssystem verstehen. Dieser Gedanke liegt auch der Urknall-Theorie zugrunde, in der das Universum weder einen Schöpfer noch einen Erfinder braucht. Zufall und Notwendigkeit sind die uns verbleibenden Erklärungsprinzipien der Physik und der Biologie.

Gottesbeweise

Die Diskussionen um die Beweisbarkeit der Existenz Gottes gaben der philosophisch-theologischen Auseinandersetzung wichtige Anstöße, wirkten darüber hinaus aber auch auf die gebildeten Kreise der öffentlichen Meinung. Kant unterzog die verschiedenen Beweise, die Anselm von Canterbury und Thomas von Aquin vorgebracht hatten, einer systematischen Kritik und führte dann selbst ein moralisches Argument an: Gott, Freiheit und Unsterblichkeit seien für eine in sich stimmige sittliche Ordnung praktisch notwendig.[28] Oder anders gesagt: wenn in *dieser* Welt keine Gerechtigkeit erreicht werden kann, dann muß sie in der nächsten wiederhergestellt werden. Kants Beweisgang, der auf einer nichtempirischen, *apriorischen* Erkenntnis beruht, hat nur wenige überzeugt; wir werden auf sein Argument später – beim Thema Unsterblichkeit – noch einmal zurückkommen.

Newton hatte neben einem Kausalitätsbeweis (Gott als Erstursache) auch eine Art Finalitätsbeweis geführt (die Uhr setzt einen Uhrmacher voraus). Zu Beginn des 19. Jahrhunderts führt Paley dieses Argument weiter aus, fand seinen Meister aber in

Darwin und seiner Theorie der natürlichen Auslese: sie erklärt alle Veränderungen als Anpassungsprozesse, denen keine höhere Absicht unterliegt. Wir werden darauf noch zurückkommen. Eine Variante des Zweckarguments erscheint heute in Gestalt des sogenannten anthropischen Prinzips; es besagt, daß die Entstehung bewußten Lebens bestimmte physikalische Konstanten erfordere, deren exaktes Zusammentreffen aller Wahrscheinlichkeit widerspreche und auf eine Form kosmischer Intelligenz hindeute. Kritiker weisen auf die Zirkularität dieses *A-posteriori*-Argumentes; es erklärt die Gegenwart aus dem retrospektiven Wissen, daß sich das Leben tatsächlich so entwikkelt hat, wie wir es kennen.

Ein anderes – weniger philosophisches als psychologisches – Argument geht von der Idee aus, daß der Mensch Gott nach seinem Bilde geschaffen hat. Ansätze zu diesem Argument finden sich bereits bei Voltaire, der erklärte, wenn Gott nicht existiere, müsse man ihn erfinden; dann bei Feuerbach, der Gott und die Religion als menschliche Projektionen ansah. In den Schriften von Sigmund Freud kommt dieser Gedanke schließlich zur vollen Entfaltung; die hilflose Menschheit projiziert das Bedürfnis nach einem schützenden Vater in eine äußere Religion und schafft sich damit eine Illusion, die ihr Bedürfnis befriedigt.[29] Mit diesem Handstreich glaubte Freud sich des Themas entledigt zu haben und den Wahrheitsansprüchen der Religionen nicht weiter nachgehen zu müssen. Dabei versäumte er, wie John Gaskin zeigt, zwischen Ursachen und Gründen zu unterscheiden; nachdem er die psychologischen Ursachen für den Gottesglauben erklärt hatte, betrachtete er alle denkbaren Vernunftgründe als Scheinargumente und vernachlässigte die Möglichkeit, daß es eine tief im Menschen verwurzelte natürliche Anlage geben könnte, an etwas zu glauben, für das es zugleich einleuchtende Gründe gibt.[30]

Die Rechtfertigung Gottes und die Frage nach der göttlichen Natur

Einige der kompliziertesten theologischen Probleme entstehen aus den Versuchen, offenkundige Widersprüche innerhalb der göttlichen Attribute in Einklang zu bringen. Dazu gehören die Fragestellungen, die uns in diesem Abschnitt beschäftigen: (1.) das Problem des Bösen, das Augustinus auf die klassische Form gebracht hat: »Entweder kann Gott das Böse nicht abschaffen oder er will es nicht; wenn er es nicht kann, ist er nicht allmächtig; wenn er es nicht will, ist er nicht allgütig.«[31] (2.) das Problem der Hölle und der ewigen Strafen, die auf Rachsüchtigkeit und mangelnde Vergebungsbereitschaft deuten, Eigenschaften, die mit einem Gott der Liebe nicht vereinbar scheinen. Und (3.) das Problem der Prädestination und des freien Willens: ein Gott, der von vornherein einige zum Himmel bestimmt und andere zur Hölle, spricht der moralischen Freiheit Hohn.

Wir beginnen mit dem Problem des Bösen. Gewöhnlich unterscheidet man zwischen einem moralisch Bösen (z. B. unnötiges menschliches Leiden, das einer dem anderen aus freiem Entschluß zufügt) und einem natürlichen Bösen (menschliches oder tierisches Leiden, das auf natürlichem Weg, ohne menschliche Mitwirkung, zustande kommt). Das Böse von Auschwitz fällt in die erste Kategorie, das große Erdbeben von Lissabon des Jahres 1755 ist ein berühmtes Beispiel der zweiten Art. Genaugenommen entsprechen die Greuel der Konzentrationslager, was die Freiheit der Tat angeht, nicht ganz unserer Definition vom moralisch Bösen. Zwar waren die Peiniger in gewisser Weise frei, zugleich aber eingeschlossen in ein System, das Angst und Gehorsam zusammenhielt;[32] hätten sie in bestimmten Situationen ihre Zusammenarbeit mit dem nationalsozialistischen Kriegsapparat verweigert, hätten sie ihr Leben riskiert. (Einige taten genau das; ihre bewegenden Zeugnisse sind in dem Buch *Dying We Live* aufgezeichnet, Beispiele eines außergewöhnlich mutigen Einsatzes von Leib und Seele). Das Christentum antwortete auf das moralisch Böse mit der Lehre von der Erbsünde, deren Grundidee noch immer überzeugend ist, auch wenn sich die Lehre von ihren biblischen Ursprüngen weit entfernt hat.

Naturkatastrophen und Epidemien lassen sich nicht auf menschliche Irrtümer zurückführen. Nach der traditionellen Erklärung, die in Begriffen der Vorsehung dachte, war alles Unglück verdient; wenn die betroffene Person nicht offenkundig sündhaft war, mußte sie irgendein verstecktes Laster haben, für das sie nun bestraft wurde. Eine solche Erklärung mochte im Einzelfall noch plausibel erscheinen, doch stand sie auf dünnen Beinen, wenn 20 000 Menschen bei einem Erdbeben starben. Und trotzdem war sie – wie wir von Defoe wissen – noch zu Zeiten des großen Feuers und der Pest in London der übliche Weg zur Deutung von Katastrophen.[33] Auch der Jesuitenpater Paneloux in Camus' Roman *Die Pest* interpretiert die Seuche als Strafgericht Gottes; von diesem harten Verdikt rückt er erst ab, als er mit dem Tod eines unschuldigen Kindes konfrontiert wird. Ähnlich wie Camus behandelt Dostojewski das Problem in den *Brüdern Karamasoff*. In einem Gespräch zwischen Ivan und Alyosha erzählt Ivan die Geschichte eines Kindes, das von seinen Eltern grausam gequält wird, und stellt dazu die provozierende Frage: »Wenn alle leiden müssen, um durch Leiden ewige Harmonie zu erkaufen, was haben dann die Kinder damit zu schaffen?«[34] Ein Christ antwortet darauf gewöhnlich mit dem Hinweis auf das Geheimnis und die Unergründlichkeit Gottes, dessen grundsätzliche Güte er nicht in Frage stellt; ein Agnostiker wie Leslie Stephen zieht daraus den Schluß, daß etwas mit dem gewöhnlichen Gottesbild nicht in Ordnung ist;[35] und ein Atheist wie Camus findet in der Bosheit der Natur ein Hauptargument für seinen Unglauben. Die Inder würden solche Ereignisse durch das Karma erklären, also ein Vergehen aus einem früheren Leben für das Unglück verantwortlich machen (vgl. Kapitel 4).

Eine ausführliche Darlegung weiterer Argumente findet sich bei John Gaskin.[36] Uns interessiert hier, was Peter Berger die »Plausibilitätsstruktur« der religiösen Erklärung nennt: das Leiden, das Böse und der Tod werden dadurch plausibel gemacht, daß man sie als anormale Ereignisse in ein sinnvolles Ganzes integriert und ihnen dadurch eine höhere Bedeutung gibt.[37] Max

Weber spricht in diesem Zusammenhang von der »Theodizee des Unglücks«; zu ihr gehört vor allem »das Postulat eines gerechten Ausgleichs für die ungleiche Verteilung des individuellen Glücks innerhalb der Welt«.[38] Nach Ansicht Webers fehlt den Erlösungsreligionen, die einen Ausgleich für ein späteres Leben verheißen, einerseits der revolutionäre Wille, bestehende gesellschaftliche Verhältnisse zu verändern; andererseits zeigt sich bei ihnen »das mit zunehmender Rationalität der Weltbetrachtung zunehmende Bedürfnis nach einem ethischen ›Sinn‹ der Verteilung der Glücksgüter unter den Menschen«.[39] Als potentielle Erklärungen für Ungerechtigkeit und Leid führt Weber an: die nachwirkenden Taten eines früheren Lebens, die Schuld von Vorfahren, die sie auf ihre Nachkommen übertragen haben, und die Erbsünde der »Verderbtheit alles Kreatürlichen«. Als ausgleichende Verheißungen zählt er auf: eine bessere Wiedergeburt, ein besseres Leben auf Erden in einem messianischen Reich, ein besseres Leben im Jenseits. Weber nennt drei Arten der Theodizee, die alle drei »rational geschlossene Lösungen« darstellen: der zarathustrische Dualismus von Gut und Böse, die indische Selbsterlösung (Karma) und die Prädestination. Ein materialistischer Humanist des 20. Jahrhunderts dürfte alle drei als metaphysische Spekulationen ablehnen und wird sie gar, wenn er ein eingefleischter Sozialist ist, für bequeme Illusionen halten, die sich das Denken geschaffen hat.

Noch ein pragmatischer Gesichtspunkt, auf den Leszek Kolakowski hingewiesen und den Viktor Frankl weiter ausgeführt hat: das Vertrauen auf Gott und der feste Glaube an eine zweckbestimmte Moralordnung kann Menschen dabei helfen, über schwere Schicksalsschläge hinwegzukommen, und sei es selbst die Haftzeit in einem Konzentrationslager.[40] Religiöse Überzeugungen stärken, unabhängig davon, ob sie zu Recht bestehen oder nicht, die Psyche und Überlebensfähigkeit des Menschen. Eine von Frankl zitierte Frau geht sogar soweit zu behaupten, sie sei froh, daß das Leben sie so schwer verwundet habe, weil sie dessen tiefere Bedeutung sonst niemals schätzen gelernt hätte.[41]

Wir kommen nun zu der Frage, wie sich die Existenz der Hölle mit den göttlichen Attributen verträgt. Zu allen Zeiten haben

Höllenprediger die Angst vor dem jenseitigen Feuer geschürt und damit den geistlichen Hirten die Kontrolle über ihre Herde erleichtert. Die Prediger konnten sich auf ausgesuchte Passagen aus dem Neuen Testament stützen, in denen die ewigen Strafen geschildert werden (vgl. Kapitel 7). Ihre Lehren stießen jedoch seit dem 17. Jahrhundert zunehmend auf Widerspruch und standen im 19. Jahrhundert im Mittelpunkt heftiger Auseinandersetzungen. Sie paßten weder zu der neuen Sensibilität des aufkommenden Humanismus,[42] noch zu der revidierten Straftheorie des englischen Sozialphilosophen Jeremy Bentham, der anstelle der Vergeltung die Besserung als eigentliches Ziel der Strafe betonte und damit auch den Abschreckungsgedanken in Frage stellte. Der Widerspruch zwischen der Androhung ewiger Strafen und der Versicherung eines liebenden und verzeihenden Gottes wurde für die Kirche zu einem heiklen Problem: für Sünden, die im Verlauf eines kurzen Erdenlebens begangen wurden, konnte Gott unmöglich ewige Strafen verhängen, wenn er nicht in Verdacht geraten wollte, vollkommen unangemessen zu handeln.

Auf der anderen Seite insistierten die Kirchenvertreter darauf, daß mit jedem moralischen Akt »dauerhafte Folgen« verbunden sind;[43] der russische Philosoph Nicolai Berdjajew geht sogar soweit zu behaupten, die Hölle sei »das moralische Postulat der spirituellen Freiheit des Menschen«.[44] Dieser unerbittliche Imperativ wird aber abgeschwächt durch die Aussicht auf eine allgemeine Erlösung am Ende der Zeiten; wenn das Individuum sich im Nachleben noch bessern kann, ist sein Schicksal mit dem Tod offenbar nicht unwiderruflich festgelegt. Die Angst vor der Hölle und die Liebe zu Gott waren die moralischen Antipoden des 19. Jahrhunderts; während man die Angst vor der Hölle dazu benutzte, um Ungläubige zum rechten Glauben zu bekehren, diente die Gottesliebe der Vervollkommnung der religiösen Absichten, die sich ansonsten in egoistischen Heilsberechnungen erschöpft hätten.[45] Noch heute glauben 53 Prozent der Amerikaner an die ewige Verdammnis als Strafe für reulose Sünder – eine Zahl, die fundamentalistische Einflüsse widerspiegelt; auf der anderen Seite glauben 71 Prozent an den Himmel, darunter 20 Prozent, die sich sehr gute Chancen ausrechnen, dorthin zu kommen, 44 Prozent geben sich gute und 29 Prozent durchschnittliche Chancen; nur 7 Prozent halten ihre Aussichten für schlecht oder machen keine Angaben.[46] Im Zeitalter der Säkularisation geht der Glaube an die Hölle und ihre abschreckende Wirkung zurück; der moderne Gläubige kann sich, wenn er nicht gerade ein Fundamentalist ist, mit der Vorstellung ewiger Höllenqualen immer weniger anfreunden, zumal er sie mit seiner Überzeugung einer grundsätzlichen Güte Gottes nicht in Einklang bringen kann.

Eine Art, das Problem des Bösen und des Leidens in der Welt zu lösen, ist die von Max Weber erwähnte Prädestinationslehre: sie rechtfertigt Gott, indem sie ihm Allmacht und Allwissenheit zuspricht, eine Kombination freilich, die dem Menschen die Möglichkeit nimmt, eine eigene moralische Freiheit zu entwikkeln. Die Kontroverse um die Prädestination erreichte im 17. Jahrhundert, zu Lebzeiten von Blaise Pascal, ihren Höhepunkt. Die Gegner der Lehre hielten den Gedanken, daß Menschen zur Hölle vorherbestimmt seien, für besonders abscheulich; er mußte von einem Gott stammen, der im besten Fall unergründlich, im schlimmsten Fall ein Monster war. Die Behauptungen der Prädestinationsanhänger erwiesen sich als wenig geeignet, Nichtgläubige von der Existenz eines wohlwollendes Gottes zu überzeugen. Das strenge Gottesbild, das sie zeichneten, trug zur Desillusionierung des Glaubens bei. Eine Reihe der theologischen Reflexionen über die Prädestination sind in den materialistischen Determinismus eingegangen, freilich ohne ihre metaphysischen Ausschmückungen. Nicht mehr Gott bestimmt die Geschehnisse in der Welt, sondern die materiellen und psychologischen Kräfte des mechanistischen Denkens.

Vorsehung

»Die Lehre von der Vorsehung«, sagt Keith Thomas, »war ein gewissenhafter Versuch, in die offenkundige Richtungslosigkeit der menschlichen Schicksale Ordnung zu bringen, weil sie den Nachweis führte, daß Tugend auf die Dauer belohnt wird und Lasterhaftigkeit nicht ungestraft davonkommt.«[47] An die Stelle des nicht mehr tragbaren moralischen Chaos setzte sie einen souveränen, alles vorhersehenden Gott und versprach zusätzlich für die verbleibenden Ungerechtigkeiten in dieser Welt eine volle Wiedergutmachung in der nächsten. Die Überzeugungskraft der Lehre bestand darin, daß sie sich ständig selbst bestätigte; jede Härte, die das Leben für den Gläubigen bereithielt, bestärkte ihn noch in seinem Glauben.[48] Einerseits waren jedes Unglück (und entsprechend auch jede glückliche Schicksalswendung) verdient; andererseits konnte er sich, wenn er mit seiner Religion im Frieden war, eine gewisse Immunität, z. B. gegen Krankheiten erwerben, mit der Einschränkung freilich, daß verheimlichte Sünden diesen Schutz wieder aufheben konnten. Durch kleine Anekdoten, die einen eigentümlichen Zusammenhang zwischen der moralischen Verfassung des Gläubigen und dem ihm widerfahrenden Unglück offenbarten, wurde den kirchlichen Bestimmungen besonderer Nachdruck verliehen. Tawney erzählt die Geschichte eines Wucherers, der, als er »die Kirche betrat, um zu heiraten, von einer aus der Vorhalle herabfallenden Steinfigur erschlagen wurde, wobei diese Figur nach dem Willen Gottes sich als Statue eines anderen Wucherers erwies, der eben vom Teufel abgeholt wurde«.[49]

Wunder sind eine andere Form des göttlichen Eingriffs in die physische Weltordnung. David Hume hat den Wunderglauben in einem berühmten Essay als Aberglauben entlarvt; allgemeine Naturgesetze, so sein Argument, könnten nicht in Einzelfällen außer Kraft gesetzt werden.[50] Das klassische Gegenargument, das auf Augustinus zurückgeht, hält dem entgegen, daß wir über die Natur einfach noch nicht genug wissen und es Gesetze geben kann, die die beschriebenen Wunder erklären (immer vorausgesetzt, daß die Zeugen glaubwürdig sind). Offenbar gibt es verschiedene Arten von Wunder, die ihren Eigenarten entsprechend beschrieben und definiert werden sollten.[51] Doch lassen wir alle Detailfragen einmal beiseite; der grundsätzliche Einwand gegen die Vorsehung besagt, sie sei mit den fortschreitenden wissenschaftlichen Erkenntnissen überflüssig geworden. Es gibt keine Zwischenräume, in die sich Gott noch hineinquetschen könnte; und gegen seine Einmischung in unsere Angelegenheiten spricht noch dazu der Umfang des Universums. Für den Astronomen Hanbury Brown gehört der Gedanke übernatürlicher Interventionen zu einer überholten Weltanschauung, die mit dem Weltbild der modernen Wissenschaft absolut unvereinbar ist.[52] Brown bestätigt auf seine Weise das Argument der Entfernung Gottes, der gewissermaßen in die Nicht-Existenz verschwindet. Die Vorsehungsdebatte beherrscht eine einfache Alternative: entweder greift Gott persönlich ein, oder es gibt überhaupt keine Intervention; selten findet man Argumente für einen mittelbaren göttlichen Einfluß über körperlose Instanzen. Dies wäre immerhin eine Möglichkeit, die die Gegensätze versöhnlicher machte; aber sie bleibt natürlich undenkbar für alle, die jede Form von postmortalem oder außerirdischem Bewußtsein bestreiten.

Der Verfall der institutionellen Religion

Mit dem Verfall der institutionellen Religion verliert die von ihr getragene metaphysische und göttliche Ordnung im Leben der Gläubigen an Bedeutung, es sei denn, dieser findet anderswo eine neue spirituelle Orientierung. Ein Grund für den Niedergang der Kirchen könnte sein, daß es zwischen den Bereichen der Religion und der Wissenschaft keine klaren Grenzlinien gibt. Nach Meinung Whiteheads sollte sich die Religion wieder ganz auf ihren Bereich besinnen. »Die Wissenschaft«, sagt er, »beschäftigt sich mit den allgemeinen Bedingungen, die beobachtet werden, um physikalische Phänomene regulieren zu können; die Religion ist dagegen mit der Besinnung auf moralische und ästhetische Werte vollständig in Anspruch genommen.«[53] Diese Unterscheidung ist zweifellos zu scharf, denn sie verkennt, daß Wissenschaft und Religion in vielen philosophischen Fragen gemeinsame Streitpunkte haben; sie entspringt jedoch Whiteheads echtem Entsetzen über die Degeneration der Religion zu »einer netten Glaubensformel, mit der sich ein angenehmes Leben zieren läßt«, ein Vorgang, den Max Weber als religiöse Legitimierung des eigenen Glücks bezeichnet hat.[54] Seit nunmehr fast drei Jahrhunderten befindet sich die Religion auf dem Rückzug vor einer fortschreitenden Wissenschaft; die Schwierigkeiten, die sie hat, ihre mehr oder weniger festgelegten Positionen einem sich verändernden Umfeld anzupassen, könnten ihr den Rest geben.

Wir werden vier Phänomene untersuchen, die den Niedergang des institutionellen Christentums in der westlichen Welt widerspiegeln: (1.) die fanatische Intoleranz, wie sie besonders in den Religionskriegen des 17. Jahrhunderts in Erscheinung tritt; (2.) die mit unverrückbaren Glaubenssätzen verbundene dogmatische Unbeweglichkeit und Blindgläubigkeit; (3.) die moralischen Anstöße des Humanismus; und (4.) den Autoritätskampf von Religion und Wissenschaft.

Fanatische Intoleranz

Ein flüchtiger Blick in die Geschichte genügt, um uns die Tragödie einer Menschheit vor Augen zu führen, die im Namen von Religionen und Ideologien zu sterben und zu töten bereit ist. Fanatismus ist der Glaube an eine Idee und ihre absolute Richtigkeit; er zerstört auf Dauer jede humanitäre Empfindung und ermöglicht die abscheulichsten Greueltaten. Wie die Geschichte der Inquisition und der Sektenverfolgung zeigt, hat der Fanatismus die Jahrhunderte überdauert und ist leider auch in der heutigen Welt noch lebendig. Durch die Identifikation mit einer Idee verschafft sich der Fanatiker eine Art Lebenssinn; zur Verwirklichung seines Ideals ist er bereit, es mit allen Mitteln und ohne Rücksicht auf Verluste in die Tat umzusetzen.

Im 17. Jahrhundert jagten die Konfessionskriege eine Schockwelle durch das aufgeschreckte Europa. Arnold Toynbee beschreibt die Zerrüttung der Moral angesichts der sich entladenden Bosheit und Unbarmherzigkeit, des Fanatismus und der Heuchelei:

> Die theologischen Streithähne auf beiden Seiten waren genauso fanatisch wie ehrlich; die Politiker waren heuchlerisch, insofern sie den aufrichtigen religiösen Fanatismus für die Interessen ihrer jeweiligen Staaten mißbrauchten; die Kampftruppen, was immer ihre Motive und Ziele waren, machten sich grausamer Verbrechen schuldig.[55]

Fanatismus, sagt Jung, ist überkompensierter Zweifel. Die Kirche beharrte von jeher darauf, daß es außerhalb ihrer Mauern keine Erlösung gäbe, und versuchte ihre Ansichten mit Gewalt durchzusetzen, wenn ihre Überredungskünste keine Wirkung zeigten. Für sie zählte letztlich nur die Erlösung der Seele, selbst wenn zur Erreichung dieses Ziels der Körper verstümmelt werden mußte. Der Anspruch der Kirche, alleinseligmachend zu sein und die richtige Lehre zu vertreten, wurde wichtiger als ethische Qualitäten, die erst an zweiter Stelle kamen; primär war die Forderung nach Rechtgläubigkeit. Das Thema ist heute noch brisant: was ist das unverzichtbare Mindestmaß, das man erfüllen muß, um sich in einer bestimmten Religion als orthodox fühlen zu dürfen? Und welche Haltung soll man gegen offenkundige »Nicht-Gläubige« einnehmen? Wir können nur hoffen, daß der religiöse Reifeprozeß nicht nur mehr Toleranz mit sich bringt, sondern auch ein wirkliches Annehmen anderer Sichtweisen und ein empathisches Verständnis für sie.

Dogmatismus

Fanatismus und Dogmatismus gehen gewöhnlich Hand in Hand; ihre jeweiligen Wirkungen und Einflüsse sind deshalb nur schwer voneinander zu trennen. Voltaires Aufruf »Écrasez l'infâme!« (Vernichtet das Schändliche!) richtete sich im 18. Jahrhundert nicht nur gegen fanatische Intoleranz, sein Widerwillen galt ebenso den verschlungenen Auswüchsen einer Metaphysik, die häufig dazu mißbraucht wurden, die Grausamkeiten und Barbareien zu rechtfertigen.

Die wissenschaftliche und antidogmatische Anschauung des 20. Jahrhunderts hat einen typischen Vertreter in Bertrand Russell, der Glauben als eine Überzeugung definiert, die sich nicht durch einen Gegenbeweis erschüttern läßt.[56] Russell ist der Repräsentant eines neuen Zugangs zur Wahrheit; an die Stelle der deduktiven Auslegung der heiligen Schriften tritt die induktive Methode der Beobachtung und des Experiments. Im Zuge dieser Entwicklung wurde der gesamte christliche Heilsplan, von der Schöpfung über den Sündenfall bis zur Wiederkunft und zum Jüngsten Gericht, einer grundsätzlichen Kritik unterzogen, sogar innerhalb der Theologie. Die Traditionalisten mußten eine Vielzahl von theologischen Argumenten und Unterscheidungen ins Feld führen, um ihre Position gegen die zu behaupten, die der Meinung waren und sind, daß die offizielle Lehre mit der Zeit verschwinden müsse. Möglicherweise haben die Dogmatiker die mystische Dimension der religiösen Erfahrung zu sehr vernachlässigt; wir wissen heute, daß zur spirituellen Entwicklung des Menschen eine Art »innerer Empirismus« gehört, und obwohl es auf diesem Erfahrungsweg (der im indischen Yoga etwas Selbstverständliches ist) universale Muster gibt[57], vermeiden Erfahrungsreligionen dogmatische Lehrsätze zugunsten der subtileren Aspekte des Innenlebens. Es kann heute keinen Zweifel mehr geben, daß das dogmatische Denken mit seinem überheblichen Gewißheitsanspruch mehr Menschen befremdet als in seinen Bann gezogen hat.

Humanismus

In Reaktion auf den beschriebenen Fanatismus und Dogmatismus entstand die humanistische Bewegung. Sie stellt menschliche Nachsicht über theologische Richtigkeit und lehnt viele Glaubenssätze ab, die sie für nicht mehr zeitgemäße, abergläubische Vorstellungen hält oder auch für bequeme Illusionen. Sie ist ausschließlich auf die Probleme *dieser* Welt gerichtet; daß es ein jenseitiges Leben gibt, hält sie nicht nur für unwahrscheinlich, sondern auch für irrelevant. Sie denkt materialistisch, ist dabei gesellschaftlich orientiert und besonders kritisch gegenüber konservativen und kompensatorischen Lehren der Kirchen, die die gesellschaftlichen Verhältnisse stabilisieren oder beschönigen, statt die Menschen zu befähigen, sie zu verändern.

Das Fundament der humanistischen Ethik ist die Gesellschaft; religiöser Gehorsam oder auch das persönliche Gewissen bedeuten ihr nichts. Der englische Philosoph Shaftesbury unterzog die metaphysischen Grundlagen der Moral bereits 1699 einer grundsätzlichen Kritik; in seiner *Untersuchung über die Tugend* erklärte er, »daß die Vorstellung eines Himmels und einer Hölle mit allen selbstsüchtigen Hoffnungen und Befürchtungen, die sie auslösen, die Moral verdürbe und daß die einzige würdige Triebfeder für unser Verhalten die Schönheit der Tugend an sich sei.«[58] Auch Bertrand Russell kritisierte die Ichzentriertheit des christlichen Erlösungsmodells; das Wohlergehen des einzelnen, sagte er, müsse im Hinblick auf die Gesamtbefindlichkeit der Gemeinschaft definiert werden.[59] Doch sind Individualität und Gesellschaft keineswegs unversöhnlich, wie das Beispiel von Albert Schweitzer zeigt, der eine »weltbejahende, ethische, tätige Mystik« propagierte;[60] für ihn ist »Erleuchtung« mit Liebe verbunden und mit dem Dienst an der Schöpfung. Immerhin entstehen heute, als Reaktion auf das mangelnde soziale Engagement früherer Christen, in der ganzen Welt humanitäre Einrichtungen, die von den Kirchen getragen werden.

Auch Psychoanalyse und Religion sind keine unvereinbaren Gegensätze. Erich Fromm hat gezeigt, daß Sigmund Freud nicht so antireligiös war, wie ihn viele sehen wollen. Zwar habe Freud seine Ideale, wie »Erkenntnis (Vernunft, Wahrheit, Logos), Menschenliebe, Verminderung des Leidens, Unabhängigkeit und Verantwortungsgefühl«, von der Religion bedroht gesehen, aber diese als Ganzes keineswegs verdammt.[61] Vielmehr spricht Freud »im Namen des ethischen Kerns der Religionen und kritisiert ihre theistisch-übernatürlichen Seiten, insofern sie die volle Verwirklichung dieser ethischen Zielsetzungen hindern.«[62] Nach Ansicht Freuds dienen abergläubische Vorstellungen dazu, kritisches Denken zu unterdrücken, während infantile Projektionen das Reifen einer moralischen Verantwortung verhindern. Es bleibt die Frage, ob Freud mit seiner heftigen Reaktion auf bestimmte religiöse Anschauungen nicht das Kind mit dem Bade ausschüttet; radikal verwirft er die Bereiche der Metaphysik, denen man sich sicher auch anders annähern kann als auf dem Wege des Aberglaubens. Freuds Analyse tut der Religion als ganzer unrecht, sie gilt eher für pathologische und unreife Formen des Glaubens.

Ähnlich wie Freud stand auch Russell der institutionellen Religion sein Leben lang feindlich und unversöhnlich gegenüber. Die großen Religionen waren seiner Ansicht nach nicht nur unwahrhaftig, sondern auch gefährlich. Auf der anderen Seite zeigte sich Russell noch in seiner Autobiographie sehr empfänglich für die tiefen Geheimnisse der Existenz und fühlte »unerträgliches Mitgefühl für die Leiden der Menschheit«;[63] in unerschrockenen Kampagnen gegen politisches und gesellschaftliches Unrecht hat Russell dieses Mitgefühl immer wieder zur Sprache gebracht und ging zweimal für seine Überzeugungen ins Gefängnis. Dabei ist Mitleid nur eine Seite einer dreifachen Leidenschaft, die nach eigener Aussage sein Leben bestimmte; dazu kommen die Sehnsucht nach Liebe und das Suchen nach Erkenntnis. Ein gutes Leben, wie Russell es versteht, ist »von Liebe beseelt und von Wissen geleitet«.[64] Die entscheidenden Tugenden, sagt er an anderer Stelle, seien Freundlichkeit und Intelligenz; die Intelligenz aber würde durch jede Art von Glaubensbekenntnis in ihrer Entfaltung behindert, so wie die Freundlichkeit durch die Angst vor Schuld und Strafe.[65]

In einer Debatte des britischen Fernsehens standen sich vor einigen Jahren der atheistische Philosoph Sir Alfred Ayer und der christliche Politiker Lord Hailsham gegenüber; trotz ihrer grundverschiedenen Anschauung zur Religion hatten die beiden in ethischen Fragen kaum Differenzen. Der Protest des Humanismus erhob sich zumindest teilweise in Reaktion auf ein Christentum, das unfähig war, nach seinen eigenen Richtlinien zu leben. Und so können sich auch die meisten Christen von heute ohne weiteres mit den Idealen eines Russell oder Freud anfreunden; allerdings wird von diesen niemals eine so starke Verpflichtung ausgehen, wie von einer Morallehre, die auf einer metaphysischen und göttlichen Ordnung gegründet ist.

Autorität

C. G. Jung hat den Verlust der geistigen Autorität der Kirche auf ihr Unvermögen zurückgeführt, mit dem wissenschaftlichen Geist ins reine zu kommen: »Die Wissenschaft sucht die Wahrheit, weil sie sich nicht im Besitz derselben fühlt. Die Kirche hat die Wahrheit und darum sucht sie sie nicht.«[66]

So unvermeidlich simplifizierend eine solche Verallgemeinerung ist, Jungs Bemerkung enthält doch ein Körnchen historischer Wahrheit. Die Kirche schöpfte ihre Wahrheiten aus den Quellen der Schrift und der Überlieferung; aus ihnen glaubte sie ein angemessenes Bild von der Welt und vom Sinn des menschlichen Lebens gewinnen zu können. Ihre Antworten waren deduktiv, abgeleitet aus bereits Festgeschriebenem. Im Gegenzug dazu folgte die wissenschaftliche Revolution des 17. Jahrhunderts einem neuen Kanon, dem des Experiments und der Beobachtung; sie fand einen anderen Zugang zur Wahrheit, schuf eine neue Definition von ihr und änderte entsprechend ihr Weltbild. Dabei sind Autorität und Tradition nicht so ausschließliche Merkmale der Kirche, wie die Geschichtsschreibung nahelegt. Auch die Wissenschaft hat eine lange Überlieferung und autoritäre Strukturen, die auf besonderen philosophischen Annahmen und erkenntnistheoretischen Methoden beruhen; alles Subjektiv-Persönliche zum Beispiel wird aus dem Erkenntnisprozeß künstlich herausgehalten. Auch gibt es innerhalb der Wissenschaft etablierte Strukturen und innerhalb ihrer verschiedenen Disziplinen orthodoxe Schulen, und die Wissenschaft hat mit dem Fach Biologie sogar so etwas wie ein »zentrales Dogma«.[67] Die Wissenschaft sieht sich heute zunehmenden Angriffen ausgesetzt; sie, die jahrhundertelang zum Niedergang der Kirche wesentlich beigetragen hat, ist nun selbst verletzlich geworden.

»Die Macht der Kirche über die Seelen«, sagt der katholische Theologe Hans Küng, schien »durch nichts besser abgesichert [...] als durch die Angst vor ewiger Verdammnis. Das Ergebnis: eingeschüchterte, verängstigte Christen hatten Angst und machten angst!«[68] Aus der Anthropologie wissen wir, daß die Angst eine treibende Kraft der primitiven Religionen ist. Auf einer bestimmten Stufe der moralischen und spirituellen Entwicklung, sagt J. G. Frazer in einem Kapitel über die Allgegenwärtigkeit von Dämonen, »sind die Menschen zweifellos viel mehr von dem beeinflußt, was sie fürchten, als von dem, was sie lieben«.[69] Die Angst vor der Natur hat nach Ansicht Russells die Entstehung der Religionen vorangetrieben, die daraufhin durch Opferungen jeglicher Art die Götter und Geister zu beruhigen versuchten. Auch das Dogma hat seine Wurzeln in der Angst, glaubt Russell (anders übrigens als Küng, der politische Motive annimmt), und zwar in der Angst vor dem Tod und dem Unbekannten. Schon im Paradies bekamen es Adam und Eva mit der Angst zu tun, nachdem sie vom Apfel gegessen und sich damit über die Anweisungen des Herrn hinweggesetzt hatten.

Erich Fromm unterscheidet zwischen einem autoritären und einem humanistischen Gewissen; während die autoritären Strukturen der Religion nur erhalten bleiben, wenn ein strenger Gehorsam ihr Fortbestehen sichert, verdanken sich die meisten gesellschaftlichen Neuerungen einer Haltung des Ungehorsams gegenüber den herrschenden Normen.[70] Viele religiösen Ängste des Mittelalters gediehen auf dem Boden eines Aberglaubens, der sich erst durch die Fortschritte in Wissenschaft und Technik als haltlos erwies. Der Gewitterblitz wurde als Ausdruck göttlichen Zorns gedeutet und durfte auf keinen Fall durch die frevelhafte Erfindung eines Blitzableiters von seinem Ziel abgelenkt werden. Wir mögen uns die Angst vor dem Gewitter bewahrt haben, aber wir verbinden damit nicht mehr die Überzeugung, göttlichen Zorn auf uns gezogen zu haben. Moralisierende Geschichten, die mit dem Eingreifen Gottes drohen, verfehlen bei aufgeklärten Geistern ihre Wirkung.

In den protestantischen Konfessionen ging die Autorität, die vorher die Amtskirche innehatte, zu großen Teilen auf die Heilige Schrift über, das unfehlbare Wort Gottes. Doch die im 19. Jahrhundert in Deutschland aufkommende Bibelkritik setzte einen Prozeß in Gang, der das Ansehen der Heiligen Schrift als absolute Wahrheit und buchstäbliches Wort Gottes schrittweise untergrub. Für die Authentizität der in der Bibel enthaltenen Geschichten konnte niemand mehr garantieren. Bibelforscher, die Texte in ihre historischen Bestandteile zerlegten, machten Passagen ausfindig, die wahrscheinlich gefälscht oder hinzugefügt worden waren, ganz zu schweigen von den offenkundigen inneren Widersprüchen der Schriften. Seit 150 Jahren wird nun auf diesem Gebiet geforscht und nur fundamentale Evangelisten verschließen vor den gewonnenen Ergebnissen die Augen; sie behandeln die Bibel weiterhin wie ein göttliches Orakel und halten jeden, der mit ihrer Auslegungsweise nicht einverstanden ist, für verirrt oder gar schon verdammt. Eine derart dogmatische und unkritische Sichtweise ist heute ein Anachronismus, der viele ernsthaft Suchende von allem Religiösen abhält. Mit der Haltung der frühen Christen hat diese geistfeindliche Fixierung auf den Buchstaben nichts mehr gemein.

Lange bevor die historisch-kritische Methode in der Theologie Fuß faßte, meldete sich in der Philosophie und in der Politik, soweit sie demokratisch orientiert war, der Individualismus zu Wort. Descartes markiert den Wendepunkt zu einer modernen Philosophie, in der das Subjekt sein eigenes Tun analysiert: *Cogito ergo sum* – ich denke, also bin ich. Das Subjekt ist die primäre Quelle des Wissens; es kann nicht nur aus sich selbst heraus klare Erkenntnisse erzielen und absolute Gewißheit erlangen, Descartes formulierte auch das Prinzip des Zweifels, die Antithese zum Glauben, das heißt: das Subjekt vertraut sich nicht mehr einer Religion an, um über den Glauben verstehen zu lernen; es ist vielmehr bei allem, was es erforscht, ungläubig und zweifelnd – mit einer Ausnahme: an ihren Zweifeln zweifeln Zweifler fast nie. Die moderne Ethik verabschiedet sich von den absoluten Werten einer objektiven Moralordnung und tendiert zu subjektivistischen und relativistischen Ansätzen, die es zunehmend schwerer machen, zwischen Gut und Böse zu unterscheiden. Für Sartre, der einen atheistischen Existentialismus vertritt, sind weder die Natur des Menschen noch der Sinn des Daseins etwas Vorgegebenes, Faßbares; Wesen und Sinn werden immer erst durch individuelle Entscheidungen geschaffen. Die Situation, die sich daraus ergibt, ist wenig befriedigend; das Individuum verlangt ein gewisses Maß geistiger und moralischer Führung, doch wenn alles relativ ist (ein Satz, der leicht hingesprochen wird), worauf soll es dann seine Hoffnung setzen? Die Rückkehr zum mittelalterlichen Dogmatismus kann freilich auch nicht die Lösung sein.

Überleben und Unsterblichkeit

Philippe Ariès beschreibt in seiner monumentalen »Geschichte des Todes«, wie wir den natürlichen Umgang mit dem Tod seit rund hundert Jahren immer mehr verlernen; die Tabuisierung des Todes ist die Schattenseite des schnellen technologischen

Fortschritts, der die Lebenserwartung der über 20jährigen übrigens nur unwesentlich gesteigert hat.[71] Fehlende Vertrautheit mit dem Tod hat die Angst vor ihm erhöht und sie wächst weiter im Nihilismus des materialistischen Denkens. Wir werden uns zunächst allgemein mit diesem Denken auseinandersetzen, um uns dann im einzelnen dem Darwinismus, der Psychologie Freuds und dem Marxismus zuzuwenden.

Materialismus

Seit dem 17. Jahrhundert tendieren naturwissenschaftliche Erklärungen dazu, alle Phänomene, einschließlich des Geistes, als Nebenprodukte der Materie und der auf sie wirkenden physischen Kräfte anzusehen. Die Methode des Naturwissenschaftlers besteht darin, den Blick auf die Dinge zu fokussieren, sie von außen, »objektiv«, mit immer ausgeklügelteren Instrumenten, zu betrachten, und nach Naturgesetzen Ausschau zu halten, mit denen sich die experimentellen Vorgänge erklären lassen. Die externe Perspektive verführt dazu, das Innere mit dem Äußeren zu erklären, das Subjektive mit dem Objektiven, den Geist mit der Materie. Auf der Grundlage dieser monistisch-reduktionistischen Methode bildeten sich fast alle Forschungsprogramme der Geistes- und der Neurowissenschaften; die darin tätigen Forscher, die sich nicht dem Materialismus verschrieben haben, kann man an einer Hand abzählen.

Ich habe in einem früheren Buch die gängigen Theorien über das Bewußtsein in zwei Kategorien eingeteilt; auf der einen Seite stehen die orthodoxen Theorien, die annehmen, daß das Gehirn »produktiv« ist, also selbst so etwas wie Bewußtsein hervorbringt; demgegenüber stehen Theorien, die einen »transmissiven« oder »permissiven« Vorgang annehmen, also behaupten, daß nur ein bestimmter Teil des Bewußtseins vom Gehirn übertragen bzw. durchgelassen wird, daß folglich das Bewußtsein keineswegs vollständig vom Neuronennetz abhängig ist. Theorien der ersten Art sagen für den Moment des Gehirntodes die Auslöschung des Bewußtseins voraus; Theorien der zweiten Art erlauben dagegen ein Ausströmen bzw. Sichausdehnen des Bewußtseins auf andere Dimensionen. Normale Bewußtseinszustände können mit beiden Ansätzen erklärt werden; doch versagen die materialistischen »Produktions«-Theorien, wenn sie eine zufriedenstellende Erklärung für bestimmte übersinnliche Erlebnisse oder Nah-Todeserfahrungen geben sollen. Solche Phänomene werden von der großen Mehrheit der Philosophen und Wissenschaftler schlicht ignoriert; sie sind für ihr Weltbild eine zu große Herausforderung.[72]

Ein anderes, bereits erwähntes moralisches Argument für die Unsterblichkeit stammt von Kant. Es besagt, daß Gott die von ihm erschaffenen Menschen, die sich lebenslang angestrengt haben, nicht einfach zugrundegehen lassen kann. Kant hatte mit diesem Gedanken, wie man sich vorstellen kann, bei materialistischen Denkern wenig Erfolg. Sein Argument läuft darauf hinaus, daß das Leben moralisch unvollständig ist, wenn es nicht in einen größeren Zusammenhang gestellt wird; Kant fordert also, die Moralordnung auf die metaphysische Ordnung zu erweitern. Als apriorische Erkenntnis kann sein Argument freilich keine unmittelbare Evidenz beanspruchen, sondern appelliert an intuitive Einsichten; ob man ihm zustimmen kann oder nicht, hängt von den eigenen inneren Bindungen ab.

Die Macht und der Einfluß des materialistischen Denkens ist so groß geworden, daß es längst in den Reihen der christlichen Theologen Einzug gehalten hat und in ihre Überlegungen eingreift, wie Auferstehung, Unsterblichkeit und ewiges Leben zu verstehen sind. Es gebe keinen Grund für die Annahme, heißt es da zum Beispiel, daß das Leben jenseits des Grabes eine Fortsetzung finde; ein persönliches Weiterleben nach dem Tod sei kein christlicher Glaubenssatz.[73] Die Theologen früherer Generationen wären über solche Behauptungen sicher erstaunt gewesen. Nicht weniger verwundert hätte sie die moderne Deutung der Auferstehung als die vorbehaltlose Zustimmung zum Leben bzw. das gegenwärtige Leben in der Erfahrung Gottes.[74] Zwischen dem ewigen Leben und dem Leben nach dem Tode wird hier streng unterschieden; doch setzt, wie Paul Badham darlegt, die Möglichkeit, in der Gegenwart eine ewige Beziehung mit Gott einzugehen, eine Fortsetzung des Lebens nach dem Tode voraus. Die augenblickliche Verwirrung in der christlichen

Eschatologie entsteht zu einem Teil aus der Vermischung der jüdischen und der griechischen Tradition, das heißt aus der Spannung zwischen der Lehre von der Auferstehung des Fleisches und der Lehre von der Unsterblichkeit der Seele; zu einem anderen Teil aus dem Widerwillen, sich mit irgendwelchem empirischen Material auseinanderzusetzen, zum Beispiel mit Nah-Todeserfahrungen, die auf die Natur des Bewußtseins ein neues Licht werfen könnten. Ironischerweise gehen die Fundamentalisten, die glauben, daß die Seele bis zur fleischlichen Auferstehung schläft, ausgerechnet mit den Materialisten zusammen, die ebenfalls die Möglichkeit bestreiten, daß das Bewußtsein unabhängig vom Körper den Tod überlebt.

Evolution

Die Geschichte der modernen Evolutionstheorie beginnt mit Descartes, der die Auffassung vertrat, daß Tiere keine Seelen hätten und also in jeder Hinsicht Automaten seien. Er gestand allein dem Menschen eine Seele zu und traf damit eine grundsätzliche Unterscheidung zwischen Mensch und Tier. Darwin hob diese Einteilung auf und setzte an ihre Stelle eine kontinuierliche Entwicklung von den Tieren zum Menschen. Nun gab es zwei mögliche Konsequenzen. Man konnte auch den Tieren eine Seele zusprechen, aber wo sollte man dann die Grenze ziehen, und nach welchen Kriterien? Haben Kakerlaken eine Seele, fragt der Biologe Richard Dawkins.[75] Oder man kam zu dem Schluß, daß weder der Mensch noch andere Lebewesen eine Seele haben, die den körperlichen Tod überlebt. Die meisten Biologen schlossen sich dieser Vorstellung an und ließen die andere Möglichkeit mit ihren scheinbar unüberwindlichen Schwierigkeiten fallen; diese erinnerte außerdem an die eigenwilligen Theorien des Vitalismus, während die Hauptlinie der biologischen Wissenschaft mechanistisch dachte und denkt. Um die These zu stützen, daß Tiere eine Seele haben, mußte man eine Art Panpsychismus annehmen, wonach der Geist eine überall in der Materie wirkende Kraft ist, die sich zunehmend besser organisiert und um so mehr Bewußtsein erlangt, je komplexer die Materie wird.

Schließlich, auf einer bestimmten Stufe der Organisation (ein Punkt, der zugegebenermaßen schwer festzumachen ist), erreicht der Geist die Fähigkeit, außerhalb des physischen Körpers zu existieren. Eine andere Erklärung hält sich mehr an die indische Advaita-Lehre, die den Geist als Grundstoff des Universums betrachtet und die Materie als Verdichtung des Geistes. Der Geist geht der Form voraus; entsprechend existiert die Seele bereits, bevor ein (neuer) körperlicher Träger für sie geschaffen ist. Das sind freilich Formulierungen, bei denen sich den meisten modernen Wissenschaftlern der Magen verdreht; sie haben einen metaphysischen Horror vor jedem Dualismus von Körper und Seele und akzeptieren allein monistische Theorien, allerdings auch nur dann, wenn sie den Geist aus der Materie entstehen lassen, nicht etwa umgekehrt.

Als Zugeständnis an den Darwinismus stellten Theologen im 19. Jahrhundert die Theorie auf, die Seele sei nicht von Natur aus unsterblich, sondern jeweils abhängig von der Gnade Gottes. Sie befreite die Theologie aus einem fatalen Dilemma; denn wenn auch Tiere eine Seele hatten, ließ sich die These einer naturgegebenen Unsterblichkeit des Menschen nicht mehr halten.[76] Richard Swinburne zum Beispiel war der Meinung, daß wir zwar alle eine Seele haben, diese besteht jedoch nur fort, wenn Gott es so will; sie ist (bzw. wir sind) also nicht von Natur aus unsterblich.[77] Nach welchen Kriterien Gott seine Entscheidung trifft und wer letztlich überlebt, bleibt dabei ungeklärt, ebenso die Frage, zu welchem Zeitpunkt in der Evolution er dieses Verfahren eingeführt hat. Fassen wir zusammen: die Evolutionstheorie in der heutigen Form gehört zur argumentativen Grundausstattung des materialistischen Denkens. Nur eine Handvoll von Theologen und Biologen, darunter Sir Alister Hardy und Rupert Sheldrake, weiß überhaupt etwas von der parapsychologischen Erforschung außerkörperlicher Erfahrungen und der Transkommunikation mit Verstorbenen.

Freud

Die Theorie Freuds, die den Glauben an ein Nachleben als Wunschdenken entlarvt, hat – manchmal auch mit dem Aufruf verbunden, dem unvermeidlichen Ende in stoischer Haltung zu begegnen – eine bestimmte Klasse von Akademikern nachhaltig beeinflußt; diese glauben von sich, den Kinderschuhen der Religion entwachsen zu sein, haben sich aber nicht einmal die Mühe gemacht, die Tiefen der Spiritualität zu studieren oder noch besser zu erfahren. Das Argument des Wunschdenkens hat eine große Schwäche; es schaut nur auf die positiven Seiten des Nachlebens, auf die Möglichkeit der Hölle, die für einen Gläubigen eine weniger angenehme Illusion sein dürfte, geht es nicht ein. Nur ein extrem zukunftsorientierter Mensch, der an nichts anderes denkt als an die Erfüllung seiner Wünsche, wird an seine eigene Moral keine Ansprüche stellen. Wer dagegen mit der Möglichkeit lebt, für sein Tun nach dem Tode Rechenschaft ablegen zu müssen, ist hier und jetzt gefordert, Gutes zu tun. Nicht er flüchtet vor der Realität; eskapistisch ist eine Theorie, die diese Möglichkeit ausschließt!

Marxismus

Die marxistische Philosophie ist von Grund auf materialistisch; für sie ist das Bewußtsein ein Produkt des Gehirns, so wie der Mensch ein Produkt der Gesellschaft ist. Marx, ein Atheist in der Nachfolge Feuerbachs, sah in der Religion weniger eine Fügung Gottes als eine Erfindung der Gesellschaft. Gleichzeitig erkannte er, daß die Religion zur Linderung einer Not beitrug, die durchaus echt war:

> Das *religiöse* Elend ist in einem der *Ausdruck* des wirklichen Elendes und in einem die *Protestation* gegen das wirkliche Elend. Die Religion ist der Seufzer der bedrängten Kreatur, das Gemüt einer herzlosen Welt, wie sie der Geist geistloser Zustände ist. Sie ist das *Opium* des Volks.
>
> Die Aufhebung der Religion als des *illusorischen* Glücks des Volkes ist die Forderung seines *wirklichen* Glücks. Die Forderung,

> die Illusionen über seinen Zustand aufzugeben, ist die *Forderung, einen Zustand aufzugeben, der der Illusionen bedarf.* Die Kritik der Religion ist also im *Keim* die *Kritik des Jammertales*, dessen *Heiligenschein* die Religion ist.[78]

Mit diesen Worten startet Marx seinen Generalangriff gegen die metaphysische und göttliche Ordnung. Zwar gesteht er den Religionen einen psychologischen Wert zu, insofern sie eine Kompensation für das physische Elend der Menschen sind, wirft ihnen aber vor allem vor, daß sie die Bildung eines sozialen Bewußtseins verhindern; dieses beharrt auf einer Veränderung der Welt und setzt seine Hoffnungen nicht länger auf eine illusionäre Vergeltung nach dem Tode. Als Marx seine Thesen aufs Papier brachte, war die christliche Rechtfertigungslehre bereits in argen Schwierigkeiten; mit dem Zusammenbruch ihrer »Plausibilitätsstruktur« bei der Erklärung der Ungerechtigkeit des Lebens begann das Zeitalter der Revolution.[79]

Lenin war in seinen Kampfschriften gegen die Religion noch unerbittlicher als Marx. »Marxismus ist Materialismus«, erklärte er, und als solcher sei der Marxismus ein schonungsloser Gegner der Religion, die mit allen verfügbaren Waffen bekämpft werden müsse.[80] Als Hauptaufgabe des Marxismus sah Lenin die Verbreitung atheistischer Anschauungen und die Beseitigung der eigentlichen religiösen Wurzel, nämlich die soziale Unterdrückung der arbeitenden Massen. Der durchschlagende Erfolg der marxistischen Lehre gab der bereits mächtigen Welle des materialistischen Denkens weiteren Auftrieb; inzwischen mehren sich jedoch die Zeichen, angefangen von Solschenizyn bis zu den jüngsten Entwicklungen im Osten, daß eine Ideologie, die den tiefsten religiösen Wahrheiten den Rücken zuwendet, die spirituellen Sehnsüchte der Menschheit nicht befriedigt. Möglicherweise bringt die nächste Phase der kulturhistorischen Entwicklung eine Verwandlung des marxistischen Impulses in Richtung auf ein mehr ökologisch-geistiges und soziales Engagement; auch die Befreiungstheologie könnte dabei eine Rolle spielen.

Der Sinnverlust

Zu den fruchtbarsten Arbeiten der modernen Psychologie gehört Viktor Frankls *Man's Search for Meaning*, ein autobiographischer Bericht über die Anfänge der von ihm begründeten »Logotherapie« und zugleich eine Antwort auf die Folgen der »existentiellen Leere« des im Kosmos irrenden Menschen.[81] Diese Leere steht für den geistigen Bankrott der wissenschaftlich-materialistischen Weltanschauung. Selbst Befürworter eines »positivistischen Naturalismus« wie John Gaskin räumen ein, »daß die Betrachtung des Universums bzw. des Ortes, den wir darin einnehmen, jeden Anflug von Hoffnung oder Sinnhaftigkeit erstickt und unberechtigt erscheinen läßt«.[82] Das Universum, sagt Gaskin, ist genau so leer und kalt, wie es erscheint; es gibt »nichts zu hoffen, nichts, was sich zu suchen lohnt, nichts, was unternommen werden müßte, kein Ziel, das zu erreichen wäre.« Ähnliche Empfindungen äußern Bertrand Russell und der Biologe Jacques Monod. Der Mensch, sagt Monod, muß »endlich aus seinem tausendjährigen Traum erwachen und seine totale Verlassenheit, seine radikale Fremdheit erkennen. Er weiß nun, daß er seinen Platz wie ein Zigeuner am Rande des Universums hat, das für seine Musik taub ist und gleichgültig gegen seine Hoffnungen, Leiden oder Verbrechen.«[83] Sollte diese öde Perspektive die ganze Wahrheit sein, bliebe dem Menschen nichts anderes übrig, als sich selbst vor dem Schlimmsten zu schützen, oder, wie Monod es tat, alle Kräfte für die Errichtung eines sozialistischen Ideals zu sammeln, ein verschwindendes Zeichen von Solidarität »in der teilnahmslosen Unermeßlichkeit des Universums« zu setzen. Aus einer solchen Weltanschauung, sagt Peter Atkins, lassen sich schlichtweg keine ethischen Grundsätze mehr ableiten; sie bringt bestenfalls pragmatische Werte hervor, die die Überlebensfähigkeit verbessern, im Grunde genommen aber bloße Erfindungen sind, weil ihnen jede metaphysische Basis fehlt.[84] Und sie führt in letzter Konsequenz dazu, darauf hat Dostojewski hingewiesen, alles zu erlauben. Eine derartige Gesellschaft jedoch, die ohne irgendein ethisches Gerüst auf Dauer bestehen konnte, hat es in der Geschichte noch nicht gegeben.

Die materialistische Weltsicht ruht, erkenntnistheoretisch betrachtet, auf dem Grundsatz: So wie man in den Wald hineinruft, so tönt es heraus. Der englische Astronom und Astrophysiker Sir Arthur Eddington sprach von einem »selektiven Subjektivismus« und verglich das Vorgehen der Wissenschaft mit dem Fischen im Meer. Würde ein wissenschaftlicher Fischexperte, ein Ichthyologe, immer nur ein Netz mit fünf Zentimeter großen Löchern auswerfen, käme er zwangsläufig zu dem Ergebnis, daß kein Meerestier kleiner als fünf Zentimeter ist und daß alle Kiemen haben. Die Sichtweise des Beobachters, so Eddington, und die Beschaffenheit seiner Instrumente bestimmen die Art und Weise seiner Erkenntnisse. Schließt er bestimmte Kategorien oder Ideen von vornherein aus, schränkt er damit die Bandbreite seiner Erklärungsmöglichkeiten automatisch ein.

Wertneutralität

Kennzeichen der wissenschaftlichen Methode sind: Quantität, Objektivität, Vorhersagbarkeit und Kontrollierbarkeit. Huston Smith hat darüber hinaus vier weitere Kategorien benannt: Qualität, Lebenssinn, Zweck und letzte Werte;[85] in diese Bereiche dringt die wissenschaftliche Forschung aber nicht vor, weil sie sie ipso facto aus ihrem Blickfeld ausgeschlossen hat. Die von Monod und anderen geforderte Wertneutralität erweist sich als eine gefährliche Illusion; denn sie bedeutet, nur die zur Zeit maßgeblichen Werte einer Gesellschaft zu akzeptieren und damit dann auch ihre jeweiligen politischen Strukturen und Entscheidungen, zum Beispiel bei der Vergabe von Forschungsgeldern. Wertneutralität ist so wenig möglich wie Neutralität in metaphysischen Fragen: die Behauptung, Wissenschaft sei wertneutral, ist selbst ein Werturteil. Evelyn Fox Keller hat gezeigt, daß allein in den methodischen Aufbau wissenschaftlicher Experimente ganz bestimmte männliche Wertvorstellungen eingegangen sind.[86] Nicholas Maxwell geht sogar soweit, zu behaupten, daß Wertneutralität mit Wertblindheit gleichzusetzen ist.[87] Die Werte werden nicht wahrgenommen, weil man sie aus dem eigenen Blickfeld ausblendet.

Zwecklosigkeit

Mit Galilei verschob sich die wissenschaftliche Aufmerksamkeit von der Zweckursache (causa finalis) auf die Wirkursache (causa efficiens); die Frage nach dem »Warum« trat in den Hintergrund, um der Frage nach dem »Wie« Platz zu machen. Die aufstrebende mechanistische Philosophie geißelte die Zweckursachen als »unwissenschaftlich« und ächtete sie. Teleologische Erwägungen kamen in den Ruf, ungehörig zu sein, und wurden selbst von Biologen gemieden, die ein offenbar absichtsvolles Verhalten untersuchten! Zweck und Kausalität schließen grundsätzlich einander nicht aus, doch haben die Maßlosigkeiten mittelalterlicher Metaphysiker die moderne Wissenschaft offenbar so verschreckt, daß sie in einer überzogenen Reaktion darauf den Zweckgedanken jahrhundertelang aus ihrem Denken verbannte. Wäre Monod am Ende seiner Forschungen auf ein sinnvolles Universum gestoßen, hätte er sich sicher der »Unwissenschaftlichkeit« verdächtig gemacht.

Primäre und sekundäre Qualitäten

Galilei hat als erster eine systematische Unterscheidung zwischen primären und sekundären Qualitäten getroffen, die weitreichende Konsequenzen hatte. Als primär bezeichnet er alle Qualitäten, die einem Gegenstand eigen sind, zum Beispiel die Form, die Lage, die Bewegung, die Zahl; sie sind real und objektiv meßbar und somit die Grundlage echten Wissens. Sekundäre Qualitäten, der Geschmack zum Beispiel oder das Gefühl, sind dagegen subjektiv und meinungsabhängig.[88] Die alte platonische Unterscheidung zwischen Wissen und Meinen erscheint hier in neuer Gestalt; sie rückt die meßbaren, äußeren Aspekte der Wirklichkeit in den Vordergrund und macht das Bewußtsein, die innere Welt, die aus der äußeren abgeleitet wird, zu etwas Sekundärem. Und weil der Sinn etwas ist, was sich nur im Bewußtsein findet, wird mit dem Ausschluß des Bewußtseins aus dem methodischen Programm zugleich der Sinn eliminiert.

Mechanistischer Determinismus

Durch sein Studium der Mechanik stieß Galilei auf ein universales Erklärungsmodell, die Uhr. Alle unbelebten Objekte der Natur folgten den unerbittlichen Gesetzen der Mathematik, die Newton zusammengefaßt hatte. Abweichungen gab es nicht, denn die Kausalgesetze, so glaubte man, bestimmten alle Ereignisse, die, wenn man erst über das nötige Wissen verfügte, sogar voraussagbar würden. Um die Jahrhundertwende wurde der Geist dann mit einer Maschine verglichen. Heute vergleicht man ihn mit einem Computer, und in Diskussionen über künstliche Intelligenz werden die Unterschiede zwischen den Maschinen und ihren Erbauern auf ein Minimum reduziert. Die Ironie solcher Analogien ist, daß die Menschen sich von ihren eigenen Erfindungen her zu verstehen versuchen. Durch die Quantenmechanik und andere neue Ansätze in der Physik und in der Biologie gerät der Determinismus zunehmend unter Druck; doch hält die allgemeine Suche nach äußeren Determinanten unvermindert an.

Materialistischer Reduktionismus

Der Einfluß von Ockhams Ökonomieprinzip, auch »Rasiermesser« oder »Beil« genannt (Werkzeuge zum Beschneiden ungelegener Daten), läßt sich mindestens bis Newton zurückverfolgen. Newtons Grundregel philosophischer Beweisführung lautet: »Wir müssen von natürlichen Dingen nicht mehr Ursachen gelten lassen als die, die ihre Erscheinungen richtig und hinreichend erklären.«[89] Das Ökonomieprinzip kommt dem materialistischen Reduktionismus entgegen; es erklärt vielleicht sogar dessen Popularität. Bei der Erforschung des menschlichen Geistes wird es häufig beschworen, um rein physikalische Erklärungen des Bewußtseins zu rechtfertigen. Wenn man nur nach physikalischen Ursachen forscht, wird man auch keine anderen finden.

Objektivität

Ähnlich wie der Neutralitätsanspruch der Wissenschaft beruft sich auch ihr Objektivitätsanspruch auf ein exakt festgelegtes, unparteiisches Meßverfahren, das von anderen Wissenschaftlern jederzeit reproduziert werden kann; von diesem Objektivitätsanspruch her braucht es nicht viel zu der Behauptung, nur das Meßbare ist wirklich. Die Messung wird immer von außen vorgenommen; sie erklärt deshalb das »Innere« als das »Sekundäre«, mit Begriffen, die es aus dem »Primären«, dem »Äußeren«, nimmt. Die Grenzen dieses Verfahrens zeigen sich am deutlichsten gegenüber Ereignissen, die unwiederholbar sind, und angesichts qualitativer Erlebnisse, für die es unter Laborbedingungen, mit den Mitteln des Experiments, keinen Zugang gibt.

Vielleicht ist mit diesen Überlegungen etwas deutlicher geworden, warum das methodische Vorgehen des wissenschaftlichen Materialismus das Bild eines Universums hervorbrachte, das ohne Sinn und Zweck ist und aller Werte beraubt – »wie man in den Wald hineinruft, so tönt es heraus«.

Soweit der Überblick über die verantwortlichen Kräfte, die seit dem 17. Jahrhundert den Niedergang der religiösen Weltanschauung vorantrieben. Das Schlußkapitel wird uns zur »postrationalen Sichtweise« des jüngsten Forschertyps zurückbringen, von dem Arnold Toynbee sagt: er »folgt der Erfahrung, wo immer sie ihn hinführen mag, so gewissenhaft, wie seine Vorgänger der Offenbarung und der Vernunft gefolgt sind«.[90]

9. Die Ethik der Allverbundenheit

> Drei Arten von Fortschritt kommen für die Kultur in Betracht: Fortschritt des Wissens und Könnens, Fortschritt in der Vergesellschaftung von Menschen, Fortschritt der Geistigkeit. Der letztgenannte hat die größte Bedeutung.
>
> *Albert Schweitzer*

> Wer im Großen gut sein will, muß eine intensive und umfassende Vorstellungskraft haben; er muß sich an die Stelle eines anderen versetzen können und an die Stelle vieler anderer; die Freuden und Leiden seiner Spezies müssen seine eigenen werden. Das große Instrument der moralischen Güte ist die Vorstellungskraft.
>
> *Percy Bysshe Shelley*

> Am ersten Tag hat jeder auf sein Land gezeigt. Am dritten oder vierten Tag zeigte jeder auf seinen Kontinent. Vom fünften Tag an haben wir alle nur noch eine einzige Erde wahrgenommen.
>
> *Sultan Bin Sulman al-Saud, Astronaut*

Die apokalyptische Perspektive

Wenige Jahre vor der Jahrtausendwende wimmelt es in der westlichen Welt von apokalyptischen Prophezeiungen; sie sehen das Ende der Welt voraus oder wenigstens ihre weitgehende Zerstörung, die Verabschiedung von der alten Ordnung und die Ankunft eines neuen Zeitalters. Nostradamus kündigte für das Jahr 1999 einen Weltkrieg an, der die Erde erschüttern werde; unbekanntere Auguren prophezeien ökologische Katastrophen, nukleare Verwüstungen, die Bevölkerungsexplosion und das soziale Chaos. Christliche Fundamentalisten sind davon überzeugt, zu den Auserwählten zu gehören, die gerettet werden, um eine neue Zivilisation zu gründen; und auch andere Sekten halten sich für eine zukunftsträchtige Minderheit, für die Elite, die das Großreinemachen irgendwie überleben und der neugeschaffenen Weltordnung vorstehen wird. Solche Perspektiven setzen uns unter Zeitdruck, auch wenn die Tage, an denen die Apokalypse stattfinden soll, kommen und gehen und immer wieder neue Datierungen nötig werden. Wenn jemand weiß, daß er in vierzehn Tagen gehenkt wird, sagt (Samuel) Johnson, konzentriert das auf wunderbare Weise seinen Geist. Die allgemeine Angst, ausgelöst durch die Aussicht auf den globalen Zusammenbruch, ist mit einer ebenso verbreiteten Apathie und Hilflosigkeit verbunden, als sei das Problem so groß und unhandlich, daß mit individuellen Anstrengungen nichts erreicht werden könne. Diese Hilflosigkeit und Passivität bestätigt immer nur sich selbst; effektives Handeln und gemeinsame Verantwortung macht sie von vornherein unmöglich.

Aus den Nahtodesstudien von Kenneth Ring und Margot Grey wissen wir von Personen, die nicht nur ihre eigene Zukunft vorhersahen, sondern für kurze Momente große planetarische Visionen hatten. Während dieser Schau befanden sie sich im Zustand eines erweiterten Bewußtseins; ihr Bild von der Zukunft trägt einheitliche Züge, die sich freilich auch psychologisch erklären lassen, etwa als archetypische Erfahrung oder als Projektion der persönlichen Nah-Todesvision auf globale Zusammenhänge. Während ihrer Vision wurde ihnen gesagt, daß das, was sie sähen, nur auf Wahrscheinlichkeiten beruhe und keineswegs unvermeidlich sei, wenn sich die Menschheit in der Zwischenzeit ändere.[1] Die einzelnen Elemente der Vision entsprechen weitgehend der bekannten apokalyptischen Perspektive: Erdbeben, Vulkanausbrüche, Landverschiebungen, Klimakatastrophen, Nahrungsmittelknappheit nach Dürreperioden, wirtschaftliche Zusammenbrüche, soziale Unruhen, die Verbreitung neuer und unheilbarer Krankheiten, ein möglicher Atomkrieg, eine allgemeine Naturzerstörung. Daß diese Vorhersagen mittelfristig Wirklichkeit werden könnten, wird durch jüngere

Entwicklungen gestützt: eine weitere Zunahme der Sonnenflekkenaktivität begünstigt die seismische Tätigkeit und vulkanische Eruptionen;[2] dem amerikanischen Korngürtel droht die Austrocknung; der globale Anstieg der Temperatur bringt die Eispole zum Schmelzen, läßt den Meeresspiegel ansteigen und führt in der Folge zur Überflutung von Küstenstädten; die soziale Ordnung in Südamerika könnte durch den Drogenhandel zusammenbrechen; hinzu kommen die Anfälligkeit des Weltwirtschaftssystems und das ungelöste Schuldenproblem der Dritten Welt; und nicht zuletzt gibt es Krankheiten wie AIDS, die die Schulmedizin vor höchste Anforderungen stellen.

Das Katastrophenszenario der Nah-Todesvisionen steht trotz allem in einem Zusammenhang, der keineswegs düster ist; im Zusammenbruch der alten Ordnung ereignet sich der Durchbruch zu einer neuen. Die Katastrophenkunde ist mit der Hoffnung verbunden, daß die allgemeine Paranoia durch Metanoia ersetzt wird. Ich nahm kürzlich an einem Seminar teil, wo wir gebeten wurden, unsere Gefühle und Erwartungen für die nächsten fünfzehn Jahre formelhaft zum Ausdruck zu bringen. Alle Begriffe, die vorgeschlagen wurden, ließen sich in zwei Kategorien einteilen: Auflösung oder Erneuerung, Tod oder Wiedergeburt, Zusammenbruch oder Durchbruch. Es scheint fast, als sei dieser Archetyp in den Tiefen unseres kollektiven Unbewußten eingebettet, wie eine Vorwegnahme von Kommendem. Peter Russell schlägt eine andere Möglichkeit vor, die Dinge zu sehen; in dem Buch »Die erwachende Erde« stellt er die These auf, die Menschheit stehe vor einer Prüfung der Evolutionsfähigkeit des Bewußtseins; mit der gegenwärtigen Krisis entscheide sich, ob wir geeignet sind, weiter auf dem Planeten Erde zu leben oder nicht.[3] Unsere ökologischen und sozialen Probleme, sagt Russell, seien zum größten Teil selbstgemacht und nun zu einer Art Selektionsdruck geworden, den wir uns im Zuge der Evolution selbst auferlegt haben. Wir also sind es, die diese Situation geschaffen haben, und notgedrungen können und müssen wir jetzt aus ihr lernen. Nachdem wir das Bett gemacht haben, bleibt uns nichts anderes übrig, als uns hineinzulegen. Mit den Nah-Todesvisionen kommt ein neuer spiritueller und moralischer Aspekt ins Spiel; die Menschheit, heißt es dort, habe mit den

Gesetzen von Natur und Geist nicht im Einklang gelebt; Zeugnis dafür ist der durch das materialistische Wertdenken in Gang gesetzte Prozeß des moralischen Verfalls und der gesellschaftlichen Auflösung. Die Läuterung, die uns bevorsteht, soll die Bildung eines neuen Bewußtseins und neuer Werte ermöglichen.

Wie hoch auch immer wir die Wahrscheinlichkeit eines apokalyptischen Debakels einschätzen und welche Gefühle wir dabei auch haben, eins ist sicher: unsere Körper werden eines Tages sterben und unsere Erwartungen dem Leben gegenüber sind eng mit dem verknüpft, was wir vom Tode erwarten. Tibetische Buddhisten, die ihre Spiritualität fördern wollen, meditieren regelmäßig über Tod und Vergänglichkeit. Gegenstand ihrer Meditation sind die Unausweichlichkeit des Todes, die Ungewißheit seines Eintretens und die Einsicht, daß in der Stunde des Todes allein die spirituelle Praxis zählt. Zu dieser Grunderfahrung gehört die Übung des bewußten Durchgangs durch den Tod, die spirituelle Annäherung an das ethische Ideal des Bodhisattva, den Geist der Liebe und des Mitgefühls, im Wunsch nach einer Erleuchtung, die der ganzen Welt zugute kommt.[4]

Denker wie Albert Schweitzer, Sir Sarvepalli Radhakrishnan, Arnold Toynbee und C. G. Jung stimmten darin überein, daß die notwendige Erneuerung der Zivilisation nur durch eine weltweite spirituelle Revolution erreicht werden kann. Sie waren zugleich davon überzeugt, daß diese Revolution beim einzelnen beginnt und bei ihm endet. Die Herausforderung unserer Zeit besteht darin, die Kluft zwischen dem moralischen Zwerg und dem technischen Riesen zu überbrücken, wie Toynbee das nannte, oder, um mit Jung zu sprechen, endlich zu erkennen, welche gefährliche Macht der moderne Mensch, der »technisierte Wilde«, in der Hand hält. Ähnlich besorgt angesichts dieser Diskrepanz von Wissen und Weisheit äußerte sich auch Albert Schweitzer in seiner Nobelpreisrede. Der einzelne mag selbst nur ein unbedeutendendes Teilchen im System sein, dennoch hat er Anteil an dem großen Ganzen, mit dem er sich im ständigen Austausch befindet. Seine individuellen Beiträge, so vernachlässenswert sie erscheinen mögen, sind ein Teil der Verantwortung für unserere gemeinsame Zukunft und tragen zum Endergebnis mit bei.

Die Ebenen der Verbundenheit

In diesem Abschnitt werden verschiedene Ebenen menschlicher Verbundenheit skizziert; sie bilden die Grundlage einer Systemethik, in der die Teile in einem dynamischem Verhältnis zum Ganzen stehen und zugleich zu allen anderen Teilen. Wir betrachten die Systemtheorie zunächst ganz allgemein und wenden uns dann im einzelnen der Physik zu, der Biologie, der Ökologie, der Psychologie und schließlich dem Bereich der Spiritualität. Auf jeder dieser Ebenen wird ein und dieselbe Struktur sichtbar; die vielleicht am besten mit Arthur Koestlers Begriff »Holon« umschrieben ist: ein Holon ist zugleich ein Ganzes und ein Teil.[5] Man kann zum Beispiel auf der Molekularebene beginnen und zeigen, wie die einzelnen Moleküle für sich selbst und zugleich als Teil der Zelle existieren; die Zelle ist dann ein Teil des Organs, das Organ ein Teil des Körpers, der Körper ein Teil der Natur und die Person Teil der Gesellschaft; regionale Gruppen erweisen sich als Teile von Völkern und die Völker als Teile der Welt; die Erde ist als Ganzes nur ein Teil des Sonnensystems; das Sonnensystem ist als Ganzes nur ein Teil der Galaxie, und so weiter. Jedes Holon, so Koestler, befindet sich in einem dynamischen Gleichgewicht und hat zwei konträre Tendenzen: eine Tendenz zur Selbstbehauptung, dynamischer Ausdruck seiner Ganzheit, und eine Tendenz zur Integration, Ausdruck seines Teilseins. Eine übertriebene Selbstbehauptung könnte man aggressiv oder anarchisch nennen, eine übertriebene Integrationsneigung gipfelt in Unterwerfung und blindem Gehorsam. Das Ideal besteht im harmonischen, den Umständen angepaßten Zusammenspiel beider Tendenzen. Die Grundkonzeption ist ihrem Wesen nach organisch, nicht mechanisch: sie spricht dem Menschen die Fähigkeit zu, über ein einfaches Reiz-Reaktions-Verhalten hinaus schöpferisch tätig zu werden.

Allgemeine Theorie lebendiger Systeme

Ein großer Teil der theoretischen Vorarbeiten auf diesem Gebiet stammt von Ludwig von Bertalanffy; eine klassische Formulierung seiner Systemtheorie findet sich in einem Buch von J. G. Miller.[6] Zunächst ist zu unterscheiden zwischen einem offenen System, das in wechselseitigem Austausch mit seiner Umgebung steht, und einem geschlossenen System, das sich selbst erhält. Als Menschen bilden wir ein offenes System, nicht nur was unsere Körper angeht, sondern auch in unserem gesellschaftlichen, künstlerischen, intellektuellen und emotionellen Dasein: wir leben in einem wechselnden Milieu, das wir beeinflussen und von dem wir beeinflußt werden. Der Austausch erfolgt über Nahrung, Luft, Kommunikation, Kunst, Bücher und vieles andere. Systeme sind integrierte Ganzheiten mit besonderen Charakteristika, die nicht auf die Eigenschaften der Teile reduziert werden können: das Ganze ist mehr als die Summe seiner Teile. Systeme sind immer auch dynamisch und können nur über eine vollständige Beschreibung der inneren und der äußeren Prozesse verstanden werden; die Kenntnis der Struktur allein reicht dazu nicht. Innerhalb der Systeme und zwischen ihnen besteht eine Ordnung, die von den dynamischen Prozessen organisiert wird; diese tendieren dazu, sich selbst zu regulieren und ein homöostatisches Gleichgewicht zu bilden. Das Interesse der Systemtheorie gilt den untereinander bestehenden Verbindungen, der Interdependenz aller Phänomene, die die Eigenheit eines Systems ausmachen: die Teile des Systems beeinflussen sich gegenseitig, weil sie eingebunden sind in den Zusammenhang des Ganzen.

Physik

> Das Universum existiert nicht ›dort draußen‹, unabhängig von uns. Wir sind unvermeidlich am Zustandekommen dessen beteiligt, was vor unseren Augen geschieht. Wir sind nicht nur Beobachter. Wir sind Teilnehmer. In einer merkwürdigen Weise ist dies ein teilnehmendes Universum.
>
> *John Archibald Wheeler*

Daß der Beobachter von dem Beobachteten nicht getrennt werden kann, ist ein Gedanke, der seit den 30er Jahren, als Folge der Quantenphysik, immer mehr Zustimmung erfährt. Nach dem Weltbild der modernen Physik, sagt Fritjof Capra, muß das Universum »als ein unteilbares, dynamisches Ganzes beschrieben werden, dessen Teile auf ganz wesentliche Weise in Wechselbeziehung stehen und nur als Strukturen eines Vorganges von kosmischen Dimensionen verstanden werden können«.[7] Heisenberg »erscheint die Welt als kompliziertes Gewebe von Vorgängen, in der sehr verschiedenartige Verknüpfungen sich abwechseln, sich überschneiden und zusammenmischen und auf diese Art und in dieser Weise schließlich die Struktur des gesamten Gewebes bestimmen«.[8] Geoffrey Chews »Bootstrap-Theorie« [»Stiefelschnurtheorie«] betont die innere Stimmigkeit dieser Gesamtstruktur, die neben der Materie auch das Bewußtsein mit einschließt. Nach Ansicht Chews kann man die Welt nicht verstehen, wenn man ihr ein festes Fundament unterstellt, auf dem alles andere aufgebaut ist; anstelle der Korrespondenztheorie, die objektiv fundierte Wahrheiten annimmt, zieht Chew die Kohärenztheorie vor, die sich der Wahrheit über die innere Stimmigkeit anzunähern versucht. Entsprechend ist seine Vision einer zukünftigen Naturwissenschaft; sie soll »aus einem Mosaik ineinandergreifender Theorien und Modelle im Bootstrap-Stil bestehen. Keine wäre fundamentaler als die anderen, und alle müßten miteinander vereinbar sein.«[9] Das ist eine Systemtheorie, die nicht nur für die eigene Wissenschaft gilt, sondern auch den interdisziplinären Zusammenhang mit berücksichtigt.

Die vermutlich scharfsinnigsten Einsichten unter den gegenwärtig diskutierten physikalischen Modellen stammen von David Bohm; seine Kategorien der eingefalteten und ausgefalteten Ordnung könnten eines Tages genauso bekannt werden wie Jungs Unterscheidung von Introversion und Extroversion. Bohm weiß sehr genau, daß unsere Vorstellungen von der Wirklichkeit entscheidend von dem herrschenden Weltbild geprägt sind; die gegenwärtige Aufsplitterung in zahllose, unzusammenhängende Theorien führt, so seine Diagnose, zu einem Gefühl von Trennung, Fremdheit und Sinnlosigkeit. Bohm geht sogar so weit, Sinn und Sein gleichzusetzen, so daß sich mit einer Änderung des Sinns auch das Sein ändert.[10] Sein und Erkennen sind nicht voneinander zu trennen, denn die eigene Seinsweise, der jeweilige Bewußtseinszustand, bestimmt die Art des Erkennens, die ihrerseits die Inhalte des Bewußtseins bestimmt. Die Eigenschaften und Inhalte unseres Bewußtseins entscheiden also über den Sinn und die Ausrichtung unseres Lebens. Eine Weltanschauung, die die Wirklichkeit in Fragmente zerlegt, löst den Menschen zwangsläufig aus seinen Zusammenhängen und führt zum Sinnverlust. Andersherum kann eine Weltsicht, die Leben, Materie und Bewußtsein in einem Grundgeschehen zusammenfügt, das Sinngefühl wieder neu beleben und die Zersplitterung überwinden.

Bohms Theorie ist ein Versuch, die Dinge neu zu sehen, als »ungeteilte Ganzheit in fließender Bewegung«. Was wir als Teil wahrnehmen, ist etwas, was aus dieser ursprünglichen Ganzheit bereits herausgezogen, ab-strahiert ist, was sich aus dem Fluß herausgebildet hat.[11] In der nichtmanifestierten Wirklichkeit der impliziten (eingefalteten) Ordnung ist alles gegenseitig durchdrungen und miteinander verbunden;[12] die explizite (ausgefaltete) Ordnung präsentiert die Phänomene getrennt und unverbunden. Wenn man es nicht besser weiß, kann man das Getrenntsein leicht für die höchste Wirklichkeit halten, man verfällt – wie die Hindus sagen – in die *Avidya* der *Maya*. Eine zerlegende, mechanistische Wahrnehmung ist ganz auf die isolierten Teile gerichtet, was auf Kosten des Zusammenhangs geht; Bohm dagegen betrachtet die Teile als relativ autonome Subtotalitäten innerhalb eines Ganzen, ähnlich wie Koestler die

Autonomie des Holons und zugleich ihre Grenzen betont. Materie, Leben und Bewußtsein sind solche relativ autonomen Subtotalitäten, die aus der impliziten Ordnung hervorgehen; sie sind wie Wellen im Ozean, haben individuelle Formen und sind doch eingebettet in das Ganze. Und so wie Materie eine Verdichtung im physikalischen Feld ist, so kann man das Selbst-Bewußtsein ansehen als eine Verdichtung, eine Begrenzung oder eine Form im Feld des Seins bzw. des kosmischen Bewußtseins.

Biologie

Orthodoxe Biologen, die das »Zentral-Dogma« des Neo-Darwinismus unterschrieben haben, bezeichnen sich gewöhnlich selbst als Mechanisten und bilden sich ein, ihre alten Gegner, die Vitalisten (die an so etwas wie eine beseelende Lebenskraft glauben), erledigt zu haben. Doch noch gibt es innerhalb der Biologie eine quicklebendige Schule von Dissidenten, die mit einiger Skepsis betrachten, wie beschränkt die Mechanisten mit lebenden Organismen umgehen. Zu ihren einflußreichsten Vertretern gehören Gregory Bateson und Rupert Sheldrake. Bateson suchte sein Leben lang »nach Mustern hinter Mustern und nach Prozessen unterhalb der Ebene der Strukturen«;[13] seine Aufmerksamkeit galt nicht den Gegenständen selbst, sondern ihren Beziehungen untereinander. Er sah in den Strukturen von Geist und Natur gegenseitige Widerspiegelungen – eine »notwendige Einheit«, und den Geist darin als die systemerhaltende Lebenskraft, »das Wesen des Lebendigseins«, das Prinzip der Selbstorganisation.

Sheldrakes besonderes Forschungsgebiet ist die Entstehung von Organismen; zu seinen wichtigsten Einsichten gehört, daß die organisierenden Prinzipien selbst der Evolution unterliegen, wobei er unterstellt, daß sich lebendige Systeme hierarchisch entwickeln. Es gibt, so die Grundidee seiner Theorie der morphischen Resonanz, zwischen einzelnen Mitgliedern einer Spezies bzw. zwischen ihren besonderen Verhaltensweisen ein lebendiges Feedback; aufgrund einer gemeinsamen, sie verbindenden Form wirken bestimmte Muster oder Ordnungen, vergangene wie gegenwärtige, aufeinander ein, und zwar unabhängig von Raum und Zeit. Individuelle Organismen entstehen aufgrund sogenannter morphogenetischer Felder und wirken zugleich auf diese ein; durch die Kumulation ihrer Beiträge bleiben die Felder relativ stabil.[14]

Noch zwei weitere Phänomene verdienen in diesem Zusammenhang Erwähnung: die Symbiose und bestimmte Geistheilverfahren. Von symbiotischen Beziehungen in der Natur spricht man, wenn zwei artverschiedene Organismen zu gegenseitigem Vorteil zusammenwirken; das Gegenteil einer solchen schöpferischen Interdependenz ist die Dysbiose, nämlich eine Verbindung von Organismen, die sich gegenseitig zerstören. Der Symbiose verwandt ist die Synergie, bei der die verschiedenen Elemente eines Systems in Harmonie und zum Wohle des Ganzen kooperieren. Der menschliche Körper zum Beispiel hat eine naturgegebene Tendenz zur Homöostase, die theoretisch (leider nicht immer in der Praxis) auch auf den politischen Körper übertragbar ist. Ein Körper, dessen Gleichgewicht gestört ist, kann nur deshalb überhaupt gesunden, heil, d. h. ganz werden, weil innerhalb des Systemganzen bereits die Tendenz besteht, die durcheinandergeratene Ordnung wiederherzustellen. Ein Geistheiler kann einen kranken Körper nur dann wirklich heilen, wenn zwischen ihm und dem Patienten eine energetische Verbindung besteht.[15] Die heilende Energie, vermutet man, durchfließt zunächst den Organismus des Heilers und wirkt von dort auf den Kranken; sie ermuntert ihn, sein eigenes Selbstheilungspotential zu aktivieren. Krankheit, sagt Dora Kunz, ist ein Ungleichgewicht der organisierenden Kräfte des Körpers; die heilende Energie, die dagegen durch Ordnung, Ganzheit und Mitgefühl charakterisiert ist, versetzt in den Organismus ein neues dynamisches Gleichgewicht.[16] Dabei sind Heilender und Geheilter einfach nur Kanäle einer Energie, die von sich aus heilt und die Ganzheit wiederherstellt.

Ökologie

Vor rund 20 Jahren hat James Lovelock (auf Anregung des Schriftstellers William Golding) die Gaia-Hypothese formuliert: danach ist die Gesamtheit der lebenden Materie auf Erden ein einziges Lebewesen, das in der Lage ist, die Erdatmosphäre zu beeinflussen und auf seine Gesamtbedürfnisse abzustimmen; es verfügt über Kräfte und Fähigkeiten, die weit über das hinausgehen, was seine einzelnen Bestandteile vermögen.[17] Dieses komplexe Wesen umfaßt neben der Biosphähre auch die Ozeane und den Erdboden. Als Ganzes ist es ein kybernetisches Rückkopplungssystem, das für das Leben auf der Erde ein bestmögliches chemophysikalisches Umfeld zu schaffen versucht.[18] Lovelocks jüngste Studie macht noch deutlicher, daß jeder einzelne Organismus nur aus dem Gesamtzusammenhang heraus verstehbar wird: »Die Evolution der Gesteine und der Luft und die Evolution der Lebewesen sind nicht voneinander zu trennen.«[19] »Leben und seine Umgebung sind so eng miteinander verflochten, daß eine Evolution immer Gaia betrifft, nicht den Organismus oder die Umgebung für sich genommen.«[20]

Die Gaia-Hypothese macht von Erkenntnissen der Systemtheorie Gebrauch; als selbstregulierendes Kommunikations- und Kontrollsystem ähnelt Gaia einem Modell aus der Kybernetik.[21] Alle Variablen im Gaia-Organismus, deren Gesamtzahl sich jeder Berechenbarkeit entzieht, nehmen jeder für sich und zugleich von den anderen abhängig am Geschehen des Ganzen teil. Wir können uns diese Interdependenz etwas besser vorstellen, seit wir die Auswirkungen des sauren Regens zu spüren bekommen und seit die von Tschernobyl verursachte radioaktive Verseuchung weltweit nachweisbar ist; solche Beispiele machen deutlich, wie nachhaltig die menschliche Spezies in ihre Umwelt eingreift.

Auch die Wirtschaft hat den systemtheoretischen Ansatz aufgegriffen, ausgehend von der Prämisse, daß das ökonomische System in das ökologische eingebettet ist und daß in jeder langfristigen Planung mögliche Umweltveränderungen mit berücksichtigt werden müssen. Das Wirtschafts- und Finanzsystem setzt sich weltweit aus Menschen und Organisationen zusammen, die sich im ständigen Austausch befinden; Erschütterungen eines städtischen oder regionalen Verbundnetzes werden in Lichtgeschwindigkeit weitervermittelt, und die internationalen Börsenmärkte sind so eng miteinander verbunden, daß leichte Schwankungen an einem Börsenzentrum rund um die Welt gehen und auf den Verursacher zurückwirken. Ähnlich stärkt das Wissen um die gewaltige Zerstörungskraft von Nuklearwaffen, ganz zu schweigen von den möglichen Umweltfolgen eines atomaren Holocaust, den Sinn für die *eine* Welt, in der alle aufeinander angewiesen sind. Interdependenz ist dann auch das Kernthema eines 1987 von sowjetischen und amerikanischen Wissenschaftlern gemeinsam verfaßten Buches mit dem richtungweisenden Titel »Breakthrough«. Nur eine alle einschließende internationale Sicherheit, sagt einer der Autoren, Anatoly Gromyko, könne im nuklearen Zeitalter noch echte Sicherheit geben: »In einer Welt des atomaren Overkills und wachsender Abhängigkeit ist es unmöglich, sich zum Nachteil der anderen Seite einen einseitigen Vorteil zu sichern, ohne am Ende seine eigenen Interessen aufs Spiel zu setzen.«[22] Und schließlich erleben wir auf dem philosophischem Sektor die Geburt der »Ökophilosophie«, eines globalen Denkens, das für die Fragen der Umwelt eine neue Sensibilität entwickelt.

Psychologie

Dem Werk C. G. Jungs verdanken wir den Begriff des kollektiven Unbewußten; dieses unterscheidet sich vom persönlichen Unbewußten insofern, daß seine Inhalte nicht nur durch subjektive Erfahrung erworben wurden. »Ich habe den Ausdruck ›kollektiv‹ gewählt, weil dieses Unbewußte nicht individueller, sondern allgemeiner Natur ist, das heißt, es hat im Gegensatz zur persönlichen Psyche Inhalte und Verhaltensweisen, welche überall und in allen Individuen cum grano salis die gleichen sind.«[23] Archetypen sind bestimmte, allgegenwärtige Formen in der Psyche und entsprechen dem, was andere Forscher »mythologische Motive« oder »Kategorien der Imagination« genannt haben[24]; ihretwegen finden wir überall in der Welt ähnliche Mythen und Legenden, die von innen heraus entstehen, ohne jemals einem persönlichen Unbewußten angehört zu haben. Es gibt offenbar eine tiefe, allen gemeinsame Bewußtseinsschicht, denen die Archetypen entstammen oder dessen Ausdrucksformen sie sind. Unser Wachbewußtsein treibt auf einem ozeanischen Bewußtsein, das uns alle verbindet.

Jung leistete auch einen wichtigen Beitrag zur Korrektur einer Welt, die von männlichen Werten und Wahrnehmungsweisen geprägt ist; einmal weil er die Aufmerksamkeit auf das Weibliche im Menschen richtete, darüber hinaus durch seine populär gewordenen Studien des chinesischen Denkens, z. B. des »I Ging«. Edward Whitmont hat die Jungsche Analyse um das »Prinzip der Göttin« erweitert; Autoren wie Capra bescheinigen unserer Kultur ein Übermaß an männlichem »Yang« und arbeiten neue Verbindungen zwischen Feminismus, Ökologie und Spiritualität heraus. Unsere Kultur hat sich von ihren natürlichen Wurzeln entfernt und lebt abgeschnitten von dem weiblichen Prinzip, das sie einmal verbunden hat; deshalb werden weibliche Eigenschaften wie Empfänglichkeit und das tiefe Wissen um die Verwandtschaft alles Lebendigen heute wieder wichtig. Der Verlust der Verwandtschaft und die Entwurzelung haben zu einem Gefühl der Entfremdung und Isolation geführt; weil der einzelne, wie wir bei Bohm gesehen haben, dem Zusammenhang entzogen, abstrahiert ist, hat er nicht mehr Anteil am Ganzen. In welchem Ausmaß männliche Wertvorstellungen und Verhaltensweisen die westliche Wissenschaft unterschwellig beherrschen, wird erst jetzt deutlich, wo die wissenschaftlichen Methoden einer Neubewertung unterzogen werden.[25]

Die spirituelle Dimension

Vergleiche zwischen Wissenschaft und Mystik sind in Mode gekommen. Einige davon machen es sich offenbar zu leicht und werden weder der einen noch den anderen Seite gerecht. Ken Wilber hat deshalb vorgeschlagen, zwischen »Subszendenz« und »Transzendenz« zu unterscheiden: zwischen der subszendenten Einheit, die der Welt der Physik zugrunde liegt, und der transzendenten, die von Mystikern erfahren wird und von grundsätzlich anderer Ordnung ist.[26] Doch bleiben Wissenschaft und Mystik aus systemtheoretischer Sicht durchaus vergleichbar: »Das Studium der gelebten und der unbelebten Materie führt uns immer wieder zu zwei grundlegenden Themen, die oft auch in der Lehre der Mystik erscheinen – die universale innere Verbundenheit und gegenseitige Abhängigkeit aller Phänomene sowie die zutiefst dynamische Natur der Wirklichkeit.«[27]

Nach Auffassung von David Bohm gibt es zwischen der gewöhnlichen Erfahrung und dem mystischen Erleben nur einen graduellen, keinen grundsätzlichen Unterschied. Die mystische Erfahrung, sagt er, reicht tiefer in die dynamische Einheit der eingefalteten Ordnung hinein; sie ist »eine Erhöhung, Intensivierung und Vertiefung« von etwas, an dem die Menschen schon immer teilhaben.[28] Insofern dieser Bereich einer tieferen Ebene der Wirklichkeit angehört, kann man sagen, daß unser normales Wachbewußtsein ihn ausblendet. William Blake vermutete, daß eine »Reinigung« der Sinne alle Phänomene in ihren unbegrenzten Dimensionen sichtbar machen würde; wir würden nicht mehr einfach *auf* die Sinnenwelt, sondern *durch* sie hindurch schauen; mit der Entdeckung der tieferen (oder höheren) Ebenen würde die ganze sinnliche Wirklichkeit transparent und in ein buchstäblich neues Licht gerückt.

Mit diesen Überlegungen kehren wir zum Phänomen des Einheitsbewußtseins zurück, das wir in den ersten Kapiteln skizziert haben. Die Schlüsselbegriffe, mit denen Capra die Einheit eines dynamischen Systems zu fassen versucht, sind innere Verbundenheit und gegenseitige Abhängigkeit. Wenn wir die systemtheoretische Sicht nun auf unsere Betrachtung der metaphysischen und der göttlichen Ordnung übertragen, entsteht folgendes Bild:

1. Es gibt ein Bewußtseinsfeld, in dem wir leben, uns bewegen und unser Dasein haben.
2. Innerhalb dieses Feldes sind wir Holons (relativ autonome Subtotalitäten), oder einfach denkende, fühlende und wollende Lebewesen.
3. Obwohl wir untrennbar mit dem Feld verbunden sind und unsere Identität in ihm gründet (wie wir im Einheitsbewußtsein erfahren), haben wir verschiedene Gestalten und können uns der Sinnestäuschung hingeben, daß wir voneinander vollkommen unabhängig sind.

4. Wir agieren im Feld und mit dem Feld so, daß die Resultate unseres Denkens, Fühlens und Wollens in einer Art »Feedback« (Rückkopplungsschleife) zu uns zurückkehren.
5. Die innere Verbundenheit und gegenseitige Abhängigkeit innerhalb des Feldes bilden die Grundstruktur unserer moralischen Verantwortung. Das Feld ist keine Täuschung.
6. Die innere Bewegtheit des Feldes bringt Liebe hervor. Liebe ist seine eigentliche Natur. Liebe kommt als Reaktion auf liebevolle Gedanken und Handlungen; Haß und Verbitterung rufen dagegen Ängste und Vereinsamung hervor. Jedes Feedback, das wir erfahren, bringt uns weiter in der Kunst zu lieben und in der Einsicht, daß wir auf Gedeih und Verderb miteinander verbunden sind, im Sinne der Goldenen Regel: was wir anderen tun, tun wir uns selbst.

Diese Punkte werden wir am Ende des Kapitels noch ergänzen.

Ansätze zu einer lebendigen Ethik

Metaphysik und Ethik

> Weil die Seele unsterblich ist, gibt es für sie keine Sicherheit und kein Entkommen vor dem Bösen, es sei denn, sie wird so gut und weise, wie es in ihren Kräften steht.
>
> *Sokrates*

Bei Sokrates und Platon waren die metaphysische und die moralische Ordnung noch unmittelbar miteinander verknüpft. Das moderne materialistische Denken hat dieses uralte spirituelle Band jedoch zerschnitten und bestreitet die Möglichkeit eines bewußten Weiterlebens über das Grab hinaus. Entsprechend gibt es nach der materialistischen Anschauung keine meta-physischen Konsequenzen oder Sanktionen; Wiedergutmachungen aller Art liegen in der Verantwortung der jetzigen Gesellschaft und ihrer Ordnung und müssen in diesem Leben geleistet werden. Viele Verbrechen dieser Welt bleiben freilich unaufgeklärt und deshalb auch unbestraft, ganz zu schweigen von den Verletzungen im privaten Bereich und was sonst zu unserem unerledigten Gefühlshaushalt mit beiträgt. Welche Ebene wir auch betrachten, niemand kann behaupten, daß die Rechnungen beglichen oder die Saaten vollständig aufgegangen sind.

Die geringe Überzeugungskraft der von Menschen gemachten Gerechtigkeit hat viele Philosophen, unter anderem Kant, dazu gebracht, eine moralische Notwendigkeit für die Unsterblichkeit zu postulieren. Denn daß es für die Ungerechtigkeiten der Welt keinen echten Ausgleich geben soll, war eine Beleidigung des sittlichen Empfindens; die Wiedergutmachung konnte deshalb nur nach dem Tode in einer metaphysischen Welt stattfinden. Damit verbunden waren zwei weitere Postulate: die Existenz Gottes, der der Garant für die Gerechtigkeit war, und die Freiheit des menschlichen Willens, ohne die keine verantwortliche moralische Entscheidung getroffen werden konnte. In der modernen Philosophie hat das moralische Argument für die Unsterblichkeit wenig Spuren hinterlassen. In der Theologie erscheint es gelegentlich in versteckter Gestalt, wenn es heißt, daß Gott ein so großartiges Geschöpf wie das menschliche Individuum, das seine Möglichkeiten zu Lebzeiten gerade erst zu verwirklichen beginnt, nicht einfach vernichten könne. Beide Argumente laufen auf die Forderung nach einer meta-physischen Ordnung hinaus, die einen in der physischen Ordnung begonnenen Prozeß zur Vollendung bringt. Sie gründen auf einer apriorischen Einsicht, nicht auf empirischer Erfahrung. Kritiker sehen darin infantiles Wunschdenken, wobei sie meist erklärend hinzufügen: die Menschheit könne kein ausgewogenes Universum erwarten, das auf ihre moralische Sensibilitäten Rücksicht nimmt.

Aber ist das schon das letzte Wort und die ganze Wahrheit? Nicht, wenn wir die empirischen Befunde der Lebensrevision ernst nehmen. Das Erleben von Ereignissen aus dem Blickwinkel einer fremden Person weist auf eine moralische Ordnung, dessen Sanktionen erst auf der metaphysischen Ebene wirksam werden, ganz im Sinne Kants. Und diese Moralordnung ist weniger intuitiv erschlossen als unmittelbar einsichtig; sie ist aus menschlicher Erfahrung erwachsen und insofern empirisch begründet. Die einzige Frage, die wir nicht beantworten können, solange wir nicht selbst durch die Pforten des Todes geschritten sind, ist, ob so eine Erfahrung universal ist. Es wäre allerdings merkwürdig, wenn sie es nicht wäre, da wir es alle nötig haben, zu lernen und zu einer größeren und wahreren Sicht der Dinge zu gelangen.

Die traditionelle christliche Eschatologie, mit ihrer Vorstellung von Tod, Schlaf, Auferstehung und einem Jüngsten Gericht, das uns definitiv in den Himmel oder in die Hölle schickt, spricht heutige Menschen immer weniger an. Die Mehrheit, soweit sie sich überhaupt mit solchen Fragen beschäftigt, nimmt wahrscheinlich an, daß das Bewußtsein im Augenblick des Gehirntods verlischt. Diese Aussicht erlaubt ihnen, die letzte Verantwortung für ihre Handlungen abzulehnen; sie sind nur für die Zeit ihres irdischen Lebens Rechenschaft schuldig. Die Daten der Nah-Todes- und Nach-Todesforschung haben indes gezeigt, daß das Gedächtnis erhalten bleibt: wir sind über empathische Resonanz in der Lage, Ereignisse aus anderen Perspektiven zu erleben. Die alte Metaphysik mag ausgedient haben, doch das Verständnis der Bewußtseinsprozesse während des Sterbens und nach dem Tod verhilft uns zu einer neuen Metaphysik. Ihre Grundbedingungen sind die All-Einheit des Feldes, in dem wir existieren, unsere gegenseitige Verbundenheit und Abhängigkeit innerhalb dieses Feldes, und die empathische Resonanz, über die wir bewußte Verbindungen zu anderen Lebensformen herstellen. Mit diesem neuen rekonstruierten metaphysischen Weltbild öffnet sich uns der Blick für die ganze Weite unserer Verantwortung füreinander.

Ehrfurcht vor dem Leben und ethische Mystik

Viele verbinden mit dem Namen Albert Schweitzer die hingebungsvolle Arbeit eines weißen Arztes im tropischen Afrika. Wenige wissen von seinem Orgelspiel und seiner Liebe zu Johann Sebastian Bach, wenige kennen seine Beiträge zur Theologie und kaum einer seine Arbeit auf dem Gebiet der Philosophie und vergleichenden Religionswissenschaft. Doch sind dies nur verschiedene Aspekte eines einheitlichen Lebens, die sich gegenseitig ergänzen. Uns interessieren an dieser Stelle Schweitzers Gedanken zur Ethik und sein Verhältnis zur Mystik.

Schweitzer fand sein »Grundprinzip des Ethischen« während einer Bootsfahrt im September 1915: »Als wir bei Sonnenuntergang gerade durch eine Herde Nilpferde hindurchfuhren, stand urplötzlich, von mir nicht geahnt und nicht gesucht, das Wort ›Ehrfurcht vor dem Leben‹ vor mir.« Diese Formulierung wurde für Schweitzer zum langgesuchten Schlüsselbegriff, zum »Pfad im Dickicht«, zu einer leitenden Idee, die Welt- und Lebensbejahung (nicht Verneinung wie im indischen Denken) und Ethik miteinander verband.[29] Die erschöpfendste Umschreibung dieses Prinzips fand er in einem Vergleich: »Wie der weiße Lichtstrahl aus farbigen Strahlen besteht, enthält die Ehrfurcht vor dem Leben in sich alles, was als Liebe, Gütigkeit, Mit-Leiden, Mit-Freuen, Friedfertigkeit, Fähigkeit des Verzeihens die Ethik ausmacht.«[30]

Schweitzers *cogito* heißt: »Ich bin Leben, das leben will, inmitten von Leben, das leben will.«[31] Doch wie man sieht, wenn man sich in der Welt umschaut, ist die Konkurrenz der verschiedenen Lebensformen noch keine Basis für eine Ethik. Die Welt ist »Grausiges in Herrlichem, Sinnloses in Sinnvollem, Leidvolles in Friedvollem«,[32] ein trostloses Schauspiel: »Der große Wille zum Leben, der die Natur erhält, ist in rätselhafter Selbstentzweiung mit sich selbst.«[32] Allein der Mensch scheint in der Lage, sich über diesen Kampf zu erheben: »Er darf zu der Erkenntnis des Miterlebens und Mitleidens gelangen, aus der Unwissenheit heraustreten, in der die übrige Kreatur schmachtet.«[34] Als denkendes Wesen kann er versuchen, jedem Lebenswillen dieselbe Ehrfurcht entgegenzubringen, die er vor seinem eigenen Leben hat. Das Gute besteht demnach darin, Leben zu erhalten und zu fördern, damit es die höchste Entwicklungsstufe erreicht; das Böse ist dagegen Zerstörung, Verletzung oder Unterdrückung von entwicklungsfähigem Leben. In der Folge einer solchen Haltung erweitert sich der eigene Verantwortungsbereich und umfaßt Pflanzen und Tiere genauso wie Menschen. Alles Leben ist heilig. Doch unter dem Druck des Notwendigen fallen auch Entscheidungen, die eine Art zum Schaden der anderen begünstigen. Als Beispiel führt Schweitzer ein eigenes Erlebnis an: durfte er für einen jungen Fischadler einen Fisch töten?[35] Die Verantwortung lag allein bei ihm, und die Entscheidung setzte voraus, sich in die Situation des beteiligten Lebens so weit wie möglich hineinzufühlen.

Im indischen Denken stehen nach Auffassung Schweitzers »Geistigkeit« und Ethik nicht auf derselben Stufe. Weil die indischen Meditationspraktiken vor allem den Bewußtseinsakt kultivieren, tendiert ihre Mystik dazu, »überethisch« zu werden. Dagegen sah Schweitzer die Notwendigkeit, Mystik und Ethik auf tiefster Ebene miteinander zu versöhnen. Denn: »Alle tiefe Philosophie, alle tiefe Religion ist ein Ringen um ethische Mystik und mystische Ethik.«[36] Schweitzer vergleicht die Mystik mit dem Kelch, der auf einer Blume, der Ethik, wächst und blüht. Mystische Ethik verwirklicht sich in der Hingabe an andere Seinsformen. Denn wenn eine Erscheinung des grenzenlosen Seins mit einer anderen Erscheinung desselben Seins in Beziehung tritt, tritt sie mit dem Sein selbst in Beziehung, und das heißt mit Gott. Damit ist die Ethik der Hingebung gleichzeitig eine Ethik der Selbstvervollkommnung: durch den liebenden Dienst an den anderen vervollkommnen wir uns selbst. Die Ehrfurcht vor dem Leben führt zur Hingabe an das Leben, und diese ist wiederum ein Weg zur Selbstvervollkommnung und Einheit mit dem göttlichen Sein, das hinter allen Erscheinungsformen des Lebens steht. Die Verantwortlichkeit kennt keine Grenzen: »Wo in irgendeiner Weise mein Leben sich an Leben hingibt, erlebt mein endlicher Wille zum Leben das Einswerden mit dem Unendlichen, in dem alles Leben eins ist. Labung wird mir zuteil, die mich vor dem Verschmachten in der Wüste des Lebens bewahrt.«[37] Schweitzers eigenes Leben war ein eindrucksvolles Bekenntnis zu dieser ethischen Mystik der Ehrfurcht vor dem Leben; in der Verbindung von tiefer Innerlichkeit und aktivem öffentlichen Einsatz war es Vorbild für viele Menschen, unter anderem für Dag Hammarskjöld, dem Generalsekretär der Vereinten Nationen, dem wie Schweitzer der Friedensnobelpreis zugesprochen wurde.

Schweitzers Ethik ist ökologisch und systemisch; sie hebt den Gegensatz von Vita contemplativa und Vita activa auf, indem sie das Handeln in einer Haltung der Selbsthingabe und Selbstvervollkommnung wurzeln läßt. Schweitzer betrachtet die Teile in ihrem dynamischen Zusammenhang mit dem Ganzen, und er sieht die Harmonie und Synergie der Teile, die füreinander und damit zum Wohl des Ganzen arbeiten. Auf dem Wege des Feedbacks werden die guten Wirkungen verstärkt, zumal wenn wir unsere persönliche Erfüllung an das Wohl der anderen knüpfen und dazu mit unseren kreativsten Kräften beitragen. Und die Unterscheidung von Selbst und Nicht-Selbst können wir schrittweise überwinden, je tiefer wir als den eigentlichen Sinn der Selbsterfüllung die Selbsthingabe und Selbstvervollkommnung schätzen lernen.

Die Goldene Regel beruht auf dem Grundsatz der Gegenseitigkeit. Man kann sie positiv ausdrücken: handle gegenüber anderen so, wie du selbst gern behandelt werden möchtest (vgl. Matth. 7,12); oder auch negativ, im Sinne des Sprichworts: »Was du nicht willst, das man dir tu, das füg auch keinem andern zu.« Wenn man die Goldene Regel vor dem Hintergrund eines einheitlichen Seins betrachtet, wie Schweitzer es tut oder auch die Bhagavad Gita, ist sie eine Regel, die man nicht außer Kraft setzen kann: anderen Gutes zu tun, heißt sich selbst Gutes zu tun, anderen zu schaden, sich selbst zu schaden. Dieses Gesetz muß nicht immer unmittelbar einsichtig sein, doch spätestens mit der Lebensrevision, wenn nicht schon früher, tritt es vollkommen zutage. Die große Illusion der expliziten Ordnung besteht darin, daß wir uns für separate »Bewußtseine« halten, die nicht direkt aufeinander einwirken. Manchmal ist das Feedback unmittelbar; in anderen Situationen kann es vorkommen, daß wir es über einen längeren Zeitraum nicht spüren.

Gegenseitige Ehrfurcht vor dem Leben kann auf vielen Ebenen geübt werden, sowohl im Tun des Guten als auch im Vermeiden des Negativen. Man kann das Gebot, nicht zu töten, auf die verschiedenen Glieder der Nahrungskette beziehen – was die meisten Menschen im Westen nicht tun, die mit Ausnahme von Hunden und Katzen Tiere grundsätzlich nicht miteinbeziehen. Und dann gibt es das Problem der Todesstrafe – ist sie eine zivile Form des Mordes oder der Kriegsführung, und wo zieht man hier die Grenzen? Man kann das Gebot, nicht zu töten, auch auf Gaia, die Erde als Ganzes, beziehen – wie dumm und kurzsichtig erscheint dann die Zerstörung des großen Öko-systems, von dem wir und unsere Nachkommen abhängig sind. Und schließlich, auf höchster Ebene, der »Tod Gottes« – wir töten Gott dadurch, daß wir in einem Akt von spirituellem Selbstmord unsere inneren Bindungen zerschneiden. Ein wahrhaft moralischer Mensch vermeidet unnötiges Leid gegenüber jedem fühlenden Geschöpf.

Positive Ausdrucksformen der Ehrfurcht vor dem Leben sind Liebe, Mitgefühl, Einfühlung und Vergebungsbereitschaft. Das Wort Liebe sollte in diesem Zusammenhang etwas genauer erklärt werden. Wenn ich von Liebe rede, sagte Martin Luther King, »spreche ich nicht von irgendeiner sentimentalen und schwächlichen Regung. Ich spreche von jener Kraft, die alle großen Religionen als das höchste und einigende Lebensprinzip angesehen haben. Liebe ist gewissermaßen der Schlüssel, der die Tür zur höchsten Wirklichkeit aufschließt.«[38] Die Ethik der Ehrfurcht vor dem Leben war für Schweitzer eine Ethik der Liebe, die sich ins Grenzenlose ausweitet.[39] Solche Liebe geht über die Liebe zum Nächsten hinaus; sie ist Hingabe an die gesamte Schöpfung, die sie als Verkörperung des Göttlichen ansieht.

Peter Deunov hat vier Stufen von Liebe unterschieden, die den vollen Zyklus der menschlichen Evolution beschreiben.

1. »Sehnsucht im Herzen«; die gegenseitige Liebe unter Mitgliedern einer Familie.
2. »Gefühl in der Seele«: die brüderliche Zuneigung unter Freunden.
3. »Kraft im Verstand«; die Bereitschaft, für höhere Ziele zu leben und diese zu verteidigen, was immer das kosten mag. Diese Kraft spricht aus den Worten charismatischer Persönlichkeiten wie Martin Luther King, Mahatma Gandhi oder Albert Schweitzer.
4. »Grundsatz im Geist«; die alles umfassende und ordnende Harmonie, das sinngebende Prinzip, das wir gegenwärtig noch nicht erfassen können, obwohl es das ist, was uns schon jetzt am meisten mit der göttlichen Vollkommenheit verbindet.[40]

(1) und (2), symbolisch die Wurzel und der Zweig, sind menschliche Stufen der Evolution, (3) und (4), die Blume und die Frucht,

göttliche Stufen. Die Hingabe, die die Ehrfurcht vor dem Leben erfordert, geht über das Sentimentale und Brüderliche hinaus; sie schöpft aus einer Energiequelle, die eine echte Verwandlung in Gang setzt. Das Vorbild von Weisen und Heiligen, die sich für dieses Göttliche geopfert haben, wirkt über Jahrhunderte; es macht vielen Menschen Hoffnung und Mut, mit den eigenen, bescheidenen Fähigkeiten zum großen Gesamtwerk beizutragen. Die Ethik der Ehrfurcht vor dem Leben und die Ethik der Liebe leben in der Erwartung einer Zeit, in der sich genug Menschen finden, Ehrfurcht und Liebe in die Tat umzusetzen.

Die Erweiterung von Bewußtsein und Ethik

> Der Mensch ist ein Teil des Ganzen, das wir »Universum« nennen, ein durch Zeit und Raum begrenzter Teil. Er erlebt sich selbst, seine Gedanken und Gefühle als etwas von den anderen Getrenntes – eine Art optischer Täuschung seines Bewußtseins. Diese Täuschung ist für uns eine Art von Gefängnis, das uns auf unsere persönlichen Entscheidungen und auf die Zuneigung zu den wenigen Nächsten beschränkt. Unsere Aufgabe ist es, uns aus diesem Gefängnis zu befreien, indem wir den Radius unseres Mitgefühls so ausweiten, daß wir alle Lebewesen und die ganze Natur in ihrer Schönheit umfassen.
>
> *Albert Einstein*

Die Worte »Bewußtsein« und »Gewissen« sind durch die gemeinsame Wurzel »wissen« miteinander verwandt. »Gewissen« ist eine Lehnübersetzung des lateinischen »conscientia«; dahinter steht die Vorstellung eines »Mitwissens«, die sich auch in den englischen Wörtern »conscience« (Gewissen) und »consciousness« (Bewußtsein) gehalten hat. Das Bewußtsein vermittelt Wissen, und das Gewissen vermittelt Wissen, beide jedoch auf verschiedene Weisen. Es gibt unzählige Deutungen des »Gewissens«, die von der inneren Stimme Gottes bis zum Freudschen »Über-Ich« reichen; allen gemeinsam ist, daß sie dem Menschen die Möglichkeit einer inneren Mitteilung, eines inneren Dialogs zugestehen, der ihm bei schweren Entscheidungen weiterhilft. Das Bewußtsein verhält sich zum Gewissen wie die Erkenntnis zur Ethik. Über das Bewußtsein bekommen wir ein Empfinden für den Sinn unseres Daseins, das wir je nach Sichtweise enger oder weiter fassen. Solange sich unsere Wahrnehmung auf die körperliche Identität beschränkt, sind wir ganz auf die Begriffe der physischen und sozialen Ordnung angewiesen. Sobald wir uns aber als Seele begreifen, treten wir in die metaphysische Ordnung ein und erweitern entsprechend unser Identitätsempfinden. Gehen wir noch weiter, zur göttlichen Ordnung, erkennen wir unser Wesen darin, ein individueller Funken des unzerstörbaren Geistes zu sein oder ein Tropfen im Ozean. Diese verschiedenen Identitäten lassen sich in konzentrischen Kreisen darstellen, mit dem göttlichen Keim in der Mitte und den anderen Ebenen drumherum, oder auch mit dem göttlichen Geist als dem größten Bereich, der die anderen Identitäten umfaßt. Nehmen wir beide Bilder zusammen, sind wir bei Aristoteles, der Gott als Kreis definierte, dessen Mittelpunkt überall ist und dessen Umfang nirgendwo.

Die Evolution des Bewußtseins

Von einer bestimmten Entwicklungsstufe an kann man die Evolution des Bewußtseins als Erweiterung beschreiben; doch bevor sich das Bewußtsein ausdehnen kann, muß es zunächst einmal eine individuelle Form angenommen haben. Aus Arbeiten von Jean Piaget, Erich Neumann und Ken Wilber wissen wir, daß die Entwicklung des Ichbewußtseins und des sozialen Verhaltens nach unterscheidbaren Mustern abläuft.[41] Wir halten uns im folgenden an das Modell von Peter Deunov, das von diesem Prozeß ein gutes Gesamtbild gibt.

Die erste Stufe kennzeichnet das Fehlen einer Unterscheidung zwischen Individuum und Gruppe; dem entspricht, daß Kinder zwischen Innen und Außen nicht genau differenzieren können:

man kann von einem primitiven Kollektivbewußtsein sprechen. Auf der zweiten Stufe hat sich ein individuelles Ichbewußtsein gebildet, das sich als getrennte Identität begreift; im Gesellschaftlichen beobachten wir den Zuwachs von Privateigentum, es werden mehr individuelle Rechte und Freiheiten gefordert, die Berufung auf das eigene Gewissen nimmt zu, Mitbestimmung und Demokratie setzen sich durch. Die dritte Stufe führt zu einer neuen Form von Kollektivbewußtsein; die Aufmerksamkeit richtet sich wieder mehr auf die Gruppe und auf das Verhältnis der Teile zum Ganzen. An dieser Stelle besteht die Gefahr, daß der einzelne sich zu sehr mit der Gruppe oder Bewegung identifiziert, wodurch der Prozeß zum Stillstand kommt. Erich Neumann spricht von »Rekollektivierung«; Reinhold Niebuhr zeigt, wie individueller Altruismus in kollektivem Nationalegoismus aufgehen kann.[42] Arthur Koestler führt diesen Gedanken weiter und untersucht die verheerenden Folgen, die sich aus der Integrationstendenz des Individuums ergeben können. Er nennt drei pathologische Formen dieses an sich natürlichen Verhaltens: »*Unterwerfung* unter die Autorität eines Vater-Ersatzes, unqualifizierte *Identifikation* mit einer sozialen Gruppe, unkritisches *Akzeptieren* ihrer Glaubenssätze.«[43] Auf das Entwicklungsmodell bezogen, heißt das: Die Ich-Identität verschmilzt mit der Gruppe, die eine Teilmenge des gesellschaftlichen Ganzen ist. Die Gruppenidentität rückt in den Mittelpunkt und wird zum Ersatz für eine tiefere metaphysische oder göttliche Identität. Die von ihr eingeforderte absolute Loyalität gegenüber der Gruppe fördert den Fanatismus und den unmenschlichen Umgang mit allen, die außerhalb der Gruppe stehen.

Der Evolutionsprozeß wird aber nicht nur durch Fehlentwicklungen des kollektiven Bewußtseins aufgehalten. Die Selbstbehauptungstendenz des Individuums kann ebenfalls zu einer Fixierung führen, diesmal auf der Ebene des Ichbewußtseins. Die Evolution zielt auf die Synthese und zugleich Aufhebung von individuellem und kollektivem Bewußtsein, zur Entfaltung dessen, was Deunov und andere das kosmische Bewußtsein nennen. Mystiker, die diesen Zustand bereits heute erfahren können, stehen damit an der Spitze der menschlichen Bewußtseinserweiterung. Das kosmische und im letzten göttliche Bewußtsein zieht uns alle wie ein großer Magnet auf einen Punkt zusammen, den Punkt Omega.[44] Sichtbarer Ausdruck dieses Bewußtseins, das die Schöpfung als heilig ansieht und als eingebunden in die organische Einheit des Ganzen, wäre das von Jesus gepredigte himmlische Reich, das die Liebe als »Grundsatz im Geist« auf dem Wege gegenseitiger Kooperation zu verwirklichen sucht. Mit der immanenten göttlichen Liebe verbinden uns Gebet, Besinnung, Meditation und innere Sammlung. Noch ist die Zahl der Menschen, die das kosmische Bewußtsein erreicht haben, an den Händen abzuzählen; doch kann uns die Vision des Ziels die Orientierung erleichtern, wo immer wir uns auf der Leiter befinden. Wenn Liebe erst die menschlichen Herzen regiert, wird sie auch in der Welt herrschen. Es kann auf Erden keinen Himmel geben, der nicht schon vorher in uns existiert.

Die Entwicklung des moralischen Bewußtseins

> Aus der Täuschung führe mich zur Wahrheit.
> Aus der Dunkelheit führe mich ans Licht.
> Vom Tod führe mich zur Unsterblichkeit.
>
> *Brihadaranyaka Upanishaden*

Der spirituelle Weg wird oft mit einer Reise verglichen, die von der Dunkelheit zum Licht führt, von der Täuschung (*Maya*) zur Wahrheit (*Vidya*), von den Fesseln zur Freiheit, von der Gleichgültigkeit zum Mitgefühl. Diese Prozesse laufen parallel; wer in einem Bereich fortschreitet, kommt entsprechend in den anderen Bereichen voran. Ziel sind die von Maslow beschriebenen B-Werte, denen wir in den Nah-Todesberichten begegnet sind: Liebe, Weisheit, Schönheit, Freude. Das berühmte Sonnengebet des Hl. Franziskus bittet um die Fähigkeit, Negatives in Positives zu verwandeln, Kummer in Freude, Haß in Liebe, Verzweiflung in Hoffnung. Aus der Perspektive eines sich erweiternden Bewußtseins erkennen wir das Netz, das alle und alles verbindet. Mit dem größeren Wissen und den tieferen Einsichten wächst zugleich unsere Freiheit, denn wir werden der Grenzen unserer Verhaltensweisen bewußt, durchschauen sie bei uns und bei anderen, lernen Mitgefühl und Vergebung und erweitern schrittweise unsere Sympathien. Mit dem Weiserwerden geht paradoxerweise der Wunsch einher, dem Leben zu dienen und nach dem Willen Gottes zu leben. Von außen betrachtet, könnte dies als Beschneidung der persönlichen Freiheit erscheinen, tatsächlich aber wird der sich erweiternde Mensch innerlich frei; er kommt zu der Erkenntnis, daß die Freiheit des Willens, wie sie von den meisten verstanden wird, sich letztlich darin erschöpft, seinen Trieben und Begierden freien Lauf zu lassen. Wahre Freiheit aber ist innere Unabhängigkeit von unbewußten Trieben und äußeren Umständen.

Die meisten philosophischen Diskussionen um den freien Willen klammern den psychologischen Bereich einfach aus und damit all das, was die Pioniere des Inneren seit Beginn dieses Jahrhunderts ans Tageslicht gebracht haben. Ethikkommissionen kümmern sich wenig um die Rolle des Unbewußten und um den Zusammenhang von seelischen und moralischen Reifungsprozessen. Die Schule Jungs, die auf diesem Gebiet die wichtigsten Arbeiten geleistet hat, beschreibt die Individuation und das Wachsen zu einer Ganzheit als einen Prozeß, der die Gegensätze nicht ignoriert oder unterdrückt, sondern versöhnt. Parallel zu diesen Einsichten, aber unabhängig davon, führte die Erforschung der moralischen Entwicklung bei Kindern zur Entdekkung kulturübergreifender Muster.

Das einseitige Interesse an den bewußten Seiten der menschlichen Natur, durch das die Aspekte des Schattens verdrängt wurden, gleicht der schon erwähnten Vorherrschaft männlicher Werte in der modernen westlichen Kultur. Freilich hat die Unterdrückung des Schattens diesen nicht zum Verschwinden gebracht. Er wurde nur ausgelagert, auf etwas oder jemanden außerhalb projiziert. Ein klassisches Bild für diese Abspaltung ist der Sündenbock, das Lamm Gottes, das die Sünden der Welt hinwegnimmt; das Sündenbockdenken findet das Böse nicht in der eigenen Person oder Gruppe, sondern nimmt es als etwas Äußeres wahr.[45] Es kommt zur Entwicklung sogenannter »Feindbilder«, die bis vor kurzem auch das Verhältnis der

Supermächte zueinander prägten. Für die USA war die Sowjetunion das »Reich des Bösen«, während die UdSSR ihrerseits sich von der »imperialistischen Expansion« bedroht fühlte. Einmal eingenommen, sind solche Haltungen äußerst schwer zu durchbrechen. Jede Bewegung auf der anderen Seite wird im Sinne des eigenen Feindbildes gedeutet und selbst ein Schritt der Annäherung als Propagandatrick oder Täuschungsversuch abgetan; geht dieselbe Initiative aber von der eigenen Seite aus, ist sie eine echte Geste des guten Willens, die der Gegner natürlich mißversteht – man kann ihm eben nicht trauen. Der Kerngedanke von Erich Neumanns *Tiefenpsychologie und neue Ethik* ist, daß jemand, der in der Öffentlichkeit eine verantwortliche Position übernimmt, sich zuvor durch seine eigenen moralischen Probleme und das Unbewußte, aus dem sie erwachsen sind, durcharbeiten soll. Tut er das nicht, wird er leicht zum fanatischen Eiferer, der die Ansichten seiner Gruppe für absolut richtig hält und auf andere zu übertragen versucht, wenn nötig, mit Gewalt.

Nach Ansicht Neumanns ist die alte Ethik, die die Neigungen des Unbewußten und seine möglichen Wirkungen nicht berücksichtigt, bestenfalls von partiellem Wert. Denn sie »übernimmt nicht die Verantwortung für die unbewußten Handlungen der Gruppe oder der Gemeinschaft«,[46] zum Beispiel für die Ausbrüche eines fanatischen Nationalismus. Das Ziel der neuen Ethik ist dagegen Ganzheit, ein Zustand, in dem die »Zweckgerichtetheit des Ich-Bewußtseins nicht von entgegenlaufenden Neigungen unbewußter Inhalte untergraben wird«.[47] Hätte sich zum Beispiel die christliche Liebesreligion in einer solchen Ganzheit befunden, hätte sie sich niemals in die grausame Verfolgungspraxis der Inquisition verkehren können. Neumanns Wertebeschreibung ist in mancher Hinsicht ein Echo auf Albert Schweitzer: »Alles, was zur Ganzheit führt, ist ›gut‹; alles, was zur Spaltung führt, ist ›böse‹. Integration ist gut, Zersetzung ist böse. Leben, Gestaltung und Integration sind auf der Seite des Guten: Tod, Spaltung und Zersetzung sind auf der Seite des Bösen.«[48] Um nicht der Naivität bezichtigt zu werden, fügt Neumann hinzu, daß sich moderne Menschen der Unauflösbarkeit und gegenseitigen Abhängigkeit beider Prinzipien bewußt seien. Und doch dominieren offenbar die Prozesse der Integration: der Tod geht der Geburt voraus, die Zersetzung der Integration, die Zerstörung der Schöpfung.

Eine der wichtigsten Beiträge zur Theorie der moralischen Entwicklung stammt von Lawrence Kohlberg. Aufgrund langjähriger Forschungen postuliert er eine »universale Moralform«, »die sukzessiv aus der Entwicklung von und Zentrierung auf Prinzipien der Gerechtigkeit entsteht«.[49] Kohlberg unterscheidet sechs Entwicklungsstufen und schlägt zusätzlich eine siebte vor.

Stufe 1: Strafe und Gehorsam. Autoritätsunterwerfung, Regelbefolgung und Strafvermeidungsstrategien.
Stufe 2: Instrumentelles Zweckdenken und Gegenseitigkeitsmentalität. Um die eigenen Bedürfnisse oder den Wunsch nach Belohnung zu befriedigen, werden Abkommen getroffen und Tauschgeschäfte gemacht. Jeder verfolgt nur sein eigenes Interesse.
Stufe 3: Zwischenmenschliche Konformität. Der »Wunsch, die Erwartungen der eigenen Gemeinschaft zu erfüllen und alles zu tun, was die Zuneigung und das Vertrauen untereinander erhält«. Man hält sich an die Regeln, um keine schlafenden Hunde zu wecken.
Stufe 4: Unterstützung des Gesellschaftssystems und Verpflichtung gegenüber dem Gewissen. Man tut seine Pflicht und stützt die sozialen Normen, um die Stabilität und Überlebensfähigkeit der Gruppe zu sichern.
Stufe 5: Rechtspriorität und Gesellschaftsvertrag. Die Anerkennung der allgemeinen Menschenrechte, der Respekt vor den anderen und vor sich selbst.
Stufe 6: Universale ethische Prinzipien. Die Anerkennung allgemeingültiger Grundsätze, z. B. des kategorischen Imperativs von Kant, die Menschheit und den einzelnen Menschen als Zweck, niemals bloß als Mittel zu betrachten.

Kohlberg spricht von präkonventionellen (1. und 2. Stufe), von konventionellen (3. und 4. Stufe) und von postkonventionellen oder auch prinzipiengeleiteten Verhaltensformen (5. und 6.

Stufe). Die Entwicklung führt von der Heteronomie zur Autonomie, vom Egoismus zum Altruismus, von der äußeren Autorität des gemeinschaftlich anerkannten Rechts zur inneren Autorität des individuellen Gewissens, das sich ethischer Grundsätze verpflichtet. Als Beispiel für das Moralverhalten auf der 6. Stufe führt Kohlberg Martin Luther King an, der sich mit seinem zivilen Ungehorsam über die gesellschaftlichen Erwartungen der 3. und 4. Stufe, aber auch über den Legalismus der 5. Stufe hinwegsetzte. King erkannte seine moralische Verantwortung darin, gerechten Gesetzen zu gehorchen und ungerechten Gesetzen seinen Gehorsam zu verweigern, »offen, liebend und bereit, die Konsequenzen auf sich zu nehmen«. Ungerecht sind nach Kings Definition solche Gesetze, die die menschliche Würde herabsetzen und die nicht im Naturgesetz verwurzelt sind.[50] Damit weicht King, wie Kohlberg zeigt, in die metaphysische Ordnung aus: er beschwört das ewige Gesetz und verweist auf eine Parallele, die »zwischen unserem Bewußtsein vom Moralgesetz und dem Wesen der höchsten Wirklichkeit« besteht.

Dies führt uns zu einer möglicherweise bestehenden 7. Stufe; auf ihr entfaltet sich eine kosmische Perspektive, die alle vorhergehenden Stufen einschließt. Die Annahme einer 7. Stufe ist notwendig, weil sich »aus den Realitäten der menschlichen Sozialordnung nicht unmittelbar universale ethische Prinzipien rechtfertigen lassen«.[51] Der initiatorische Einstieg dorthin, vermutet Kohlberg, öffnet sich über die Verzweiflung am Sinn des Lebens; diese löst sich durch die Identifikation mit dem Unendlichen und der Aneignung der kosmischen Sicht; aus der Krise, der dunklen Nacht der Seele, führt der Weg in die Erleuchtung des Einheitsbewußtseins. Der Kern aller Religiosität, sagt Kohlberg, liegt »in einem Gefühl der Verbundenheit zwischen dem individuellen Herz und Verstand und dem größeren kosmischen Ganzen, jener Ordnung, die alle Menschen fast einstimmig Gott, Natur, leben oder höchste Wirklichkeit nennen. Dieses Gefühl der Verbundenheit fördert und inspiriert [...] ethisches Verhalten gegenüber anderen Menschen«.[52]

Als Beispiele für das moralische Denken der Stufe 7 untersucht Kohlberg die Philosophie Spinozas und Teilhard de Chardins. Teilhards Vision vom Menschen im Kosmos beginnt mit der

Darstellung eines neuen Sehens, eines Schauens, dem sich das ganze Universum eröffnet:

> *Sehen.* Man könnte sagen, alles Leben sei darin beschlossen, – wenn nicht in seinem Ziel, so doch in seinem Wesen. Höheres Sein ist umfassenderes Vereintsein [...] Diese Vereinigung jedoch [...] steigert sich nur, wenn wachsendes Bewußtsein sie trägt. Das aber bedeutet *Schau.* Deshalb entspricht die Geschichte der lebendigen Wesen zweifellos der Ausgestaltung immer vollkommener Augen inmitten eines Kosmos, in dem die Möglichkeit eines immer schärfer sich ausbildenden Unterscheidungsvermögen besteht.[53]

Teilhards Schlüsselbegriffe sind: Sehen, Schau, Vereinigung und Bewußtsein. Die Ausdehnung des Bewußtseins bedeutet eine Erweiterung des Schauens und zugleich eine Intensivierung des Seins und des Gefühls für die Einheit. Mystische Erfahrung setzt, wie Kohlberg sagt, eine Substanz oder einen Seinsgrund voraus, an dem alles Leben und alles Bewußtsein teilhat; die »Intuition dieses Seinsgrundes transzendiert die Subjekt-Objekt-Dualität; ein Gefühl von Einheit verbindet den Wissenden mit dem Gewußten«.[54] Die Grenzen des Holons innerhalb des Feldes dehnen sich aus, bis das Holon selbst die Dimensionen des Feldes hat. Leben und Bewußtsein werden aus der kosmischen Perspektive erfahren; trotzdem geht das Empfinden für das eigene Selbst und die Wirklichkeit nicht verloren, es steigert sich vielmehr noch. Mit der Erweiterung des Bewußtseins wächst proportional der Blick für die Einheit, und gleichzeitig vergrößern sich – wie wir gesehen haben – Freiheit und Mitgefühl. Ihre letzte Begründung findet die moralische Ordnung im Erlebnis der Einheit mit der göttlichen Ordnung. Das Streben nach Harmonie erfüllt sich in der Verschmelzung von faktischem Erleben und moralischem Erkennen. Das Sollen des Mystikers steht im Einklang mit dem Sein der göttlichen Ordnung. Und nachdem er die Fülle der Liebe, Weisheit und Schönheit, des Friedens und der Freude geschmeckt hat – was anderes könnte er wollen, als dies alles in seinem Bewußtsein zu bewahren und in sein Handeln einfließen zu lassen? Der Mystiker ist von demselben Impuls getrieben, den wir aus den Nachwirkungen der Nah-Todeserfahrungen kennen.

Erziehung und Bildung

Wenn dieses Bild von der moralischen Dynamik im menschlichen Leben und ihrer metaphysischen Verankerung nur halbwegs zutrifft, hat es weitreichende pädagogische Konsequenzen. Jedes Erziehungs- und Bildungssystem ruht auf den Annahmen der ihr zugrundeliegenden Gesellschaftsordnung, die heute weitgehend diesseitig orientiert ist. Zentrales Bildungsziel ist die intellektuelle Entwicklung und daneben, an zweiter Stelle, die Stärkung des Willens, die den Kindern ermöglichen soll, sich im Dschungel des alltäglichen Lebens zu behaupten. In einer Kultur, die sich auf Kosten ihrer moralischen Sensibilität ganz dem materiellen Aufschwung verschrieben hat, gehören psychologische und charakterbildende Übungen sowie spirituelle Praktiken nicht zu den vorrangigen Interessen. Die Lehrpläne legen ein Schwergewicht auf technische Fähigkeiten; die Kinder erfahren wenig über die Natur des Seins, über den Sinn des Lebens und über das, was sie selbst zur Erfüllung der menschlichen Sehnsucht nach einer gesunden und harmonischen Welt beitragen könnten. Das folgende sind erste Vorschläge für ein revidiertes Bildungsmodell, die das gegenwärtige Konzept nicht grundsätzlich in Frage stellen, sondern ergänzen wollen. Unter der erweiterten Perspektive erweist es sich als notwendig,

1. den Menschen in ein System innerer Verbundenheit und Verantwortung hineinzustellen, das die biologische, ökologische, soziale, psychologische und spirituelle Ebene umfaßt.
2. den Kindern zu helfen, sich vor allem als Bürger der Erde zu fühlen und erst an zweiter Stelle als Angehörige einer besonderen Nationalität.
3. ein Unterrichtsfach einzurichten, das die historischen und gegenwärtigen Weltanschauungen miteinander vergleicht, zur Förderung des Verständnisses und zur Stärkung der gegenseitigen Toleranz.
4. ein Minimum von moderner Psychologie zu verstehen, z. B. um die männlichen und weiblichen Anteile zu wissen, die in

jedem Menschen stecken, und die Gefahren der Projektion zu kennen, die zur Entstehung von Feindbildern beitragen.

5. zu lernen, zur Ruhe zu kommen, sich zu sammeln und inneren Frieden zu finden.
6. das Empfinden für die schönen Dinge des Lebens zu kultivieren, die die Sympathie wecken und die Phantasie anregen.
7. sich auf das Gesundsein zu verstehen, seine physische, emotionelle, soziale, geistige und spirituelle Natur zu begreifen und Wege zu finden, das innere Gleichgewicht zu erhalten.
8. die Kraft der Ideen und ihre Gefahren richtig einzuschätzen, um weder einem selbstzerstörerischen Fanatismus zu verfallen noch der Hilflosigkeit und Apathie. Die Kraft eines Ideals liegt darin, Energien zu koordinieren.
9. das Wesen der Liebe zu erforschen und nach Wegen zu suchen, wie Freundlichkeit, Vertrauen und Zusammenarbeit so gefördert werden können, daß sie innerhalb der Weltsysteme eine größtmögliche Synergie erzeugen.
10. das Leben bemerkenswerter Männer und Frauen zu studieren und an ihrem Vorbild zu erkennen, wie wichtig die Beiträge eines jeden einzelnen sind.
11. ein persönliches Empfinden für die moralische Verantwortung zu entwickeln, die innerhalb der Allverbundenheit und gegenseitigen Abhängigkeit besteht, und diese in der Ehrfurcht vor allem Leben weiterzutragen.

Die Macht des kreativen Denkens

Eine sich ganzheitlich ausrichtende Medizin weiß zunehmend um die schöpferischen Kräfte der Visualisierung, die das innere Selbstheilungspotential von psychosomatisch erkrankten Patienten aktivieren. Wenn der menschliche Geist bei der Entstehung der Krankheit eine Rolle gespielt hat, dürfte er genauso in der Lage sein, den Prozeß wieder rückgängig zu machen.[55] Eine schon vielfach angewendete Technik besteht darin, Krebszellen mit imaginären weißen T-Zellen zu bombardieren. Offenbar ist der Geist fähig, die materielle Energie neu zu organisieren. Ähnliches passiert beim Geistheilen, wie wir gesehen haben, wenn der Heilende seine harmonisierenden Kräfte auf den Kranken überträgt. Betende nutzen die Kraft der Gedanken positiv, Fluchende negativ. Unsere Phantasiewelt wimmelt von eigenen Kreationen und Gedankenformen, von denen wir einige mit anderen teilen mögen, die in empathischer Resonanz zu uns stehen. Das vielleicht einfachste Bild für unseren Geist ist das eines »transceivers«, eines Sende-Empfängers, der Signale empfangen, aber auch aussenden und sich dabei auf verschiedene Frequenzen einstimmen kann. Wir sind für den Sender, den wir wählen, genauso verantwortlich wie für das Programm, das wir ausstrahlen und das andere empfangen können. Versuchen wir zum Beispiel in der Meditation, uns auf Frieden und Licht einzustimmen, werden wir mit der Zeit sicher Erfolg haben, selbst wenn Teile unseres Verstandes am Anfang alles tun werden, um das Knöpfchen auf einen vertrauten Sender zurückzudrehen. Genausowenig müssen die Gedanken und Gefühle, die wir ausstrahlen, automatenhaft sein; wir können sie schrittweise kontrollieren, auf das Gute in uns und anderen ausrichten, während wir zugleich versuchen, die Schattenseite zu integrieren.

Einer der überzeugendsten und faszinierendsten Berichte von der Kraft der Gedanken finden wir in dem Buch *Der Magus von Strovolos*, das die Lehren des zypriotischen Geistheilers Stylianos Atteshlis, genannt »Daskalos«, enthält.[56] Daskalos spricht von »Elementalen« und bezeichnet damit jeden Gedanken und jedes Gefühl, das ein Mensch ausstrahlt.[57] Die meisten Elementale werden unbewußt erzeugt; dies sind die »Wunschgedanken«, denen die bewußt erzeugten Elementale, die »Gedankenwünsche«, gegenüberstehen. Welche Qualität ein Elemental hat, hängt ab von der Schwingungsweise seines Erzeugers. Die ausgesendeten Elementale kehren nach einer Art Naturgesetz irgendwann zum Unterbewußtsein ihres Erzeugers zurück, treten an die Oberfläche des Bewußtseins, erhalten neue Energien und werden wieder ausgesendet.[57] Vor diesem Hintergrund kann die eigentliche Aufgabe eines Geistheilers und überhaupt jedes spirituell lebenden Menschen nur darin bestehen, gutartige Elementale zu erschaffen. Der »Wahrheitsforscher« wird ermutigt, jeden Abend seine Gedanken und Wünsche, die sich tagsüber gebildet haben, zu prüfen; auf diese Weise lernt er sie kennen und bekommt sie leichter in den Griff.[59] Er kann zerstörerische Elementale neutralisieren, indem er sie einfach ignoriert und ihnen dadurch die Energie entzieht.

Elementale können so stark werden, daß jemand buchstäblich zum Sklaven seiner Wünsche wird und zum Opfer dessen, was seine Begierden bewirken. Das Erzeugen bösartiger Elementale ist ein Prozeß, der sich selbst bestraft, denn die Elementale kehren zu ihrem Urheber mit verstärkter Kraft zurück. Die Reinheit der Gedanken und Gefühle ist deshalb oberstes Gebot für jeden, der gegen die innere Vergiftung und Verschmutzung vorgehen will. Durch Konzentration und Wunschvorstellungen werden die Elementale errichtet; wenn wir sie auf den richtigen Gedanken und Gefühlen aufbauen, tun wir uns selbst und den anderen etwas Gutes. Wir sollten dabei, sagt »Daskalos«, keine Angst vor dem haben, was andere über uns denken, sondern allein das Urteil unseres inneren Selbsts fürchten. Denn uns selbst, unserem Gewissen, können wir auf Dauer nichts vormachen.[60] Im Hören auf das innere Selbst sind wir bereits auf dem besten Weg, unsere Gedanken und Wünsche zu kontrollieren und nur noch wohlwollende Elementale zu erzeugen.

Die moderne Wissenschaft hat ihre ganze Aufmerksamkeit auf die äußere Welt verlagert und dabei die Welt der Gedanken aus den Augen verloren. Für die Neurowissenschaft ist das Denken nicht mehr als ein chemischer Transfer zwischen Synapsen; das Bewußtsein ist vollkommen von seinem materiellen Substrat abhängig und kann die Auflösung des Hirngewebes unmöglich überleben. Der Mensch ist von seinen Erbanlagen bestimmt, von seiner Umgebung, seinen unbewußten Trieben oder von einer Kombination dieser Faktoren. Im Gefolge dieses Weltbildes muß man dem Menschen auch seine moralische Verantwortung absprechen, denn man hat jede tragfähige Basis für eine moralische Ordnung beseitigt.

In eine andere Richtung weisen die Ergebnisse unserer Nah-Todesstudien und anderer empirischer Forschungen. Denken und Bewußtsein bedienen sich der Materie, sind aber nicht von ihr abhängig. Unser bewußtes Selbst kann den physischen Tod überleben und wird sich eher ausdehnen als verlöschen. Mehr noch, mittels empathischer Resonanz erleben wir, unerwartet und unvorstellbar, die Auswirkungen unserer Taten, Gedanken und Gefühle auf andere Menschen. Ganz entscheidend erweitert sich auch unser Verantwortungsbewußtsein; denn je größer unser Vermögen ist, viele andere Menschen und sogar Tiere und Pflanzen indirekt zu beeinflussen, desto größer ist unsere Verantwortung.

Ich habe in diesem Kapitel zu skizzieren versucht, was hinter den reinigenden Prozessen steht, die sich beim Sterben und offenbar auch nach dem Tode ereignen. Die Lebensrevision ist Ausdruck eines systematischen Zusammenhanges, eines Feldes, einer Allverbundenheit, der wir uns im irdischen Leben weitgehend nicht bewußt sind. Wir halten unser Bewußtsein für getrennt und haben den trügerischen Eindruck, daß wir nicht ernten, was wir säen. Diese Untersuchung legt nun aber nahe, daß die Moralordnung nicht auf die physische Ordnung beschränkt ist, daß sie diese vielmehr übersteigt und an der metaphysischen und göttlichen Ordnung teilhat: sie findet ihren höchsten Ausdruck in den Werten, die von der mystischen Einheitserfahrung berichtet werden. Was das Warum der dynamischen Entwicklung des Lebens betrifft, können wir nur Vermutungen anstellen. Es scheint sich um einen Lernprozeß zu handeln, der sich schrittweise vollzieht; wir erkennen in uns das Gesetz der Liebe und wenden es an, vervollkommnen uns in den Rückwirkungen dieser Liebe, erfahren inneren Frieden und tiefe Freude, je mehr wir mit dem Gesetz in Einklang kommen. Nach der Reinkarnationslehre kehren in unseren gegenwärtigen Umständen und Eigenschaften alle früheren Existenzen zurück; wir haben alles, was wir brauchen, um aus unserer Situation zu lernen, ihre Sorgen und Freuden, ihre Zusammenbrüche und Durchbrüche zu akzeptieren und kreativ umzusetzen.

Es gibt Gründe der Vernunft, sagt Pascal, auf die Unsterblichkeit zu setzen. Was wäre, wenn wir die Allverbundenheit, die gegenseitige Abhängigkeit und Verantwortung, als Arbeitshypothese gelten lassen? Wir kämen vor allem zu dem Ergebnis, daß es entscheidend wäre, sich an die Goldene Regel zu halten, im Negativen wie im Positiven; so zu handeln, wie man selbst gern behandelt sein möchte, und anderen nicht zu schaden, weil man sich am Ende selbst schaden würde. Im Ozean der Allverbundenheit und empathischen Resonanz zerflössen die Unterscheidungen zwischen unseren vermeintlich ureigensten Interessen und den Interessen anderer. Auf der ersten Stufe würden wir vielleicht nur aus Angst vor möglichen Folgen nach dem Tode Gutes tun, und dagegen wäre nicht einmal etwas zu sagen, solange diese Haltung nur ein vorübergehender Zustand in der spirituellen Entwicklung wäre. Würde ein Terrorist oder Krimineller an seinem Verbrechen festhalten, wenn er sicher wüßte, daß er sie eines Tages aus der Perspektive des Opfers erleben wird? Niemand tut wissentlich etwas Böses, behauptete Sokrates, und »wissentlich« ist dabei das entscheidende Wort. Wenn die zentrale These dieses Buches zutrifft, daß wir über unser Bewußtsein alle miteinander verbunden sind, so daß wir eines Tages die Folgen unserer Taten, Gedanken und Gefühle erleben, dann handeln die meisten von uns meistens unwissentlich. Und der abgebrühteste Verbrecher ist der, der willentlich unwissend ist, weil er vollkommen die Augen vor dem verschließt, was er erschafft.

Einschlägiges Beispiel ist der Drogenhändler, der sich die Sucht seiner Abnehmer sichert, um einen festen Markt zu bekommen. Und weil der Drogensüchtige seinerseits kein Verbrechen ausläßt, wenn er Stoff braucht, vergrößert er noch den Kreis des Elends. Hinter den Händlern aber stehen die Drogenbosse, die auf diese Weise aus der Neugierde von Jugendlichen und der Schwäche der Menschen gewaltigen Profit ziehen. Nun stelle man sich die postmortale Lebensschau eines solchen Drogenfürsten vor: er würde all das Leiden erleben, für das er direkt oder indirekt verantwortlich ist, ganz zu schweigen von den Folgen seiner eigenen zerstörerischen Elementale. Und auf die andere Seite stelle man die, die ihr Leben damit verbracht haben, die Leiden anderer zu mindern und ihnen Hoffnungen zu machen, dazu die Künstler und schöpferischen Menschen, die von ihren Fähigkeiten konstruktiv Gebrauch gemacht haben. Es liegt an uns, für welchen Weg wir uns entscheiden.

Auf der höchsten Stufe der spirituellen Entwicklung verschmilzt die moralische mit der göttlichen Ordnung, die Ethik findet ihren Grund in der Mystik und die Mystik ihren Ausdruck in der Ethik: Selbstvervollkommnung durch Selbsthingabe. Das

Eine entfaltet sich im Vielen, und das Viele ist vereint, weil es an dem Einen teilhat; das Ganze enthält die Teile und ist den Teilen »immanent«, d. h. »darin bleibend«. Christus im Nächsten und der Nächste in Christus. Wir sind zum Ganzen berufen und aufgefordert zur Liebe, der großen integrativen Kraft, damit sie unsere innere Welt harmonisiert und unsere Gefühle, Gedanken und Taten durchstrahlt. Nur über diese Kraft können wir eines Tages eins mit dem Ganzen werden, mit den anderen und mit uns selbst. Eines ist dabei sicher: an Gelegenheiten zur Übung wird es uns nicht fehlen. Und nur durch ständiges Üben können wir hoffen, daß uns die Dinge, die wir in der Schule des Lebens und der Liebe erlernen, in Fleisch und Blut übergehen.

Anmerkungen

1. Die Lebensrevision im Sterbeerlebnis

1 Raymond Moody, *Leben nach dem Tod,* Reinbek 1977. Kenneth Ring, *Life at Death,* New York 1980. Michael Sabom, *Erinnerung an den Tod: Eine medizinische Untersuchung,* München 1986. Vergleiche auch die einschlägigen Artikel in den Zeitschriften ›Anabiosis‹ und ›Journal of Near-death Studies‹.

2 Ärzte bevorzugen physiologische Erklärungen, die ihrer medizinischen Praxis entsprechen. Psychologen wie Noyes und Kletti haben psychologische Modelle vorangetrieben, Carol Zaleski eine Theorie der religiösen Einbildungskraft entwickelt (Carol Zaleski, *Nah-Todeserlebnisse und Jenseitsvisionen,* Frankfurt a. M. 1993). Für die Möglichkeit, daß Sterbeerlebnisse tatsächlich Einblicke in den Tod geben, argumentieren: Michael Sabom, *Erinnerung an den Tod;* David Lorimer, *Survival? Body, Mind and Death in the Light of Psychic Experience,* London 1984; Margot Grey, *Return from Death,* London 1985.

3 Albert Heim, *Notizen über den Tod durch Absturz,* in: ›Jahrbuch des Schweizer Alpenclubs‹ 27 (1892), S. 327-337.

4 Russell Noyes und Ray Kletti, *Panoramic Memory: A Response to the Threat of Death.* In: ›Omega‹ 8 (1977), S. 181-194.

5 Vgl. Bruce Greyson und Charles P. Flynn, *The Near-Death-Experience,* Springfield 1984.

6 Leslie Grant Scott, *Dying as a Liberation of Consciousness,* in: ›Journal of the American Society for Psychical Research‹ (1931).

7 Rosalind Heywood, *Der Tod im Lichte des Traums und »außerkörperlichen« Erlebens,* in: Arnold Toynbee (Hg.), *Vor der Linie: Der moderne Mensch und der Tod,* Frankfurt a. M. 1970, S. 274ff.; vgl. auch Lorimer, *Survival?,* S. 249f.

8 Carl G. Jung, *Erinnerungen, Träume, Gedanken,* hg. v. Aniela Jaffé, Olten 1971, S. 296.

9 Vgl. Ring, *Life at Death;* derselbe, *Den Tod erfahren – das Leben gewinnen: Erkenntnisse und Erfahrungen von Menschen, die an der Schwelle zum Tod gestanden und überlebt haben,* München 1984; dazu: Sabom, *Erinnerung an den Tod;* Margot Grey, *Return from Death.*

10 Sabom, *Erinnerung an den Tod,* S. 73.

11 Moody, *Leben nach dem Tod,* S. 78f.

12 Ring, *Life at Death,* S. 116f.

13 Ring, *Life at Death,* S. 116.

14 Moody, *Leben nach dem Tod,* S. 79f.
15 Julius Bahle, *Keine Angst vor dem Sterben,* Hemmenhofen 1963, S. 56; vgl. auch: Julius Hampe, *Sterben ist doch ganz anders,* Stuttgart 1975, S. 71.
16 Ring, *Life at Death,* S. 117.
17 Moody, *Leben nach dem Tod,* S. 76.
18 Ring, *Den Tod erfahren – das Leben gewinnen,* S. 62ff.
19 Ebd., S. 72ff.
20 David Bohm, *Die implizite Ordnung: Grundlagen eines dynamischen Holismus,* München 1985.
21 Thomas Stearns Eliot, *Little Gidding,* in: *Four Quartetts,* S. 138-142.
22 Margot Grey, *Return from Death,* S. 82.
23 George Ritchie, *Return from Tomorrow,* London 1978, S. 52ff. (dt. *Rückkehr von Morgen,* Marburg 1989, S. 37ff.).
24 Ebd., S. 42.
25 ›Anabiosis‹ 4, Nr. 1, S. 9f.
26 Ring, *Den Tod erfahren – das Leben gewinnen,* S. 75.
27 Robert Crookall, *The Study and Practice of Astral Projection,* London 1960, S. 3; hier zitiert nach Hampe, *Sterben ist doch ganz anders,* S. 52, 65.
28 Stefan von Jankovich, *Ich war klinisch tot: Der Tod – mein schönstes Erlebnis,* Ergolding 1984; vgl. Lorimer, *Survival?,* S. 260f.
29 Ring, *Den Tod erfahren – das Leben gewinnen,* S. 76f.
30 Raymond Moody, *Das Licht von drüben,* Reinbek 1989, S. 49.
31 Ebd., S. 59.
32 Raymond Moody, *Nachgedanken über das Leben nach dem Tod,* Reinbek 1978, S. 52ff., S. 233f.
33 Phyllis Atwater, *Coming Back to Life,* New York 1988, S. 36.
34 Starr Daily, *Release,* London 1950, S. 44.
35 Ebd., S. 53.
36 Russell Noyes und D. J. Slyman, *The Subjective Response to Life-Threatening Danger,* in: Greyson und Flynn, *Near-Death-Experience,* S. 22.
37 Michael Sabom, *Erinnerung an den Tod,* S. 215f.
38 Noyes und Slyman, *Subjective Response,* S. 22.
39 John Eccles und Daniel N. Robinson, *Das Wunder des Menschseins – Gehirn und Geist,* München 1985, S. 181ff.; John Eccles und Karl Popper, *Das Ich und sein Gehirn,* München 1982, S. 479.
40 Eccles und Popper, *Das Ich und sein Gehirn,* S. 171.
41 Eccles und Popper, *Das Ich und sein Gehirn,* S. 456; Eccles und Robinson, *Das Wunder des Menschseins,* S. 169.

42 S. P. P. Rose, *Memory: Biological Basis,* in: Richard Gregory (Hg.), *The Oxford Companion to the Mind,* Oxford 1987, S. 457.
43 John Z. Young, *Memory,* in: Gregory, *Oxford Companion to the Mind,* S. 455.
44 Wilder Penfield, *The Mystery of the Mind: A Critical Study of Consciousness and the Human Brain,* Princeton 1975; vgl. dazu die Darstellungen in: Popper und Eccles, *Das Ich und sein Gehirn,* S. 479 ff.; Michael Talbot, *Das holographische Universum: Die Welt in neuer Dimension,* München 1992, S. 21 f.
45 Frederik C. S. Schiller, *Riddles of The Sphinx,* London 1891, S. 293.
46 Henri Bergson, *Die seelische Energie,* Jena 1928, S. 47 ff., 131 ff.
47 Gordon Greene, *A Glimpse Behind the Life Review,* in: ›Theta‹, Band 8, Nr. 2, S. 10-13.
48 Heywood, *Der Tod im Lichte des Traums,* S. 276; Lorimer, *Survival?,* S. 250.
49 Ken Wilber (Hg.), *Das holographische Weltbild,* München 1990, S. 22.
50 Rupert Sheldrake, *Das schöpferische Universum,* München 1984; derselbe, *Das Gedächtnis der Natur,* Bern 1990.
51 Lawrence LeShan, *Science and the Paranormal,* London 1984, Kapitel 4 und 5.
52 Wilhelm H. C. Tenhaeff, *Hellsehen und Telepathie,* Gütersloh 1962, S. 12.
53 Unter Hypnose zum Beispiel: vgl. dazu Ian Wilson, *The After-Death-Experience,* London 1987.
54 ›Proceedings of the Society of Psychical Research‹, August 1911, Abt. 64, Band 25, S. 455 ff.
55 Wilson, *After-Death-Experience,* S. 42 ff.
56 Eine gute Einführung gibt: Colin Wilson, *Mysteries,* London 1979; verkürzt in: C. W., *Rudolf Steiner, Verkünder eines neuen Menschenbildes,* München 1985, S. 75 f.
57 Ebd., S. 55.
58 T. C. Lethbridge, *ESP: Beyond Time and Distance,* London 1974; derselbe, *The Essential T. C. Lethbridge,* London 1980; derselbe, *The Power of the Pendulum,* London 1989.
59 Lethbridge, *Essential Lethbridge,* S. 7.
60 Ebd., S. 10.
61 George N. M. Tyrrell, *Apparitions,* London 1953, S. 55.
62 Eugène Osty, *Supernormal Faculties in Man,* London 1923.
63 Ebd., S. 191.
64 Ebd., S. 104-108.
65 Ebd., S. 198.

66 Ebd., S. 194.
67 Carl G. Jung, *Die Archetypen und das kollektive Unbewußte,* in: *Gesammelte Werke,* Band 9, 1. Halbband, Olten 1976, S. 13, 55.
68 Rudolf Tischner, *Über Telepathie und Hellsehen: Experimentell-theoretische Untersuchungen,* München 1920, S. 108.
69 Ebd., S. 109.
70 Herbert Bland, *Psychometrie: Its Theory and Practice,* London 1937, S. 137.
71 Lethbridge, *Essential Lethbridge,* S. 30.
72 Vgl. Heinrich Zschokkes Autobiographie: *Selbstschau,* 2 Bände, Aarau 1853. Dazu: James R. Buchanan, *Manual of Psychometry,* Boston 1885.
73 Zschokke, *Selbstschau,* S. 269.
74 Ebd., S. 270; Buchanan, *Psychometry,* S. 175.
75 Bohm, *Die implizite Ordnung,* S. 10, S. 225.
76 Ebd., S. 35.
77 Henry Margenau, *The Miracle of Existence,* London 1987; Erwin Schrödinger, *Was ist Leben? Die lebende Zelle mit den Augen des Physikers betrachtet,* München 1987, S. 148ff.
78 Margenau, *Miracle of Existence,* S. 123.
79 C. D. Broad, *Normal Cognition, Clairvoyance and Telepathy,* in: ›Proceedings of the Society of Psychical Research‹, Oktober 1935, Lieferung 142, Band XLIII, S. 397-438.

2. *Die Lebensrevision nach dem Tod*

1 Frederik W. H. Myers, *Human Personality and its Survival of Bodily Death,* London 1927.
2 Geraldine Cummings, *Beyond Human Personality,* London 1935.
3 Vgl. dazu Paul Beard, *Living On,* London 1980.
4 Cummings, *Beyond Human Personality,* S. 33.
5 Ebd., S. 191.
6 Ebd., S. 29.
7 Ebd., S. 44.
8 Robert Crookall, *The Supreme Adventure,* Cambridge 1961.
9 Rudolf Steiner, *Die Theosophie des Rosenkreuzers,* Dornach 1951, S. 32f.
10 Crookall, *Supreme Adventure,* S. 42.
11 Marie Cherry, *The Barbanell Report,* hg. von Paul Beard, Norwich 1987.
12 Jane Sherwood, *The Country Beyond,* London 1969 (dt. *Das jenseitige Land. Die Brücke zu höheren Welten,* Interlaken 1991); dieselbe: *Post-*

mortem Journal of T.E. Lawrence, London 1964 (dt. *Tagebuch von drüben. Erkenntnis, Läuterung und Entwicklung nach dem Tode,* Interlaken 1989).
13 Sherwood, *Das jenseitige Land,* S. 63 f.
14 Ebd., S. 58.
15 Ebd., S. 128.
16 Ebd., S. 145.
17 Ebd., S. 148 f.
18 Lawrence, *Tagebuch von drüben,* S. 45 ff.
19 Ebd., S. 47.
20 Sherwood, *The Country Beyond,* S. 251.
21 Albert Pauchard, *The Other World,* Norwich 1987.
22 Ebd., S. 131.
23 Ebd., S. 97 f.
24 Ebd., S. 111.
25 Vgl. Michael Polanyi, *The Tacit Dimension,* New York 1966 (dt. *Implizites Wissen,* Frankfurt 1985).
26 Pauchard, *The Other World,* S. 33.
27 Ebd., S. 44.
28 Helen Greaves, *Testimony of Light,* London 1969.
29 Ebd., S. 33.
30 Ebd., S. 36.
31 Ebd., S. 81.
32 Ebd., S. 34.
33 Ebd., S. 46.
34 Jane Roberts, *Gespräche mit Seth: Von der ewigen Gültigkeit der Seele,* München 1992, S. 31.
35 Ebd., S. 153.
36 Ebd., S. 159.
37 Ivan Cooke (Hg.), *The Return of Arthur Conan Doyle,* London 1968.
38 Ebd., S. 56.
39 Emanuel Swedenborg, *Himmel und Hölle, nach Gehörtem und Gesehenen,* Zürich 1977.
40 Ebd., S. 323.
41 Emanuel Swedenborg, *Himmlische Geheimnisse,* Stuttgart 1913, S. 559.
42 Ebd., S. 560 ff.
43 Ebd., S. 565.
44 Swedenborg, *Himmel und Hölle,* S. 326.
45 Ebd., S. 408.
46 Ebd., S. 343.
47 Ebd., S. 339 f.

48 Ebd., S. 341.
49 Rodney Collin, *Vom ewigen Leben: Die Erneuerung des universalen Bewußtseins,* Berlin 1984.
50 Ebd., S. 29.
51 Ebd., S. 32.
52 Ebd., S. 113 f.
53 Peter Deunov, *L'Enseignement de vie nouvelle,* Paris 1983, S. 127.
54 Omraam Mikhael Aïvanhov, *Cosmic Moral Laws,* Fréjus 1984 (dt. *Kosmische Moralgesetze,* Sämtliche Werke, Band 12, Fréjus 198).
55 Rudolf Steiner, *Die Theosophie des Rosenkreuzers,* Dornach, 1951, S. 34.
56 Derselbe, *Die Geheimwissenschaft im Umriß,* Stuttgart 1948, S. 75 ff.
57 Helena P. Blavatski, *The Secret Doctrine,* London 1885, Band 2: Anthropogenesis, S. 301 (dt. *Die Geheimlehre,* Leipzig 1925).
58 Vgl. die Besprechung der Geheimlehre in »*Lucifer*«, Oktober 1891. Ich verdanke diesen Hinweis meinem Freund Jean-Louis Siémons.
59 H. P. Blavatski, *The Key to Theosophy,* London 1968, S. 162.
60 Kenneth Ring, in: ›Anabiosis‹ 4, Nr. 1 (1984), S. 1-19.
61 Paul Brunton, *The Wisdom of the Overself,* London 1943, S. 127. (dt. *Die Weisheit des Überselbst,* Freiburg 1948, S. 200).
62 Ebd., S. 128.
63 Paul Beard, *Living On,* S. 104.

3. *Empathische Resonanz und Einheitsbewußtsein*

1 James George Frazer, *The Golden Bough,* London 1937, S. 54 (dt. *Der goldene Zweig. Eine Studie über Magie und Religion,* Köln 1968, S. 15).
2 Ebd., S. 17.
3 Larry Dossey, *Wahre Gesundheit finden: Krankheit und Schmerz aus ganzheitlicher Sicht,* München 1991.
4 Ebd., S. 16.
5 Edmund Gurney, Frederik W. H. Myers, und Frank Podmore, *Phantasms of the Living,* Band 1, London 1886, S. 188.
6 Ebd., Band 2, S. 132.
7 Ebd., Band 2, S. 577.
8 Ebd., Band 1, S. 197.
9 Ebd., S. 273.
10 Rosalind Heywood, *Rapport between Mother and Daughter – A Case Report,* in: ›Journal of the Society of Psychical Research‹, Band 42, Nr. 718, Dezember 1963, S. 188 f.
11 Buchanan, *Manual of Psychometry,* S. 136.

12 Bland, *Psychometry, Its Theory and Practice,* S. 137.
13 Osty, *Supernormal Faculties in Man,* S. 55f.
14 Ebd., S. 58.
15 Rosalind Heywood, *An Apparently Telepathic Impression of Illness,* in: ›Journal of the Society of Psychical Research‹, März 1968, S. 237ff.
16 Gurney, Myers, Podmore, *Phantasms of the Living,* Band 1, S. 275.
17 Ebd., S. 278, 281.
18 Buchanan, *Manual of Psychometry,* S. 141.
19 Gurney, Myers, Podmore, *Phantasms of the Living,* Band 1, S. 291.
20 Arnold Toynbee, *Life after Death,* London 1976, S. 210.
21 Ebd., S. 316.
22 Ebd., S. 321.
23 Ring, *Den Tod erfahren – das Leben gewinnen,* S. 51ff.
24 Grey, *Return from Death,* S. 46.
25 Ebd., S. 47.
26 Ebd., S. 48.
27 Ring, *Den Tod erfahren – das Leben gewinnen,* S. 55.
28 Ebd., S. 65.
29 Ebd., S. 69.
30 Aldous Huxley, *Die ewige Philosophie: Texte aus drei Jahrtausenden,* München 1987, S. 5.
31 In: ›Anabiosis‹ 1, Nr. 3, Dezember 1981, S. 11.
32 Ring, *Den Tod erfahren – das Leben gewinnen,* S. 61.
33 Ebd., S. 55.
34 Ebd., S. 65.
35 C. G. Jung, *Erinnerungen, Träume, Gedanken,* S. 294.
36 Vgl. Grey, *Return from Death,* Kapitel 5; Maurice Rawlings, *Beyond Death's Door,* London 1978.
37 Wilber, *Das holographische Weltbild,* S. 23.
38 E. Rézéjac, *Essai sur les fondements de la connaissance mystique,* Paris 1897. Hier zitiert nach: Evelyn Underhill, *Mystik: Eine Studie über die Natur und Entwicklung des religiösen Bewußtseins im Menschen,* München 1928, S. 342.
39 Jan van Ruysbroeck, *Die Zierde der geistlichen Hochzeit und die kleineren Schriften,* Leipzig 1924, S. 388f.
40 Louis de Blois, zitiert nach: P. Grant, *A Dazzling Darkness,* London 1985, S. 333.
41 Basil Douglas-Smith, *The Mystics Come to Harley Street,* London 1983, S. 37.
42 Nona Coxhead, *Glückseligkeit: Die Erfahrung des kosmischen Bewußtseins,* Grafing 1987, S. 63f.

43 W.T. Stace, *Mysticism and Philosophy,* London 1961, S.112.
44 Ebd., S.119.
45 Da Free John, *Easy Death,* London 1983, S.3.
46 Ken Wilber, *The Atman Project,* New York 1980, S.102.
47 Aus einem Kommentar von Makrobius (*Somnium Scipionis* I, 14,15), zitiert nach: Arthur O. Lovejoy, *The Great Chain of Being,* Cambridge 1948, S.63 (dt. *Die große Kette der Wesen. Geschichte eines Gedankens,* Frankfurt a.M. 1985).
48 W.R. Inge, *The Philosophy of Plotinus,* London 1929, Band 1, S.214-218.
49 Elmer O'Brian (Hg.), *The Essential Plotinus,* Indiana 1964, S.134.
50 Paul Brunton, *Die Weisheit des Überselbst,* S.253.
51 Ebd., S.255.
52 David Bohm, *Die implizite Ordnung,* S.35.
53 Zwei Gespräche mit David Bohm, geführt von Renée Weber, in: Wilber, *Das holographische Weltbild,* S.81.
54 *Der Physiker und der Mystiker – ist ein Dialog zwischen ihnen möglich?,* Ein Gespräch mit David Bohm, geführt von Renée Weber, in: Wilber, *Das holographische Weltbild,* S.198.
55 Zitiert nach: William James, *The Variety of Religious Experience,* London 1903, S.181 (dt. *Die religiöse Erfahrung in ihrer Mannigfaltigkeit, Materialien und Studien zu einer Psychologie und Pathologie des religiösen Lebens,* Leipzig 1907).
56 Ebd., S.190 (180).
57 Ebd., S.228 (220).
58 Ebd., S.257 (245).
59 Michael Grosso, in: Greyson und Flynn, *The Near-Death Experience,* Springfield 1984, S.176-217.
60 Kenneth Ring, »*From Alpha to Omega*«, in: ›Anabiosis‹, Band 5, Nr.2 (1987), S.1-16.
61 Mircea Eliade, *Das Mysterium der Wiedergeburt: Versuch über einige Initiationstypen,* Frankfurt a.M., S.131.
62 Ebd., S.179.
63 Ebd., S.198f.
64 Ebd., S.214f.
65 Arnold van Gennep, *Übergangsriten,* Frankfurt a.M. 1980, S.96f.
66 Victor Turner, *Dramas, Fields, and Metaphors,* New York 1974, S.230f.
67 Atwater, *Coming Back to Life.*
68 Ebd., S.242.
69 C.G. Jung, *Erinnerungen, Träume, Gedanken,* S.360.
70 Michael Grosso, *The Final Choice,* Walpole 1986.

71 Ralph Waldo Emerson, *Complete Works,* London 1897, S. 59.
72 Sabom, *Erinnerung an den Tod,* S. 173.
73 Vgl. Grey, *Return from Death;* Atwater, *Coming Back to Life.*
74 Erich Fromm, *Haben oder Sein: Die seelischen Grundlagen einer neuen Gesellschaft,* in: Gesammelte Werke, Band II, Stuttgart 1980, S. 269-414; Abraham Maslow, *Religion, Values, and Peak Experiences,* New York 1964.
75 Stanislav Grof und Joan Halifax, *Die Begegnung mit dem Tod,* Stuttgart 1980, S. 153.
76 Ebd., S. 155.
77 Ebd., S. 156.
78 Maslow, *Religion, Values, and Peak Experiences,* S. 59.
79 Ebd., S. 91.
80 Ebd., S. 92-94.
81 Abraham Maslow, *The Farther Reaches of Human Nature,* New York 1971, S. 113.
82 Vgl. Atwater, *Coming Back to Life.*
83 Vgl. Ring, *Den Tod erfahren – das Leben gewinnen;* Grey, *Return from Death.*
84 Vgl. Atwater, *Coming Back to Life.*
85 Alister Hardy, *The Spiritual Nature of Man,* Oxford 1979.
86 Renée Weber, *Feldbewußtsein und Feldethik,* in: Wilber, *Das holographische Weltbild,* S. 41.
87 Renée Weber, *Meaning as Being in the Implicate Order Philosophy of David Bohm: A Conversation,* in: Basil Hiley und David Peat, *Quantum Implications: Essays in Honour of David Bohm,* London 1987, S. 436 ff.
88 Francis Thompson, *The Mistress of Vision,* in: *Selected Poems of Francis Thompson,* London 1911, S. 71.

4. *Karma und Reinkarnation*

1 Sylvia Cranston und Carey Williams, *Reincarnation: A New Horizon in Science, Religion and Society,* New York 1984, S. 13; George Gallup und William Proctor, *Adventures in Immortality: A Look beyond the Threshold of Death,* London 1983, S. 130, 176 ff. (dt. *Begegnungen mit der Unsterblichkeit: Erlebnisse im Grenzbereich zwischen Leben und Tod,* München 1983).
2 Vgl. John Hick, *Death and Eternal Life,* London 1976.
3 Vgl. Ian Stevenson, *Twenty Cases Suggestive of Reincarnation,* New

York 1966; derselbe, *Wiedergeburt – Kinder erinnern sich an frühere Erdenleben,* Grafing 1989.

4 John McKenzie, *Hindu Ethics,* Oxford 1922, S. 217.

5 S. G. F. Brandon, *The Judgement of the Dead,* London 1967, S. 168.

6 Vgl. S. Pasricha und Ian Stevenson, *After-Death Experiences in India: A Preliminary Report,* in: ›Journal of Nervous and Mental Disease‹ 174, Nr. 3, S. 165-170.

7 Mircea Eliade, *Geschichte der religiösen Ideen, Band 1, Von der Steinzeit bis zu den Mysterien von Eleusis,* Freiburg 1978, S. 222 f.

8 Sarvepalli Radhakrishnan, *The Principal Upanishads,* London 1953, S. 52.

9 Ebd., S. 72.

10 Ebd., S. 73.

11 Ebd., S. 77.

12 Sarvepalli Radhakrishnan (Hg.), *The Brahma Sutra,* London 1960, S. 148.

13 Derselbe, *Die Gemeinschaft des Geistes: Östliche Religionen und westliches Denken,* Darmstadt 1952, S. 40.

14 Ekneath Easwaran (Hg.), *The Bhagavad Gita,* London 1986, S. 12.

15 Radhakrishnan, *Principal Upanishads,* S. 20.

16 Derselbe, *Brahma Sutra,* S. 139.

17 Easwaran, *Bhagavad Gita,* S. 12.

18 Eliot, *Four Quartetts,* S. 138-142.

19 Radhakrishnan, *Principal Upanishads,* S. 81.

20 Ebd., S. 22.

21 I. C. Sharma, *Ethical Philosophies of India,* London 1965, S. 88. Sarvepalli Radhakrishnan (Hg.), *History of Philosophy: Eastern and Western,* London 1952, Band 1, S. 69.

22 Brihadaranyaka Upanishaden, IV, 4,6, zitiert nach: Bettina Bäumer, *Befreiung zum Sein: Auswahl aus den Upanishaden,* Köln 1986, S. 180.

23 Brihadaranyaka Upanishaden, III, 2, 13; ebd., S. 160.

24 Brihadaranyaka IV, 4, 5-6.

25 Chandogya Upanishaden, V, 10, 7.

26 McKenzie, *Hindu Ethics,* S. 220.

27 Sarvepalli Radhakrishnan (Hg.), *The Bhagavad Gita,* London 1948, S. 11 (dt. *Die Bhagavadgita: Sanskrittext mit Einleitung und Kommentar von S. Radhakrishnan,* ins Deutsche übersetzt von Siegfried Lienhard, Wiesbaden 1958, S. 15).

28 I. C. Sharma, *Ethical Philosophies,* S. 266.

29 Nach der Übersetzung von Juan Mascaró (Hg.), *The Bhagavad Gita,* London 1962, S. 50.

30 Ninian Smart, *The Religious Experience of Mankind,* London 1971, S. 151.
31 S. G. F. Brandon, *Man and his Destiny in the Great World Religions,* Manchester 1962, S. 331.
32 Vgl. Ken Wilber, Jack Engler und Daniel P. Brown (Hg.), *Psychologie der Befreiung, Perspektive einer neuen Entwicklungspsychologie – die östliche und westliche Sicht des menschlichen Reifungsprozesses,* Bern 1988.
33 Smart, *Religious Experience,* S. 114.
34 Radhakrishnan (Hg.), *History of Philosophy,* Band 1, S. 165.
35 Zitiert ebd., S. 165 f.
36 Eliade, *Geschichte der religiösen Ideen,* Band 2, S. 90.
37 Ekneath Easwaran (Hg.), *The Dhammapada,* London 1987, S. 67.
38 Sarvepalli Radhakrishnan, *The Dhammapada,* Oxford 1950, S. 58.
39 Juan Mascaró (Hg.), *The Dhammapada,* London 1973, S. 35.
40 Easwaran, *Dhammapada,* S. 68.
41 Radhakrishnan, *Die Gemeinschaft des Geistes,* S. 163.
42 Brandon, *Judgement of the Dead,* S. 89.
43 Platon, *Politeia,* 515 D, in: Sämtliche Werke in zehn Bänden, nach der Übersetzung Friedrich Schleiermachers, Frankfurt a. M. 1991, Band V, S. 511.
44 Platon, *Protagoras* 358 c, Sämtliche Werke, Band I, S. 185 ff.
45 Platon, *Phaidros* 248 cd, Sämtliche Werke, Band VI, S. 67.
46 Platon, *Phaidon* 107 cd, Sämtliche Werke, Band IV, S. 321.
47 Platon, *Phaidon* 113 d-114 a, S. 335 ff.
48 Platon, *Nomoi* 903 b, 904 e, 906 b, Sämtliche Werke, Band IX, S. 833 ff.
49 Vgl. A. E. Taylor, *Plato,* London 1926, S. 144.
50 Inge, *The Philosophy of Plotinus.*
51 Ebd., Band 2, S. 22.
52 Plotin, *Enneades,* III, 2, 13. In Auswahl übersetzt und eingeleitet von Otto Kiefer, Band 1, Jena/Leipzig 1905, S. 250.
53 Sherwood, *Tagebuch von drüben,* S. 110 f.
54 Ebd., S. 114, 123.
55 Michael Dean und Tony Neate, *The Guide Book,* Bath 1986, S. 15, 102 ff.
56 Ebd., S. 106.
57 Greaves, *Testimony of Light,* S. 83.
58 Cherrie, *The Barbanell Report,* S. 167.
59 Ruth White und Mary Swainson, *Gildas Communicates,* London 1971, S. 137.

60 Swedenborg, *Himmel und Hölle,* S. 70.
61 Greaves, *Testimony of Life,* S. 115.
62 Cummins, *Beyond Human Personality,* S. 73.
63 Samuel Butler, *Erewhon,* London 1922, S. 185 (dt. *Erewhon,* Zürich 1961).
64 White und Swainson, *Gildas Communicates,* S. 115.
65 Ebd., S. 116.
66 Ebd., S. 125.
67 Cummins, *Beyond Human Personality,* S. 79.
68 Vgl. Kapitel 1 und dazu: Wilson, *The After Death Experience.*
69 Ronald Wong Jue, *Scientific and Medical Network Newsletter,* Dezember 1987.
70 David Lorimer, *Survival?,* S. 265 ff.
71 Joel L. Whitton und Joe Fisher, *Das Leben zwischen den Leben: Ein Forschungsbericht aus der Welt jenseits unserer psychischen Existenz,* München 1989, S. 51.
72 Ebd., S. 149.
73 Ebd., S. 149 f.
74 Ebd., S. 59.
75 Ebd., S. 72.
76 Helen Wambach, *Life before Life,* London 1979 (dt. *Leben vor dem Leben,* München 1980).
77 Whitton und Fisher, *Das Leben zwischen den Leben,* S. 151.
78 Ebd., S. 140.
79 Ebd., S. 68.
80 Ebd., S. 97 ff.
81 Wambach, *Life before Life,* S. 99.
82 Edith Fiore, *You Have Been Here Before,* S. 6.
83 Wambach, *Life before Life,* S. 144, 194.
84 Am ausführlichsten beschäftigen sich mit Cayces Readings die Bücher von: Gina Cerminara, *Erregende Zeugnisse von Karma und Wiedergeburt,* München 1983, S. 17; dieselbe, *The World Within,* New York 1957.
85 I. C. Sharma, *Cayce, Karma, and Reincarnation,* London 1875, S. 72.
86 Cerminara, *Erregende Zeugnisse,* S. 263 ff.
87 Ebd., S. 63 ff.
88 Ebd., S. 51, 63.
89 Ebd., S. 53.
90 Ebd., S. 53 ff.
91 Sharma, *Cayce, Karma, and Reincarnation.*
92 David Godman, *Be As You Are,* London 1986, S. 218.

93 Helena P. Blavatsky, *Die Geheimlehre,* Band 2, Anthropogenesis, Leipzig 1921, S. 319.
94 Rudolf Steiner, *Theosophie: Einführung in übersinnliche Welterkenntnis und Menschenführung,* Dornach 1962, S. 68.
95 Rudolf Steiner, *Esoterische Betrachtungen karmischer Zusammenhänge,* Band 1, Dornach 1958, S. 86.
96 Rudolf Steiner, *Wiederverkörperung und Karma und ihre Bedeutung für die Gegenwart,* München 1991, S. 59.
97 Ebd., S. 61.
98 Steiner, *Esoterische Betrachtungen karmischer Zusammenhänge,* Band 1, S. 92.
99 Ebd., S. 103. Vgl. Band 5, S. 36.
100 Rudolf Steiner, *Wiederverkörperung und Karma,* S. 115.
101 Steiner, *Karmische Zusammenhänge,* Band 1, S. 100.
102 Steiner, *Wiederverkörperung und Karma,* S. 113.
103 Paul Brunton, *Karma – Kette von Ursache und Wirkung,* und andere bisher unveröffentlichte Essays aus dem Nachlaß, Freiburg 1986, S. 67.
104 Paul Brunton, *Die Weisheit des Überselbst,* S. 255.
105 Hick, *Death and Eternal Life,* S. 309.

5. Das Gericht

1 Kofi Opoku, *Death and Immortality in the Afrikan Religious Hereditage,* in: Paul und Linda Badham, *Death and Immortality in the Religions of the World,* New York 1987, S. 13.
2 Ebd.
3 James G. Frazer, *The Belief in Immortality,* London 1913, Band 1, S. 462.
4 Lucien Lévy-Bruhl, *The Soul of the Primitives,* London 1928, S. 301 (dt. *Die geistige Welt der Primitiven,* Düsseldorf 1959, Kapitel 10 und 11 nicht übersetzt).
5 Lévy-Bruhl, *The Soul of the Primitives,* S. 306.
6 Ebd., S. 307.
7 Frazer, *Belief in Immortality,* S. 464.
8 Sigmund Freud, *Totem und Tabu. Einige Übereinstimmungen im Seelenleben der Wilden und der Neurotiker,* in: Gesammelte Werke, Band 9, Frankfurt a. M. 1968, S. 26.
9 James Hastings (Hg.), *Encyclopaedia of Religion and Ethics,* Edinburgh 1913, Band 4, S. 248 ff.
10 Ebd., Band 9, S. 507 ff.

11 Hick, *Death and Eternal Life*, S. 70.
12 Frazer, *The Belief in Immortality*, Band 3, S. 81.
13 Ebd., S. 150.
14 Hastings, *Encyclopaedia*, Band 11, S. 824.
15 Brandon, *Man and his Destiny in the Great World Religions*, S. 155.
16 Ebd.
17 Hastings, *Encyclopaedia*, Band 2, S. 855.
18 Aldous Huxley, *The Human Situation*, London 1977, S. 3.
19 W. Y. Evans-Wentz, *Das tibetanische Totenbuch*, Olten 1971, S. 111.
20 Vgl. David Lorimer, *Survival?*, S. 33 ff.
21 Hastings, *Encyclopaedia*, Stichwort: Ägyptische Ethik.
22 Brandon, *The Judgement of the Dead*, S. 39 f.
23 Ebd.
24 *Der Koran*, Sure 21,45. Nach der Übersetzung von Rudi Paret, Stuttgart 1989, S. 227.
25 Koran, Sure 101,8 f.
26 Brandon, *Judgement*, S. 122 f.
27 Brandon, *Judgement*, S. 124.
28 Evans-Wentz, *Das Tibetanische Totenbuch*, S. 245.
29 Vgl. dazu und zur weiteren Problematik von Seele, Körper und Tod im griechischen Denken: Lorimer, *Survival?*, S. 39 ff.
30 Erwin Rohde, *Psyche: Seelencult und Unsterblichkeitsglauben der Griechen*, Freiburg und Leipzig 1894, S. 63 ff.
31 Rohde, *Psyche*, S. 256-276.
32 Eliade, *Geschichte der religiösen Ideen*, Band II, S. 163.
33 James Adams, *The Religious Teachers of Greece*, Edinburgh 1908.
34 Rohde, *Psyche*, S. 422.
35 Radhakrishnan, *Die Gemeinschaft des Geistes*, S. 166.

6. *Jüdische Eschatologie und christliche Moraltheologie*

1 Robin W. Lovin und Frank E. Reynolds (Hg.), *Cosmogony and Ethical Order*, Chicago 1985, S. 139.
2 Ebd., S. 140.
3 C. G. Jung, *Antwort auf Hiob*, in: Gesammelte Werke, Band 11: *Zur Psychologie westlicher und östlicher Religionen*, Olten/Freiburg 1971, S. 387-506.
4 Gerhard von Rad, *Weisheit in Israel*, Neukirchen 1970, S. 103 f.
5 Ebd., S. 103.
6 Ebd., S. 253.

7 B. W. Anderson, *The Living World of the Old Testament,* London 1988, S. 440.
8 R. H. Charles, *The Doctrine of a Future Life,* London 1899, S. 102; Brandon, *Judgement of the Dead,* S. 131.
9 Brandon, *Judgement of the Dead,* S. 60.
10 von Rad, *Weisheit in Israel,* S. 274; vgl. auch Anderson, *Living World,* S. 595.
11 von Rad, *Weisheit in Israel,* S. 292 ff.
12 Anderson, *Living World,* S. 295 f.
13 Charles, *The Doctrine of a Future Life,* S. 137.
14 Lorimer, *Survival?,* S. 68.
15 Albert Schweitzer, *Geschichte der Leben-Jesu-Forschung,* in: Gesammelte Werke, Band 3, München 1974.
16 H. D. Betz, *Cosmogony and Ethics in the Sermon on the Mount,* in: Lovin und Reynolds, *Cosmogony,* S. 158.
17 Ebd., S. 158.
18 C. W. Emmet, *The Bible and Hell,* in: H. B. Streeter (Hg.), *Immortality,* London 1917, S. 166 f.
19 Ebd., S. 167.
20 Ebd., S. 123, 197.
21 Ebd., S. 197.
22 Brandon, *Judgement,* S. 101.
23 Ebd., S. 102.

7. *Glauben und Werke, Himmel und Hölle*

1 Vgl. C. G. Jung, *Psychologische Typen,* in: Gesammelte Werke, Band 6, Olten/Freiburg 1971.
2 Brandon, *Great World Religions,* S. 195-211.
3 Ebd., S. 201.
4 Ebd., S. 203.
5 Ebd.
6 Vgl. Charles, *The Doctrine of a Future Life,* S. 437 ff.
7 John Macquarrie (Hg.), *A Dictionary of Christian Ethics,* London 1967, S. 184.
8 Eliade, *Geschichte der religiösen Ideen,* Band 2, S. 297.
9 Charles, *Doctrine of a Future Life,* S. 437 ff.
10 Albert Schweitzer, *Die Mystik des Apostel Paulus,* in: Gesammelte Werke, Band 4, München 1974, S. 385 f.
11 Ebd., S. 299.
12 Ebd., S. 300.

13 Ebd., S. 384.
14 Ebd., S. 301.
15 Joan O'Grady, *Heresy*, Shaftesbury 1965, S. 16.
16 Macquarrie, *Dictionary of Christian Ethics*, S. 139.
17 O'Grady, *Heresy*, S. 216.
18 R. F. Evans, *Pelagius: Inquiries and Reappraisals*, London 1968, S. 120.
19 O'Grady, *Heresy*, S. 120.
20 Jacques le Goff, *Die Geburt des Fegefeuers*, Stuttgart 1984, S. 14.
21 Ebd., S. 78.
22 Ebd., S. 116.
23 Zaleski, *Nah-Todeserlebnisse und Jenseitsvisionen*, S. 46.
24 Ebd., S. 49.
25 Le Goff, *Die Geburt des Fegefeuers*, S. 161.
26 Ebd., S. 163.
27 Ebd., S. 164.
28 Ebd., S. 205.
29 Ebd., S. 260.
30 Ebd., S. 266.
31 Vgl. *Catholic Dictionary of Theology*, 4 Bände, London 1963-71, S. 84.
32 Le Goff, *Die Geburt des Fegefeuers*, S. 354.
33 Ebd., S. 402.
34 W. R. Alger, *A Critical History of the Doctrine of a Future Life*, New York 1871, S. 407.
35 Keith Thomas, *Religion and The Decline of Magic*, London 1973, S. 17.
36 Ebd., S. 36.
37 Philippe Ariès, *Geschichte des Todes*, München 1980, S. 130.
38 *Catholic Encyclopaedia*, New York 1967, Band 9, S. 359.
39 Ariès, *Geschichte des Todes*, S. 131.
40 Ebd., S. 133.
41 Ebd., S. 140.
42 Ebd., S. 169.
43 Zaleski, *Nah-Todeserlebnisse und Jenseitsvisionen*, S. 110.
44 Ariès, *Geschichte des Todes*, S. 197.
45 Hastings, *Encyclopaedia of Religion and Ethics*, Band 1, S. 224.
46 Smart, *The Religious Experience of Mankind*, S. 572.
47 Alger, *Critical History*, S. 426f.
48 Ebd., S. 428.
49 J. Lorz (Hg.), *Das Augsburger Bekenntnis*, Göttingen 1980, S. 18.
50 Ebd., S. 20.
51 Ebd., S. 38.
52 Ebd., S. 38f.

53 Ebd., S. 41.
54 John H. Leith (Hg.), *Creeds of the Churches*, Oxford 1973, S. 270.
55 Ebd., S. 336, 356.
56 Lorz, *Das Augsburger Bekenntnis*, S. 34.
57 Leith, *Creeds of the Churches*, S. 274.
58 Brandon, *The Judgement of the Dead*, S. 132.
59 Hastings, *Encyclopaedia*, Band 3, S. 152.
60 Smart, *Religious Experience*, S. 594.
61 Emanuel Swedenborg, *Die Ächte Christenreligion*, S. 138.
62 derselbe, *Vom Jüngsten Gericht*, Zürich o. J., S. 41 ff.
63 Swedenborg, *Ächte Christenreligion*, S. 141.
64 Ebd., S. 145.
65 O'Grady, *Heresy*, S. 140.
66 Ariès, *Geschichte des Todes*, S. 197.
67 Fjodor Michailowitsch Dostojewski, *Die Brüder Karamasoff*, Gütersloh 1957, S. 332.
68 Ebd., S. 339.

8. Der Niedergang der religiösen Weltanschauung

1 Vgl. bes. Jean-Paul Sartre, *Ist der Existentialismus ein Humanismus?*, Zürich 1947.
2 Sartre, *Das Sein und das Nichts: Versuch einer phänomenologischen Ontologie*, in: Gesammelte Werke in Einzelausgaben, Philosophische Schriften, Band 3, Hamburg 1991, S. 1052.
3 Bertrand Russell, *A Free Man's Worship*, London 1967-69 (dt. *Mein Leben*, Frankfurt a. M. 1970); vgl. auch: *Warum ich kein Christ bin*, München 1963.
4 Oswald Spengler, *Der Untergang des Abendlandes: Umrisse einer Morphologie der Weltgeschichte*, 1. Band: *Gestalt und Wirklichkeit*, München 1923, S. 472.
5 Alasdair MacIntyre, *Geschichte der Ethik im Überblick: Vom Zeitalter Homers bis zum 20. Jahrhundert*, Königstein 1984, S. 142.
6 C. G. Jung, *Das Grundproblem der gegenwärtigen Psychologie*, in: Gesammelte Werke, Band 8: *Die Struktur und Dynamik der Psyche*, S. 395 f.
7 Ebd., S. 415.
8 Ebd., S. 374.
9 Ninian Smart, *Religion and the Western Mind*, London 1987, S. 11.
10 Smart, *Beyond Ideology*, London 1981, S. 26.

11 Vgl. Lorimer, *Survival?*, Kapitel 6.
12 Alfred North Whitehead, *Abenteuer der Ideen*, Frankfurt am Main 1971, S. 298 ff.
13 Basil Willey, *The Seventeenth Century Background*, London 1986, S. 10.
14 Ebd., S. 11.
15 Ebd., S. 13.
16 C. G. Jung, *C. G. Jung Speaking*, London 1977, S. 73.
17 W. T. Stace, *Religion and the Modern Mind*, London 1953.
18 Ebd., S. 25.
19 P. M. Harman, *The Scientific Revolution*, London 1983, S. 8.
20 Frances Yates, *The Rosicrucian Enlightment*, London 1975, S. 14 (dt.: *Aufklärung im Zeichen des Rosenkreuzes*, Stuttgart 1975).
21 Ebd., S. 267 (233).
22 Ebd., S. 150 (124).
23 Evelyn Fox Keller, *Reflections on Gender and Science*, Yale 1985, S. 44-47 (dt. *Liebe, Macht und Erkenntnis. Männliche oder weibliche Wissenschaft?*, München 1986).
24 Yates, *The Rosicrucian Enlightment*, S. 150 (199 f.).
25 Brian Goodwin, *A Science of Qualities*, in: Hiley and Peat, *Quantum Implications*, S. 336.
26 Stace, *Religion*, S. 83-85.
27 Ebd., S. 67; William Cecil Dampier-Whetman, *A History of Science*, Cambridge 1950, S. 193. (dt: *Geschichte der Naturwissenschaft*, Wien 1952).
28 Vgl. Bertrand Russell, *Philosophie des Abendlandes im Zusammenhang mit der politischen und sozialen Entwicklung*, Frankfurt a. M. 1950; J. C. A. Gaskin, *The Quest for Eternity*, London 1984.
29 Sigmund Freud, *Die Zukunft einer Illusion*, in: Gesammelte Werke, hg. von Anna Freud, Band 14, Frankfurt a. M. 1968.
30 Gaskin, *The Quest for Eternity*, S. 31 f.
31 Ebd., S. 121.
32 Vgl. Stanley Milgram, *Obedience to Authority*, London 1973, S. 31 f.
33 Daniel Defoe, *A Journal of the Plague Year*, London 1722 (dt. *Die Pest zu London*, Hamburg 1961).
34 Dostojewski, *Die Brüder Karamasoff*, S. 326.
35 Vgl. Leslie Stephen, *An Agnostic's Apology*, London 1931. S. 1-27.
36 Gaskin, *Quest for Eternity*, S. 120 ff.
37 Peter Berger, *The Social Reality of Religion*, London 1967.
38 Max Weber, *Gesammelte Aufsätze zur Religionssoziologie*, Tübingen 1920, S. 237 ff., 507, 567 ff.
39 Ebd., S. 246.

40 Leszek Kolakowski, *Religion*, London 1982, S. 38 ff.; derselbe, *Geist und Ungeist christlicher Traditionen*, Stuttgart 1971, S. 40 f.; Viktor Frankl, *Man's Search for Meaning*, London 1964.
41 Ebd., S. 69.
42 Ariès, *Die Geschichte des Todes*, S. 473.
43 Brandon, *Judgement of the Dead*, S. 133.
44 Nikolai Berdjajew, *The Destiny of Man*, London 1937, S. 339 vgl. dazu: N. B., *Von des Menschen Knechtschaft und Freiheit*, Darmstadt 1954, S. 311 ff.
45 Geoffrey Rowell, *Hell and the Victorians*, Oxford 1974, S. 120.
46 Gallup und Proctor, *Adventures in Immortality*, S. 170 ff. (dt. *Begegnungen mit der Unsterblichkeit*, S. 107 ff.).
47 Keith Thomas, *Religion and the Decline of Magic*, London 1973, S. 126 f.
48 Ebd., S. 95.
49 R. H. Tawney, *Religion und Frühkapitalismus*, Bern 1946, S. 51.
50 Vgl. David Lorimer, *Survival?*, S. 101 f.
51 Gaskin, *Quest for Eternity*, S. 126-147.
52 Hanbury Brown, *The Wisdom of Science*, Cambridge 1986, S. 168.
53 Alfred North Whitehead, *Science and the Modern World*, Cambridge 1928, S. 239.
54 Max Weber, *Aufsätze zur Religionssoziologie*, S. 242.
55 Arnold Toynbee, *An Historian Approach to Religion*, Oxford 1956, S. 123 f. (dt.: *Wie stehen wir zur Religion?*, Zürich 1958).
56 Russell, *Warum ich kein Christ bin*, S. 14.
57 Vgl. Daniel Brown, *Die Stadien der Meditation in kulturübergreifender Perspektive*, in: Wilber, Engler, Brown (Hg.), *Psychologie der Befreiung*, Bern 1989, S. 229.
58 John Bagnell Bury, *History of the Freedom of Thought*, London 1928, S. 149 (dt.: *Geschichte der Gedankenfreiheit*, Berlin 1949, S. 102).
59 Russell, *Warum ich kein Christ bin*, S. 84 ff.
60 Albert Schweitzer, *Kultur und Ethik*, München 1923, S. XVI.
61 Erich Fromm, *Psychoanalyse und Religion*, in: *Gesammelte Werke*, Band VI: *Religion*, Stuttgart 1980, S. 227-263, bes. S. 236 ff.
62 Ebd., S. 239.
63 Bertrand Russell, *Mein Leben*, Band 1, Frankfurt a. M. 1970, S. 9.
64 Russell, *Warum ich kein Christ bin*, S. 68.
65 Ebd., S. 192.
66 C. G. Jung, *Briefe*, Band I, Olten 1981, S. 347.

67 Vgl. Alexander Thomson, *Tradition and Authority in Science and Theology,* Edinburgh 1987.

68 Hans Küng, *Ewiges Leben?,* München 1982, S. 169f.

69 Frazer, *The Golden Bough,* Band 9, S. 93.

70 Vgl. Erich Fromm, *Man for Himself,* London 1949; derselbe, *On Disobedience,* New York 1981.

71 Ariès, *Geschichte des Todes.*

72 Vgl. Lorimer, *Survival?.*

73 zitiert nach Paul Badham, *Christian Beliefs about a Life after Death,* London 1978, S. 16.

74 Paul Badham und Linda Badham, *Immortality or Extinction,* London 1982, S. 16-20.

75 Zitiert nach Arthur Peacocke und Grant Gillet, *Persons and Personality,* Oxford 1987, S. 48.

76 Rowell, *Hell and the Victorians,* S. 180.

77 Zitiert nach Peacocke und Gillet, *Persons and Personality.*

78 Karl Marx, *Zur Kritik der Hegelschen Rechtsphilosophie,* in: Karl Marx und Friedrich Engels, *Gesammelte Werke,* Band 1, Berlin 1969, S. 378f.

79 Berger, *The Social Reality of Religion,* S. 86.

80 Vgl. *Handbook of Marxism,* hg. v. Viktor Gollancz, 1936.

81 Viktor Frankl, *Man's Search for Meaning,* London 1964.

82 Gaskin, *Quest for Eternity,* S. 168.

83 Jacques Monod, *Zufall und Notwendigkeit: Philosophische Fragen der modernen Biologie,* München 1971, S. 211.

84 Peter Atkins, *The Ethics of Purposeless Decay,* in: Peacocke und Gillet, *Persons and Personality,* S. 21.

85 Huston Smith, *Forgotten Truth,* New York 1976, S. 14ff.

86 Evelyn Fox Keller, *Liebe, Macht und Erkenntnis.*

87 Nicholas Maxwell, *From Knowledge to Wisdom,* Oxford 1987, S. 131, 204.

88 Vgl. E. A. Burtt, *The Metaphysical Foundations of Modern Science,* London 1924.

89 Zitiert nach Dampier-Whetham, *History of Science,* S. 188.

90 Arnold Toynbee, *Man's Concern with Life after Death,* in: *Life after Death,* London 1976, S. 36.

9. Die Ethik der Allverbundenheit

1 Grey, *Return from Death,* S. 123 ff.; Kenneth Ring, *Den Tod erfahren – das Leben gewinnen,* S. 210 ff., 227 ff.
2 Vgl. ›New Scientist‹, 30. Juni 1988.
3 Peter Russell, *Die erwachende Erde: Unser nächster Evolutionssprung,* München 1984.
4 Glenn Mullin, *Death and Dying: The Tibetan Tradition,* London 1986, S. 42 ff., 57, 61 ff.
5 Arthur Koestler, *Der Mensch – Irrläufer der Evolution,* Bern 1978.
6 Ludwig von Bertalanffy, *General Systems Theory,* London 1968; J. G. Miller, *Living Systems,* New York 1970.
7 Fritjof Capra, *Wendezeit: Bausteine für ein neues Weltbild,* Bern 1984, S. 80.
8 Ebd., S. 84; vgl. auch Ken Wilber (Hg.), *Quantum Questions,* London 1984.
9 Fritjof Capra, *Das neue Denken: Ein ganzheitliches Denken im Spannungsfeld zwischen Naturwissenschaft und Mystik,* München 1992, S. 73.
10 Vgl. Renée Weber, *Meaning as Being in the Implicate Order Philosophy of David Bohm: A Conversation,* in: Hiley und Peat, *Quantum Implications: Essays in Honour of David Bohm.*
11 David Bohm, *Die implizite Ordnung,* S. 11 f., 69.
12 David Bohm, *Implizite und explizite Ordnung: zwei Aspekte des Universums,* in: Wilber (Hg.), *Das holographische Weltbild,* S. 48 ff.
13 Capra, *Das neue Denken,* S. 79.
14 Rupert Sheldrake, *Die Wiedergeburt der Natur,* Bern 1991, S. 128 ff.
15 Vgl. Renée Weber, *Feldbewußtsein und Feldethik,* in: Wilber (Hg.), *Das holographische Weltbild,* S. 37 ff.
16 Dora Kunz, *Spiritual Aspects of the Healing Arts,* London 1985, S. 289-305.
17 James Lovelock, *Gaia: A New Look at Life on Earth,* Oxford 1979, S. 9 (dt. *Unsere Erde wird überleben. GAIA – eine ökologische Utopie,* München 1984).
18 Ebd., S. 11.
19 James Lovelock, *Das Gaia-Prinzip: Die Biographie unseres Planeten,* Zürich/München 1991, S. 60.
20 Ebd., S. 43; vgl. S. 34.
21 Ebd., S. 92 ff.
22 Anatoly Gromyko, *Security for all in the Nuclear Age;* in: Anatoly Gromyko und Martin Hellman (Hg.), *Breakthrough,* New York 1987, S. 113.

23 C. G. Jung, *Der Begriff des kollektiven Unbewußten,* in: Gesammelte Werke, Band 9, 1. Halbband, S. 55.
24 C. G. Jung, *Über die Archetypen des kollektiven Unbewußten,* ebd., S. 13.
25 Vgl. Evelyn Fox Keller, *Liebe, Macht und Erkenntnis;* Ruth Bleier (Hg.), *Feminist Approaches to Science,* New York 1986.
26 Ken Wilber, *Physik, Mystik und das neue holographische Paradigma,* in: K. W. (Hg.), *Das holographische Weltbild,* S. 151 ff.
27 Capra, *Wendezeit,* S. 37.
28 David Bohm im Gespräch mit Renée Weber, *Der Physiker und der Mystiker – ist ein Dialog zwischen ihnen möglich?,* in: Wilber (Hg.), *Das holographische Weltbild,* S. 198.
29 Albert Schweitzer, *Aus meinem Leben und Denken,* in: Gesammelte Werke, Band 1, München 1974, S. 169.
30 A. S., *Die Lehre der Ehrfurcht vor dem Leben,* in: Gerald Götting, *Albert Schweitzer – Pionier der Menschlichkeit,* Berlin 1979, S. 113.
31 Ebd., S. 110; vgl. A. S., *Die Ethik der Ehrfurcht vor dem Leben,* in: Gesammelte Werke, Band 2, S. 377.
32 A. S., *Die Lehre der Ehrfucht vor dem Leben,* S. 109.
33 A. S., 2. *Straßburger Predigt über die Ehrfurcht vor dem Leben,* in: Gesammelte Werke, Band 2, S. 128.
34 Ebd., S. 130.
35 A. S., *Aus meinem Leben und Denken,* S. 205.
36 A. S., *Ethik der Hingebung und Ethik der Selbstvervollkommnung,* in: Gesammelte Werke, Band 2, S. 370.
37 A. S., *Die Ethik der Ehrfurcht vor dem Leben,* S. 382.
38 Martin Luther King, *The Words of Martin Luther King Jr.,* New York 1958, S. 65.
39 Albert Schweitzer, *Aus meinem Leben und Denken,* S. 205.
40 Peter Deunov, *L'Enseignement de vie nouvelle,* Paris 1983, S. 11 f.
41 Vgl. Erich Neumann, *Ursprungsgeschichte des Bewußtseins,* München 1974; derselbe, *Tiefenpsychologie und neue Ethik,* Frankfurt 1984; Ken Wilber, *Wege zum Selbst, Östliche und westliche Ansätze zu persönlichem Wachstum,* München 1987; derselbe, *Das Atman-Projekt,* Paderborn 1989.
42 Reinhold Niebuhr, *Moral Man and Immoral Society,* New York 1936.
43 Arthur Koestler, *Der Mensch – Irrläufer der Evolution,* S. 96.
44 Ein Begriff, der von Teilhard de Chardin geprägt wurde. Vgl. dazu Peter Deunov, *L'Enseignement de vie nouvelle,* S. 110 ff.
45 Edward C. Whitmont, *Return of the Goddess,* London 1983, S. 105 ff.
46 Erich Neumann, *Tiefenpsychologie und neue Ethik,* S. 79.

47 Ebd., S. 102.
48 Ebd., S. 126f.
49 Lawrence Kohlberg, *The Philosophy of Moral Development,* New York 1981, S. 178.
50 Ebd., S. 319.
51 Ebd., S. 344.
52 Ebd., S. 356.
53 Pierre Teilhard de Chardin, *Der Mensch im Kosmos,* München 1959, S. 3; vgl. Kohlberg, *The Philosophy of Moral Development,* S. 365.
54 Kohlberg, *The Philosophy of Moral Development,* S. 369.
55 Vgl. Bernie Siegel, *Love, Medicine, and Miracles,* London 1986; Robert E. Ornstein und David Sobel, *The Healing Brain,* London 1988.
56 Kyricos C. Markides, *Der Magus von Strovolos: Die faszinierende Welt eines spirituellen Heilers,* München 1988.
57 Ebd., S. 58.
58 Ebd., S. 59.
59 Ebd., S. 69.
60 Ebd., S. 67.

Bibliographie

Aal, Anathon, *The Hellenistic Elements in Christianity,* London 1931.

Adam, James, *The Religious Teachers of Greece,* Edinburgh 1908.

Aïvanhov, Omraam Mikhael, *Cosmic Moral Laws,* Fréjus 1984 (dt. *Kosmische Moralgesetze,* Sämtliche Werke, Band 12, Fréjus 1975).

Aldwinkle, Russell, *Death in the Secular City,* London 1972.

Alger, W. R., *A Critical History of the Doctrine of a Future Life,* New York 1871.

Anderson, Bernhard W., *The Living World of the Old Testament,* London 1988.

Anderson, Ray S., *Theology, Death and Dying,* Oxford 1986.

Andrews, Valerie, Bosnack, Robert und Goodwin, Karen Walter, *Facing Apokalypse,* Dallas 1986.

Ariès, Philippe, *L'homme devant la mort,* Paris 1979 (dt. *Geschichte des Todes,* München 1980).

Arkle, William, *A Geography of Consciousness,* London 1974.

Assagioli, Roberto, *Psychosynthesis,* London 1975 (dt. *Handbuch der Psychosynthesis,* Freiburg 1978).

Atwater, Phyllis, *Coming Back to Life,* New York 1988.

Bäumer, Bettina, *Befreiung zum Sein: Auswahl aus den Upanishaden,* Köln 1986.

Badham, Paul, *Christian Beliefs about a Life after Death,* London 1978.

Badham, Paul und Linda, *Death and Immortality in the Religions of the World,* New York 1987.

– *Immortality or Extinction,* London 1982.

Bahle, Julius, *Keine Angst vor dem Sterben,* Hemmenhofen 1963.

Bailey, Alice, *Death: The Great Adventure,* London 1985 (dt. *Der Tod: Das große Abenteuer*, Genf 1990).

Baillie, John, *And the Life Everlasting,* Oxford 1934.

Barrett, William, *Death of the Soul,* Oxford 1986.

Barrow, John D. und Tipler, Frank J., *The Anthropic Cosmological Principle,* Oxford 1986.

Bateson, Gregory, *Mind and Nature,* London 1979 (dt. *Geist und Natur,* Frankfurt a. M. 1982).

Beard, Paul, *Survival of Death,* London 1966.

– *Living On,* London 1980.

Bebek, Borna, *The Third City,* London 1982.

Berdjajew, Nikolai, *The Destiny of Man,* London 1937.

– *Von des Menschen Knechtschaft und Freiheit,* Darmstadt 1954.

Berger, Peter, *The Social Reality of Religion*, London 1967.
Bergson, Henri, *L'Energie spirtuelle*, Paris 1919 (dt. *Die seelische Energie*, Jena 1928).
– *Matière et Mémoire*, Paris 1932 (dt. *Materie und Gedächtnis*, Jena 1919).
Bertalanffy, Ludwig von, *General Systems Theory*, London 1968.
Bland, Herbert: *Psychometry: Its Theory and Practice*, London 1937.
Blavatsky, Helena P., *The Secret Doctrine*, London 1885 (dt. *Die Geheimlehre*, Leipzig 1921).
– *The Key to Theosophy*, London 1968.
Bleier, Ruth (Hg.), *Feminist Approaches to Science*, New York 1986.
Bohm, David, *Wholeness and the Implicate Order*, London 1967 (dt. *Die implizite Ordnung: Grundlagen eines dynamischen Holismus*, München 1985).
– *Unfolding Meaning*, London 1987.
Brandon, S. G. F., *The Judgement of the Dead*, London 1967.
– *Man and his Destiny in the Great World Religions*, Manchester 1962.
Broad, C. D. »*Normal Cognition, Clairvoyance and Telepathy*«, in: ›Proceedings of the Society of Psychical Research‹, Oktober 1935, Band XLIII, Nr. 3, S. 397-438.
– *Lectures on Psychical Research*, London 1962.
Brown, Hanbury, *The Wisdom of Science*, Cambridge 1986.
Brunton, Paul, *The Wisdom of the Overself*, London 1943 (dt. *Die Weisheit des Überselbst*, Freiburg 1971).
– *Essays in the Quest*, London 1984 (dt. *Karma – Kette von Ursache und Wirkung*, und andere bisher unveröffentlichte Essays aus dem Nachlaß, Freiburg 1986).
Buchanan, James R., *Manual of Psychometry*, Boston 1885.
Burnet, John, *Early Greek Philosophy*, Edinburgh 1932.
Burr, Harold Saxton, *Blueprint for Immortality*, London 1972.
Burtt, E. A., *The Metaphysical Foundations of Modern Science*, London 1924.
Bury, John Bagnell, *History of the Freedom of Thought*, London 1928 (dt. *Geschichte der Gedankenfreiheit*, Berlin 1949).
Butler, Samuel, *Erewhon*, London 1922 (dt. *Erewhon*, Zürich 1961).
Butterfield, Herbert, *The Origins of Modern Science*, London 1949.
Capra, Fritjof, *The Turning Point*, London 1976 (dt. *Wendezeit: Bausteine für ein neues Weltbild*, Bern 1984).
– *Uncommon Wisdom*, London 1987 (dt. *Das neue Denken: Ein ganzheitliches Denken im Spannungsfeld zwischen Naturwissenschaften und Mystik*, München 1992).

Carington, Whately, *Telepathy,* London 1945.
Catholic Dictionary of Theology, 4 Bände, London 1963-71.
Catholic Encyclopedia, 15 Bände, New York 1967.
Cerminara, Gina, *Many Mansions,* London 1967 (dt. *Erregende Zeugnisse von Karma und Wiedergeburt,* München 1983).
– *The World Within,* New York 1957.
Charles, R. H., *The Doctrine of a Future Life,* London 1899.
– *Immortality,* Oxford 1912.
Cherrie, Marie, *The Barbanell Report,* hg. v. Paul Beard, Norwich 1987.
Collin, Rodney, *The Theory of Eternal Life,* London 1984 (dt. *Vom ewigen Leben: Die Erneuerung des universalen Bewußtseins,* Berlin 1984).
Cooke, Ivan (Hg.), *The Return of Arthur Conan Doyle,* London 1968.
Coplestone, Federick, *Philosophies and Cultures,* Oxford 1980.
– *Religion and the One.* London 1982.
Coxhead, Nona, *The Relevance of Bliss,* London 1985 (dt. *Glückseligkeit: Die Erfahrung des kosmischen Bewußtseins,* Grafing 1987).
Cranston, Sylvia und Williams, Carey, *Reincarnation: A New Horizon in Science, Religion, and Society,* New York 1984 (dt. *Wiedergeburt: Ein neuer Horizont in Wissenschaft, Religion und Gesellschaft,* München 1989).
Crookall, Robert, *The Study and Practice of Astral Projection,* London 1960.
– *The Supreme Adventure,* Cambridge 1961.
– *What Happens When You Die,* London 1978.
Cummins, Geraldine, *Beyond Human Personality,* London 1935.
Daily, Starr, *Release,* London 1950.
Dampier-Whetham, William Cecil, *A History of Science,* Cambridge 1950 (dt. *Geschichte der Naturwissenschaft,* Wien 1952).
Dean, Michael und Neat, Tony, *The Guide Book,* Bath 1986.
Defoe, Daniel, *A Journal of the Plague Year,* London 1722 (dt. *Die Pest zu London,* Hamburg 1961).
Denton, William, *The Soul of Things,* London 1988.
Deunov, Peter, *L'Enseignement de vie nouvelle,* Paris 1983.
Devall, Bill und Sessions, George, *Deep Ecology,* Salt Lake City 1985.
Dossey, Larry, *Space, Time, and Medicine,* London 1982 (dt. *Die Medizin von Raum und Zeit,* Reinbek 1987).
– *Beyond Illness,* London 1984 (dt. *Wahre Gesundheit finden: Krankheit und Schmerz aus ganzheitlicher Sicht,* München 1991).
Dostojewski, Fjodor Michailowitsch, *Die Brüder Karamasoff,* Gütersloh 1957.

Douglas-Smith, Basil, *The Mystics Come to Harley Street,* London 1983.

Draper, J. W., *History of The Conflict between Religion and Science,* New York 1875.

Easwaran, Ekneath (Hg.): *The Bhagavad Gita,* London 1986.

– (Hg.) *The Dhammapada,* London 1987.

Eccles, John und Popper, Karl, *The Self and its Brain,* London 1984 (dt. *Das Ich und sein Gehirn,* München 1982).

Eccles, John und Robinson, Daniel N., *The Wonder of Being Human,* London 1985 (dt. *Das Wunder des Menschseins – Gehirn und Geist,* München 1985).

Eddington, Arthur, *The Nature of the Physical World,* Cambridge 1928.

Eliade, Mircea, *Rites and Symbols of Initiation,* New York 1958 (dt. *Das Mysterium der Wiedergeburt: Versuch über einige Initiationstypen,* Frankfurt a. M. 1988).

– *History of Religious Ideas,* 2 Bände, London 1979 und 1981 (dt. *Geschichte der religiösen Ideen,* 3 Bände, Freiburg 1978).

Eliot, T. S., *Four Quartetts,* London 1960.

Emerson, Ralph Waldo, *Complete Works,* London 1897.

Emery, F. E. (Hg.), *System Thinking,* London 1969.

Evans, R. F. *Pelagius: Inquiries and Reappraisals,* London 1968.

Evans-Wentz, W. Y., *The Tibetan Book of the Dead,* Oxford 1960 (dt. *Das tibetanische Totenbuch,* Olten 1971).

Ferguson, Marilyn, *The Aquarian Conspiracy,* London 1981 (dt. *Die sanfte Verschwörung,* Basel 1982).

Fiore, Edith, *You Have Been Here Before,* Los Angeles 1979.

Fisher, Joe, *The Case for Reincarnation,* London 1985.

Fortune, Dion, *Through the Gates of Death,* London 1987.

Frankl, Viktor, *Man's Search for Meaning,* London 1964.

– *Psychotherapy and Existentialism,* London 1973.

– *The Doctor and the Soul,* New York 1973.

– *The Unconscious God,* London 1975.

Frazer, James G., *The Belief in Immortality,* London 1913.

– *The Golden Bough,* London 1937 (dt. unvollständige Ausgabe: *Der goldene Zweig, Eine Studie über Magie und Religion,* Köln 1968).

Freud, Sigmund, *Die Zukunft einer Illusion,* in: Gesammelte Werke, hg. von Anna Freud, Band 14, Frankfurt a. M. 1968.

– *Totem und Tabu. Einige Übereinstimmungen im Seelenleben der Wilden und der Neurotiker,* in: GW, Band 9, Frankfurt a. M. 1968.

Fromm, Erich, *The Fear of Freedom,* London 1942 (dt. *Die Furcht vor der Freiheit,* in: Gesamtausgabe, Band I, Stuttgart 1980, S. 217 ff.).

– *Man for Himself,* London 1949 (dt. *Psychoanalyse und Ethik,* in: GA, Bd. II, S. 1 ff.)
– *Psychoanalysis and Religion,* New Haven 1950 (dt. *Psychoanalyse und Religion,* in: GA, Band VI, S. 227 ff.).
– *The Sane Society,* London 1956 (dt. *Wege aus einer kranken Gesellschaft,* in: GA, Bd. IV, S. 1 ff.).
– *To Have or To Be,* London 1978 (dt. *Haben oder Sein: Die seelischen Grundlagen einer neuen Gesellschaft,* in: GA, Band II, S. 269 ff.).
– *On Disobedience,* New York 1981.
Gallup, George und Proctor, William, *Adventures in Immortality: A Look beyond the Threshold of Death,* London 1983 (dt. *Begegnungen mit der Unsterblichkeit: Erlebnisse im Grenzbereich zwischen Leben und Tod,* München 1983).
Gaskin, J. C. A., *The Quest for Eternity,* London 1984.
Geach, P. T., *God and the Soul,* London 1969.
– *Providence and Evil,* Cambridge 1977.
Gennep, Arnold van, *Übergangsriten,* Frankfurt a. M. 1980.
Godman, David, *Be As You Are,* London 1986.
Götting, Gerald, *Albert Schweitzer – Pionier der Menschlichkeit,* Berlin 1963.
Goldbrunner, Josef, *Individuation,* London 1955.
Gollanz, Viktor (Hg.), *Handbook of Marxism,* 1936.
Grant, Patrick, *A Dazzling Darkness,* London 1985.
Grayeff, Felix, *A Short Treatise on Ethics,* London 1980.
Greaves, Helen, *Testimony of Light,* London 1969.
Greene, Gordon, *A Glimpse Behind the Life Review,* in: Theta, Band 8, Nr. 2, S. 10-13.
Grey, Margot, *Return from Death,* London 1985.
Greyson, Bruce und Flynn, Charles P. *The Near-Death-Experience,* Springfield 1984.
Griffith, Bede, *The Marriage of East and West,* London 1982.
Grof, Stanislav und Halifax, Joan, *The Human Encounter with Dead,* London 1978 (dt. *Die Begegnung mit dem Tod,* Stuttgart 1980).
Gromyko, Anatoly und Hellman, Martin (Hg.), *Breakthrough,* New York 1987.
Grosso, Michael, *The Final Choice,* Walpole 1986.
Guenon, René, *Crisis of the Modern World,* London 1975.
Gurney, Edmund, Myers, Frederik W. H., und Podmore, Frank, *Phantasms of the Living,* Band 1, London 1886.
Hampe, Julius, *Sterben ist doch ganz anders,* Stuttgart 1975.
Happold, F. C., *Mysticism,* London 1963.

Hardy, Alister, *The Spiritual Nature of Man,* Oxford 1979.
Harman, P. M., *The Scientific Revolution,* London 1983.
Harman, Willis, *Global Mind Change,* New York 1988.
Hastings, James (Hg.), *Encyclopaedia of Religion and Ethics,* 12 Bände, Edinburgh 1913.
Head, Joseph, und Cranston, F. L., *Reincarnation: The Phoenix Fire Mystery,* New York 1977.
Heim, Albert, *»Notizen über den Tod durch Absturz«,* in: ›Jahrbuch des Schweizer Alpenclubs‹ 27 (1892), S. 327-337.
Heywood, Rosalind, *An Apparently Telepathic Impression of Illness,* in: ›Journal of the Society of Psychical Research‹, März 1968, S. 237ff.
– *»Rapport between Mother and Daughter – A Case Report«,* in: ›Journal of the Society of Psychical Research‹, Band 42, Nr. 718, Dezember 1963, S. 188f.
Hick, John, *Evil and the God of Love,* London 1966.
– *Death and Eternal Life,* London 1976.
Hiley, Basil und Peat, David, *Quantum Implications: Essays in Honour of David Bohm,* London 1987.
Hill, Brennan, *The Near-Death Experience: A Christian Approach,* Iowa 1981.
Hoeller, Stephen, *The Gnostic Young,* London 1986.
Houlden, J. L., *Ethics and the New Testament,* London 1973.
Hulme, T. E., *Speculations,* London 1924.
Huxley, Aldous, *The Perennial Philosophy,* London 1946 (dt. *Die ewige Philosophie: Texte aus drei Jahrtausenden,* München 1987).
– *The Human Situation,* London 1977.
Inge, W. R., *Christian Mysticism,* London 1899.
– *The Philosophy of Plotinus,* London 1929.
Jacobi, Jolande, *Der Weg zur Initiation,* Zürich 1965.
James William, *Human Immortality,* London 1899.
– *The Variety of Religious Experience,* London 1903 (dt. *Die religiöse Erfahrung in ihrer Mannigfaltigkeit: Materialien und Studien zu einer Psychologie und Pathologie des religiösen Lebens,* Leipzig 1907).
– *Pragmatism,* London 1921 (dt. *Der Pragmatismus,* Hamburg 1977).
Jankovich, Stefan von, *Ich war klinisch tot: Der Tod – mein schönstes Erlebnis,* Ergolding 1984.
Jantsch, Erich, *The Self-Organizing Universe,* London 1980 (dt. *Die Selbstorganisation des Universums,* München 1982).
John, Da Free, *Easy Death,* London 1983.
Johnson, Raynor, *The Imprisoned Splendour,* London 1953.
– *Light of All Life,* Norwich 1984.

Journal of the Society of Psychical Research.

Journal of the American Society of Psychical Research.

Jung, Carl G., *Antwort auf Hiob,* in: Gesammelte Werke, Band 11, Olten 1979, S. 387 ff.

– *Briefe,* Band I, Olten 1981.

– *C. G. Jung Speaking,* London 1977.

– *Das Grundproblem der gegenwärtigen Psychologie,* in: GW, Band 8, Olten 1979, S. 371 ff.

– *Der Begriff des kollektiven Unbewußten,* in: GW, Band 9, 1. Halbband, Olten 1980, S. 55 ff.

– *Die Archetypen und das kollektive Unbewußte,* in: GW, Band 9, 1. Halbband, Olten 1976, S. 13 ff.

– *Erinnerungen, Träume, Gedanken,* hg. v. Aniela Jaffé, Olten 1971.

– *Psychologische Typen,* in: GW, Band 6, Olten 1978.

– *Über die Beziehung der Psychotherapie zur Seelsorge,* in: GW, Band 11, Olten 1979, S. 355 ff.

Katz, Steven T. (Hg.), *Mysticism and Philosophical Analysis,* London 1978.

Kay, William, *Moral Development,* London 1970.

Keller, Evelyn Fox, *Reflections on Gender and Science,* Yale 1985 (dt. *Liebe, Macht und Erkenntnis. Männliche oder weibliche Wissenschaft?,* München 1986).

Kelsey, Morton T., *Afterlife,* New York 1988.

Khursheed, Anjam, *Science and Religion: Towards the Restauration of an Ancient Harmony,* London 1987.

King, Martin Luther, *The Words of Martin Luther King Jr.,* New York 1958.

Koestler, Arthur, *The Yogi and the Commissar,* London 1954 (dt. *Der Yogi und der Kommissar,* Esslingen 1950).

– *The Sleepwalkers,* London 1959 (dt. *Die Nachtwandler,* Bern 1959).

– *Janus,* London 1978 (dt. *Der Mensch – Irrläufer der Evolution,* Bern 1978).

Kohlberg, Lawrence, *The Philosophy of Moral Development,* New York 1981 (dt. *Philosophische und pädagogische Untersuchungen zur Moral-Entwicklung,* Frankfurt a. M., 1985).

Kolakowski, Leszek, *Religion,* London 1982.

– *Geist und Ungeist christlicher Traditionen,* Stuttgart 1971.

Kropotkin, Prince, *Ethics,* Dorchester 1924.

Küng, Hans, *Ewiges Leben?,* München 1982.

Kuhn, Thomas J., *The Structure of Scientific Revolutions,* Chicago 1970

(dt. *Die Struktur wissenschaftlicher Revolutionen,* Frankfurt a. M. 1976).
Kunz, Dora, *Spiritual Aspects of the Healing Arts,* London 1985.
Langford, Michael, *Providence,* London 1981.
Lash, Nicholas, *A Matter of Hope,* London 1981.
Leadbeater, C., *Clairvoyance,* London 1918.
Leggett, D. M. A., und Payne, Max, *A Forgotten Truth,* Norwich 1986.
Le Goff, Jacques, *La naissance du purgatoire,* Paris 1981 (dt. *Die Geburt des Fegefeuers,* Stuttgart 1984).
Leith, John H. (Hg.), *Creeds of the Churches,* Oxford 1973.
LeShan, Lawrence, *Science and the Paranormal,* London 1984.
Lethbridge, T. C., *ESP: Beyond Time and Distance,* London 1974.
– *The Essential T. C. Lethbridge,* London 1980.
– *The Power of the Pendulum,* London 1989.
Lévy-Bruhl, Lucien, *The Soul of the Primitive,* London 1928 (dt. *Die geistige Welt der Primitiven,* Düsseldorf 1959, Kapitel 10 und 11 nicht übersetzt).
Long, Max Freedom, *The Secret Science Behind Miracles,* Marina del Rey 1954.
Lorimer, David, *Survival? Body, Mind, and Death in the Light of Psychic Experience,* London 1984.
Lorz, J., *Das Augsburger Bekenntnis,* Göttingen 1980.
Lovejoy, Arthur O., *The Great Chain of Being,* Cambridge 1948 (dt. *Die große Kette der Wesen. Geschichte eines Gedanken.* Frankfurt a. M. 1985).
Lovelock, James, *Gaia: A New Look at Life on Earth,* Oxford 1979 (dt. *Unsere Erde wird überleben. GAIA – eine ökologische Utopie.* München 1984).
– *The Ages of Gaia,* Oxford 1988 (dt. *Das Gaia-Prinzip. Die Biographie unseres Planeten,* Zürich und München 1991).
Lovin, Robin W., und Reynolds, Frank E. (Hg.): *Cosmogony and Ethical Order,* Chicago 1985.
MacCulloch, J. A., *The Harrowing of Hell,* Edinburgh 1930.
MacGregor, Geddes, *Reincarnation in Christianity,* London 1978 (dt. *Reinkarnation und Karma im Christentum,* Grafing 1985).
– *The Christening of Karma,* London 1984.
MacIntyre, Alasdair, *A Short History of Ethics,* London 1967 (dt. *Geschichte der Ethik im Überblick: Vom Zeitalter Homers bis zum 20. Jahrhundert,* Königstein 1984).
McKenzie, John, *Hindu Ethics,* Oxford 1922.
Macmurray, John (Hg.), *Some Makers of the Modern Spirit,* London 1933.
Macquarrie, John (Hg.), *A Dictionary of Christian Ethics,* London 1967.

Margenau, Henry, *The Miracle of Existence,* London 1987.
Markides, Kyriakos C., *Der Magus von Strovolos: Die faszinierende Welt eines spirituellen Heilers,* München 1988.
Marx, Karl, und Engels, Friedrich, *Gesammelte Werke,* Band 1, Berlin 1969.
Mascaró, Juan (Hg.), *The Bhagavad Gita,* London 1962.
– (Hg.), *The Dhammapada,* London 1973.
Maslow, Abraham, *Motivation and Personality,* New York 1954 (dt. *Motivation und Persönlichkeit,* Reinbek 1981).
– *Religion, Values, and Peak Experiences,* New York 1964.
– *The Farther Reaches of Human Nature,* New York 1971.
Masterson, Patrick, *Atheism and Alienation,* London 1973.
Matthews, W. R. (Hg.), *King's College Lectures on Immortality,* London 1920.
Maxwell, Nicholas, *From Knowledge to Wisdom,* Oxford 1987.
May, Robert M., *Physicians of the Soul,* New York 1988.
Medawar, Sir Peter, *The Limits of Science,* Oxford 1986.
Meeks, Wayne, *The Moral World of the First Christians,* London 1987.
Meister Eckhart, *Deutsche Predigten und Traktate,* hg. und übersetzt von Josef Quint, Zürich 1979.
Mellone, S. H., *Eternal Life Here and Hereafter,* London 1916.
Milgram, Stanley, *Obedience to Authority,* London 1973.
Miller, J. G., *Living Systems,* New York 1970.
Minogue, Kenneth, *Alien Powers: The Pure Theory of Ideology,* London 1985.
Mitchell, Basil, *Morality: Religious and Secular,* Oxford 1980.
Monod, Jacques, *Le Hasard et la nécessité: Essai sur la philosophie naturelle de la biologie moderne,* Paris 1970. (dt. *Zufall und Notwendigkeit: Philosophische Fragen der modernen Biologie,* München 1971).
Moody, Raymond, *Life after Life,* New York 1975 (dt. *Leben nach dem Tod,* Reinbek 1977).
– *The Light Beyond,* London 1988 (dt. *Das Licht von drüben,* Reinbek 1989).
– *Reflections on Life after Live,* New York 1977 (dt. *Nachgedanken über das Leben nach dem Tod,* Reinbek 1978).
Muller, F. Max, *The Vedanta Philosophy,* London 1894.
Muller, Robert, *New Genesis,* New York 1984.
Mullin, Glenn, *Death and Dying: The Tibetan Tradition,* London 1986.
Murdoch, Iris, *Acastos,* London 1986.
Myers, Frederik W. H., *Human Personality and its Survival of Bodily Death,* London 1927.

Neumann, Erich, *The Origins and History of the Consciousness,* London 1954 (dt. *Ursprungsgeschichte des Bewußtseins,* München 1974).
– *Depths Psychology and a New Ethic,* London 1969 (dt. *Tiefenpsychologie und neue Ethik,* Frankfurt a. M. 1984).
Niebuhr, Reinhold, *Moral Man and Immoral Society,* New York 1936.
– *An Interpretation of Christian Ethics,* London 1936.
Noyes, Russell, und Kletti, Ray, *»Panoramic Memory: A Response to the Threat of Death«.* In: *Omega 8* (1977), S. 181-194.
O'Brian, Elmer (Hg.), *The Essential Plotinus,* Indiana 1964.
O'Grady, Joan, *Heresy,* Shaftesbury 1965.
Oldroyd, David, *The Arch of Knowledge,* London 1986.
Ornstein, Robert E., *The Psychology of Consciousness,* London 1975.
– *Multimind,* London 1988.
Ornstein, Robert E., und Sobel, David, *The Healing Brain,* London 1988.
Osborne, Arthur, *Ramana Maharshi and the Path of Self-Knowledge.* London 1954.
Osty, Eugène, *Supernormal Faculties in Man,* London 1923.
Palmer, Martin, *Genesis or Nemesis,* London 1988.
Paret, Rudi (Hg.), *Der Koran,* Stuttgart 1989.
Pasricha, S., und Stevenson, Ian, *After-Death Experiences in India: A Preliminary Report,* in: ›Journal of Nervous and Mental Disease‹ 174, Nr. 3, S. 165-170.
Pauchard, Albert, *The Other World,* Norwich 1987.
Paulsen, Friedrich, *A System of Ethics,* New York 1899.
Peacocke, Arthur, und Gillet, Grant, *Persons and Personality,* Oxford 1987.
Peck, M. Scott, *The Road Less Travelled,* London 1983.
Penfield, Wilder, *The Mysteries of Mind: A Critical Study of Consciousness and the Human Brain,* Princeton 1975.
Perry, Michael, *Psychic Studies: A Christian's View,* London 1984.
Platon, *Sämtliche Werke in zehn Bänden,* nach der Übersetzung Friedrich Schleiermachers, Frankfurt a. M. 1991.
Plotin, *Enneades,* In Auswahl übersetzt und eingeleitet von Otto Kiefer, Band 1, Jena/Leipzig 1905.
Polanyi, Michael, *The Tacit Dimension,* New York 1966 (dt. *Implizites Wissen,* Frankfurt a. M. 1985).
Potter, Karl H., *Presuppositions of India's Philosophies,* Delhi 1965.
Pringle-Pattison, A. S., *The Idea of Immortality,* Oxford 1922.
Proust, Marcel, *A la recherche du temps perdu,* Paris 1919.
Rad, Gerhard von, *Weisheit in Israel,* Neukirchen 1970.
Radhakrishnan, Sarvepalli, *An Idealist View of Life,* London 1932 (dt. *Meine Suche nach Wahrheit,* Gütersloh 1961).

– *Eastern Religions and Western Thought*, Oxford 1939 (dt. *Die Gemeinschaft des Geistes: östliche Religionen und westliches Denken*, Darmstadt 1952).
– *Religion and Society*, London 1947 (dt. *Religion und Gesellschaft*, Darmstadt 1953).
– *The Present Crisis of Faith*, Delhi 1970.
– (Hg.) *History of Philosophy: Eastern and Western*, London 1952, 2 Bände.
– (Hg.) *The Bhagavad Gita*, London 1948 (dt. *Die Bhagavadgita: Sanskrittext mit Einleitung und Kommentar von S. Radhakrishnan*, ins Deutsche übersetzt von Siegfried Lienhard, Wiesbaden 1958).
– (Hg.) *The Brahma Sutra*, London 1960.
– (Hg.) *The Dhammapada*, Oxford 1950.
– (Hg.) *The Principal Upanishads*, London 1953.
Rashdall, Hastings, *The Theory of Good and Evil*, Oxford University Press 1924.
Ratsch, Del, *Philosophy of Science*, Illinois 1986.
Rawlings, Maurice, *Beyond Death's Door*, London 1978.
Rawls, John, *A Theory of Justice*, Oxford 1971.
Rézéjac, E., *Essai sur les fondements de la connaissance mystique*, Paris 1897.
Richards, H. J., *Death and After*, London 1980.
Richards, Stewart, *Philosophy and Sociology of Science: An Introduction*, Oxford 1987.
Ring, Kenneth, *From Alpha to Omega*, in: ›Anabiosis‹, Band 5, Nr. 2 (1987), S. 1-16.
– *Heading towards Omega*, New York 1984 (dt. *Den Tod erfahren – das Leben gewinnen*, München 1984).
– *Life at Death*, New York 1980.
Ritchie, George, *Return from Tomorrow*, London 1978 (dt. *Rückkehr von Morgen*, Marburg 1989).
Roberts, Jane, *Seth Speaks*, London 1974 (dt. *Gespräche mit Seth*, München 1992).
Robertson, Roland (Hg.), *Sociology of Religion*, London 1969.
Rogo, D. Scott, *Life after Death*, London 1986.
Rohde, Erwin, *Psyche. Seelencult und Unsterblichkeitsglauben der Griechen*, Freiburg und Leipzig 1894.
Rose, S. P. P., *»Memory: Biological Basis«*, in: Richard Gregory (Hg.), *The Oxford Companion to the Mind*, Oxford 1987, S. 457.
Roubiczek, Paul, *Existentialism: For and Against*, Cambridge 1964.
Rowell, Geoffrey, *Hell and the Victorians*, Oxford 1974.

Russell, Bertrand, *Autobiography I-III,* London 1967-69 (dt: *Mein Leben,* Frankfurt a. M. 1970).
– *History of Western Philosophy,* London 1946 (dt. *Philosophie des Abendlandes im Zusammenhang mit der politischen und sozialen Entwicklung,* Frankfurt a. M. 1950).
– *Human Society in Ethics and Politics,* London 1954.
– *The Scientific Outlook,* London 1931.
– *Why I am not a Christian,* London 1957 (dt. *Warum ich kein Christ bin,* München 1963).
Russell, Peter, *The Awakening Earth,* London 1982 (dt. *Die erwachende Erde: Unser nächster Evolutionssprung,* München 1984).
Ruysbroeck, Jan van, *Die Zierde der geistlichen Hochzeit und die kleineren Schriften,* Leipzig 1924.
Sabom, Michael, *Recollections of Death,* London 1982 (dt. *Erinnerung an den Tod: Eine medizinische Untersuchung,* München, 2. Auflage 1986).
Salmond, S. D. F., *The Christian Doctrine of Immortality,* Edinburgh 1899.
Sartre, Jean-Paul, *L'Être et le néaut,* Paris 1971 (dt. *Das Sein und das Nichts: Versuch einer phänomenologischen Ontologie,* in: Gesammelte Werke in Einzelausgaben, Philosophische Schriften, Band 3, Hamburg 1991).
– *Existentialisme est un humanisme?,* Paris 1970 (dt. *Ist der Existentialismus ein Humanismus?* Zürich 1947).
Scheler, Max, *Zur Phänomenologie und Theorie der Sympathiegefühle,* Halle 1913.
Schiller, Frederik C. S., *Riddles of The Sphinx,* London 1891.
– *Humanism,* London 1903 (dt. *Humanismus. Beiträge zu einer pragmatischen Philosophie,* Leipzig 1911).
Schrödinger, Erwin, *What is Life? Matter and Mind,* Cambridge 1967 (dt. *Was ist Leben? Die lebendige Zelle mit den Augen des Physikers betrachtet,* München 1987).
Schweitzer, Albert, *Aus meinem Leben und Denken,* Gesammelte Werke, Band 1, München 1974.
– *Das Problem der Ethik in der Höherentwicklung des menschlichen Denkens,* in: GW, Band 2, München 1974.
– *Die Ethik der Ehrfurcht vor dem Leben,* in: GW, Band 2, München 1974.
– *Die Mystik des Apostel Paulus,* in: GW, Band 4, München 1974.
– *Ethik der Hingebung und Ethik der Selbstvervollkommnung,* in: GW, Band 2, München 1974.
– *Geschichte der Leben-Jesu-Forschung,* in: GW, Band 3, München 1974.

– *Kultur und Ethik,* in: GW, Band 2, München 1974.
2. *Straßburger Predigt über die Ehrfurcht vor dem Leben,* GW, Band 2, München 1974.

Scott, Leslie Grant, *»Dying as a Liberation of Consciousness«,* in: ›Journal of the American Society for Psychical Research‹ (1931).

Serrano, Miguel, *C. G. Jung and Hermann Hesse: A Record of Two Friendships,* London 1966.

Sharma, I. C., *Cayce, Karma and Reincarnation,* London 1975.

– *Ethical Philosophies of India,* London 1965.

Sheldrake, Rupert, *A New Science of Life,* London 1981 (dt. *Das schöpferische Universum,* München 1984).

– *The Presence of the Past,* London 1988 (dt. *Das Gedächtnis der Natur,* Bern 1990).

– *The Rebirth of Nature,* London 1990 (dt. *Die Wiedergeburt der Natur,* Bern 1991).

Sherwood, Jane, *The Country Beyond,* London 1969 (dt. *Das jenseitige Land: Die Brücke zu höheren Welten,* Interlaken 1991);

– *Post-mortem Journal of T. E. Lawrence,* London 1964 (dt. *Tagebuch von drüben: Erkenntnis, Läuterung und Entwicklung nach dem Tode,* Interlaken 1989).

Sidgwick, Henry, *History of Ethics,* London 1886.

Siegel, Bernie, *Love, Medicine, and Miracles,* London 1986.

Siémòns, Jean-Louis, *Mourir pour Renaître,* Paris 1987.

Simon, Ulrich, *Heaven in the Christian Tradition,* London 1958.

Skolimowski, Henryk, *Eco-Philosophy,* London 1981.

Smart, Ninian, *Beyond Ideology,* London 1981.

– *Religion and the Western Mind,* London 1987.

– *The Religious Experience of Mankind,* London 1971.

Smith, Huston, *Forgotten Truth,* New York 1976.

Spengler, Oswald, *Der Untergang des Abendlandes: Umrisse einer Morphologie der Weltgeschichte,* 1. Band, *Gestalt und Wirklichkeit,* München 1923.

Sperry, Roger, *Science and Moral Priority,* Oxford 1983.

Stace, W. T., *Mysticism and Philosophy,* London 1961.

– *Religion and the Modern Mind,* London 1953.

Steiner, Rudolf, *Die Theosophie des Rosenkreuzers,* Dornach 1951.

– *Die Geheimwissenschaft im Umriß,* Stuttgart 1948.

– *Esoterische Betrachtungen karmischer Zusammenhänge,* 5 Bände, Dornach 1958.

– *Theosophie: Einführung in übersinnliche Welterkenntnis und Menschenführung,* Dornach 1962.

– *Wiederverkörperung und Karma und ihre Bedeutung für die Gegenwart*, München 1991.
Stephen, Leslie, *An Agnostic's Apology*, London 1931.
Stevenson, Ian, *Twenty Cases Suggestive of Reincarnation*, New York 1966 (dt. *Reinkarnation: Der Mensch im Wandel von Tod und Wiedergeburt*, Freiburg 1976).
– *Children Who Remember previous Lifes*, Charlottesville 1987 (dt. *Wiedergeburt – Kinder erinnern sich an frühere Erdenleben*, Grafing 1989).
Streeter, H. B. (Hg.), *Immortality*, London 1917.
Swedenborg, Emanuel, *Himmlische Geheimnisse*, Stuttgart 1913.
– *Die Christenreligion in ihrer Aechtheit*, Stuttgart 1831/32.
– *Himmel und Hölle, nach Gehörtem und Gesehenen*, Zürich 1977.
– *Vom Jüngsten Gericht*, Zürich o. J. (Nachdruck der Ausgabe von 1874).
Tagore, Rabindranath, *Sadhana*, London 1914.
Talbot, Michael, *The Holographic Universe*, New York 1991 (dt. *Das holographische Universum: Die Welt in neuer Dimension*, München 1992).
Tawney, R. H., *Religion and the Rise of Capitalism*, London 1926 (dt. *Religion und Frühkapitalismus*, Bern 1946).
Taylor, A. E., *Elements of Metaphysics*, London 1924.
– *Plato*, London 1926.
– *The Faith of a Moralist*, London 1937.
Teilhard de Chardin, Pierre, *La phénomène humaine*, Paris 1955 (dt. *Der Mensch im Kosmos*, München 1969).
Tenhaeff, Wilhelm H. C., *Hellsehen und Telepathie*, Gütersloh 1962.
Thomas, Keith, *Religion and The Decline of Magic*, London 1973.
Thompson, Francis, *Selected Poems*, London 1911.
Thomson, Alexander, *Tradition and Authority in Science and Theology*, Edinburgh 1987.
Tischner, Rudolf, *Über Telepathie und Hellsehen: Experimentell-theoretische Untersuchungen*, München 1920.
Toffler, Alvin, *Previews and Premises*, London 1984 (dt. *Machtbeben: Wissen, Wohlstand und Macht im 21. Jahrhundert*, Düsseldorf 1990).
Toynbee, Arnold (Hg.), *An Historian's Approach to Religion*, Oxford 1956 (dt. *Wie stehen wir zur Religion?*, Zürich 1958).
– *Surviving the Future*, Oxford 1971.
– (Hg.) *Life after Death*, London 1976.
– (Hg.) *Man's Concern with Death*, Oxford 1968 (dt. *Vor der Linie: Der moderne Mensch und der Tod*, Frankfurt a. M. 1970).
Turner, Victor, *Dramas, Fields and Metaphors*, New York 1974.
Tylor, Sir Edward, *Primitive Culture*, London 1903, 2 Bde.

Tyrrell, George N. M., *Grades of Significance,* London 1947.
– *Apparitions,* London 1953.
Underhill, Evelyn, *Mysticism,* London 1911 (dt. *Mystik: Eine Studie über die Natur und Entwicklung des religiösen Bewußtseins im Menschen.* München 1928).
Walle, Anton van der, *From Darkness to Light,* London 1984.
Wallis Budge, Sir E. A., *The Egyptian Book of the Dead,* London 1969.
Wambach, Helen, *Life before Life,* London 1979 (dt. *Leben vor dem Leben,* München 1980).
– *Reliving Past Lives,* London 1979 (dt. *Seelenwanderung. Wiedergeburt durch Hypnose,* München 1987).
Ward, Keith, *Images of Eternity,* London, Darton 1987.
Warnock, Mary, *Existentialist Ethics,* London 1967.
Weber, Max, *Gesammelte Aufsätze zur Religionssoziologie,* Tübingen 1920.
Weber, Renée, *Dialogues with Scientists and Sages: The Search for Unity,* London 1986 (dt. *Wissenschaftler und Weise: Gespräche über die Einheit des Seins,* Grafing 1987).
Weil, Simone, *Intimations of Christianity among Ancient Greeks,* London 1987.
Werbach, Melvyn R., *Third Line Medicine,* London 1986.
Werner, Karel, *Yoga and Indian Philosophy,* Delhi 1977.
Westerman, Claus, *Creation,* London 1974.
White, Ruth, und Swainson, Mary, *Gildas Communicates,* London 1971.
Whitehead, Alfred North, *Adventures of Ideas,* New York 1967 (dt. *Abenteuer der Ideen,* Frankfurt a. M. 1971).
– *Science and the Modern World,* Cambridge 1928.
Whitmont, Edward C., *Return of the Goddess,* London 1983.
Whitton, Joel L., und Fisher, Joe, *Life between Life,* London 1986 (dt. *Das Leben zwischen den Leben: Ein Forschungsbericht aus der Welt jenseits unserer psychischen Existenz,* München 1989).
Wilber, Ken, *The Atman Project,* New York 1980 (dt. *Das Atman-Projekt,* Paderborn 1990).
– (Hg.) *The Holographic Paradigm,* London 1982 (dt. *Das holographische Weltbild,* München 1990).
– (Hg.) *Quantum Questions,* London 1984.
Wilber, Ken, Engler, Jack, und Brown, Daniel P. (Hg.), *Transformation of Consciousness,* New York 1986 (dt. *Psychologie der Befreiung,* Bern 1988).
Wilder, Amos N., *Ethics and Eschatology in the Teaching of Jesus,* New York 1950.
Willey, Basil, *The Seventeenth Century Background,* London 1986.

Wilson, Colin, *Mysteries*, London 1979.
– *Rudolf Steiner, Verkünder eines neuen Menschenbildes*, München 1985.
– *The Psychic Detectives*, London 1984.
Wilson, Ian, *The After-Death-Experience*, London 1987.
Wynne-Tyson, Jon (Hg.), *The Extended Circle*, Fontwell 1985.
Yates, Frances, *The Rosicrucian Enlightment*, London 1975 (dt. *Aufklärung im Zeichen des Rosenkreuzes*, Stuttgart 1975).
Young, John Z., *Memory*, in: Gregory, Richard, *Oxford Companion to the Mind*, Oxford 1987, S. 455.
– *Philosophy and the Brain*, Oxford 1987 (dt. *Philosophie und Gehirn*).
Zaehner, R. C., *Mysticism Sacred and Profane*, Oxford 1961.
Zaleski, Carol, *Otherworld Journeys*, New York 1986 (dt. *Nah-Todeserlebnisse und Jenseitsvisionen*, Frankfurt a. M. 1993).
Zschokke, Heinrich: *Selbstschau*, 2 Bände, Aarau 1853.

Friedrich Cramer Chaos und Ordnung
Die komplexe Struktur des Lebendigen. Mit zahlreichen Abb.
insel taschenbuch 1496

ur ist keineswegs nur Ordnung, die Vorstellung des durch und durch gere- Kosmos ist erschüttert. Alles Lebendige bewegt sich auf dem schmalen ischen Chaos und Ordnung. Diese Polarität gehört heute zu den n Fragen der Wissenschaft. Cramers Buch beschreibt das neue adigma in der Anwendung auf zahlreiche Disziplinen.

Alan Wolf Körper, Geist und neue Physik
ese der neuesten Erkenntnisse von Medizin und
moderner Naturwissenschaft
insel taschenbuch 1497

k eines Galilei und Newton hat auch die Mechanik des ers verständlich gemacht. Doch erst die Quantenphysik Lage, den letzten Geheimnissen des Lebens ein Stück näher r amerikanische Physiker F. A. Wolf vermittelt neue Ein- Zusammenhang von Geist und Materie, Seele und Körper.

ichard M. Bucke Kosmisches Bewußtsein
Zur Evolution des menschlichen Geistes
insel taschenbuch 1498

Bucke hat mit diesem Buch auf dem Gebiet der Bewußtseinsforschung d Tiefenpsychologie innovativ gewirkt. Auf nüchtern-sachliche Weise beschreibt Bucke Möglichkeit und Wirklichkeit einer Bewußtseinsveränderung und untersucht zahlreiche historische Fälle.

Anthony Zee Magische Symmetrie
Die Ästhetik in der modernen Physik
insel taschenbuch 1501

Die theoretische Physik der Gegenwart richtet ihren Blick in immer stärkerem Maße auf den Entwurf eines einfachen und umfassenden Konstruktionsplans unserer Welt. Bei der Suche nach diesen elementaren Strukturen hat die moderne Physik erkannt: Die Natur gehorcht prinzipiell denselben Gesetzen wie die Ästhetik; besonders Formen der Symmetrie finden sich in den Bausteinen der Natur ebenso wie in der Kunst.

Der Geist im Atom
Eine Diskussion der Geheimnisse der Quantenphysik
Herausgegeben von P. C. Davies und J. R. Brown
insel taschenbuch 1499

Anlaß dieses Buches waren die Experimente von Alain Aspect in Frank [illegible] die neues Licht auf die Debatte zwischen Niels Bohr und Albert [illegible] warfen. Julian R. Brown und Paul C. W. Davies interviewten führe [illegible] ker, die einen besonderen Anteil an der Entwicklung der Qua [illegible] haben. Eine klare und knappe Einführung erläutert die Gru [illegible] Quantentheorie, ihre Rätsel und Paradoxa sowie ihre unte [illegible] philosophischen Deutungen.

James Lovelock Das Gaia-Prin [illegible]
Die Biographie unseres Planete [illegible]
insel taschenbuch 1542

Inzwischen ist die Gaia-Theorie auch in Deutschland anerka [illegible] weltweit Aufsehen erregende Buch von James Lovelock erheb [illegible] Denn er ist der Begründer dieses neuen Paradigmas der Geolog [illegible] der Erdbetrachtung insgesamt. Auf dem Spiel steht heute di [illegible] der Erde. Das Gaia-Prinzip eröffnet neue Perspektiven und neue [illegible] uns alle.

Ian Stewart Spielt Gott Roulette?
Uhrwerk oder Chaos
insel taschenbuch 1543

Chaos »ist inzwischen eines der meistdiskutierten Phänomene der gegenwärtigen Mathematik«. Stewart zeigt, daß dieser neuen Mathematik ein großer Teil der Natur entspricht, daß die Welt der Dynamik sich noch immer unseren Berechnungen entzieht. Spielt Gott also Roulette mit unserer Welt – oder spielt er ein tiefsinnigeres Spiel, dessen Regeln wir nur noch nicht verstanden haben?

Na
gelten
Grat zw
wichtigste
Pa

Fred
Eine Synth

Die klassische Phys
menschlichen Kör
versetzt uns in die
zu kommen. De
sichten in den

R. M.
un